★★★ 반드시 내 것으로 ★★★

#MUSTHAVE

실무 중심 이론, 실무 중심 프로젝트로 단단하게 시작하자

성낙현의
JSP
2판
자바 웹 프로그래밍

Must Have 시리즈는 내 것으로 만드는 시간을 드립니다. 명확한 학습 목표와 핵심 정리를 제공하고, 간단명료한 설명과 다양한 그림으로 학습 효과를 극대화합니다. 설명과 예제를 제공해 응용력을 키워줍니다. 할 수 있습니다. 포기는 없습니다. 지금 당장 밑줄 긋고 메모하고 타이핑하세요! Must Have가 여러분의 성장을 돕겠습니다.

GOLDEN RABBIT

골든래빗은 가치가 성장하는 도서를 함께 만드실 저자님을 찾고 있습니다.
내가 할 수 있을까 망설이는 대신, 용기 내어 골든래빗의 문을 두드려보세요.

apply@goldenrabbit.co.kr

우리는
가치가 성장하는
시간을
만듭니다.

GOLDEN RABBIT

추천의 말

이 책은 원고 단계에서 베타 리딩을 진행했습니다. 보내주신 의견을 바탕으로 더 좋은 원고로 만들어 출간합니다. 참여해주신 모든 분께 감사드립니다.

JSP 입문자와 초보자

브라우저에서 웹 애플리케이션이 어떻게 동작하는지 공부하고 싶을 때, 하지만 관련 지식이 전혀 없고 어떤 책을 봐야 할지 모를 때, 이 책을 읽고 실습해보시기를 추천드립니다. 모바일 개발자인 제가 바로 그 경우였어요.

정영우 삼성전자 스태프 엔지니어

JSP를 처음 접하는 분께 자바 웹 개발의 절차와 사전 작업을 체험해볼 기회를 주고, 다른 곳에서도 이용 가능한 질 높은 예제가 많아서 특히 추천합니다. JSP 개발자도 참고할 수 있을 정도로 내용이 충실합니다.

채민석 메루카리(メルカリ) 프로그래머

일부 코드만 보여주는 게 아니라 하나부터 열까지 다 알려줘야 이해가 가는 초보에게 추천합니다. JSP, 어렵게 느껴질 수 있습니다. 하지만 필요한 용어를 미리 알려주고 반복 설명해주어 생소함을 익숙함으로 변신시켜줍니다. 코드를 많이 손보지 않아도 이 책 한 권으로 실시간 채팅이 가능한 나만의 홈페이지를 만들고 배포할 수 있다니, 멋지지 않나요?

김다은 프리컷버드 주니어 프로그래머

저는 프론트엔드를 주로 다뤄서인지 JSP 책 리뷰는 낯선 경험이었습니다. 그럼에도 이 책은 설명이 명쾌하여 백엔드가 어떻게 동작하는지 조금은 감을 잡게 되었습니다. 책이 출간되면 좀 더 찬찬히 읽어보며 백엔드 기술에 대한 이해를 높여볼 계획입니다.

하희목 라이언 모빌리티 대표

현업에서 JSP 좀 다뤄보신 전문가

워낙 좋은 프레임워크가 많은 세상입니다만, 그 편리함에 안주하다 보면 자칫 기본 원리를 놓치기 쉽습니다. 가장 기본 기술인 JSP/서블릿이 실제로 어떻게 동작하는지, 그리고 실제 프로젝트에서 어떻게 쓰이는지 잘 설명한 좋은 책입니다.

마동석 이마트 모바일 서비스 DevOps 챕터 리드

자바 웹 프로그래밍의 기본인 JSP를 쉬운 설명으로 익힐 수 있습니다. 기본을 먼저 배우는 것은 쉬워서가 아니라 가장 중요하기 때문이라고 합니다. 기본을 철저히 익힌다면, 다른 프레임워크를 익히는 데도 도움이 될 거라고 생각합니다.

이호훈 티빙 시니어 프로그래머

웹 개발에 필요한 기초 지식부터 실무 프로젝트까지 익히는 데 무리가 없는 책입니다. 이론과 실습으로 혼자서 어려움 없이 학습할 수 있도록 코드 설명이 자세하게 되어 있습니다. 자바 웹 개발을 처음 시작한다면 기본에 충실한 길잡이가 되어줄 것입니다.

이석곤 엔컴(주) 리드 프로그래머

JSP는 자바로 웹 개발에 입문하려면 반드시 한 번은 짚고 넘어가야 할 기술입니다. 하지만 자칫 웹 개발이란 드넓은 바다에서 헤매게 될 예비 개발자께 이 책은 좋은 길잡이가 되어줄 것입니다. 이뿐만 아니라, JSP에 대한 정확한 이해 없이 단순히 사용만 해온 개발자께도 다시 한번 기반을 다지는 데 도움이 될 것입니다. 바다 수영을 잘하려면 머리로 이해하는 데 그치지 않고 반복 숙달하여 몸에 익혀야 합니다. 이 책의 많은 예제를 충분히 익히셔서 웹 개발이란 바다를 멋지게 정복하시길 바랍니다.

김윤중 프리랜서 웹 개발자

독자께 드리는 편지

JSP가 처음인 입문자께

자바 기초를 마치고 이제 막 웹 프로그래밍을 시작하셨다면 웹이라는 방대한 주제에 막막한 기분이 들 것입니다. 무엇이든 직접 만들어보기 전에는 그렇습니다. 이 책은 가장 기초적인 용어부터 시작합니다. 그렇게 웹이라는 주제를 조금씩 이해하면서, 단계별로 하나씩 JSP를 익혀 훌륭한 웹 사이트를 만들어보실 수 있습니다. 이 책을 마칠 때쯤에는 파일을 첨부할 수 있는 게시판과 실시간 채팅이 되는 웹 사이트의 주인이 되어 있을 것입니다.

JSP를 다시 정리해보려는 초급 개발자께

학원 수료 후 취업한 지 얼마 안 된 제자로부터 "스크립틀릿에 메서드를 선언하면 왜 안 되냐"는 질문을 받은 적이 있습니다. 기술적인 부분도 중요하겠지만, 사실 기본 개념이 더욱더 중요할 때가 많습니다. 요리를 배울 때 양파 까기부터 시작하는 것이 비슷한 맥락이 아닐까 생각합니다. 공부할 때는 분명히 잘 안다고 생각했던 것들도 실무에서 직접 개발을 해보면 모르는 것이 더 많았다는 사실을 깨닫게 됩니다. 이런 경험이 있다면 이 책으로 미처 몰랐던 부분을 확실하게 학습해보세요. 한 단계 스킬업되어 있는 자신을 만나게 될 것입니다.

다른 웹 개발 기술을 활용해본 현업 개발자께

제가 웹을 시작한 2000년대 초반과 다르게, 이제는 한두 가지 언어만 잘해서는 대접받지 못하는 세상이 되었습니다. 다른 언어나 기술로 웹을 개발해보신 분이라면, 개발 스펙트럼을 넓히기 위해 이 책을 선택하셨으리라 생각합니다. JSP를 통한 웹 개발은 스프링과 같은 프레임워크의 기초가 됩니다. 또한 실무에 바로 응용할 수 있을 정도의 프로젝트 예제를 준비하였으니 빠르게 개발에 적용해야 할 때 활용해보시기 바랍니다.

선수 지식 안내

웹 애플리케이션은 다음과 같이 크게 3개 요소로 구성되며, 각 요소에 사용되는 기술이 다릅니다.

HTML/CSS + 자바스크립트

웹 브라우저에서 사용자에게 보여주는 화면을 만들어주는 기술입니다. HTML은 화면의 뼈대를, CSS는 시각적인 꾸밈을, 자바스크립트는 사용자와의 상호작용을 담당합니다. 이 책에서는 이 기술을 꼭 필요한 만큼만 다루기 때문에 인터넷에서 "HTML 기초" 정도로 검색하면 나오는 강좌 정도만 읽고 시작하셔도 큰 무리가 없을 것입니다.

자바

JSP는 자바 언어를 사용하는 웹 서버 기술이므로 자바를 필수로 알고 계셔야 합니다. 이 책은 JSP 학습이 목적이므로 자바의 기초 문법, 객체지향 프로그래밍, 예외 처리, 입출력, 컬렉션 정도만을 활용합니다.

SQL

고객 정보, 상품 데이터 등 웹 애플리케이션 운영에 필요한 데이터는 모두 데이터베이스로 관리한다고 보면 됩니다. SQL은 데이터베이스로 데이터를 다루는 표준 언어입니다. 이 책에서는 기초 문법만을 사용하지만, 추후 본격적으로 개발에 뛰어들게 되면 한 번은 제대로 익히고 넘어가야 하는 필수 기술입니다.

이 책의 내용 소개

2판에서 변화된 내용

2판에서는 Tomcat 10.1과 Oracle 21c를 사용합니다. 따라서 0장 '개발 환경 구축'과 5장 '데이터베이스'가 크게 바뀌었으며 판올림에 따른 변경 사항을 책 전반에 반영했습니다. 또한 11장 'JSP 표준 태그 라이브러리(JSTL)'와 13장 '파일 업로드 및 다운로드'도 대대적으로 수정했습니다. 마지막으로 15장 '필터와 리스너'를 새롭게 추가했습니다. 아무쪼록 이번 개정이 최신 JSP 웹 프로그래밍 기법을 만끽하시는 데 유익한 경험을 제공하길 빕니다.

이 책의 구성

이 책은 학습 흐름을 끊지 않기 위해 개발 환경부터 미리 구축해놓은 후, 다음과 같이 총 3단계에 걸쳐 JSP를 공략해나갑니다.

1단계 : 빠르게 익히는 JSP 기초

JSP 프로그래밍의 가장 기본이 되는 개념과 기술을 익힙니다. 많은 개념이 등장하지만 핵심적이고 실용적인 기술 중심으로 하나씩 정복해갈 것입니다. 마지막에는 이 기술들을 모두 녹여 간단한 회원제 게시판을 직접 만들어봅니다.

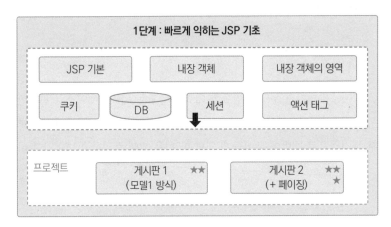

2단계 : 고급 기능으로 스킬 레벨업

JSP 프로그래밍을 더 효율적이고 강력하게 해주는 고급 스킬들을 학습합니다. 설계 방식도 한 단계 레벨업하여 게시판에 MVC 패턴(모델2 방식)을 적용해볼 것입니다.

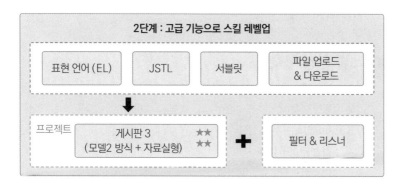

2판에서는 멀티 파일 업로드 내용을 추가하였고, 필터와 리스너 관련 내용도 보강하여 하나의 장으로 추가 구성했습니다.

3단계 : 프로젝트로 익히는 현업 스킬

웹소켓을 활용한 통신과 외부 서비스 연동까지, 실무에 바로 적용할 수 있는 개발 프로젝트 3가지를 진행해봅니다. 마지막에는 전체 프로젝트를 웹 서버에 배포하는 방법까지 알아보겠습니다.

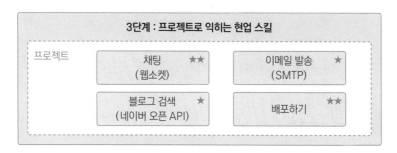

목차

목차

2단계 　　　**고급 기능으로 스킬 레벨업** 341

목차

3 단계   프로젝트로 익히는 현업 스킬   601

목차

개발 환경 구축

□ 학습 목표	이 책으로 JSP 학습에 필요한 기본 도구들을 간략히 설명하고, 설치 및 설정을 진행합니다.
□ 학습 순서	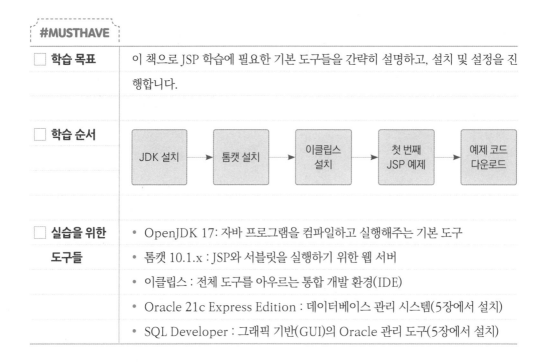
□ 실습을 위한 도구들	• OpenJDK 17: 자바 프로그램을 컴파일하고 실행해주는 기본 도구 • 톰캣 10.1.x : JSP와 서블릿을 실행하기 위한 웹 서버 • 이클립스 : 전체 도구를 아우르는 통합 개발 환경(IDE) • Oracle 21c Express Edition : 데이터베이스 관리 시스템(5장에서 설치) • SQL Developer : 그래픽 기반(GUI)의 Oracle 관리 도구(5장에서 설치)

알려드려요

이 책은 윈도우에 설치하는 방법만 다룹니다. 다른 운영체제에서는 일부 내용이 다를 수 있습니다.

0.1 JDK 설치 및 설정

JDK^{Java Development Kit}는 자바 개발에서 없어서는 안될 기본 개발 도구입니다. JDK 설치 → 윈도우 환경 변수 등록 → 자바 실행 확인 단계로 진행하겠습니다.

0.1.1 JDK 설치

이 책에서 설명하는 JSP 2.3과 서블릿 4.0 버전을 실행하기 위해서는 JDK 8 이상이 필요합니다. 여러 버전이 있지만 우리는 LTS 버전인 JDK 17을 설치하겠습니다. LTS^{Long Term Support}란 일반적인 버전보다 오랜 기간 지원해준다는 뜻으로, 개정판을 쓰고 있는 현재 최소 2024년 9월까지 업데이트해준다고 명시되어 있습니다.

Java 19 and Java 17 available now

Java 17 LTS is the latest long-term support release for the Java SE platform. JDK 19 and JDK 17 binaries are free to use in production and free to redistribute, at no cost, under the Oracle No-Fee Terms and Conditions.

JDK 19 will receive updates under these terms, until March 2023 when it will be superseded by JDK 20.

JDK 17 will receive updates under these terms, until at least September 2024.

JDK로는 OracleJDK와 OpenJDK가 있는데, 우리는 OpenJDK 17을 설치하겠습니다. 유료 라이선스인 OracleJDK와 달리 OpenJDK는 무료 라이선스이기 때문입니다.

참고로, 이클립스 IDE는 2020-06(4.16) 버전까지는 JDK 8에서도 동작하지만, 2020-09(4.17) 버전부터는 JDK 11 이상에서만 동작합니다. 이클립스별 JDK 버전에 대한 안내는 이클립스 위키(이클립스 설치 안내 공식 페이지)에서 확인할 수 있습니다.

- https://wiki.eclipse.org/Eclipse/Installation

Eclipse 4.23 (2022-03)

Eclipse 4.23 🔒 (2022-03) was released on March 16, 2022. It is the supported release.

A **Java 11** or newer JRE/JDK is required, LTS release are preferred to run all Eclipse 2022-03 packages based on Eclipse 4.23, with certain packages choosing to provide one by default. The Installer now also includes a JRE--consider using the Installer. Please see 5 Steps to Install Eclipse 🔒.

To Do **01** OpenJDK 배포 사이트에 접속합니다(OpenJDK는 오라클 홈페이지에서도 제공합니다).
- https://jdk.java.net

02 다운로드할 버전으로 17을 선택할 것입니다. 하지만 메인 화면에는 바로가기 링크가 없으므로 아무 링크나 먼저 클릭합니다.

Note 배포 사이트는 개편이 자주 되므로 책과는 다른 모습일 수 있습니다.

jdk.java.net

Production and Early-Access OpenJDK Builds, from Oracle

Ready for use: JDK 20, JDK 19, JavaFX 20, JMC 8

Early access: JDK 21, Generational ZGC, JavaFX 21, Jextract, Loom, Metropolis, Panama, & Valhalla

03 ❶ 왼쪽에서 Java SE 17을 클릭한 후, ❷ 본인의 운영체제에 맞는 버전을 선택해 다운로드합니다. 이 책은 윈도우를 기준으로 하므로 64비트 윈도우용으로 다운로드하겠습니다.

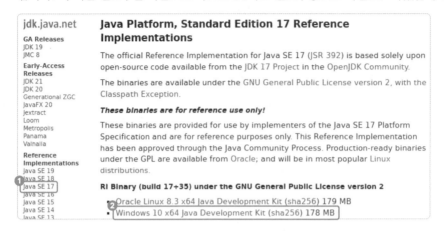

04 다운로드한 파일의 압축을 풀고 원하는 폴더로 이동시킵니다. 이 책에서는 다음 폴더 아래에 필요한 도구들을 설치하겠습니다.

- C:\01DevelopKits

이동 후의 모습은 다음과 같습니다.

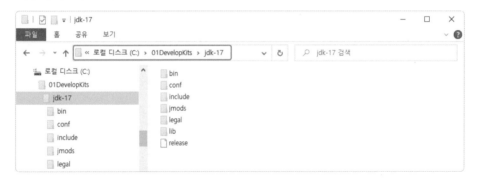

OpenJDK는 이와 같이 압축만 해제하면 즉시 설치가 완료됩니다.

0.1.2 JDK 환경 변수 설정

윈도우 명령 프롬프트를 사용해서 컴파일하거나, 다른 프로그램에서 JDK를 참조하려면 환경 설정을 해주어야 합니다. 우리가 통합 개발 환경으로 사용할 이클립스도 자바로 만들어진 프로그램이기 때문에 환경 변수가 제대로 설정되어 있지 않으면 실행되지 않습니다.

To Do 01 ⊞ + Ⓢ 키를 누르거나, 윈도우 검색창을 클릭합니다.

02 ❶ "환경 변수"를 입력하고 ❷ 시스템 환경 변수 편집의 [열기] 버튼을 클릭합니다.

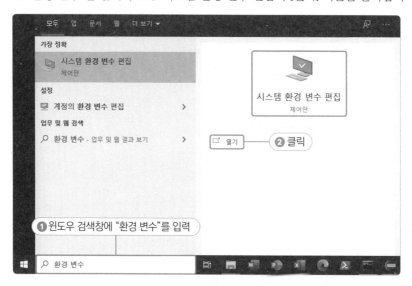

03 시스템 속성 창이 열리면 [고급] 탭 아래쪽에서 [환경 변수] 버튼을 클릭합니다.

04 환경 변수 창이 열리면 환경 변수를 등록할 수 있습니다. 아래의 [시스템 변수] 쪽에 있는 [새로 만들기] 버튼을 클릭합니다.

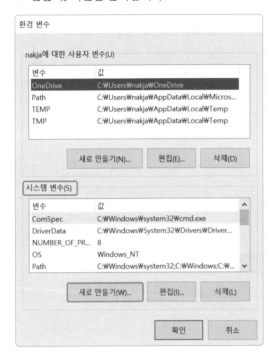

'사용자 변수'와 '시스템 변수' 선택

윈도우는 혼자뿐 아니라 여럿이 사용하는 기능도 제공합니다. 그래서 윈도우가 부팅되고 나면 대기 화면에서 사용자를 선택해 로그인하게 됩니다. '사용자 변수'에 환경 변수를 등록하면 해당 로그인한 아이디에만 적용되고, '시스템 변수'에 등록하면 모든 사용자에게 적용됩니다.

혼자만 사용할 때는 '사용자 변수'와 '시스템 변수' 중 무얼 써도 무방합니다. 하지만 학교나 학원처럼 같은 PC를 여러 명이 사용할 때는 사용자 아이디를 학생별로 만들어 변경해 가면서 로그인하게 됩니다. 그래서 사용자가 여러 명이라면 환경 변수를 '사용자 변수'에 등록하는 것이 좋습니다.

05 ❶ [변수 이름]에 "JAVA_HOME"을 입력하고 ❷ [디렉터리 찾아보기] 버튼을 클릭하여 OpenJDK를 설치한 경로를 찾아 선택합니다. 그러면 [변수 값] 부분에 경로가 입력된 것을 확인할 수 있습니다. 마지막으로 ❸ [확인] 버튼을 클릭합니다.

이 작업은 OpenJDK가 설치된 폴더를 JAVA_HOME이라는 변수에 저장하는 것입니다.

06 [시스템 변수]의 항목 중 "Path"를 찾아 더블클릭합니다.

07 환경 변수 편집 창에서 ❶ [새로 만들기] 클릭 → ❷ "%JAVA_HOME%\bin" 입력 → ❸ [확인] 버튼 클릭해서 Path 설정을 완료합니다.

08 마지막으로 환경 변수 창에서 [확인] 버튼을 눌러 지금까지의 변경사항을 시스템에 반영합니다.

0.1.3 자바 실행 확인

OpenJDK 설정이 제대로 되었는지 확인해보겠습니다.

To Do **01** ⊞ + R 로 실행 창을 연 후 "cmd"를 입력하여 명령 프롬프트를 실행합니다.

02 명령 프롬프트에서 javac -version 혹은 java -version 명령을 실행합니다.

```
> javac -version  Enter
javac 17
> java -version  Enter
openjdk version "17" 2021-09-14
OpenJDK Runtime Environment (build 17+35-2724)
OpenJDK 64-Bit Server VM (build 17+35-2724, mixed mode, sharing)
```

우리가 설치한 버전(17)이 표시된다면 JDK 설치와 환경 설정이 모두 정상적으로 완료된 것입니다.

0.2 톰캣 설치

아파치 톰캣Apache Tomcat은 아파치 소프트웨어 재단에서 제공하는 웹 애플리케이션 서버로, JSP와 서블릿 등 동적 웹 개발에 필요한 기술을 지원합니다. 톰캣도 OpenJDK와 마찬가지로 별도 설치 없이 압축만 해제하면 되는 형태입니다.

To Do **01** 톰캣 배포 사이트에 접속합니다.

- http://tomcat.apache.org

02 왼쪽 메뉴에서 [Download] 절의 [Tomcat 10] 링크를 클릭합니다.

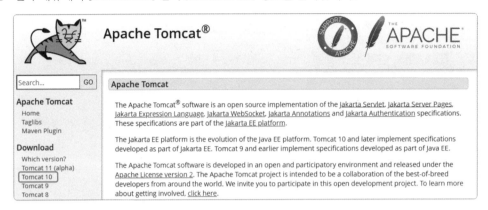

03 아래로 스크롤해서 [64-bit Windows zip] 링크를 클릭하면 즉시 다운로드가 진행됩니다.

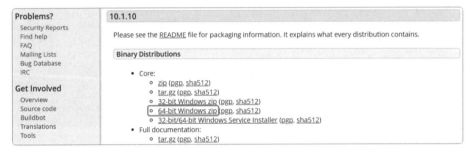

04 다운로드한 파일의 압축을 푼 후 OpenJDK 설치 시 생성한 C:\01DevelopKits 폴더로 이동시킵니다.

톰캣 실행 확인

톰캣은 단독으로 실행할 수도 있고, 이클립스에서 톰캣을 연동하여 실행할 수도 있습니다. 보통 개발 단계에서는 효율을 높이고자 이클립스에서 바로 실행하며, 완성된 서비스를 실제로 운영할 때는 단독으로 실행합니다.

이 책에서도 단독 실행은 완성된 프로젝트를 배포하는 과정(19장)에서 다루도록 하고, 그 전까지의 실습은 이클립스에서 진행할 것입니다. 따라서 톰캣이 제대로 동작하는지는 바로 이어서 이클립스까지 설치한 후 0.3.3절에서 확인해보겠습니다.

톰캣 버전별 JSP/서블릿 사양

다음 표는 아파치 톰캣 배포 사이트에서 소개하고 있는 톰캣 버전별 기술 사양입니다.

서블릿 사양	JSP 사양	표현 언어 (EL) 사양	웹소켓 사양	톰캣 버전	최신 출시 버전	지원되는 JDK 버전
6.1	4.0	6.0	2.1	11.0.x	11.0.0-M6 (alpha)	17 이상
6.0	3.1	5.0	2.1	10.1.x	10.1.4	11 이상
5.0	3.0	4.0	2.0	10.0.x	10.0.10	8 이상
4.0	2.3	3.0	1.1	9.0.x	9.0.70	8 이상
3.1	2.3	3.0	1.1	8.5.x	8.5.84	7 이상
3.1	2.3	3.0	1.1	8.0.x (superseded)	8.0.53 (superseded)	7 이상
3.0	2.2	2.2	1.1	7.0.x (archived)	7.0.109 (archived)	6 이상
2.5	2.1	2.1	N/A	6.0.x (archived)	6.0.53 (archived)	5 이상

https://tomcat.apache.org/whichversion.html

우리는 톰캣 10.1.x를 사용하므로 JSP 3.1과 서블릿 6.0 버전으로 학습하게 됩니다.

0.3 이클립스 설치 및 설정

이클립스^{Eclipse}는 가장 널리 쓰이는 통합 개발 환경^{integrated development environment, IDE} 중 하나입니다. 자바뿐 아니라 다양한 언어와 플랫폼을 지원하므로, 익혀두면 향후 다른 프로젝트를 진행할 때도 유용한 조력자가 되어줄 것입니다.

0.3.1 이클립스 설치

To Do **01** 이클립스 배포 사이트로 접속합니다.

- https://www.eclipse.org

02 오른쪽 위의 [Download] 버튼을 클릭합니다.

Note 홈페이지 디자인은 변경될 수 있습니다. 화면 디자인이 변하더라도 [Download] 메뉴는 있을 것이니 주의 깊게 보고 메뉴를 선택하면 됩니다.

03 다운로드 버튼 아래에 있는 [Download Packages] 링크를 클릭합니다.

04 우리는 JSP를 이용한 웹 애플리케이션을 개발할 것이므로, 여러 종류의 이클립스 패키지 중 "Eclipse IDE for Enterprise Java Developers"를 사용할 것입니다. 윈도우용인 [Windows x86_64]를 클릭합니다.

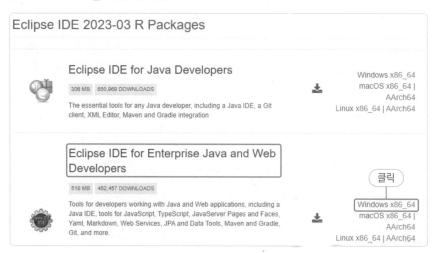

05 [Download] 버튼을 클릭합니다.

06 받은 파일의 압축을 푼 후 역시 C:\01DevelopKits 폴더로 이동시킵니다.

이클립스 역시 별도의 설치 과정 없이 압축을 푼 후 원하는 폴더로 이동하기만 하면 됩니다.

07 필수는 아니나, 앞으로 이클립스를 좀 더 편하게 실행하기 위해 바탕 화면에 단축 아이콘을 만들어두겠습니다. eclipse.exe 파일에서 마우스 우클릭 → [보내기] → [바탕 화면에 바로 가기 만들기] 메뉴를 클릭합니다.

08 eclipse.exe 파일이나 방금 만든 단축 아이콘을 더블클릭하여 실행합니다.

09 실행하면 제일 먼저 Workspace^{워크스페이스(작업 공간)}를 물어보는데 ❶ 경로를 "C:\02Work spaces"로 변경하고, ❷ 아래의 체크박스를 체크한 후 ❸ [Launch] 버튼을 클릭합니다.

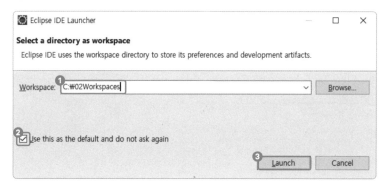

이때 체크박스를 체크하지 않으면 이클립스를 실행할 때마다 이 창이 뜨게 되므로 체크해주는 것이 편합니다. 워크스페이스는 언제든 [File] → [Switch Workspace] 메뉴에서 변경할 수 있습니다.

10 이클립스가 처음 실행되면 Welcome 창이 열립니다. 몇 가지 메뉴로 바로가기 위한 링크가 있는 창이므로 그냥 x를 클릭해 닫아줍니다.

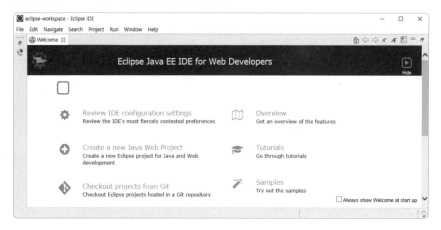

0.3.2 이클립스 기본 설정

이클립스에서 파일을 저장할 때 사용할 기본 인코딩 방식과 앞서 설치한 톰캣과의 연동 설정만 해주면 됩니다. 차례로 진행하겠습니다.

To Do 파일 인코딩 변경

이클립스의 기본 파일 인코딩 방식은 2022-03 (4.23) 버전까지 MS949였습니다. MS949는 마이크로소프트에서 개발한 한글 인코딩의 한 종류로, EUC-KR의 확장형 인코딩 방식입니다. 하지만 최근에는 다국어를 지원하는 UTF-8이 주로 사용되죠. 다행히 2022-06 (4.24) 버전부터 UTF-8로 바뀌었지만, 일부 설정은 여전히 EUC-KR로 남아 있어서 변경해주는 게 좋습니다.

01 메뉴에서 [Window] → [Preferences]를 선택합니다.

02 [Web] 하위의 ❶ [CSS Files], ❷ [HTML Files], ❸ [JSP Files] 항목 모두의 [Encoding]을 UTF-8로 변경합니다. 다 변경했다면 ❹ [Apply and Close] 버튼을 눌러 지금까지의 변경사항을 모두 적용합니다.

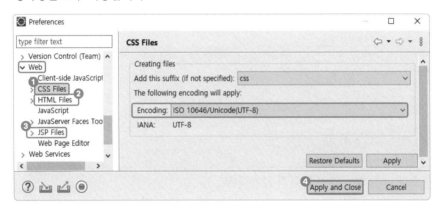

Note 이클립스 2022-03 (4.23) 이전 버전을 사용한다면, 추가로 Preferences 창에서 ❶ [General] → ❷ [Workspace]를 선택하고 ❸ [Text file encoding] 부분을 "UTF-8"로 변경한 후 ❹ [Apply and Close]를 클릭하여 반영합니다.

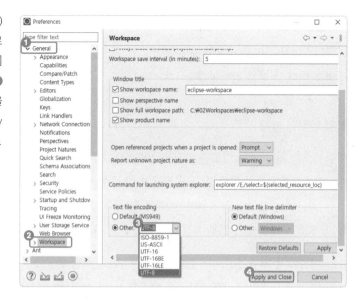

To Do 톰캣 연동 설정

01 이클립스 화면 아래쪽 뷰^{View} 중 [Servers]를 선택합니다.

현재 가용한 서버가 없다고 나옵니다.

> ### 이클립스에서 원하는 뷰가 보이지 않는다면...
>
> 이미 사용 중이던 이클립스를 그대로 활용한다면 [Servers] 뷰가 보이지 않을 수도 있습니다. 이럴 때는 메뉴에서 [Window] → [Show View] → [Other]를 선택한 후 뷰 이름으로 검색합니다. 원하는 뷰를 찾았다면 선택 후 [Open] 버튼을 눌러 추가하면 됩니다.

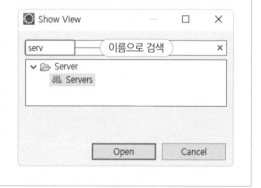

02 [Servers] 뷰에서 아래 링크를 클릭해 새로운 서버를 생성합니다.

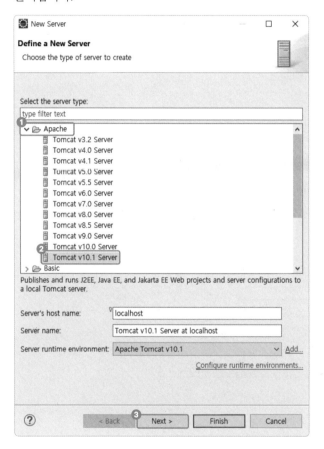

03 서버 생성 창에서 ❶ [Apache] → ❷ [Tomcat v10.1 Server] 선택 후 ❸ [Next] 버튼을 클릭합니다.

04 ❶ [Browse] 버튼을 눌러 톰캣이 설치된 폴더를 선택합니다.

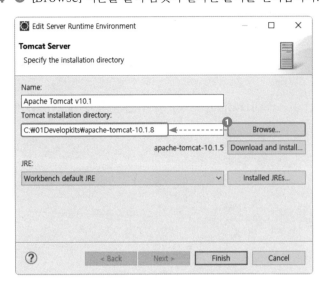

05 다음은 JRE를 선택할 차례입니다. 우리는 앞에서 직접 설치한 OpenJDK17을 사용하겠습니다. 같은 창에서 ❷ [Installed JREs..]를 클릭합니다.

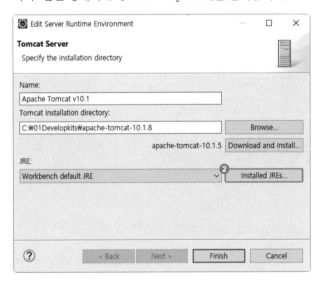

06 기본적으로 jre (default)로 설정되어 있는데, 이것은 이클립스에서 제공하는 jre이므로 제거하겠습니다. 먼저 ❶ jre (default) 선택 후 ❷ [Remove] 버튼을 눌러 삭제합니다.

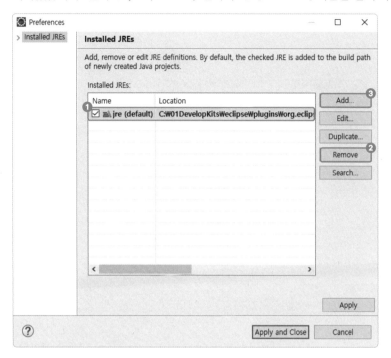

07 같은 창에서 다음으로 ❸ [Add] 버튼을 클릭합니다.

08 ❶ Standard VM을 선택하고 ❷ [Next]를 클릭합니다.

09 ❶ [Directory]를 클릭해서 jdk-17이 설치된 디렉터리를 선택하면 화살표 부분은 자동으로 채워집니다. ❷ [Finish]를 클릭해 창을 닫습니다.

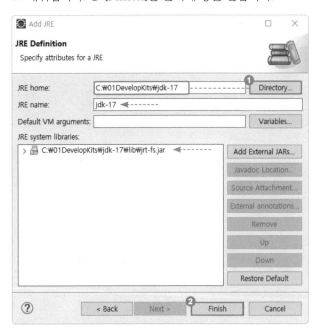

10 그러면 우리가 설치한 jdk-17이 이클립스의 default JRE로 설정되어 있음을 확인할 수 있습니다. 이제 ❶ [Apply and Close]를 클릭합니다.

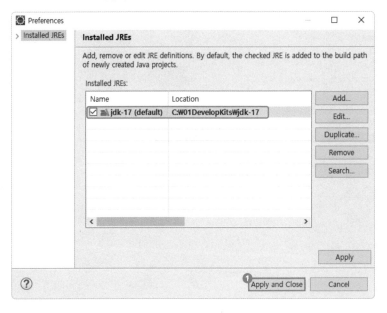

11 마지막으로 ❶ Workbench default JRE 부분을 클릭하여 ❷ 방금 등록한 jdk-17을 선택한 후 ❸ [Finish]를 클릭해 설정을 완료합니다.

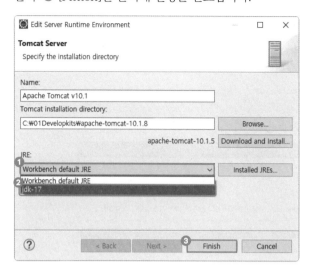

그러면 [Servers] 뷰에 Tomcat v10.1 서버가 등록된 모습을 확인할 수 있습니다.

0.3.3 톰캣 실행 확인

0.2절에서 미뤄둔 톰캣 실행 확인을 해볼 차례입니다.

To Do **01** [Servers] 뷰에서 ❶ Tomcat v10.1 선택 후 ❷ [Start the server] 버튼을 클릭하여 톰캣을 실행합니다.

잠시 후 서버의 상태가 'Started'로 변하면 톰캣이 제대로 구동된 것입니다.

02 웹 브라우저에서 다음 주소로 접속해봅니다.

- http://localhost:8080/

파일을 찾을 수 없다는 오류 화면이 뜨지만, 이 화면 자체를 톰캣이 보내준 것입니다. 화면 아래쪽에 "Apache Tomcat/10.1.8"이라는 메시지가 보입니다. 앞서 0.2절에서 설치한 톰캣이 응답한 것임을 알 수 있습니다.

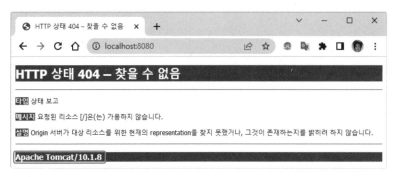

0.4 첫 번째 JSP 예제

이클립스로 JSP 웹 애플리케이션을 개발할 준비가 끝났으니 첫 번째 예제를 만들어보겠습니다.

0.4.1 프로젝트 생성

To Do **01** 메뉴에서 ❶ [File] → ❷ [New] → ❸ [Dynamic Web Project]를 선택합니다.

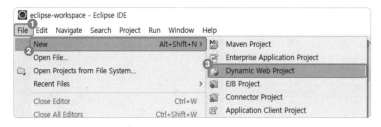

02 ➊ 프로젝트명은 "MustHaveJSP"로 하겠습니다. ➋ [Target runtime]은 "Apache Tomcat v10.1", 그 아래의 [Dynamic web module version]은 "5.0"인지 확인하고 ➌ [Next] 버튼을 클릭합니다.

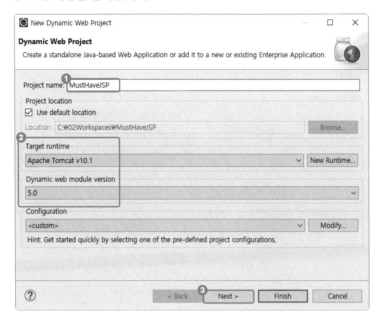

Note 프로젝트 생성 시 [Dynamic web module version]은 초기 설정이 6.0으로 되어 있습니다. 하지만 개정판을 집필하고 있는 2023년 6월 현재는 지원되지 않으므로 반드시 5.0을 선택해야 합니다.

03 자바 소스 파일의 경로를 설정하는 화면이 나옵니다. 수정 없이 [Next]를 클릭합니다.

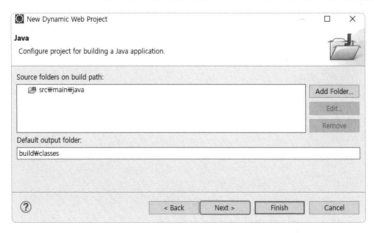

04 웹 모듈 설정 화면이 나옵니다. ❶ "Generate web.xml deployment descriptor" 체크 박스를 체크하고 ❷ [Finish]를 클릭합니다.

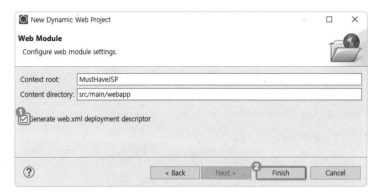

참고로 이 화면에서는 다음의 세 가지를 설정했습니다.

- Context root : 프로젝트의 컨텍스트 루트 경로
- Content directory : JSP 파일을 생성할 폴더명
- 배포 서술자^{deployment descriptor}인 web.xml 파일 생성 여부

> ## 배포 서술자(web.xml)
>
> 배포 서술자는 웹 애플리케이션의 환경설정 정보를 담은 파일입니다. WAS^{Web Application Server}가 처음 구동될 때 이 파일을 읽어 설정 내용을 톰캣에 적용하게 됩니다. 서블릿 설정, 필터 설정, 웰컴 파일 목록, 오류 페이지 처리와 같은 설정을 할 수 있습니다.

이상으로 프로젝트 생성을 마쳤습니다. 생성된 프로젝트의 구조는 다음 그림과 같습니다.

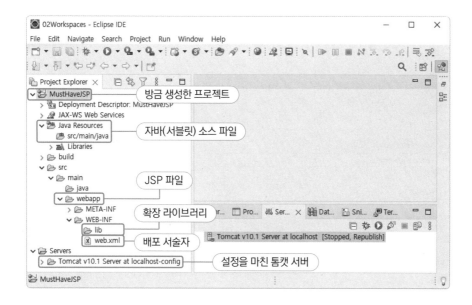

0.4.2 첫 번째 JSP 예제

프로젝트가 준비되었으니 JSP 파일을 하나 만들어보죠.

01 ❶ webapp에서 마우스 우클릭 → ❷ [New] → ❸ [JSP File]을 선택합니다.

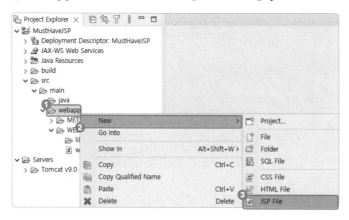

02 ❶ 파일명을 "HelloJSP"로 입력하고 ❷ [Finish] 버튼을 클릭합니다. 파일명만 입력하면 확장자는 자동으로 부여되므로 따로 입력하지 않아도 됩니다.

webapp 폴더에 HelloJSP.jsp 파일이 생성되고 오른쪽 편집창에서는 파일 내용을 보여줍니다.

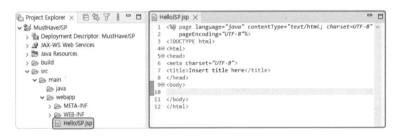

03 파일 내용을 다음과 같이 수정합니다. 수정된 부분은 음영을 칠해졌습니다.

예제 0-1 첫 번째 JSP 예제   webapp/HelloJSP.jsp

```
<%@ page language="java" contentType="text/html; charset=UTF-8"
    pageEncoding="UTF-8"%>
<%!
String str1 = "JSP";
String str2 = "안녕하세요!! ";
%>
```

```
<!DOCTYPE html>
<html>
<head>
<meta charset="UTF-8">
<title>HelloJSP</title>
</head>
<body>
    <h2>처음 만들어보는 <%= str1 %></h2>
    <p>
        <%
            out.println(str2 + str1 + "입니다. 열공합시다^^*");
        %>
    </p>
</body>
</html>
```

04 메뉴에서 [Run] → [Run As] → [Run on Server]를 눌러 실행합니다(단축키 `Ctrl + F11`).

> **Note** 아주 자주 사용하는 기능이므로 단축키를 꼭 익혀두시기 바랍니다.

05 실행할 웹 서버로 Tomcat v10.1이 선택됐는지 확인한 후 [Finish]를 클릭합니다.

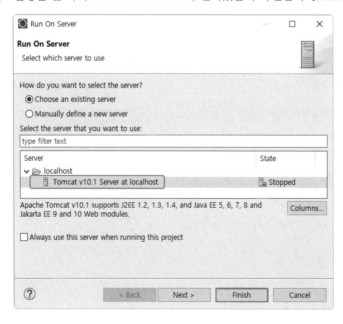

> **Note** 화면 아래의 "Always use this server when running this project" 항목을 체크해두면 재실행 시 Tomcat을 다시 선택하지 않아도 되므로 편리합니다.

06 처음 실행하면 다음과 같이 보안 경고가 뜰 텐데, [액세스 허용] 버튼을 눌러주면 됩니다.

07 서버가 이미 실행 중이라면 재시작 여부를 묻습니다. 변경 없이 [OK]를 눌러 재시작해줍니다.

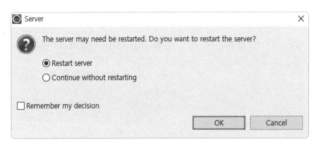

그러면 다음과 같이 웹 브라우저에서 실행 결과를 보여줍니다. 문자열을 출력하는 간단한 예제이므로 코드를 자세히 설명하지는 않겠습니다. 이 책과 함께 학습을 진행하다 보면 금세 알게 될 내용이므로 걱정하지 않으셔도 됩니다.

축하합니다! 이로써 JSP 웹 애플리케이션을 개발하기 위한 환경 구축이 모두 완료되었습니다.

문제 해결 : 웹 서버 포트 변경하기

앞서 JSP 예제 실행 결과에서 웹 브라우저의 주소표시줄을 보면 localhost:8080으로 시작합니다. 톰캣 웹 서버는 기본적으로 8080 포트를 사용하기 때문입니다.

그런데 만약 컴퓨터에 이미 설치되어 있는 다른 서비스가 같은 포트를 사용하고 있다면 충돌이 납니다. 이럴 때는 다음과 같이 포트 번호를 바꿔줘야 합니다.

알려드려요

이 책에서는 포트 번호를 8081로 바꿔서 실습을 진행하겠습니다.

이클립스에서 웹 서버 포트 변경

01 프로젝트 탐색기Project Explorer 뷰의 Servers 폴더에 보면 앞서 설정한 톰캣 서버가 보입니다. 그 아래에서 server.xml 파일을 찾아 더블클릭합니다.

02 ❶ 편집창 아래쪽에서 [Source] 탭을 클릭하고, ❷ 스크롤을 중간 정도까지 내리면 〈Connector〉 엘리먼트가 보일 것입니다. ❸ port 속성의 값을 8081로 수정하고 ❹ `Ctrl + S` 를 눌러 저장합니다.

03 ❶ 편집창에서 HelloJSP.jsp 파일을 선택한 다음 ❷ `Ctrl + F11`을 눌러 HelloJSP.jsp를 다시 한번 실행합니다.

04 서버 설정(포트 번호)을 변경했으므로 실행 전에 서버를 재시작할지 묻는 창이 뜹니다. [OK]를 클릭해 재시작 후 파일을 실행하도록 합니다.

그러면 다음과 같이 포트 번호가 8081로 변경된 것을 확인할 수 있습니다.

톰캣 원본의 포트 변경

포트 충돌 시 설정할 것이 한 가지 더 남았습니다. 이클립스는 톰캣 웹 서버를 내장하고 있는 것이 아니므로, 외부의 톰캣 환경을 이클립스로 복사해서 사용합니다. 즉, 방금 수정한 server.xml은 원본이 아니라 이클립스가 만든 복사본입니다. 그래서 만약 문제가 있어 설정했던 서버를 삭제한 후 다시 생성하면 server.xml의 내용도 처음 상태로 돌아가게 됩니다.

그러므로 원본도 같이 수정해놓는 게 좋습니다.

01 윈도우 탐색기를 열어 톰캣 설치 경로의 conf 폴더로 이동합니다.
- C:\01DevelopKits\apache-tomcat-10.1.8\conf

02 server.xml 파일을 메모장으로 엽니다(마우스 우클릭 → [연결 프로그램] → [메모장]).

03 이클립스에서 수정했을 때와 동일하게 ❶ Connector 엘리먼트를 찾아 ❷ port 속성의 값을 "8081"로 수정한 후 ❸ `Ctrl + S` 를 눌러 저장합니다.

```
server.xml - Windows 메모장                                    -  □  ×
파일(F)  편집(E)  서식(O)  보기(V)  도움말(H)
    <!-- A "Connector" represents an endpoint by which requests are received
         and responses are returned. Documentation at :
         Java HTTP Connector: /docs/config/http.html
         Java AJP  Connector: /docs/config/ajp.html
         APR (HTTP/AJP) Connector: /docs/apr.html
         Define a non-SSL/TLS HTTP/1.1 Connector on port 8080
    -->
    <Connector port="8081" protocol="HTTP/1.1"
               connectionTimeout="20000"
```

이제 이클립스에서 웹 서버를 다시 생성하더라도 포트 번호는 항상 8081로 유지됩니다.

다른 웹 브라우저로 실행하기

이클립스는 웹 애플리케이션을 실행하는 브라우저를 선택할 수 있습니다. 다른 웹 브라우저에서 실행하길 원한다면 다음과 같이 [Window] → [Web Browser] 메뉴에서 원하는 웹 브라우저를 선택해주세요.

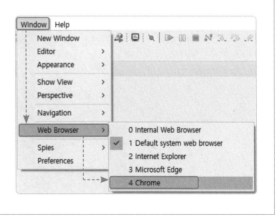

0.5 예제 코드 다운로드 및 점검

깃허브에서 예제 코드를 내려받고 실행하는 방법을 알아보겠습니다.

0.5.1 예제 코드 다운로드

To Do **01** 웹 브라우저로 이 책의 깃허브 저장소에 접속합니다.

- https://github.com/nakjasabal/MustHaveJSPv2

02 ❶ 화면 오른쪽의 [Code] 버튼을 클릭한 다음 ❷ [Download ZIP] 메뉴를 선택하면 전체 코드가 ZIP 파일로 다운로드됩니다.

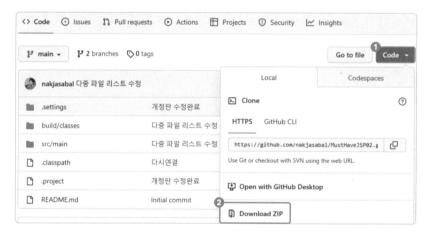

0.5.2 예제 코드 확인

앞 절에서 다운로드한 ZIP 파일을 이클립스로 불러오겠습니다.

To Do 01 이클립스에서 ❶ [File] → ❷ [Import] 메뉴를 선택합니다.

02 Import 창이 뜨면 ❶ [General] → ❷ [Existing Projects into Workspace] 선택 후 ❸ [Next] 버튼을 클릭합니다.

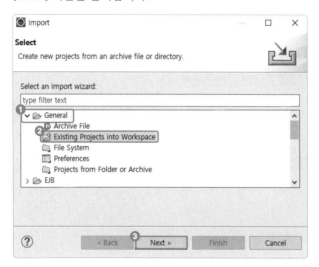

03 ❶ [Select archive file:] 클릭 → ❷ [Browser] 버튼을 클릭하여 앞 절에서 내려받은 ZIP 파일을 선택하고, 마지막으로 ❸ [Finish] 버튼을 클릭합니다.

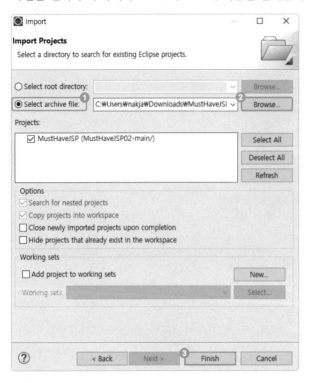

그러면 MustHaveJSP라는 프로젝트가 새로 만들어질 것입니다. 펼쳐보면 앞으로 이 책에서 함께 만들어볼 예제 코드들이 모두 들어 있습니다.

04 앞서 만든 프로젝트와 이름이 같으니, 다르게 바꿔보겠습니다. 프로젝트 이름에서 마우스 우클릭 → [Refector] → [Rename] 메뉴를 선택한 후 이름을 "MustHaveJSP_origin"으로 변경합니다.

05 ❶ 프로젝트를 확장하여 src/main/webapp 밑의 HelloJSP.jsp 파일 찾아 더블클릭해 연 후 ❷ 0.4.2절에서처럼 `Ctrl + F11` 키를 눌러 실행해보세요.

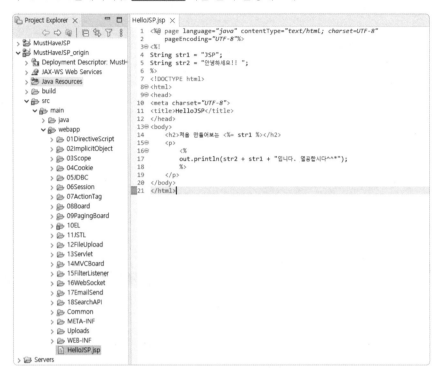

그러면 다음과 같이 웹 브라우저가 열리며 똑같은 결과를 보여줄 것입니다.

이상으로 본격적인 JSP 학습을 시작할 수 있는 환경이 모두 갖춰졌습니다. 이제부터 함께 열심히 공부해봅시다.

JSP 프로그래밍의 가장 기본이 되는 개념과 기술을 익힙니다. 많은 개념이 등장하지만 핵심적이고 실용적인 기술 중심으로 하나씩 정복해갈 것입니다. 1단계 마지막에는 이 기술들을 모두 녹여 간단한 회원제 게시판을 직접 만들어봅니다.

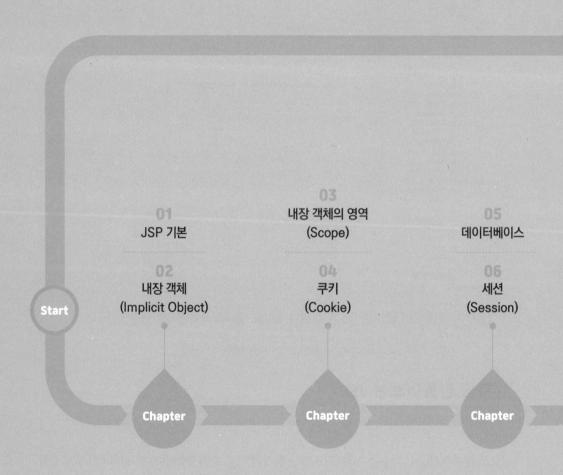

Start

01
JSP 기본

02
내장 객체
(Implicit Object)

03
내장 객체의 영역
(Scope)

04
쿠키
(Cookie)

05
데이터베이스

06
세션
(Session)

Chapter

Chapter

Chapter

빠르게 익히는 JSP 기초

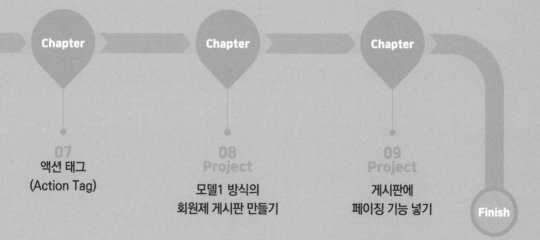

JSP 기본

☐ **학습 목표** JSP의 개념, 탄생 배경, 동작 원리를 이해하고 JSP 파일의 기본 구조와 핵심 요소를 익힙니다.

☐ **학습 순서**

```
┌─────────┐     ┌────────┐     ┌─────────┐     ┌────────┐     ┌────────┐
│ 기본     │ ──▶ │ 탄생   │ ──▶ │ JSP 파일 │ ──▶ │ 지시어 │ ──▶ │ 스크립트│
│ 용어     │     │ 배경   │     │ 기본 구조│     │        │     │ 요소    │
│ 소개     │     └────────┘     └─────────┘     └────────┘     └────────┘
└─────────┘                                        │               │
                                            ┌──────────────┐  ┌──────────────┐
                                            │ • page       │  │ • 선언부      │
                                            │ • include    │  │ • 스크립틀릿  │
                                            │ • taglib     │  │ • 표현식      │
                                            │              │  │ • 스크립트 요소 활용│
                                            └──────────────┘  └──────────────┘
```

☐ **JSP란** JSP^Java Server Pages는 동적인 웹 페이지를 개발하기 위한 웹 프로그래밍 기술입니다. 이름에서처럼 자바^Java 언어를 사용하여 서버^Server 측에서 웹 페이지들^Pages을 생성해 웹 브라우저로 전송해줍니다. 자바를 서버 개발 언어로 자리 잡게 한 일등공신입니다.

☐ **장점**
- 짧은 코드로 동적인 웹 페이지를 생성할 수 있습니다.
- 기본적인 예외는 자동으로 처리됩니다.
- 많은 확장 라이브러리를 사용할 수 있습니다.
- 스레드 기반으로 실행되어 시스템 자원을 절약해줍니다.

☐ **활용 사례** JSP는 기업용 자바 기술의 집합체인 Java EE^Java Platform, Enterprise Edition의 핵심 요소이며, Java EE는 대한민국 정부 표준 프레임워크의 근간입니다. 따라서 정부나 공기업 주도의 사업 등 대규모 기업용 시스템 구축에 주로 사용됩니다. 또한 클라우드 시대가 되면서 구글 앱 엔진과 아마존 웹 서비스(AWS) 등에서도 지원하기 시작하면서 활용 폭이 더욱 넓어졌습니다.

기본 용어 소개

자바나 JSP 같은 프로그래밍 언어를 공부하다 보면 항상 용어의 벽에 부딪치게 됩니다. 저도 종종 학생들로부터 "쌤, 용어가 어려워서 자바 못하겠어요. ㅜㅜ"라는 말을 듣곤 합니다. 그래서 기본적인 용어 몇 가지를 그림을 곁들여 설명하고 시작하겠습니다(아시는 용어라면 건너뛰셔도 무방합니다). 이 외에도 알아야 할 용어가 많지만, 입문 과정에서 모두를 다룰 수는 없으니 단계별로 필요할 때 더 설명하겠습니다.

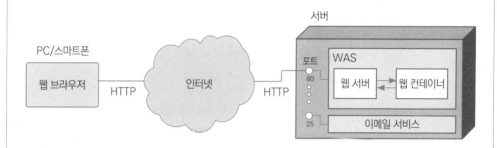

서버(Server)

웹에서 서비스를 제공하는 컴퓨터 시스템을 말합니다. 서버는 우리말로 레스토랑에서 '시중드는 사람' 정도로 비유할 수 있습니다. 우리는 주로 정보를 검색하기 위해 포털 사이트를 이용하고, 필요한 물품을 구매하기 위해 쇼핑몰을 이용하게 되는데, 이런 서비스를 제공하는 웹 애플리케이션은 서버 컴퓨터에 파일의 형태로 저장되어 있습니다.

웹 서버(Web Server)

사용자로부터 HTTP를 통해 요청을 받거나, 웹 컨테이너가 전달해준 결과물을 정적인 페이지로 생성하여 사용자에게 응답해주는 소프트웨어를 말합니다. 웹 페이지는 주로 HTML, CSS, 자바스크립트 등으로 구성됩니다.

웹 컨테이너(Web Container)

웹 서버가 전송해준 요청을 기초로 동적인 페이지를 생성하여 웹 서버로 돌려줍니다. '동적'인 페이지라고 표현하는 이유는 사용자마다 다른 결과로 응답할 수 있기 때문인데, 간단한 예로 로그인이 있습니다. 로그인한 아이디를 보고 각자에 맞는 페이지를 구성해 보내주는 것입니다.

WAS(Web Application Server)

웹 애플리케이션이 실행될 수 있는 환경을 제공하는 소프트웨어로, 컴퓨터에서 운영체제 (윈도우, 리눅스 등)와 비슷한 역할을 하는 소프트웨어라 할 수 있습니다. WAS는 앞에서 설명한 웹 서버와 웹 컨테이너를 포함한 개념입니다. 이 책에서 이용할 톰캣^{Tomcat}이 대표적인 예이며, 그 외에 웹로직^{WebLogic}, 웹스피어^{WebShpere} 등의 제품이 있습니다.

HTTP(HyperText Transfer Protocol) / HTTPS(HTTP Secure)

보통 www라고 줄여 쓰는 월드 와이드 웹^{World Wide Web}에서 웹 서버와 사용자 사이의 통신을 위해 사용하는 통신 프로토콜입니다. 사용자가 요청하면 웹 서버가 응답하는 단순한 구조의 프로토콜입니다. HTTPS는 암호화된 HTTP입니다.

프로토콜(Protocol)

네트워크를 통해 컴퓨터들이 정보를 주고받는 절차 혹은 통신 규약을 말합니다. 한국인과 미국인이 각자의 모국어로만 말을 한다면 제대로 소통할 수 없겠죠? 컴퓨터도 마찬가지입니다. 이때 프로토콜은 서로 다른 컴퓨터들이 대화하는 데 필요한 공통 언어 역할을 해줍니다. 앞에서 설명한 HTTP도 프로토콜의 한 종류이고, 다른 프로토콜로는 파일 전송을 위한 FTP^{File Transfer Protocol}, 이메일 전송을 위한 SMTP^{Simple Mail Transfer Protocol} 등이 있습니다.

포트(Port)

포트를 직역하면 '항구'라는 뜻인데, 컴퓨터 사이에서 데이터를 주고받을 수 있는 통로를 말합니다. 인터넷에서는 IP 주소를 통해 서버 컴퓨터의 위치를 파악합니다. 그런 다음 그 컴퓨터가 제공하는 특정 서비스는 포트 번호를 통해 알 수 있습니다. 우리가 이용하는 인터넷상의 모든 서비스는 IP 주소와 함께 포트 번호까지 지정해야 제대로 요청을 전달할 수 있습니다. 대표적으로 HTTP는 80번 포트를, 보안이 적용된 HTTPS는 443번 포트를 사용합니다.

1.1 동적 웹 페이지로의 여정과 JSP

JSP란 동적 웹 페이지를 쉽고 빠르게 제작할 수 있도록 자바가 제시한 궁극적인 해법입니다. 그렇다면 동적 웹 페이지란 도대체 무엇이고 왜 필요한지, 그리고 JSP라는 해법을 찾기까지 어떤 여정을 거쳐왔는지를 가볍게 살펴보면서 JSP의 주요 특징까지 알아보겠습니다.

1.1.1 정적 웹 페이지와 동적 웹 페이지

정적 웹 페이지static web page란 웹 서버에 '저장되어 있는 파일을 그대로' 웹 브라우저에 전송해 출력하는 가장 기본적인 웹 페이지를 말합니다. 클라이언트가 어떤 형태로 요청하더라도 같은 페이지는 항상 동일한 모습을 보여주기 때문에 '정적'이란 수식어가 붙습니다.

반면 동적 웹 페이지dynamic web page란 동일한 페이지라 할지라도 그때그때 내용이 달라질 수 있는 웹 페이지입니다. 달리 표현하면 서버가 클라이언트의 요청을 해석하여 가장 적절한 웹 페이지를 그때그때 생성해 보내주는 기술입니다. 따라서 클라이언트는 요청한 계정, 시간, 지역, 언어, 기타 입력값에 따라 다른 결과를 받습니다.

▼ 정적 웹 페이지 구동 방식

▼ 동적 웹 페이지 구동 방식

그림에서 보듯 동적 웹 페이지는 '전처리' 과정을 거쳐 응답 페이지를 동적으로 생성합니다. 그리고 이 전처리를 어떻게 처리하느냐에 따라 구체적인 동적 웹 페이지 기술이 나뉩니다. 대표적으로는 이 책에서 설명할 JSP와 서블릿이 있고, 다른 기술로는 ASP와 PHP 등이 있습니다.

1.1.2 애플릿, 동적 웹을 향한 자바의 첫걸음

동적 웹 페이지 기술로 분류되지는 않습니다만 웹을 동적으로 만들기 위한 고대의 자바 기술이 있었으니, 바로 자바 애플릿Java Applet입니다. 자바 애플릿은 웹에서 실행되도록 설계된 자바 애플리케이션을 통째로 웹 브라우저로 전송한 후, 자바 가상 머신을 탑재한 웹 브라우저가 이를 실행하는 방식으로 구동됩니다.

동적 웹 기술이 발달하기 전 시절에는 한때 이목을 끌었지만, 표준 기술인 HTML과 자바스크립트가 발전하면서 지금은 더 이상 지원되지 않는 추억의 기술이 되었습니다.

1.1.3 서블릿, 자바 웹 기술의 새 지평을 열다

애플리케이션 전체가 클라이언트에 다운로드된 후 실행되는 자바 애플릿은 속도, 보안, 유연성 등에서 한계가 있었습니다. 그래서 서버 측에서 실행되는 서블릿Servlet이 등장했습니다. 서블릿은 클라이언트의 요청을 받으면 서버에서 처리한 후, 응답으로는 결괏값만 보내주는 구조입니다.

▼ 서블릿 구동 방식(저장소와 DB 생략)

앞서 보여준 동적 웹 페이지 방식에서의 '전처리' 부분을 서블릿이 담당하는 구조입니다. 서블릿은 자바 파일(.java)을 컴파일한 클래스 파일(.class) 형태이며, 이를 실행하고 관리해주는 런타임을 서블릿 컨테이너라고 합니다. 대표적인 서블릿 컨테이너로는 아파치 톰캣Apache Tomcat이 있습니다.

1.1.4 JSP, 자바 웹 기술의 최종 진화

서블릿에도 단점이 있었습니다. 서블릿은 기본적으로 자바 코드인데, 결과로 보여줄 HTML 코드를 일일이 자바로 생성·조합하다 보니 너무 많은 코드가 필요했습니다. 그래서 발상을 전환하여, 기본을 HTML로 하고 필요한 부분만 자바 코드를 삽입하는 형태인 JSP가 탄생하게 되었습니다.

▼ JSP 구동 방식

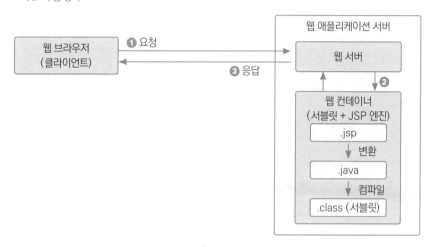

그림에서 보듯 JSP의 구동 방식은 다소 복잡해 보이지만, 알고 보면 JSP 파일을 서블릿으로 변환하여 서블릿을 실행하는 방식입니다. 한 번 서블릿으로 컴파일된 JSP 파일은 캐시되므로 실질적인 성능 저하 없이 개발 생산성과 유지보수 편의성을 모두 얻는 멋진 아이디어인 셈이죠.

또한 JSP가 서블릿으로 변환되어 실행된다는 것은 서블릿 기술도 여전히 사용할 수 있다는 뜻입니다. 그래서 용도에 따라 더 유리한 기술을 골라 사용할 수 있습니다. 실제로 JSP는 클라이언트에 보여지는 결과 페이지를 생성할 때 주로 쓰이며, 서블릿은 UI 요소가 없는 제어나 기타 처리 용도로 쓰입니다. 두 기술의 주요 차이를 [표 1-1]로 정리해봤습니다.

표 1-1 서블릿과 JSP의 주요 차이

서블릿	JSP
자바 코드 안에서 전체 HTML 페이지를 생성합니다.	HTML 코드 안에서 필요한 부분만 자바 코드를 스크립트 형태로 추가합니다.
변수 선언 및 초기화가 반드시 선행되어야 합니다.	자주 쓰이는 기능을 내장 객체로 제공하여 즉시 사용할 수 있습니다.
컨트롤러Controller를 만들 때 사용합니다.	처리된 결과를 보여주는 뷰View를 만들 때 사용합니다.

1.1.5 오늘날의 웹 사이트

지금까지 자바를 중심으로 동적 웹 페이지 기술의 발전 과정을 알아보았습니다. 하지만 동적 웹이 반드시 좋은 것만은 아닙니다. 정적 웹 페이지가 더 만들기 쉽고 속도도 빠르며 운영 비용도 저렴하죠. 그래서 내용이 변하지 않는 콘텐츠라면 정적 웹으로 구성하는 게 합리적입니다.

실제로 대부분의 웹 사이트나 웹 애플리케이션은 정적인 콘텐츠와 동적인 콘텐츠가 섞여 있습니다. 그래서 자연스럽게 오늘날의 웹은 정적 웹 페이지와 동적 웹 페이지가 혼합된 형태를 띕니다.

▼ 오늘날의 일반적인 웹 구동 방식(자바 중심)

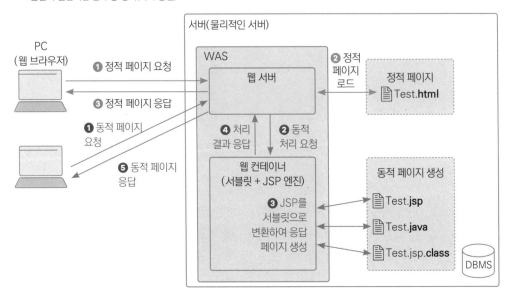

이상으로 JSP의 탄생 배경과 특징, 그리고 오늘날의 웹 구동 방식을 알아봤습니다. 이어서 JSP 파일의 기본 구조, 핵심 구성요소인 지시어와 스크립트 요소를 차례로 살펴보겠습니다.

1.2 JSP 파일 기본 구조

JSP의 주된 목적은 웹 브라우저에 띄울 HTML 파일을 생성하는 것입니다. 그리고 그 형태는 다음과 같습니다. 이 예제는 0장에서 이클립스를 설치한 후 처음으로 만들어 본 HelloJSP.jsp입니다.

```
<%@ page language="java" contentType="text/html; charset=UTF-8"
    pageEncoding="UTF-8"%>                                        ┐─ 지시어
<%!
String str1 = "JSP";                                             ┐
String str2 = "안녕하세요..";                                        ├─ 스크립트 요소(선언부)
%>                                                               ┘
<!DOCTYPE html>
<html>
<head>
<meta charset="UTF-8">
<title>HelloJSP</title>
</head>
<body>
    <h2>처음 만들어보는 <%= str1 %></h2> ── 스크립트 요소(표현식)
    <p>
        <%                                                        ┐
        out.println(str2 + str1 + "입니다. 열공합시다^^*");          ├─ 스크립트 요소
        %>                                                        ┘  (스크립틀릿)
    </p>
</body>
</html>
```

예제에서 보듯 일반적인 HTML 파일에 몇 가지 요소가 추가된 형태입니다. 크게 보면 지시어와 스크립트 요소가 있으며, 스크립트 요소는 다시 세 가지(선언부, 표현식, 스크립틀릿)로 나뉩니다. 지시어는 해당 JSP 페이지의 처리 방법을 JSP 엔진에 '지시'해주는 역할을 하며, 스크립트 요소는 HTML 파일 중간에 자바 코드를 삽입할 때 사용합니다.

이번 장에서 지시어와 스크립트 요소 모두를 학습하도록 하겠습니다.

1.3 지시어(Directive)

지시어는 JSP 페이지를 자바(서블릿) 코드로 변환하는 데 필요한 정보를 JSP 엔진에 알려줍니다. 주로 스크립트 언어나 인코딩 방식 등을 설정합니다. 지시자 혹은 디렉티브로 부르기도 합니다.

기본 구문은 다음과 같습니다.

```
<%@ 지시어종류 속성1="값1" 속성2="값2" ... %>
```

보다시피 지시어 종류 뒤에 다수의 속성을 지정할 수 있는 구조입니다. 사용할 수 있는 속성은 지시어마다 다르며, 지시어 종류는 다음 세 가지가 있습니다.

- page 지시어 : JSP 페이지에 대한 정보를 설정합니다.
- include 지시어 : 외부 파일을 현재 JSP 페이지에 포함시킵니다.
- taglib 지시어 : 표현 언어에서 사용할 자바 클래스나 JSTL을 선언합니다.

하나씩 자세히 들여다보겠습니다.

1.3.1 page 지시어

page 지시어는 JSP 페이지에 대한 정보를 설정합니다. 예를 들어 문서의 타입, 에러 페이지, MIME 타입과 같은 정보를 설정합니다. 주요 속성들을 [표 1-2]에 정리했습니다.

표 1-2 page 지시어의 속성들

속성	내용	기본값
info	페이지에 대한 설명을 입력합니다.	없음
language	페이지에서 사용할 스크립팅 언어를 지정합니다.	java
contentType	페이지에서 생성할 MIME 타입을 지정합니다.	없음
pageEncoding	charset과 같이 인코딩을 지정합니다.	ISO-8859-1
import	페이지에서 사용할 자바 패키지와 클래스를 지정합니다.	없음
session	세션 사용 여부를 지정합니다.	true
buffer	출력 버퍼의 크기를 지정합니다. 버퍼를 사용하지 않으려면 "none"으로 지정합니다.	8KB
autoFlush	출력 버퍼가 모두 채워졌을 때 자동으로 비울 지를 결정합니다. buffer 속성이 none일 때 false로 지정하면 에러가 발생합니다.	true
trimDirective Whitespaces	지시어 선언으로 인한 공백을 제거할지 여부를 지정합니다.	false

errorPage	해당 페이지에서 에러가 발생했을 때 에러 발생 여부를 보여줄 페이지를 지정합니다.	없음
isErrorPage	해당 페이지가 에러를 처리할지 여부를 지정합니다.	false

이어서 이 속성들이 실제로 어떻게 쓰이는지 예시와 함께 살펴보겠습니다.

language, contentType, pageEncoding 속성

이클립스에서 JSP 파일을 생성하면 다음의 3가지 속성을 포함한 page 지시어가 기본적으로 삽입됩니다.

```
<%@ page language="java" contentType="text/html; charset=UTF-8"
    pageEncoding="UTF-8"%>
```

이 지시어를 해석하면 다음과 같습니다.

- **language** : 스크립팅 언어는 자바를 사용합니다.
- **contentType** : 문서의 타입, 즉 MIME 타입은 text/html이고, 캐릭터셋은 UTF-8입니다.
- **pageEncoding** : 소스 코드의 인코딩 방식은 UTF-8입니다.

캐릭터셋이나 인코딩의 기본값은 ISO-8859-1인데, 영어와 서유럽어 문자만 포함하고 있어서 한글은 제대로 출력되지 않습니다. 그래서 한글을 표현하기 위해서는 EUC-KR이나 UTF-8을 사용해야 하며, 최근에는 다국어를 지원하는 UTF-8을 주로 사용합니다. 우리는 0장에서 이클립스 설치 후 기본 파일 인코딩을 UTF-8로 이미 변경했습니다.

import 속성

JSP 파일은 자바 파일로 변환된다고 했습니다. 자바에서 외부 클래스를 사용하려면 import문으로 해당 패키지나 클래스를 가져와야 하듯이, JSP 파일에서도 필요한 클래스가 있으면 임포트해야 합니다. 이때 사용하는 것이 바로 page 지시어의 import 속성입니다. 자바 프로그래밍 때와 마찬가지로 java.lang 패키지에 속하지 않은 클래스를 JSP 문서에서 사용하기 위해 사용합니다.

예를 보시죠.

Note 이 책의 예제 코드는 장별로 폴더를 구분해 작성해두었습니다. 예를 들어 1장의 예제는 webapp 하위에 01DirectiveScript 폴더를 생성해 그 안에 작성했습니다. 폴더를 만들려면 이클립스 왼쪽 프로젝트 탐색기에서 ❶ 부모가 될 폴더를 찾아 마우스 우클릭 → ❷ [New] → ❸ [Folder] 메뉴를 선택하면 됩니다.

예제 1-1 import 속성으로 외부 클래스 불러오기   webapp/**01DirectiveScript/Import.jsp**

```jsp
<%@ page language="java" contentType="text/html; charset=UTF-8"
    pageEncoding="UTF-8"%>
<%@ page import="java.text.SimpleDateFormat"%>   ❶ 필요한 외부 클래스 임포트
<%@ page import="java.util.Date"%>
<!DOCTYPE html>
<html>
<head>
<meta charset="UTF-8">
<title>page 지시어 - import 속성</title>
</head>
<body>
<%                                               ❷ 외부 클래스 생성
Date today = new Date();
SimpleDateFormat dateFormat = new SimpleDateFormat("yyyy-MM-dd");
String todayStr = dateFormat.format(today);
out.println("오늘 날짜 : " + todayStr);          ❸ 오늘 날짜를 웹 브라우저에 출력
%>
</body>
</html>
```

이 코드는 ❷ Date와 SimpleDateFormat 클래스를 이용하여 ❸ 오늘 날짜를 출력하고 있습니다. 이 두 클래스는 java.lang 패키지에 속하지 않습니다. 그래서 현재 문서에서 사용하기 위해서는 ❶ 페이지 상단에서 page 지시어를 사용해 임포트해야 합니다.

Ctrl + F11 을 눌러 실행하면 다음과 같이 오늘 날짜를 보여줍니다.

Tip 이클립스는 코드 자동완성 기능이 있어서 필요한 파일을 쉽게 임포트할 수 있습니다. 편집창에서 Date를 입력한 후 `Ctrl + Space` 를 눌러보면(메뉴에서 [Edit] → [Content Assist]) 다음과 같이 이름에 Date가 포함된 여러 가지 클래스가 목록으로 표시됩니다. 여기서 우리가 사용할 java.util 패키지의 Date 클래스를 선택하면 페이지 지시어가 자동으로 삽입됩니다.

errorPage, isErrorPage 속성

JSP는 실행 도중에 에러가 발생하면 "HTTP Status 500" 에러 화면을 웹 브라우저에 표시해줍니다. 개발을 진행하는 중이라면 어떤 에러가 발생되었는지 확인할 수 있으므로 도움이 됩니다. 하지만 실제로 서비스하는 도중 에러 화면이 뜬다면 고객의 신뢰를 잃는 요인이 될 것입니다. 또한 에러가 발생된 코드의 일부가 노출되므로 보안 측면에서도 좋지 않습니다.

에러가 발생하는 코드를 작성하여 결과를 확인해보고, 이어서 이를 적절히 처리할 수 있는 방법을 알아보겠습니다.

예제 1-2 에러 발생 페이지   webapp/01DirectiveScript/Error500.jsp

```jsp
<%@ page language="java" contentType="text/html; charset=UTF-8"
    pageEncoding="UTF-8"%>
<!DOCTYPE html>
<html>
<head>
<meta charset="UTF-8">
```

```
<title>page 지시어 - errorPage, isErrorPage 속성</title>
</head>
<body>
<%
int myAge = Integer.parseInt(request.getParameter("age")) + 10;  // 에러 발생 ❶
out.println("10년 후 당신의 나이는 " + myAge + "입니다.");  // 실행되지 않음
%>
</body>
</html>
```

❶에서는 내장 객체인 request로부터 "age" 매개변수의 값을 받아와 정수로 변환합니다. 하지만 최초 실행 시에는 매개변수가 없으므로 null 값이 전달되어 예외(에러)가 발생합니다(내장 객체에 대해서는 2장을 참고하세요).

그래서 [예제 1-2]를 실행하면 다음과 같은 에러 페이지가 표시됩니다. 스크립틀릿 안에 작성한 코드가 그대로 노출되는 걸 볼 수 있습니다.

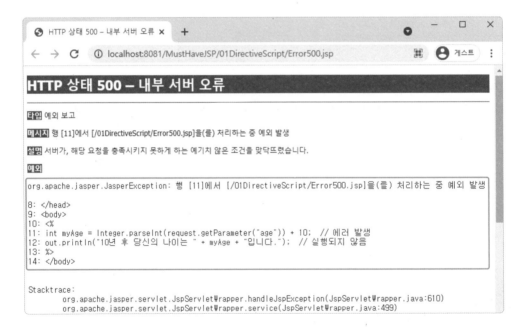

고객이 웹서핑 도중 이런 페이지를 보게 된다면 사이트에 대한 신뢰가 많이 떨어져 두 번 다시 방문하지 않을지도 모릅니다. 따라서 이런 상황은 미연에 방지하는 것이 좋습니다. 방법은 두 가지

입니다.

1 try/catch를 사용하여 직접 에러를 처리합니다.

2 errorPage, isErrorPage 속성을 사용하여 디자인이 적용된 페이지로 대체합니다.

먼저 try/catch를 사용하여 에러를 직접 처리해보겠습니다.

예제 1-3 try/catch 구문으로 직접 처리   webapp/01DirectiveScript/ErrorTryCatch.jsp

```jsp
<%@ page language="java" contentType="text/html; charset=UTF-8"
    pageEncoding="UTF-8"%>
<!DOCTYPE html>
<html>
<head>
<meta charset="UTF-8">
<title>page 지시어 - errorPage, isErrorPage 속성</title>
</head>
<body>
<%
try {  // 예외 발생 부분을 try/catch로 감쌉니다. ❶
    int myAge = Integer.parseInt(request.getParameter("age")) + 10;
    out.println("10년 후 당신의 나이는 " + myAge + "입니다.");
}
catch (Exception e) {
    out.println("예외 발생 : 매개변수 age가 null입니다.");
}
%>
</body>
</html>
```

보다시피 ❶ 예외 발생 부분을 try/catch 구문으로 감쌌습니다. 이 페이지는 실행하는 즉시 예외가 발생하므로 catch절이 실행됩니다. 다음은 이 페이지의 실행 결과입니다.

```
←  →  C  ⓘ localhost:8081/MustHaveJSP/01DirectiveScript/ErrorTryCatch.jsp

예외 발생 : 매개변수 age가 null입니다.
```

앞에서 봤던 뭔가 무시무시한 화면이 아닌 일반적인 화면이 나타났습니다. 에러 내용이나 관련 코드는 말끔히 사라졌습니다. 에러의 구체적인 내용은 로그를 통해 개발자만 확인할 수 있습니다.

두 번째는 개발자가 지정한 JSP 화면을 보여주는 방법인데, 이때 errorPage, isErrorPage 속성을 사용합니다.

❶ 우선 ErrorPage.jsp 파일을 생성한 후 ❷ [예제 1-2]의 Error500.jsp 코드를 그대로 붙여 넣고 ❸ 다음의 [예제 1-4]처럼 상단 지시어 부분에 errorPage 속성을 추가합니다.

예제 1-4 errorPage 속성으로 에러 페이지 지정   webapp/**01DirectiveScript/ErrorPage.jsp**

```
<%@ page language="java" contentType="text/html; charset=UTF-8"
    pageEncoding="UTF-8"
    errorPage="IsErrorPage.jsp"%>  ❶ 에러 페이지 지정
  ... 생략 ...
```

이렇게 하면 페이지에서 에러가 발생했을 때 직접 처리하지 않고, ❶에서 errorPage 속성으로 지정한 페이지를 웹 브라우저에 출력합니다. 즉, 이 페이지에서 에러가 발생하면 웹 브라우저에는 IsErrorPage.jsp가 출력됩니다.

그렇다면 IsErrorPage.jsp 파일은 어떻게 구성하면 될까요?

예제 1-5 isErrorPage 속성을 설정한 에러 페이지 작성   webapp/**01DirectiveScript/IsErrorPage.jsp**

```
<%@ page language="java" contentType="text/html; charset=UTF-8"
    pageEncoding="UTF-8"
    isErrorPage="true"%>  ❶ isErrorPage 속성에 true를 지정
<!DOCTYPE html>
<html>
<head>
<meta charset="UTF-8">
<title>page 지시어 - errorPage/isErrorPage 속성</title>
</head>
<body>
    <h2>서비스 중 일시적인 오류가 발생하였습니다.</h2>
    <p>
        오류명 : <%= exception.getClass().getName() %> <br />  ❷
        오류 메시지 : <%= exception.getMessage() %>
    </p>
</body>
</html>
```

에러 페이지에서는 ❶ 반드시 isErrorPage 속성을 "true"로 설정해줘야 합니다. 그래야만 발생된 에러 내용을 그대로 넘겨받을 수 있습니다. 참고로 ❷에서는 페이지 내용을 구성하기 위해 exception 내장 객체로부터 발생한 예외의 타입과 메시지를 얻어왔습니다(내장 객체는 2장에서 다룹니다).

ErrorPage.jsp를 실행해보겠습니다.

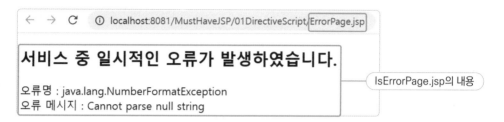

주소 표시줄에는 ErrorPage.jsp가 표시되지만, 화면에는 IsErrorPage.jsp의 내용이 출력됩니다. 이렇듯 exception 내장 객체를 통해 발생된 오류 이름과 오류 메시지를 확인할 수 있었습니다. 하지만 실제 서비스에서는 오류 메시지를 표시하지 않고 대부분 사용자에게 친근한 모습으로 디자인된 페이지를 사용하여 출력합니다.

trimDirectiveWhitespaces 속성

앞의 예제들을 실행한 후 → 마우스 우클릭 → [페이지 소스 보기][1]를 클릭해서 보면 상단에 항상 공백이 있는 걸 확인할 수 있습니다. 다음 이미지는 Import.jsp를 실행한 후 소스 보기를 한 모습입니다.

```
← → C  ⓘ view-source:localhost:8081/MustHaveJSP/01DirectiveScript/Import.jsp
자동 줄바꿈 ☐
 1
 2
 3
 4  <!DOCTYPE html>
 5  <html>
 6  <head>
 7  <meta charset="UTF-8">
 8  <title>page 지시어 - import 속성</title>
 9  </head>
10  <body>
```

---

1 구글 크롬과 파이어폭스 기준입니다. MS 엣지에서는 [페이지 원본 보기]를 선택하세요.

3줄의 공백이 보이는데, 이는 3개의 page 지시어가 있던 부분입니다. page 지시어가 웹 서버에서 처리된 후 공백으로 남게 되는 것입니다.

일반적으로는 큰 문제가 없지만 안드로이드와 같은 외부 기기와 연동 시 가끔 문제를 일으키기도 합니다. 공백space도 컴퓨터 입장에서는 엄연한 하나의 문자이기 때문입니다. 그래서 지시어 때문에 생성된 불필요한 공백을 제거하고 싶다면 trimDirectiveWhitespaces 속성을 사용합니다.

예제 1-6 page 지시어로 생긴 공백 제거　　　　　　　　webapp/01DirectiveScript/TrimWhitespace.jsp

```jsp
<%@ page language="java" contentType="text/html; charset=UTF-8"
    pageEncoding="UTF-8"
    trimDirectiveWhitespaces="true"%>   ❶
<!DOCTYPE html>
<html>
<head>
<meta charset="UTF-8">
<title>page 지시어 - trimDirectiveWhitespaces 속성</title>
</head>
<body>
    <h2>page 지시어로 생긴 불필요한 공백 제거</h2>
</body>
</html>
```

❶ page 지시어 속성에 trimDirectiveWhitespaces를 추가하여 true로 설정했습니다. 실행 후 소스 보기를 해보면 다음과 같이 상단 공백이 제거된 것을 알 수 있습니다.

buffer, autoFlush 속성

앞서 몇 가지의 예제를 통해 JSP 코드를 작성하고 실행해보았습니다. 마치 결과물이 즉시 웹 브라우저에 출력되는 것처럼 보이지만 실제로 JSP의 실행 과정은 복잡합니다. JSP 파일은 서블릿 코드로 변환된 후 컴파일되어 class 파일로 만들어집니다. 이를 실행한 결과물을 HTML 형태로 웹 브라우저에 보내 최종적으로 화면에 출력하는 것입니다.

또한 이 과정에서 응답 결과를 웹 브라우저로 즉시 전송하지 않고, 출력할 내용을 버퍼에 저장했다가 일정량이 되었을 때 전송하게 됩니다.

버퍼란?

버퍼buffer 개념은 매우 다양하게 사용되며, 가장 쉽게 접할 수 있는 곳은 유튜브 같은 스트리밍 서비스입니다. 네트워크로 영상 데이터를 전송할 때, 작은 단위로 여러 번 전송하는 것보다 큰 단위로 묶어서 한 번에 보내는 편이 훨씬 효율적입니다. 그래서 이때 버퍼라는 임시 저장소를 두어 데이터들이 충분히 쌓일 때까지 기다렸다가 보내는 것입니다.

JSP에서는 버퍼를 사용함으로써 포워드forward; 페이지 전달와 에러 페이지 처리를 할 수 있습니다. JSP가 생성한 결과는 일단 버퍼에 저장됩니다. 만약 실행 도중 에러가 발생하면 버퍼에 저장된 내용을 삭제하고 에러 화면을 표시하는 것이죠(포워드는 2장에서 학습합니다).

page 지시어의 buffer 속성으로는 버퍼의 크기를 설정할 수 있습니다(기본값은 8kb입니다).

```
<%@ page buffer="1kb"%>
```

버퍼를 사용하고 싶지 않다면 "none"으로 지정합니다.

```
<%@ page buffer="none"%>
```

단, 버퍼를 사용하지 않으면 포워드나 에러 페이지 기능을 사용할 수 없습니다. 따라서 "none"으로 지정하는 경우는 거의 없습니다. 즉 buffer 속성을 통해 버퍼의 크기나 사용 여부를 지정할 수는 있으나, 크기를 줄이면 JSP의 기능을 온전히 사용할 수 없게 되므로 거의 사용하지 않습니다.

이어서 autoFlush 속성은 버퍼가 모두 채워졌을 때의 처리 방법을 정하는 데 쓰입니다. 값은 "true"와 "false" 중 선택할 수 있으며, 의미는 다음과 같습니다.

- true(기본값) : 버퍼가 채워지면 자동으로 플러시합니다.
- false : 버퍼가 채워지면 예외를 발생시킵니다.

Note 플러시(flush)란 버퍼 안의 데이터를 목적지로 전송하고 버퍼를 비우는 작업을 말합니다.

예제를 통해 버퍼와 플러시를 더 자세히 알아보겠습니다.

예제 1-7 버퍼와 플러시   webapp/01DirectiveScript/AutoFlushTest.jsp

```
<%@ page language="java" contentType="text/html; charset=UTF-8"
    pageEncoding="UTF-8" buffer="1kb" autoFlush="false"%>  ❶ 버퍼 설정
<!DOCTYPE html>
<html>
<head>
<meta charset="UTF-8">
<title>page 지시어 - buffer, autoFlush 속성</title>
</head>
<body>
<%
for (int i = 1; i <= 100; i++) {  ❷ 버퍼 채우기
    out.println("abcde12345");
}
```

```
%>
</body>
</html>
```

❶에서 버퍼를 "1kb"로, autoFlush를 "false"로 설정했습니다. 즉, 버퍼 크기를 줄인 후 버퍼가 가득 차면 에러가 나도록 했습니다.

그런 다음 ❷에서 for문을 이용해 10글자(10바이트)로 구성된 문자열을 100번 반복 출력합니다. 즉, 버퍼 크기에 해당하는 1kb를 출력합니다. 이 파일에는 ⟨html⟩과 같은 태그가 포함되어 있으므로 결과적으로 1kb를 넘기게 됩니다.

그래서 [예제 1-7]을 실행하면 다음과 같은 에러가 발생합니다.

페이지에 출력되는 내용이 buffer 속성으로 설정한 1kb를 초과하여 에러가 발생한 겁니다. 보다시피 이와 같이 설정하면 JSP의 기능을 온전히 사용할 수 없으므로 특수한 경우가 아니라면 거의 사용되지 않습니다.

여기까지 page 지시어와 그 속성을 알아보았습니다. page 지시어는 JSP 페이지에 대한 정보를 설정합니다. 각 속성의 설정값에 따라 JSP의 동작 방식이 달라지므로, 속성별 기능을 정확히 알고 사용해야 할 것입니다.

1.3.2 include 지시어

많은 웹 사이트에서 상단 메뉴나 하단 정보(회사 연락처 등)가 여러 페이지에서 반복되어 사용되는 걸 볼 수 있습니다. 또한 뒤에서 학습할 세션 확인과 같은 작업도 모든 페이지에 삽입해야 하는 경우가 많습니다. 이럴 때 반복되는 부분을 별도의 파일에 작성해두고 필요한 페이지에서 include 지시어로 포함시킬 수 있습니다.

include 지시어의 형식은 다음과 같습니다.

```
<%@ include file="포함할 파일의 경로"%>
```

그럼 예제를 통해 알아보도록 하겠습니다. 2개의 파일을 작성할 것입니다. 먼저 포함시킬 첫 번째 JSP를 생성합니다.

예제 1-8 공통 UI 요소를 담은 JSP 파일(포함될 파일)　　　　　　　　　webapp/01DirectiveScript/IncludeFile.jsp

```
<%@ page import="java.time.LocalDateTime"%>
<%@ page import="java.time.LocalDate"%>
<%@ page language="java" contentType="text/html; charset=UTF-8"
    pageEncoding="UTF-8"%>
<%
LocalDate today = LocalDate.now();  // 오늘 날짜
LocalDateTime tomorrow = LocalDateTime.now().plusDays(1);  // 내일 날짜
%>
```

간단히 오늘 날짜와 내일 날짜를 구하는 코드를 담고 있는 파일입니다. 이 파일은 다음에 작성할 IncludeMain.jsp에 포함시 **Warning** 포함시킬 파일에서도 page 지시어는 생략하면 안 됩니다.

킬 페이지이므로 〈html〉과 같은 태그는 모두 제거한 후 작성합니다. 단, page 지시어까지 제거하면 JSP가 동작하지 않으므로 주의해야 합니다. JSP 파일에서 page 지시어는 필수라는 사실을 절대 잊어서는 안 됩니다.

이번에는 두 번째 JSP를 생성해보겠습니다.

예제 1-9 다른 JSP 파일을 포함하는 JSP 파일　　　　　　　　　　webapp/01DirectiveScript/IncludeMain.jsp

```
<%@ page language="java" contentType="text/html; charset=UTF-8"
    pageEncoding="UTF-8"%>
<%@ include file="IncludeFile.jsp" %>  ❶ 다른 JSP 파일(IncludeFile.jsp) 포함
<!DOCTYPE html>
<html>
<head>
<meta charset="UTF-8">
```

```
<title>include 지시어</title>
</head>
<body>
<%
out.println("오늘 날짜 : " + today);        ──┐
out.println("<br/>");                         ├── ❷ IncludeFile.jsp에서 선언한
out.println("내일 날짜 : " + tomorrow);    ──┘      변수 사용
%>
</body>
</html>
```

❶에서 include 지시어를 이용하여 IncludeFile.jsp 파일을 포함시켰습니다. 그러면 대상 파일의 소스 자체가 이 문서에 포함됩니다. 그 결과 ❷에서는 IncludeFile.jsp에서 선언한 변수인 today와 tomorrow를 사용할 수 있게 됩니다.

← → C ⓘ localhost:8081/MustHaveJSP/01DirectiveScript/IncludeMain.jsp

오늘 날짜 : 2022-12-20
내일 날짜 : 2022-12-21T21:31:44.442672800

---

include 지시어로 다른 문서를 포함시키면 먼저 '파일의 내용 그대로를 문서에 삽입'한 후 '컴파일'이 진행됩니다. 따라서 하나의 페이지가 됩니다.

> **Note** 7장 '액션 태그'에서 include 지시어와 기능이 비슷한 〈jsp:include〉 태그를 학습할 것입니다. 문서를 포함시키는 기본적인 기능은 같지만, 포함될 때의 순서가 달라서 기능 면에서는 약간의 차이가 있습니다. 7장에서 자세히 설명하겠습니다.

1.3.3 taglib 지시어

taglib은 EL(표현 언어)에서 자바 클래스의 메서드를 호출하거나 JSTL(JSP 표준 태그 라이브러리)을 사용하기 위한 지시어입니다. 지금 다루기에는 다소 어려운 감이 있으니, 자세한 설명은 10장과 11장을 참고해주세요.

1.4 스크립트 요소(Script Elements)

스크립트 요소는 JSP에서 자바 코드를 직접 작성할 수 있게 해줍니다. 용도에 따라 선언부, 스크립틀릿, 표현식이 있습니다.

JSP는 클라이언트의 요청을 받아 실행될 때 서블릿(자바 코드)으로 변환되고, 클래스로 컴파일된 후 응답하게 됩니다. 이 변환 과정에서 _jspService( ) 메서드가 생성되는데, 변환된 코드의 위치는 스크립트 요소에 따라 _jspService( ) 메서드 내부 혹은 외부에 놓일 수 있습니다. 서블릿으로 변환된 코드와 _jspService( ) 메서드의 모습은 1.4.4절 '스크립트 요소 활용'에서 간단한 예제를 작성해 확인해보겠습니다.

1.4.1 선언부(Declaration)

선언부에서는 스크립틀릿이나 표현식에서 사용할 멤버 변수나 메서드를 선언합니다. 서블릿으로 변환 시 _jspService( ) 메서드 '외부'에 선언됩니다.

```
<%! 메서드 선언 %>
```

메서드를 선언하는 방법은 자바와 동일하므로 예제를 다룰 때 설명하도록 하겠습니다.

1.4.2 스크립틀릿(Scriptlet)

JSP 페이지가 요청을 받을 때 실행돼야 할 자바 코드를 작성하는 영역입니다. 서블릿으로 변환 시 _jspService( ) 메서드 '내부'에 그대로 기술됩니다.

```
<% 자바 코드 %>
```

자바에서는 메서드 내부에 또 다른 메서드를 선언하는 게 불가능합니다. 이건 자바의 문법이죠. 만약 스크립틀릿에 메서드를 선언한다면 _jspService( ) 내부에 또 다른 메서드를 선언하는 꼴이므로 에러가 발생합니다. 즉, 스크립틀릿에서는 선언부에서 정의한 메서드를 호출만 할 수 있을 뿐, 다른 메서드를 선언할 수는 없습니다.

```
10⊖ <body>
11⊖ <%
⊗12  public int gugudan(int s, int e){
13       System.out.println("에러발생됨");
14  }
15  %>
```

그림과 같이 스크립틀릿에서 메서드를 선언하면 IDE가 즉시 에러라고 표시해줍니다.

1.4.3 표현식(Expression)

프로그래밍 언어에서 표현식은 '실행 결과로 하나의 값이 남는 문장'을 뜻합니다. 즉, 상수, 변수, 연산자를 사용한 (수)식, '반환값이 있는' 메서드 호출 등이 모두 표현식에 속합니다. JSP의 표현 식도 이와 마찬가지로, 주로 변수의 값을 웹 브라우저 화면에 출력할 때 사용합니다. 스크립틀릿 안에서 변수를 출력할 때는 out.print( )를 사용해야 하지만,[2] 좀 더 단순한 방법으로 출력하기 위 해 사용됩니다.

```
<%= 자바 표현식 %>
```

1.4.4 스크립트 요소 활용

지금까지 설명한 세 가지 스크립트 요소를 예제를 보며 더 자세히 알아보겠습니다.

예제 1-10 스크립트 요소 활용   webapp/01DirectiveScript/ScriptElements.jsp

```
<%@ page language="java" contentType="text/html; charset=UTF-8"
    pageEncoding="UTF-8"%>
<%! ❶ 선언부(메서드 선언)
public int add(int num1 , int num2) {
    return num1 + num2;
}
%>
<html>
<head><title>스크립트 요소</title></head>
<body>
```

---

2   out은 JSP가 제공하는 내장 객체로, 2장에서 다룹니다.

```
<%   ❷ 스크립틀릿(자바 코드)
int result = add(10, 20);
%>
덧셈 결과 1 : <%= result %> <br />   ❸ 표현식(변수)
덧셈 결과 2 : <%= add(30, 40) %>    ❹ 표현식(메서드 호출)
</body>
</html>
```

먼저 ❶ 선언부에서 add( )라는 메서드를 정의했습니다. 전달받은 두 매개변수의 합을 반환하는 간단한 메서드입니다. 그리고 ❷의 스크립틀릿에서는 add( ) 메서드에 10과 20을 전달하여 그 결과를 result 변수에 저장했습니다. 마지막으로 ❸과 ❹에서는 표현식을 이용하여 각각 result의 값과 add(30, 40)의 반환값을 출력했습니다. ❹처럼 반환값이 있는 메서드는 표현식에서 바로 호출하는 게 가능합니다.

이 코드의 실행 결과는 다음과 같습니다.

```
←  →  C   ⓘ localhost:8081/MustHaveJSP/01DirectiveScript/ScriptElements.jsp

덧셈 결과 1 : 30
덧셈 결과 2 : 70
```

앞서 JSP 파일이 서블릿으로 변환되는 과정에서 _jspService( ) 메서드가 만들어진다고 했습니다. 이해를 돕기 위해 파일 하나를 열어보겠습니다.

우선 윈도우 탐색기에서 다음 경로로 이동해보세요.

- C:\02Workspaces\.metadata\.plugins\org.eclipse.wst.server.core\tmp0\work\
  Catalina\localhost\MustHaveJSP\org\apache\jsp_01DirectiveScript

0장에서 이클립스 설치 후 작업공간을 C:\02Workspaces\로 설정했습니다. 이 폴더 안에 .metadata 폴더가 생성되는데, 이클립스의 환경설정이나 추가로 설치된 여러 프로그램이 저장되는 곳입니다.

이 경로로 이동하면 조금 전 실행한 [예제 1-10] 파일이 서블릿으로 변환된 후 컴파일까지 완료되어 생성된 2개의 파일이 보일 것입니다. ScriptElements.jsp가 처음 실행 시 ScriptElements_jsp.java로 변환된 후 ScriptElements_jsp.class로 컴파일된 것입니다.

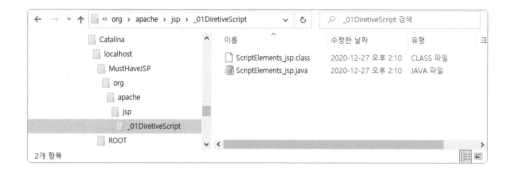

확장자가 .java인 파일을 메모장으로 열어보겠습니다.

```
ScriptElements_jsp.java - Windows 메모장
파일(F)  편집(E)  서식(O)  보기(V)  도움말(H)
                    org.apache.jasper.runtime.JspSourceImports {

public int add(int num1 , int num2) {
    return num1 + num2;
}

 private static final javax.servlet.jsp.JspFactory _jspxFactory =
```

선언부에 정의한 add( ) 메서드가 _jspService( ) 외부에 선언된 것을 볼 수 있습니다. 만약 변수를 선언하였다면 마찬가지로 이 부분에 멤버 변수로 선언되었을 것입니다.

한편 스크립틀릿에 작성한 코드는 _jspService( ) 내부에 기술되어 있습니다.

```
  public void _jspService(final javax.servlet.http.HttpServletRequest request,
      throws java.io.IOException, javax.servlet.ServletException {
..... 코드 생략 .....
    try {
      response.setContentType("text/html; charset=UTF-8");
..... 코드 생략 .....
      out.write("<html>\r\n");
      out.write("<head><title>스크립트 요소</title></head>\r\n");
      out.write("<body>\r\n");

int result = add(10, 20);

      out.write("\r\n");
      out.write("덧셈 결과 1 : ");
      out.print( result );
      out.write(" <br />\r\n");
      out.write("덧셈 결과 2 : ");
      out.print( add(30, 40) );
```

이 그림을 보면 스크립틀릿에서 메서드를 선언했을 때 에러가 발생하는 이유를 쉽게 이해할 수 있을 것입니다. 자바에서는 메서드 안에 또 다른 메서드를 선언할 수 없기 때문입니다.

학습 마무리

이번 장에서는 JSP의 기본 구조를 학습하였습니다. JSP는 지시어와 스크립트 요소로 이루어집니다. 지시어는 JSP에 대한 가장 기본적인 설정을 하는 요소입니다. 지시어에는 page, include, taglib 3가지가 있습니다. 페이지에 대한 기본적인 설정을 하였다면 클라이언트의 요청을 처리할 자바 코드를 작성해야 할 텐데요, 이때 스크립트 요소를 이용해 자바 코드를 삽입할 수 있습니다. 스크립트 요소에는 선언부, 스크립틀릿, 표현식 3가지가 있습니다.

다음 장에서는 내장 객체를 이용해 클라이언트의 요청을 받아 처리하는 방법을 학습하겠습니다.

핵심 요약

지시어

- **page 지시어** : JSP 페이지에 대한 문서의 타입, 에러 페이지, MIME 타입과 같은 정보들을 설정합니다.
- **include 지시어** : JSP에서 또 다른 JSP나 HTML 페이지를 포함시킬 때 사용합니다.
- **taglib 지시어** : EL(표현 언어)에서 자바 클래스의 메서드를 호출하거나, JSTL(JSP 표준 태그 라이브러리)을 사용하기 위해 선언합니다. 10장과 11장에서 학습합니다.

스크립트 요소

- **선언부** : 멤버 변수나 메서드를 선언할 때 사용하는 영역입니다.
- **스크립틀릿** : 선언부에서 선언된 메서드를 호출하거나 자바 코드를 작성하는 영역입니다.
- **표현식** : 주로 변수의 값을 간단하게 출력할 때 사용합니다.

내장 객체(Implicit Object)

☐ **학습 목표**	클라이언트의 요청을 받거나 응답할 때 사용되는 JSP의 기본 내장 객체들의 종류와 사용법을 익힙니다.

☐ **학습 순서**

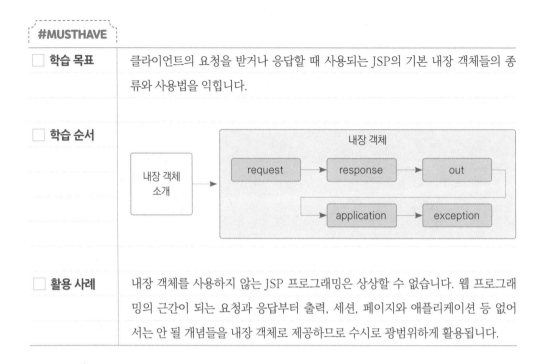

☐ **활용 사례**	내장 객체를 사용하지 않는 JSP 프로그래밍은 상상할 수 없습니다. 웹 프로그래밍의 근간이 되는 요청과 응답부터 출력, 세션, 페이지와 애플리케이션 등 없어서는 안 될 개념들을 내장 객체로 제공하므로 수시로 광범위하게 활용됩니다.

2.1 내장 객체란?

제품에 어떤 기능을 기본으로 내장했다고 함은 내장된 기능이 그 제품에서 핵심적이고 매우 유용하다는 뜻입니다. JSP의 내장 객체Implicit Object도 마찬가지입니다. 기본적인 요청과 응답, 화면 출력 등은 거의 모든 웹 프로그래밍에 있어 필수라 할 수 있습니다.

웹은 앞의 그림처럼 클라이언트가 서버로 요청을 보내면, 서버는 그에 맞는 결과를 응답으로 돌려주는 형태로 동작합니다. 이때 JSP의 내장 객체는 요청과 응답 혹은 HTTP 헤더^{header} 등의 정보를 쉽게 다룰 수 있도록 해줍니다.

내장 객체는 JSP 페이지가 실행될 때 컨테이너가 자동으로 생성해줍니다. 별도로 선언하거나 객체로 생성하지 않아도 즉시 사용할 수 있는데, 그 이유는 JSP의 실행 과정에서 찾을 수 있습니다. JSP는 실행될 때 자바 파일인 서블릿으로 변환되어 컴파일됩니다. 이 변환 과정에서 _jspService( ) 메서드가 생성되는데, 이 메서드 안에 다음과 같은 코드가 삽입됩니다.

```java
public void _jspService() {
    ... 생략 ...
    final jakarta.servlet.jsp.PageContext pageContext;
    jakarta.servlet.http.HttpSession session = null;
    final jakarta.servlet.ServletContext application;
    final jakarta.servlet.ServletConfig config;
    jakarta.servlet.jsp.JspWriter out = null;
    final java.lang.Object page = this;
    jakarta.servlet.jsp.JspWriter _jspx_out = null;
    jakarta.servlet.jsp.PageContext _jspx_page_context = null;
    ... 생략 ...
```

삽입된 문장을 살펴보면 객체를 선언하고 초기화하는 선언문인 것을 알 수 있습니다. 바로 내장 객체의 참조 변수를 컨테이너가 생성하는 부분이죠.

내장 객체는 다음과 같은 특징을 지니고 있습니다.

- 컨테이너가 미리 선언해놓은 참조 변수를 이용해 사용합니다.
- 별도의 객체 생성 없이 각 내장 객체의 메서드를 사용할 수 있습니다.
- JSP 문서 안의 〈% 스크립틀릿 %〉과 〈%= 표현식 %〉에서만 사용할 수 있습니다.
- 〈%! 선언부 %〉에서는 즉시 사용하는 건 불가능하고, 매개변수로 전달받아 사용할 수는 있습니다.

표 2-1 내장 객체의 종류

내장 객체	타입	설명
request	jakarta.servlet.http.**HttpServletRequest**	클라이언트의 요청 정보를 저장합니다.
response	jakarta.servlet.http.**HttpServletResponse**	클라이언트의 요청에 대한 응답 정보를 저장합니다.
out	jakarta.servlet.jsp.**JspWriter**	JSP 페이지에 출력할 내용을 담는 출력 스트림입니다.
session	jakarta.servlet.http.**HttpSession**	웹 브라우저 정보를 유지하기 위한 세션 정보를 저장합니다.
application	jakarta.servlet.**ServletContext**	웹 애플리케이션 관련 컨텍스트 정보를 저장합니다.
pageContext	jakarta.servlet.jsp.**PageContext**	JSP 페이지에 대한 정보를 저장합니다.
page	java.lang.**Object**	JSP 페이지를 구현한 자바 클래스의 인스턴스입니다.
config	jakarta.servlet.**ServletConfig**	JSP 페이지에 대한 설정 정보를 저장합니다.
exception	java.lang.**Throwable**	예외가 발생한 경우에 사용합니다.

표에서 보듯 내장 객체는 총 아홉 가지가 있습니다. 이번 장에서는 이중 가장 기본적인 request, response, out, application, exception에 대해 자세히 알아보겠습니다.

Note session은 3장 '내장 객체의 영역'과 6장 '세션'에서, pageContext는 3장 '내장 객체의 영역'에서 다룹니다. 한편 page와 config는 JSP에서 거의 사용되지 않으므로 이 책에서는 설명하지 않겠습니다.

2.2 request 객체

request 내장 객체는 JSP에서 가장 많이 사용되는 객체로, 클라이언트(주로 웹 브라우저)가 전송한 요청 정보를 담고 있는 객체입니다. 주요 기능은 다음과 같습니다.

- 클라이언트와 서버에 대한 정보 읽기
- 클라이언트가 전송한 요청 매개변수에 대한 정보 읽기
- 요청 헤더 및 쿠키 정보 읽기

예제와 함께 하나씩 알아보겠습니다.

2.2.1 클라이언트와 서버의 환경정보 읽기

첫 번째로 request 내장 객체를 통해 클라이언트와 서버의 환경정보를 알아내보겠습니다. 클라이언트는 웹 브라우저를 통해 서버 측으로 요청을 하게 됩니다. 이때 요청은 GET 방식 혹은 POST 방식으로 구분되고, 요청 URL, 포트 번호, 쿼리스트링 등을 명시할 수 있습니다. request 내장 객체를 이용하면 이러한 정보를 얻어올 수 있습니다.

Note 이번 장의 예제들은 webapp/02ImplicitObject 폴더에 위치합니다. 첫 번째 예제 코드를 작성하기 전에 webapp 밑에 02ImplicitObject 폴더를 만들어주세요.

[예제 2-1]은 클라이언트의 요청을 전송하기 위한 페이지로, HTML로만 구성되어 있습니다.

예제 2-1 요청 페이지　　　　　　　　　　　　　　　　　　　webapp/02ImplicitObject/RequestMain.jsp

```jsp
<%@ page language="java" contentType="text/html; charset=UTF-8"
    pageEncoding="UTF-8"%>
<html>
<head><title>내장 객체 - request</tille></head>
<body>
    <h2>1. 클라이언트와 서버의 환경정보 읽기</h2>
    <a href="./RequestWebInfo.jsp?eng=Hello&han=안녕">  ❶ GET 방식으로 요청
        GET 방식 전송
    </a>
    <br />
    <form action="RequestWebInfo.jsp" method="post">  ❷ POST 방식으로 요청
        영어 : <input type="text" name="eng" value="Bye" /><br />
        한글 : <input type="text" name="han" value="잘 가" /><br />
        <input type="submit" value="POST 방식 전송" />
    </form>

    <h2>2. 클라이언트의 요청 매개변수 읽기</h2>
    <form method="post" action="RequestParameter.jsp">  ❸ 다양한 <input> 태그 사용
        아이디 : <input type="text" name="id" value="" /><br />
        성별 :
        <input type="radio" name="sex" value="man" />남자
        <input type="radio" name="sex" value="woman" checked="checked" />여자
        <br />
        관심사항 :
        <input type="checkbox" name="favo" value="eco" />경제
```

```
        <input type="checkbox" name="favo" value="pol" checked="checked" />정치
        <input type="checkbox" name="favo" value="ent" />연예<br />
        자기소개:
        <textarea name="intro" cols="30" rows="4"></textarea>
        <br />
        <input type="submit" value="전송하기" />
    </form>

    <h2>3. HTTP 요청 헤더 정보 읽기</h2>
    <a href="RequestHeader.jsp">  ④ HTTP 요청 헤더 읽기
        요청 헤더 정보 읽기
    </a>
</body>
</html>
```

❶에서는 클라이언트의 요청에 따른 서버의 환경정보를 읽기 위해 링크를 생성하였습니다. 〈a〉
태그로 만든 링크이므로 GET 방식으로 전송되고, 링크 뒤에는 2개의 매개변수가 쿼리스트링
query string으로 전달됩니다. ❷는 ❶과 똑같은 링크이나 **Note** 쿼리스트링은 URL 뒤에 "?키=값&키
〈form〉 태그를 사용하여 POST 방식으로 요청을 전송 =값" 형태로 덧붙여진 부분을 말합니다.
합니다.

❸ 역시 〈form〉 태그를 통해 POST 방식으로 요청합니다. 다만 이번에는 다양한 〈input〉 태그
를 사용했습니다. type 속성에 따라 매개변수를 읽어오는 방식이 조금 다른데, 다음 절에서 설명
합니다.

❹에서는 HTTP 요청 헤더를 읽기 위한 링크를 생성했습니다. 2.2.3절에서 링크를 통해 이동했을
때와 직접 실행했을 때 출력되는 정보의 차이를 확인해보겠습니다.

다음은 RequestMain.jsp 실행 화면 중 '1. 클라이언트와 서버의 환경정보 읽기' 부분입니다.

1. 클라이언트와 서버의 환경정보 읽기

GET 방식 전송
영어 : Bye
한글 : 잘 가
POST 방식 전송

그리고 다음 예제 코드는 이 페이지에서 'GET 방식 전송' 링크나 [POST 방식 전송] 버튼을 클릭했을 때 나타나는 페이지의 소스입니다. 보다시피 request 내장 객체로부터 클라이언트와 서버의 환경정보를 읽어와 화면에 표시해줍니다.

예제 2-2 환경정보 읽기   webapp/02ImplicitObject/RequestWebInfo.jsp

```jsp
<%@ page language="java" contentType="text/html; charset=UTF-8"
    pageEncoding="UTF-8"%>
<html>
<head><title>내장 객체 - request</title></head>
<body>
    <h2>1. 클라이언트와 서버의 환경정보 읽기</h2>
    <ul>
        <li>데이터 전송 방식 : <%= request.getMethod() %></li>         ❶
        <li>URL : <%= request.getRequestURL() %></li>                  ❷
        <li>URI : <%= request.getRequestURI() %></li>                  ❸
        <li>프로토콜 : <%= request.getProtocol() %></li>
        <li>서버명 : <%= request.getServerName() %></li>
        <li>서버 포트 : <%= request.getServerPort() %></li>
        <li>클라이언트 IP 주소 : <%= request.getRemoteAddr() %></li>    ❹
        <li>쿼리스트링 : <%= request.getQueryString() %></li>          ❺
        <li>전송된 값 1 : <%= request.getParameter("eng") %></li> ─┐
        <li>전송된 값 2 : <%= request.getParameter("han") %></li> ─┘  ❻
    </ul>
</body>
</html>
```

❶의 getMethod( ) 메서드는 GET과 POST 같은 전송 방식을 반환합니다. 앞서 'GET 방식 전송' 링크를 클릭했다면 "GET"을, [POST 방식 전송] 버튼을 클릭했다면 "POST"를 반환할 것입니다.

❷의 getRequestURL( )과 ❸의 getRequestURI( ) 메서드는 요청 주소를 반환합니다. 여기서 URL과 URI의 차이는 호스트host를 포함하느냐 여부입니다. URL은 호스트를 포함한 전체 주소를 뜻하며, URI는 호스트를 제외한 컨텍스트 루트부터의 주소를 뜻합니다.

Note 컨텍스트 루트는 호스트명 다음에 나오는 프로젝트명 정도로 생각하면 됩니다.

❹의 getRemoteAddr( ) 메서드는 클라이언트의 IP 주소를 반환합니다. localhost로 접속했을

때는 0:0:0:0:0:0:0:1과 같이 출력됩니다. 윈도우 10에서는 IPv6를 반환하는 게 기본이기 때문인데, WAS 설정을 IPv4로 변경하면 127.0.0.1로 출력됩니다.

❺의 getQueryString( ) 메서드는 요청 주소 뒷부분의 매개변수 전달을 위한 쿼리스트링 전체를 반환합니다. 쿼리스트링 중 특정 키값을 얻어오려면 ❻처럼 getParameter( ) 메서드에 키값을 인수로 넣어주면 됩니다.

RequestMain.jsp 실행 화면에서 'GET 방식 전송' 링크를 클릭했을 때의 결과는 다음과 같습니다. 주소표시줄을 보면 쿼리스트링으로 매개변수가 2개 전달되었고, 출력도 정상적으로 되었습니다.

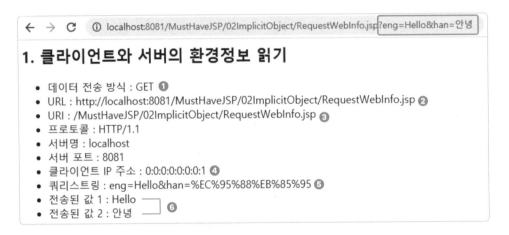

[POST 방식 전송] 버튼을 클릭했을 때의 결과는 다음과 같습니다.

❶ POST 방식이므로 주소표시줄에는 경로 외에는 아무것도 표시되지 않습니다. ❷ 그러므로 쿼리스트링은 null이 출력됩니다.

2.2.2 클라이언트의 요청 매개변수 읽기

〈form〉 태그 하위 요소를 통해 입력한 값들도 서버로 전송됩니다. 전송된 값은 서버에서 읽은 후 변수에 저장하고, 적절한 처리를 위해 컨트롤러^{Controller}나 모델^{Model}로 전달됩니다. 대표적으로 회원가입이나 로그인 등을 예로 들 수 있습니다.

Note 컨트롤러와 모델에 대해서는 8장과 14장을 참고하세요.

다음은 RequestMain.jsp 실행 화면 중 '2. 클라이언트의 요청 매개변수 읽기' 부분입니다.

2. 클라이언트의 요청 매개변수 읽기

아이디 : [   ]
성별 : ○남지 ◉여자
관심사항 : □경제 ☑정치 □연예
[   ]
자기소개: [   ]
[전송하기]

값을 적당히 입력하고 [전송하기] 버튼을 클릭하면 POST 방식으로 RequestParameter.jsp에 전송됩니다.

예제 2-3 요청 매개변수 읽기   webapp/02ImplicitObject/RequestParameter.jsp

```
<%@ page language="java" contentType="text/html; charset=UTF-8"
    pageEncoding="UTF-8"%>
<html>
<head><title>내장 객체 - request</title></head>
<body>
<%
request.setCharacterEncoding("UTF-8");  ❶
String id = request.getParameter("id");  ❷
String sex = request.getParameter("sex");
String[] favo = request.getParameterValues("favo");  ❸
String favoStr = "";
if (favo != null) {  ❹
```

```
    for (int i = 0; i < favo.length; i++) {
        favoStr += favo[i] + " ";
    }
}
String intro = request.getParameter("intro").replace("\r\n", "<br/>");  ❺
%>
<ul>
    <li>아이디 : <%= id %></li>
    <li>성별 : <%= sex %></li>
    <li>관심사항 : <%= favoStr %></li>
    <li>자기소개 : <%= intro %></li>
</ul>
</body>
</html>
```

톰켓의 버전에 따라 POST 방식으로 전송된 값이 한글인 경우 깨짐 현상이 발생할 수 있습니다. 이럴 때는 ❶처럼 다국어를 지원하는 UTF-8로 인코딩해주면 해결됩니다.

❷ 전송되는 값이 하나라면 getParameter( ) 메서드로 받을 수 있습니다. 주로 type 속성이 text, radio, password인 경우 사용되고, checkbox인 경우라도 선택값이 하나라면 getParameter( )로 값을 받을 수 있습니다.

하지만 type 속성이 checkbox인 경우는 대부분 값을 여러 개 선택하기 위해 사용하므로 ❸처럼 getParameterValues( )로 받아야 합니다. 값이 2개 이상이므로 String 배열을 반환합니다. ❹ 그리고 for문을 이용해서 String 배열에 담긴 값들을 하나의 문자열로 합쳤습니다.

마지막으로 textarea 태그는 텍스트를 여러 줄 입력할 수 있습니다. ❺ 그래서 출력 시에는 enter 키를 〈br〉 태그로 변환해야 줄바꿈이 제대로 반영됩니다. enter 는 특수 기호 \r\n으로 입력됩니다.

다음은 전송 결과의 예시입니다.

- 아이디 : musthave
- 성별 : man
- 관심사항 : eco ent ─────── checkbox로 여러 개의 값 전달
- 자기소개 : 안녕하세요? ─────── textarea로 여러 줄로 구성된 긴
  머스트해브JSP입니다.   문자열 전달 (한글도 정상 출력)

2.2.3 HTTP 요청 헤더 정보 읽기

HTTP 프로토콜은 헤더에 부가적인 정보를 담도록 하고 있습니다. 웹 브라우저의 종류나 선호하는 언어 등 일반적인 HTML 문서 데이터 외의 추가 정보를 서버와 클라이언트가 교환할 수 있도록 문서의 선두에 삽입할 수 있습니다. 먼저 요청 헤더를 읽어오는 방법을 알아보죠.

RequestMain.jsp 실행 화면에서 '3. HTTP 요청 헤더 정보 읽기' 부분입니다.

> ## 3. HTTP 요청 헤더 정보 읽기
>
> 요청 헤더 정보 읽기

'요청 헤더 정보 읽기'를 클릭하면 [예제 2-4]의 RequestHeader.jsp 코드가 실행됩니다.

예제 2-4 요청 헤더 읽기   webapp/02ImplicitObject/RequestHeader.jsp

```jsp
<%@ page import="java.util.Enumeration"%>
<%@ page language="java" contentType="text/html; charset=UTF-8"
    pageEncoding="UTF-8"%>
<html>
<head><title>내장 객체 - request</title></head>
<body>
    <h2>3. 요청 헤더 정보 출력하기</h2>
    <%
    Enumeration headers = request.getHeaderNames();  ①
    while (headers.hasMoreElements()) {  ②
        String headerName = (String)headers.nextElement();  ③
        String headerValue = request.getHeader(headerName);  ④
        out.print("헤더명 : " + headerName + ", 헤더값 : " + headerValue + "<br/>");
    }
    %>
    <p>이 파일을 직접 실행하면 referer 정보는 출력되지 않습니다.</p>
</body>
</html>
```

①의 getHeaderNames( ) 메서드는 모든 요청 헤더의 이름을 반환합니다. 반환 타입은 Enumeration입니다. ②에서는 while문에서 hasMoreElements( )를 이용해 출력할 요청 헤더명이 더 있는지 확인합니다. ③ 헤더명이 더 있다면 요청 헤더의 이름을 얻어온 다음,

❹ getHeader( ) 메서드에 헤더명을 건네 헤더값을 얻어옵니다.

실행 결과는 다음과 같습니다.

3. 요청 헤더 정보 출력하기

헤더명 : host, 헤더값 : localhost:8081
헤더명 : connection, 헤더값 : keep-alive
헤더명 : sec-ch-ua, 헤더값 : "Not?A_Brand";v="8", "Chromium";v="108", "Google Chrome";v="108"
헤더명 : sec-ch-ua-mobile, 헤더값 : ?0
헤더명 : sec-ch-ua-platform, 헤더값 : "Windows"
헤더명 : upgrade-insecure-requests, 헤더값 : 1
헤더명 : user-agent, 헤더값 : Mozilla/5.0 (Windows NT 10.0; Win64; x64) AppleWebKit/537.36
(KHTML, like Gecko) Chrome/108.0.0.0 Safari/537.36
헤더명 : accept, 헤더값 :
text/html,application/xhtml+xml,application/xml;q=0.9,image/avif,image/webp,image/apng,*/*;q=0.8,ap
exchange;v=b3;q=0.9
헤더명 : sec-fetch-site, 헤더값 : same-origin
헤더명 : sec-fetch-mode, 헤더값 : navigate
헤더명 : sec-fetch-user, 헤더값 : ?1
헤더명 : sec-fetch-dest, 헤더값 : document
헤더명 : referer, 헤더값 : http://localhost:8081/MustHaveJSP/02ImplicitObject/RequestMain.jsp
헤더명 : accept-encoding, 헤더값 : gzip, deflate, br
헤더명 : accept-language, 헤더값 : ko-KR,ko;q=0.9
헤더명 : cookie, 헤더값 : JSESSIONID=6095493E76B2C2B0EAA9244C4EFDF55E

이 파일을 직접 실행하면 referer 정보는 출력되지 않습니다.

- **user-agent** : 웹 브라우저의 종류를 알 수 있습니다. 크롬, 파이어폭스, 익스플로러 등 여러 가지 웹 브라우저에서 테스트해보면 조금씩 다른 결과가 출력될 것입니다.
- **referer** : 리퍼러는 웹을 서핑하면서 링크를 통해 다른 사이트로 방문 시 남는 흔적을 말합니다. 예를 들어 [예제 2-1]에서 클릭해서 이동하면 리퍼러가 출력되지만, RequestedHeader. jsp를 직접 실행하면 리퍼러는 출력되지 않을 것입니다. 리퍼러는 웹 사이트 방문객이 어떤 경로로 접속하였는지 알아볼 때 유용합니다.
- **cookie** : 요청 헤더를 통해 쿠키도 확인할 수 있는데, 이 부분은 4장 '쿠키'에서 자세히 알아보겠습니다.

2.3 response 객체

request 내장 객체가 클라이언트의 요청 정보를 저장하는 역할을 했다면, response 내장 객체는 그와 반대로 요청에 대한 응답을 웹 브라우저로 보내주는 역할을 합니다. 주요 기능으로는 페이지 이동을 위한 리다이렉트redirect와 HTTP 헤더에 응답 헤더 추가가 있습니다. 이 두 기능 외에도 몇 가지가 더 있으나 JSP에서는 거의 사용하지 않습니다.

2.3.1 sendRedirect()로 페이지 이동하기

페이지를 이동하기 위해 HTML은 〈a〉 태그를 사용하고, 자바스크립트에서는 location 객체를 사용합니다. JSP에서는 response 내장 객체의 sendRedirect( )를 이용합니다. 다음 그림과 같이 간단한 로그인 폼을 제작하여 리다이렉트 기능을 확인해보겠습니다.

예제 2-5 로그인 폼과 응답 헤더 설정 페이지　　　　　　　　　　　　webapp/02ImplicitObject/ResponseMain.jsp

```
<%@ page language="java" contentType="text/html; charset=UTF-8"
    pageEncoding="UTF-8"%>
<html>
<head><title>내장 객체 - response</title></head>
<body>
    <h2>1. 로그인 폼</h2>
    <%
    String loginErr = request.getParameter("loginErr");   ❶
    if (loginErr != null) out.print("로그인 실패");   ❷
    %>
    <form action="./ResponseLogin.jsp" method="post">   ❸
        아이디 : <input type="text" name="user_id" /><br />
        패스워드 : <input type="text" name="user_pwd" /><br />
        <input type="submit" value="로그인" />
    </form>

    <h2>2. HTTP 응답 헤더 설정하기</h2>
    <form action="./ResponseHeader.jsp" method="get">   ❹
        날짜 형식 : <input type="text" name="add_date" value="2021-10-25 09:00" />
                <br />   ❺
```

```
            숫자 형식 : <input type="text" name="add_int" value="8282" /><br />
            문자 형식 : <input type="text" name="add_str" value="홍길동" /><br />
            <input type="submit" value="응답 헤더 설정 & 출력" />
        </form>
    </body>
</html>
```

❶의 loginErr은 로그인 실패 여부를 알려주는 매개변수입니다. 곧이어 살펴볼 [예제 2-6]에서 만약 로그인에 실패하면 이 매개변수에 값을 설정하도록 했습니다. ❷ 즉, 이 매개변수에 값이 들어 있다면 로그인에 실패했음을 뜻하므로 "로그인 실패"를 출력합니다. 그리고 ❸에서는 아이디와 패스워드를 입력받는 간단한 로그인 폼을 구성합니다.

❹에서는 응답 헤더 추가를 위한 입력 폼을 구성하며, ❺에서 헤더에 추가할 데이터의 형식별로 value 속성에 미리 입력해두었습니다. 이 부분은 다음 절에서 사용합니다.

실행 화면은 다음과 같습니다.

1. 로그인 폼

아이디 : [_____]
패스워드 : [_____]
[로그인]

2. HTTP 응답 헤더 설정하기

날짜 형식 : [2022-12-20 09:00]
숫자 형식 : [8282]
문자 형식 : [홍길동]
[응답 헤더 설정 & 출력]

← (다음 절에서 사용)

Note 날짜 형식의 응답 헤더를 지정하는 경우에는 반드시 날짜와 함께 시간을 추가하는 것이 좋습니다. 대한민국은 세계 표준시보다 9시간이 느립니다. 따라서 09:00을 추가하지 않으면 하루 전 날짜가 출력됩니다.

'1. 로그인 폼' 영역에 아이디와 패스워드를 입력한 후 [로그인] 버튼을 클릭하면 요청이 [예제 2-6]의 ResponseLogin.jsp 페이지로 전송됩니다.

예제 2-6 로그인 처리하기   webapp/02ImplicitObject/ResponseLogin.jsp

```
<%@ page language="java" contentType="text/html; charset=UTF-8"
    pageEncoding="UTF-8"%>
<html>
<head><title>내장 객체 - Response</title></head>
```

```
<body>
<%
String id = request.getParameter("user_id");  ┐
String pwd = request.getParameter("user_pwd"); ┘  ❶
if (id.equalsIgnoreCase("must") && pwd.equalsIgnoreCase("1234")) {  ❷
    response.sendRedirect("ResponseWelcome.jsp");  ❸
}
else {
    request.getRequestDispatcher("ResponseMain.jsp?loginErr=1")  ❹
        .forward(request, response);
}
%>
</body>
</html>
```

이 코드는 먼저 ❶에서 request 내장 객체로 전송된 매개변수를 얻어온 다음, ❷에서 회원 인증을 진행합니다. 아직 데이터베이스 연동법을 배우지 않았기 때문에 아이디와 패스워드를 각각 "must"와 "1234"로 하드코딩해뒀습니다.

인증에 성공하면 ❸이 실행되며, sendRedirect( ) 메서드에 건넨 응답 페이지로 이동합니다. 자바스크립트의 location.href와 같은 기능이라 보면 됩니다. ResponseWelcome.jsp는 로그인 성공 페이지입니다.

❹ 반면 인증에 실패하면 request 내장 객체를 통해 로그인 페이지, 즉 ResponseMain.jsp로 포워드forward: 전달됩니다. 포워드는 페이지 이동과는 다르게 제어 흐름을 넘겨주고자 할 때 사용합니다. 이때 쿼리스트링으로 loginErr 매개변수를 전달하여 로그인 성공 여부를 알려주고 있습니다. 포워드는 3장 '내장 객체의 영역'에서 한 번 더 다룰 것입니다.

다음으로 회원 인증에 성공했을 때 이동되는 ResponseWelcome.jsp 파일을 보겠습니다.

예제 2-7 로그인 성공 페이지   webapp/02ImplicitObject/ResponseWelcome.jsp

```
<%@ page language="java" contentType="text/html; charset=UTF-8"
    pageEncoding="UTF-8"%>
<html>
<head><title>내장 객체 - response</title></head>
```

```
<body>
    <h2>로그인 성공</h2>
</body>
</html>
```

특별한 로직 없이 성공 여부만 간단히 알려줍니다.

하지만 로그인에 실패하면 [예제 2-6]의 ❹에서 ResponseMain.jsp로 포워드하는데, 이때 매개
변수 loginErr가 전달됩니다. 이를 통해 로그인 실패 메시지를 화면에 출력할 수 있습니다([예제
2-5]의 ❶과 ❷).

그런데 화면에는 분명 ResponseMain.jsp의 내용이 출력되었지만, 웹 브라우저의 주소표시줄
을 보면 ResponseLogin.jsp로 표시되어 있습니다. 포워드는 이처럼 실행의 흐름만 특정한 페
이지로 넘겨주는 역할을 합니다.

2.3.2 HTTP 헤더에 응답 헤더 추가하기

response 내장 객체는 응답 헤더에 정보를 추가하는 기능을 제공합니다. 정보 추가용 메서드는
add 계열과 set 계열이 있습니다. add 계열은 헤더값을 새로 추가할 때 사용하고, set 계열은 기
존의 헤더를 수정할 때 사용합니다. [예제 2-5]의 '2. HTTP 응답 헤더 추가 설정하기' 부분에서
적당한 값을 입력한 후 [응답 헤더 설정 & 출력] 버튼을 클릭해보세요.

2. HTTP 응답 헤더 설정하기

날짜 형식 : `2022-12-20 09:00`
숫자 형식 : `8282`
문자 형식 : `홍길동`
`응답 헤더 설정 & 출력`

버튼을 클릭하면 [예제 2-8]의 ResponseHeader.jsp가 실행되며, 이 페이지는 전달받은 값을
응답 헤더에 추가해 되돌려줍니다.

예제 2-8 응답 헤더에 값 추가하기　　　　　　　　　　　　　　　　　webapp/02ImplicitObject/ResponseHeader.jsp

```jsp
<%@ page import="java.util.Collection"%>
<%@ page import="java.text.SimpleDateFormat"%>
<%@ page language="java" contentType="text/html; charset=UTF-8"
    pageEncoding="UTF-8"%>
<%
// 응답 헤더에 추가할 값 준비
SimpleDateFormat s = new SimpleDateFormat("yyyy-MM-dd HH:mm");         ──┐
long add_date = s.parse(request.getParameter("add_date")).getTime();  ──┘ ❶
int add_int = Integer.parseInt(request.getParameter("add_int"));  ❷
String add_str = request.getParameter("add_str");

// 응답 헤더에 값 추가
response.addDateHeader("myBirthday", add_date);
response.addIntHeader("myNumber", add_int);
response.addIntHeader("myNumber", 1004); // 추가  ❸
response.addHeader("myName", add_str);
response.setHeader("myName", "안중근");  // 수정  ❹
%>
<html>
<head><title>내장 객체 - response</title></head>
<body>
    <h2>응답 헤더 정보 출력하기</h2> ───┐
    <%
    Collection<String> headerNames = response.getHeaderNames();
    for (String hName : headerNames) {
        String hValue = response.getHeader(hName);             ❺
    %>
        <li><%= hName %> : <%= hValue %></li>
```

```
<%
    }
%>
<h2>myNumber만 출력하기</h2>
<%
Collection<String> myNumber = response.getHeaders("myNumber");
for (String myNum : myNumber) {
%>
    <li>myNumber : <%= myNum %></li>
<%
    }
%>
</body>
</html>
```

우선 응답 헤더에 추가할 값들을 준비하는 코드를 살펴봅시다. ❶에서는 0000-00-00 00:00 (년-월-일 시:분) 형식으로 전송된 add_date 매개변수의 값을 long 타입으로 변경합니다. 변경된 값은 타임스탬프^{timestamp}라고 표현하는데, 1970년 1월 1일 0시 0분 0초부터 현재까지의 시간을 밀리초 단위로 환산한 값을 말합니다. ❷ 한편, 폼값으로 전송되는 값은 항상 String 타입이므로 add_int도 문자열로 얻어집니다. 따라서 이를 정수 형태로 사용할 때는 반드시 변환해야 합니다.

다음은 응답 헤더에 값을 추가하는 코드 차례입니다. 먼저 add 계열의 메서드로 헤더값을 추가합니다. 특히 ❸에서는 바로 위에서 추가한 "myNumber"라는 동일한 헤더명으로 새로운 값을 추가하고 있는데, add 계열이므로 같은 헤더명으로 값이 하나 더 추가됩니다. 반면 ❹처럼 set 계열의 메서드를 사용하면 이전 값이 수정됩니다(같은 이름의 헤더가 없었다면 새로 추가됩니다).

❺ 부분의 실행 결과는 다음과 같습니다.

← → C ⓘ localhost:8081/MustHaveJSP/02ImplicitObject/ResponseHeader.jsp?add_date=2022-12-20+09%3A00&add_int=8282&add_str=홍길동

응답 헤더 정보 출력하기

add 계열
(기존값을 그대로 하나 더 추가)

set 계열
(덮어 씀)

- myBirthday : Tue, 20 Dec 2022 00:00:00 GMT
- myNumber : 8282
- myNumber : 8282
- myName : 안중근

보다시피 "myNumber"가 두 번 출력되며 그 값은 모두 8282로 동일합니다. 이는 getHeader( ) 메서드의 특성으로, 값이 여러 개더라도 첫 번째 값만 가져오기 때문입니다.

반면 myName은 set 계열 메서드를 이용해서 수정되었으므로 "홍길동"이 아닌 "안중근"이 출력되었습니다.

그럼 이번에는 myNumber만 출력하는 ❻ 부분의 실행 결과를 보겠습니다.

myNumber만 출력하기

- myNumber : 8282
- myNumber : 1004

헤더명은 같지만 다른 값을 출력했습니다. 이와 같이 add 계열 메서드는 헤더명이 같더라도 (덮어쓰지 않고) 계속 누적시킵니다.

> **Note** • **add 계열 메서드** : 새로운 헤더명으로 값을 추가합니다. 동일한 헤더명이 있으면 동일한 이름으로 값을 추가합니다.
> • **set 계열 메서드** : 기존의 헤더값을 수정합니다. 단, 동일한 헤더명이 존재하지 않는다면 새롭게 추가합니다.

2.4 out 객체

out 내장 객체는 웹 브라우저에 변수 등의 값을 출력할 때 주로 사용합니다. 하지만 JSP를 작성하면서 사용하는 일은 그리 많지 않습니다. 대부분 상황에서 이 객체보다는 1장에서 학습한 표현식 〈%= %〉이 더 편리하기 때문입니다. 또한 9장에서 다룰 표현 언어(EL)를 익히고 나면 표현식이 한층 더 편리해집니다. 하지만 스크립틀릿 내에서 변수를 웹 브라우저에 출력해야 한다면 표현식보다는 out 내장 객체를 사용하는 편이 좋습니다.

out 내장 객체는 버퍼를 사용합니다. 즉, 출력되는 모든 정보는 버퍼에 먼저 저장된 후 웹 브라우저에 출력됩니다. 예제를 살펴보시죠.

예제 2-9 out 객체로 값 출력하기   webapp/02ImplicitObject/OutMain.jsp

```
<%@ page language="java" contentType="text/html; charset=UTF-8"
    pageEncoding="UTF-8"%>
<html>
```

```
<head><title>내장 객체 - out</title></head>
<body>
    <%
    // 버퍼 내용 삭제하기
    out.print("출력되지 않는 텍스트");  // 버퍼에 저장 ❶
    out.clearBuffer();   // 버퍼를 비움(윗 줄의 출력 결과 사라짐) ❷

    out.print("<h2>out 내장 객체</h2>");

    // 버퍼 크기 정보 확인
    out.print("출력 버퍼의 크기 : " + out.getBufferSize() + "<br>");  ❸
    out.print("남은 버퍼의 크기 : " + out.getRemaining() + "<br>");   ❹

    out.flush();   // 버퍼 내용 출력 ❺
    out.print("flush 후 버퍼의 크기 : " + out.getRemaining() + "<br>");  ❻

    // 다양한 타입의 값 출력 ❼
    out.print(1);
    out.print(false);
    out.print('가');
    %>
</body>
</html>
```

버퍼를 사용한다는 점만 주의하면 어렵지 않습니다. 우선 ❶에서 print( ) 메서드로 쓴 내용은 먼저 버퍼에 들어가게 되는데, ❷에서 clearBuffer( ) 메서드로 버퍼 안의 내용을 지워버렸습니다. 그래서 ❶에서 쓴 문자열은 출력되지 않습니다.

❸~❻에서는 버퍼의 크기 관련 정보를 얻는 예를 보여줍니다. ❸의 getBufferSize( )는 현재 페이지에 설정된 버퍼의 크기를 가져옵니다. 버퍼 크기를 page 지시어로 따로 선언하지 않았으므로 기본값인 8KB가 될 것입니다. 한편 getRemaining( ) 메서드는 사용하고 남은 버퍼의 크기를 알려줍니다. 그래서 ❹와 ❻은 각각 버퍼 플러시 전과 후의 남은 크기를 출력해줍니다.

❺의 flush( ) 메서드는 버퍼에 담긴 내용을 강제로 플러시합니다. 버퍼는 원래 모두 채워졌을 때 플러시되면서 내용을 출력하지만, 필요한 경우에는 이처럼 즉시 출력할 수 있습니다.

마지막으로 ❼은 print( ) 메서드를 이용해 다양한 타입의 데이터를 출력하는 예입니다. 문자열,

문자, 숫자, boolean 등 기본 자료형은 모두 가능합니다.

실행 결과는 다음과 같습니다.

---

out 내장 객체

출력 버퍼의 크기 : 8192
남은 버퍼의 크기 : 8154
flush 후 버퍼의 크기 : 8192
1false가

---

print( )를 사용하면서 버퍼가 채워지다가, flush( )로 모두 출력한 후 크기가 복원된 것을 알 수 있습니다. print( ) 외에 println( )도 있는데, 차이점은 입력 끝에 줄바꿈 문자(\r\n)를 추가한다는 것뿐입니다. 여기서 오해를 하는 경우가 있는데요, 줄바꿈 문자가 추가되니 웹 브라우저에서 보이는 화면에서도 줄바꿈 처리가 되지 않을까 라는 생각을 하게 됩니다. 하지만 HTML 문서에서 줄을 바꾸려면 줄바꿈 문자가 아니라 ⟨br/⟩ 태그를 사용해야 합니다. 따라서 print( )와의 차이는 띄어쓰기 힌 칸이 적용되는 정도입니다.

2.5 application 객체

application 내장 객체는 웹 애플리케이션당 하나만 생성되며, 모든 JSP 페이지에서 접근할 수 있습니다. 앞서 [표 2-1]에서 언급했듯이 application 내장 객체는 ServletContext 타입입니다. 주로 웹 애플리케이션 전반에서 이용하는 정보를 저장하거나, 서버의 정보, 서버의 물리적 경로 등을 얻어오는 데 사용합니다.

이번 절에서는 web.xml에 설정한 컨텍스트 초기화 매개변수를 읽어오고 폴더의 물리적 경로를 알아내는 모습을 보여드리겠습니다.

참고로 web.xml은 웹 애플리케이션에 대한 여러 가지 설정을 저장하는 곳으로, 배포 서술자deployment descriptor라고 부릅니다. 물리적 경로란 특정 파일이나 폴더의 전체 경로, 즉 절대 경로를 말하며, 파일을 업로드하거나 입출력 작업 시에 주로 사용합니다.

먼저 WEB-INF 폴더에 있는 web.xml 파일을 열어서 [예제 2-10]처럼 초기화 매개변수를 추가해주세요(음영 처리한 부분).

```xml
<?xml version="1.0" encoding="UTF-8"?>
<web-app xmlns:xsi=... 생략 ...
  <display-name>MustHaveJSP</display-name>
  <welcome-file-list>
  ... 생략 ...
  </welcome-file-list>

  <context-param>
    <param-name>INIT_PARAM</param-name>
    <param-value>web.xml에 저장한 초기화 매개변수</param-value>
  </context-param>
</web-app>
```

보시는 것처럼 〈context-param〉 태그를 만들고, 그 안에 초기화 매개변수의 이름과 값을 입력하면 됩니다.

다음은 application 내장 객체를 이용하는 코드를 보겠습니다.

```jsp
<%@ page language="java" contentType="text/html; charset=UTF-8"
    pageEncoding="UTF-8"%>
<html>
<head><title>내장 객체 - application</title></head>
<body>
    <h2>web.xml에 설정한 내용 읽어오기</h2>
    초기화 매개변수 : <%= application.getInitParameter("INIT_PARAM") %>  ❶

    <h2>서버의 물리적 경로 얻어오기</h2>
    application 내장 객체 : <%= application.getRealPath("/02ImplicitObject") %>  ❷

    <h2>선언부에서 application 내장 객체 사용하기</h2>
    <%!
    public String useImplicitObject() {  ❸
        return this.getServletContext().getRealPath("/02ImplicitObject");
    }
    public String useImplicitObject(ServletContext app) {  ❹
        return app.getRealPath("/02ImplicitObject");
```

```
    }
%>
<ul>
    <li>this 사용 : <%= useImplicitObject() %></li> ⑤
    <li>내장 객체를 인수로 전달 : <%= useImplicitObject(application) %></li> ⑥
</ul>
</body>
</html>
```

❶에서는 getInitParameter( ) 메서드를 이용해서 web.xml에 설정한 초기화 매개변수를 읽어 왔습니다. web.xml에서 "INIT_PARAM"을 설정하지 않았다면 null을 반환할 것입니다.

❷에서는 getRealPath( ) 메서드로 현재 예제를 작성 중인 폴더("/02ImplicitObject")의 물리 적 경로를 얻어와서 출력합니다. 인수로는 '컨텍스트 루트를 제외한' 경로를 입력하면 됩니다.

❸과 ❹는 선언부에 정의한 메서드들입니다. 두 메서드 모두 "/02ImplicitObject"의 물리적 경 로를 반환하지만, 이때 필요한 서블릿 컨텍스트를 ❸은 this로부터 얻는 데 반해 ❹는 매개변수로 받습니다.

마지막으로 ❺에서는 this를 이용하는 ❸을 호출하고, ❻에서는 application 내장 객체를 인수 로 하여 ❹를 호출합니다.

실행 결과는 다음과 같습니다.

---

web.xml에 설정한 내용 읽어오기

초기화 매개변수 : web.xml에 저장한 초기화 매개변수

서버의 물리적 경로 얻어오기

application 내장 객체 : C:\02Workspaces\.metadata\.plugins\org.eclipse.wst.server.core\

선언부에서 application 내장 객체 사용하기

- this 사용 : C:\02Workspaces\.metadata\.plugins\org.eclipse.wst.server.core\tmp0\
- 내장 객체를 인수로 전달 : C:\02Workspaces\.metadata\.plugins\org.eclipse.wst.serv

---

서버의 물리적 경로는 세 가지 모두 동일한 결과가 출력될 것입니다. 단지 사용 방법이 조금 다

릅니다. 스크립틀릿이나 표현식에서 사용할 때는 application 내장 객체를 그대로 사용하면 됩니다. 하지만 선언부에서는 application 내장 객체를 바로 사용하는 것은 불가능합니다(이번 장 첫 부분에서 JSP가 서블릿으로 변환되는 과정에서 설명한 내용입니다). 따라서 this를 통해 application 내장 객체를 얻어오거나, 인수로 전달해야지만 사용할 수 있습니다.

실행 결과를 보면 조금 의아한 점이 있을 것입니다. 분명히 우리는 02Workspace 하위에 프로젝트를 생성했는데 출력 내용은 뭔가 어마무시하게 길어져 있습니다. 이유는 우리가 이클립스를 사용했기 때문입니다. 작성한 JSP 파일을 실행하면 이클립스는 별도의 디렉터리를 생성하여 서블릿 변환과 컴파일을 진행하게 됩니다. 차후 19장에서 톰캣에 배포한 후 실행하면 JSP 파일이 있는 위치가 그대로 출력될 것입니다.

2.6 exception 객체

exception 내장 객체는 1.3절 '지시어(Directive)'의 'errorPage, isErrorPage 속성'에서 한 번 다뤘습니다. [예제 1-5]를 보면 오류명과 오류 메시지를 출력하는 부분에서 사용되고 있습니다. JSP에서 그 이상으로 사용되는 경우가 거의 없기 때문에 이번 장에서는 오류 페이지를 처리하는 또 다른 방식을 학습해보겠습니다.

JSP로 프로그래밍을 하다 보면 가장 빈번하게 발생되는 에러가 404, 405, 500 에러입니다.

표 2-2 HTTP 에러 코드 설명 및 조치 방법

HTTP 에러 코드	에러 의미	조치 방법
404	Not Found : 클라이언트가 요청한 경로에서 문서를 찾을 수 없습니다.	URL 상의 경로명이나 파일명이 제대로 입력되었는지 확인합니다.
405	Method Not Allowed : 허용되지 않는 메서드라는 뜻으로, GET 방식 혹은 POST 방식으로 요청했는데 이를 처리할 컨트롤러가 없습니다.	주로 서블릿으로 개발할 때 발생하게 되는데 doGet( ), doPost( ) 메서드가 적절히 오버라이딩되었는지 확인합니다.
500	Internal Server Error : 서버 내부 오류로, 코드에 오타가 있거나 로직에 문제가 있어 웹 서버가 요청 사항을 수행할 수 없습니다.	가장 많이 발생하는 에러로, 개발 중인 코드를 전반적으로 확인하여 오류를 처리해야 합니다.

HTTP에서 발생되는 에러는 훨씬 다양하나, [표 2-2]의 세 가지 정도만 알고 있어도 충분합니다.

이번에는 에러가 발생했을 때 에러별로 출력할 페이지를 분기하는 방법을 알아보겠습니다. 이 방법을 이용하려면 web.xml에 설정을 추가해야 합니다.

예제 2-12 web.xml에 에러별 출력 페이지 설정   webapp/**WEB-INF/web.xml**

```xml
<?xml version="1.0" encoding="UTF-8"?>
<web-app xmlns:xsi=... 생략 ...>
    ... 생략 ...

  <error-page>
    <error-code>404</error-code>        ❶ 에러 코드
    <location>/02ImplicitObject/Exception.jsp</location>   ❷ 출력할 페이지
  </error-page>
  <error-page>
    <error-code>405</error-code>
    <location>/02ImplicitObject/Exception.jsp</location>
  </error-page>
  <error-page>
    <error-code>500</error-code>
    <location>/02ImplicitObject/Exception.jsp</location>
  </error-page>
</web-app>
```

보다시피 에러 코드를 정수로 명시하고, 해당 에러 발생 시 웹 브라우저에 출력할 페이지와 경로를 지정했습니다. 〈location〉 엘리먼트에 경로를 명시할 때는 컨텍스트 루트를 제외한 나머지를 기술하면 됩니다. 경로는 슬래시(/)로 시작해야 합니다.

편의상 Exception.jsp라는 파일 하나에서 모든 에러를 처리하도록 했습니다. 다음 [예제 2-13]은 출력 페이지의 코드입니다.

예제 2-13 에러 출력 페이지   webapp/**02ImplicitObject/Exception.jsp**

```jsp
<%@ page language="java" contentType="text/html; charset=UTF-8"
    pageEncoding="UTF-8"%>
<html>
<head><title>내장 객체 - exception</title></head>
<body>
```

```
<%
int status = response.getStatus();   // response 내장 객체로부터 에러 코드 확인

// 에러 코드에 따라 적절한 메시지 출력
if (status == 404) {
    out.print("404 에러가 발생하였습니다.");
    out.print("<br/>파일 경로를 확인해주세요.");
}
else if (status == 405) {
    out.print("405 에러가 발생하였습니다.");
    out.print("<br/>요청 방식(method)을 확인해주세요.");
}
else if (status == 500) {
    out.print("500 에러가 발생하였습니다.");
    out.print("<br/>소스 코드에 오류가 없는지 확인해주세요.");
}
%>
</body>
</html>
```

테스트를 위해 [예제 1-2]의 Error500.jsp를 실행해보죠. 원래는 에러 페이지가 보였지만 지금은 다음 화면이 보일 것입니다.

```
←  →  C   ⓘ localhost:8081/MustHaveJSP/01DirectiveScript/Error500.jsp

500 에러가 발생하였습니다.
소스 코드에 오류가 없는지 확인해주세요.
```

웹 브라우저의 주소표시줄에는 여전히 Error500.jsp라는 파일명이 보이지만, 실제 출력된 것은 Exception.jsp의 내용입니다.

Warning 결과를 확인했으니 [예제 2-12]에서 web.xml에 추가했던 내용은 주석으로 처리합니다. 우리가 이와 같은 에러 페이지 처리를 별도로 준비하는 이유는 실제 서비스에서 오류 발생 시 코드가 고객에게 그대로 노출되는 문제를 피하기 위해서입니다. 하지만 개발 시에는 자세한 에러 메시지를 확인하면서 디버깅해야 하므로 에러 페이지 지정은 개발이 완료된 후 하는 것이 좋습니다. web.xml은 XML 문서라서 HTML과 같이 <!-- --> 형태의 주석을 사용합니다.

학습 마무리

JSP의 내장 객체는 별도의 선언 없이 사용할 수 있는 객체입니다. 클라이언트의 요청을 받거나 요청에 대한 응답을 할 수 있고, 자바 코드에 대한 예외 처리를 할 수 있습니다. 내장 객체의 기본 사용법을 익혔으니 3장에서는 내장 객체의 '영역'을 통해 데이터를 공유하는 방법과 범위에 대해 학습하겠습니다.

핵심 요약

- **request 객체** : 클라이언트의 요청을 받거나 웹 브라우저에 대한 정보 혹은 요청 헤더에 대한 정보를 읽을 때 사용합니다.
- **response 객체** : 요청에 대한 응답을 웹 브라우저로 보낼 때 사용합니다. 페이지 이동이나 응답 헤더를 추가할 때도 사용합니다.
- **out 객체** : 변수 등의 값을 웹 브라우저에 출력할 때 주로 사용합니다.
- **application 객체** : 웹 애플리케이션을 구성하는 모든 JSP에서 접근 가능한 객체로, 웹 애플리케이션에 대한 설정값을 저장할 때 주로 사용합니다.
- **exception 객체** : 예외 처리를 위해 사용합니다.

내장 객체의 영역(Scope)

☐ **학습 목표**   내장 객체 중 4개는 영역이라는 개념을 가지고 있습니다. 각 영역에 저장된 데이터는 공유 범위가 서로 다릅니다. 이번 장에서는 내장 객체의 유효기간이라 할 수 있는 영역에 대해 학습하여 데이터를 저장하고 공유하는 방법을 알아보겠습니다.

☐ **학습 순서**

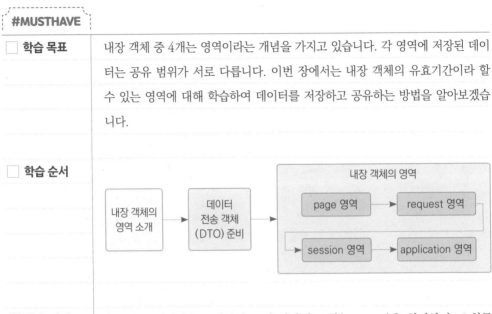

☐ **활용 사례**   웹에서는 페이지(page)들이 모여 하나의 요청(request)을 처리하며, 요청들이 모여 하나의 세션(session)을, 다시 세션들이 모여 하나의 웹 애플리케이션(application)을 이룹니다. 그래서 이 4가지 내장 객체의 영역 개념을 잘 이해해야 웹 애플리케이션을 효율적으로 설계하고 구현할 수 있습니다. 구체적인 구현 방식은 JSP와 다르더라도, 이 개념들은 다른 웹 프로그래밍 기술들에도 그대로 적용됩니다.

3.1 내장 객체의 영역이란?

내장 객체의 영역은 각 객체가 저장되는 메모리의 유효기간이라 이해하면 됩니다. 자바 프로그래밍에서의 지역변수를 생각해보세요. 메서드 내에서 선언된 변수는 메서드를 벗어나면 소멸됩니다. for문 블록에서 선언된 변수 역시 for문이 종료되는 순간 메모리에서 소멸됩니다. 그런데 클래스 단위로 구성된 자바와는 다르게 JSP와 같은 웹 애플리케이션은 페이지 단위로 구성됩니다. A 페이지에서 선언한 변수를 B 페이지로 이동한 후에도 접근할 수 있으려면 자바와는 조금 다르게 접근해야 합니다. 그래서 JSP에서는 영역을 통해 내장 객체에 저장된 속성값을 공유할 수 있도록 했습니다.

내장 객체의 영역은 총 4가지가 있습니다.

- **page 영역** : 동일한 페이지에서만 공유됩니다. 페이지를 벗어나면 소멸됩니다.
- **request 영역** : 하나의 요청에 의해 호출된 페이지와 포워드(요청 전달)된 페이지까지 공유됩니다.
- **session 영역** : 클라이언트가 처음 접속한 후 웹 브라우저를 닫을 때까지 공유됩니다.
- **application 영역** : 한 번 저장되면 웹 애플리케이션이 종료될 때까지 유지됩니다.

이처럼 각 영역은 접근할 수 있는 범위에서 차이가 있습니다. 다음은 이를 시각적으로 표현해본 그림입니다.

▼ 내장 객체의 영역별 접근 범위 및 포함 관계

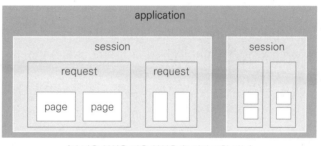

〈범위〉　　　　　　〈더 넓은 영역은 작은 영역을 둘 이상 포함 가능〉

그림의 왼쪽처럼 범위의 크기는 application 〉 session 〉 request 〉 page 순이며, 오른쪽처럼 애플리케이션 구조에 따라 더 큰 범위의 영역은 더 작은 범위의 영역을 하나 이상 포함할 수 있습니다.

한편 이들의 사용법(API)은 모두 같습니다. 다음은 영역이 제공하는 주요 메서드들입니다.

- void **setAttribute**(String name, Object value)
  - 각 영역에 속성을 저장합니다.
  - 첫 번째 인수는 속성명, 두 번째 인수는 저장할 값입니다.
  - 값의 타입은 Object이므로 모든 타입의 객체를 저장할 수 있습니다.
- Object **getAttribute**(String name)
  - 영역에 저장된 속성값을 얻어옵니다.
  - Object로 자동 형변환되어 저장되므로 원래 타입으로 형변환 후 사용해야 합니다.

- void **removeAttribute**(String name)
  - 영역에 저장된 속성을 삭제합니다.
  - 삭제할 속성명이 존재하지 않더라도 에러는 발생하지 않습니다.

이번 장에서는 다양한 예제와 함께 각 영역들을 어떻게 활용하는지 자세히 알아보겠습니다. 그런데 그전에 준비할 게 하나 있습니다. 바로 각 영역을 설명할 때 공통적으로 사용할 데이터 전송 객체입니다.

3.2 데이터 전송 객체(DTO) 준비

데이터 전송 객체Data Transfer Object, DTO란 주로 데이터를 저장하거나 전송하는 데 쓰이는 객체로, 다른 로직 없이 순수하게 데이터만을 담고 있습니다. 데이터만 가지고 있는 객체라 하여 값 객체Value Object, VO라고도 합니다. DTO는 자바빈즈JavaBeans 규약에 따라 작성합니다.

자바빈즈란 자바로 작성한 소프트웨어 컴포넌트로, 다음의 규약을 따르는 자바 클래스를 말합니다.

자바빈즈 규약

1 자바빈즈는 기본(default) 패키지 이외의 패키지에 속해야 합니다.
2 멤버 변수(속성)의 접근 지정자는 private으로 선언합니다.
3 기본 생성자가 있어야 합니다.
4 멤버 변수에 접근할 수 있는 게터getter/세터setter 메서드가 있어야 합니다.
5 게터/세터 메서드의 접근 지정자는 public으로 선언합니다.

Note 자바빈즈는 7장 '액션 태그'에서 한 번 더 다루겠습니다.

이제부터 Person이란 이름의 DTO를 작성하겠습니다. 말했다시피 DTO는 일반적인 자바 클래스입니다. 즉, JSP 파일이 아닙니다.

이클립스에서 JSP 파일은 webapp 하위에 생성합니다. 하지만 클래스, 즉 자바 파일은 Java Resources 하위의 src/main/java에 생성해야 합니다.

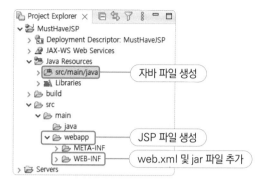

자바 파일 생성

JSP 파일 생성

web.xml 및 jar 파일 추가

To Do **01** 프로젝트 탐색기에서 ❶ Java Resources → ❷ src/main/java에서 마우스 우클릭 → ❸ [New] → ❹ [Class]를 클릭합니다.

02 ❶ 패키지명을 "common"으로, ❷ 클래스명을 "Person"으로 입력한 후 ❸ [Finish] 버튼을 클릭합니다.

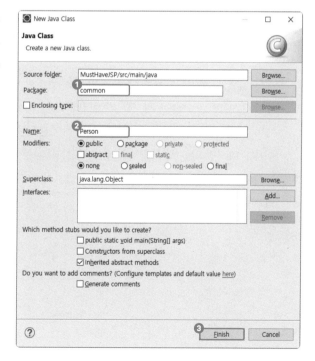

그러면 다음과 같이 Person 클래스가 생성됩니다.

앞으로 클래스를 생성할 때는 그림과 같이 하면 되므로 별도의 설명 없이 패키지명과 클래스명만 명시하겠습니다.

03 String 타입의 이름(name)과 int 타입의 나이(age) 멤버 변수를 private으로 선언합니다.

04 기본 생성자를 정의합니다. 그러면 [예제 3-1]과 같은 모습이 될 겁니다.

예제 3-1 Person 클래스(ver 0.1)　　　　　　　　　　　Java Resources/src/main/java/**common/Person.java**

```java
package common;           // 기본 패키지 이외의 패키지(규약 1번)

public class Person {
    private String name;  // private 멤버 변수(규약 2번)
    private int age;      // private 멤버 변수(규약 2번)

    public Person() {}    // 기본 생성자(규약 3번)
}
```

앞서 설명한 자바빈즈 규약 중 1, 2, 3번을 만족하고 있습니다. 이제 각 멤버 변수의 게터와
세터 메서드를 public으로 선언만 해주면 모든 규약을 만족하는 DTO가 완성됩니다.

게터와 세터는 매우 단순한 메서드라서 타이핑하는 게 어렵진 않습니다. 하지만 멤버 변수
수가 많아지면 단순 작업을 반복해야 하고, 이 과정에서 자칫 오타가 숨어들 수 있습니다. 그
래서 IDE가 제공하는 자동 생성 기능을 이용하는 편이 더 안전하고 빠릅니다. 그럼 이클립스
의 자동 생성 기능을 만나봅시다.

05 ❶ 편집창에서 마우스 우클릭 → ❷ [Source] → ❸ [Generate Getters and Setters...] 메뉴를 선택합니다.

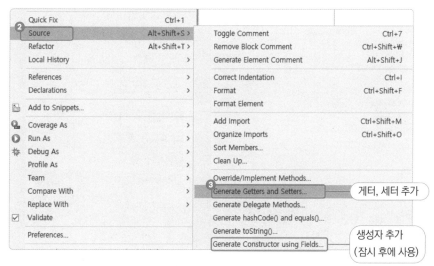

06 다음 화면에서 [Select All] → [Generate]를 클릭합니다.

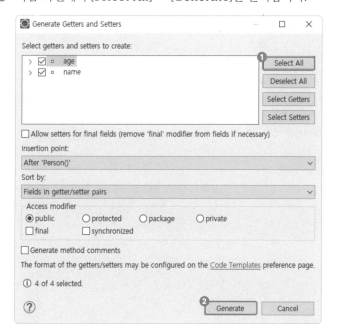

여기까지만 하면 자바빈즈 규약을 모두 만족하는 Person 클래스가 완성됩니다. 하지만 편의를 위해 인수들을 받아 모든 속성을 한 번에 초기화해주는 생성자도 하나 추가하겠습니다.

07 편집창에서 마우스 우클릭 → [Source] → [Generate Constructor using Fields...] 메뉴를 선택합니다.

08 다음 화면에서 역시 ❶ [Select All] → ❷ [Generate]를 클릭합니다.

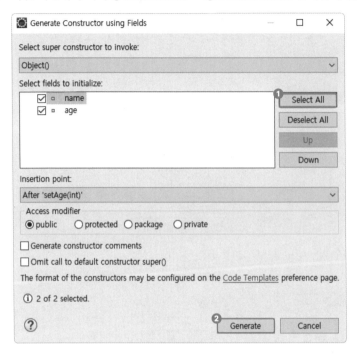

이상으로 자바빈즈 규약을 모두 만족하며 인수를 받는 생성자까지 하나 추가된 Person 클래스가 완성되었습니다. 이클립스가 만들어준 코드를 보기 좋게 적당히 정리해주면 [예제 3-2]와 같은 모습이 될 겁니다.

예제 3-2 Person 클래스(완성 버전)　　　　　　　　　　Java Resources/src/main/java/**common/Person.java**

```java
package common;          // 기본 패키지 이외의 패키지(규약 1번)

public class Person {
    private String name;  // private 멤버 변수(규약 2번)
    private int age;      // private 멤버 변수(규약 2번)

    public Person() {}    // 기본 생성자(규약 3번)

    public Person(String name, int age) {
        super();
```

```java
        this.name = name;
        this.age = age;
    }

    // public 게터/세터 메서드들(규약 4번, 5번)
    public String getName() {
        return name;
    }
    public void setName(String name) {
        this.name = name;
    }
    public int getAge() {
        return age;
    }
    public void setAge(int age) {
        this.age = age;
    }
}
```

DTO가 준비되었으니, 다음 절부터 4가지 내장 객체의 영역들을 범위가 좁은 순으로 차례로 살펴보겠습니다.

3.3 page 영역

page 영역은 기본적으로 클라이언트의 요청을 처리하는 데 관여하는 JSP 페이지마다 하나씩 생성됩니다. 그리고 이때 각 JSP 페이지는 page 영역을 사용하기 위한 pageContext 객체를 할당받게 됩니다. pageContext는 앞서 2장에서 설명하지 않은 내장 객체 중 하나입니다. 이 객체에 저장된 정보는 해당 페이지에서만 사용할 수 있고 페이지를 벗어나면 소멸됩니다. 한편 include 지시어로 포함한 파일은 하나의 페이지로 통합되므로 page 영역이 공유됩니다.

> **Note** 3장의 예제는 **webapp**에 03Scope 폴더를 만들고 그 안에 작성합니다.

이제 실제 동작하는 코드를 작성해보겠습니다. [예제 3-3]은 page 영역에 값을 저장하고 불러오는 예입니다. 기본 타입인 정수(int), 문자열, 그리고 앞 절에서 작성한 DTO 객체(Person 클래스)를 저장해보겠습니다.

```jsp
<%@ page import="common.Person"%>    ❶ common.Person 임포트
<%@ page language="java" contentType="text/html; charset=UTF-8"
    pageEncoding="UTF-8"%>
<%
pageContext.setAttribute("pageInteger", 1000);
pageContext.setAttribute("pageString", "페이지 영역의 문자열");    ❷ 속성 저장
pageContext.setAttribute("pagePerson", new Person("한석봉", 99));
%>
<html>
<head><title>page 영역</title></head>
<body>
    <h2>page 영역의 속성값 읽기</h2>
                                            ❸ 속성 읽기
    <%
    int pInteger = (Integer)(pageContext.getAttribute("pageInteger"));
    String pString = pageContext.getAttribute("pageString").toString();    ❹
    Person pPerson = (Person)(pageContext.getAttribute("pagePerson"));
    %>
    <ul>
        <li>Integer 객체 : <%= pInteger %></li>
        <li>String 객체 : <%= pString %></li>
        <li>Person 객체 : <%= pPerson.getName() %>, <%= pPerson.getAge() %></li>    ❺
    </ul>

    <h2>include된 파일에서 page 영역 읽어오기</h2>
    <%@ include file="PageInclude.jsp" %>    ❻

    <h2>페이지 이동 후 page 영역 읽어오기</h2>
    <a href="PageLocation.jsp">PageLocation.jsp 바로가기</a>    ❼
</body>
</html>
```

❶ 먼저 코드에서 외부 클래스인 common.Person을 사용하기 위해 임포트해야 합니다.

❷에서는 pageContext 객체를 통해 page 영역에 속성값을 저장했습니다. 객체가 아닌 기본 타입 값들은 해당 래퍼^{wrapper} 클래스로 오토박싱^{auto boxing}된 후 저장됩니다(int는 Integer로, float는 Float로, …). 그리고 이렇게 저장한 속성들을 ❸에서 다시 읽어옵니다. 단, 모든 속성이 Object 타입으로 저장되어 있으므로 다시 원래의 타입으로 형변환했습니다. ❹처럼 String 타입

인 경우 toString( ) 메서드를 통해 문자열로 변환하여 출력할 수도 있습니다.

❺는 Person 객체에서 멤버 변수의 값을 읽어오는 예입니다. Person은 DTO라서 멤버 변수가 private으로 선언되었으므로 게터 메서드를 이용했습니다.

지금까지가 속성값을 저장하고 읽어오는 기본적인 사용법 관점의 예시였다면, ❻과 ❼은 범위 관점의 예입니다. 먼저 ❻에서는 include 지시어로 다른 JSP 파일을 포함시켰습니다. 말 그대로 '포함' 관계이므로 '같은 페이지'가 됩니다. 따라서 page 영역이 그대로 유지됩니다. 동작 예는 [예제 3-4]에서 확인할 수 있습니다. 반면 ❼에서 〈a〉 태그로 감싼 링크를 클릭하면 '다른 페이지'로 '이동'하게 됩니다. 따라서 이전 페이지에서 만든 page 영역은 소멸됩니다. 동작 예는 [예제 3-5]에서 확인할 수 있습니다.

다음의 [예제 3-4]는 ❻에서 include 지시어로 포함시킨 파일의 내용입니다.

Warning 포함시킬 파일을 작성할 때는 새로운 JSP 파일을 생성한 후 page 지시어를 제외한 나머지 HTML 코드를 모두 삭제한 후 작성하도록 합니다. include는 문서 안에 또 다른 문서를 포함하는 형태이므로 태그가 중복될 수 있기 때문입니다.

예제 3-4 PageContextMain.jsp에 포함시킬 JSP 문서　　　　　　　　　　　webapp/**03Scope/PageInclude.jsp**

```jsp
<%@ page import="common.Person"%>
<%@ page language="java" contentType="text/html; charset=UTF-8"
    pageEncoding="UTF-8"%>
<h4>Include 페이지</h4>
<%                                                          ❶ 속성 읽기
int pInteger2 = (Integer)(pageContext.getAttribute("pageInteger"));
// String pString2 = pageContext.getAttribute("pageString").toString();
Person pPerson2 = (Person)(pageContext.getAttribute("pagePerson"));
%>
<ul>
    <li>Integer 객체 : <%= pInteger2 %></li>
    <li>String 객체 : <%= pageContext.getAttribute("pageString") %></li>  ❷
    <li>Person 객체 : <%= pPerson2.getName() %>, <%= pPerson2.getAge() %></li>
</ul>
```

❶에서는 앞의 [예제 3-3]에서처럼 page 영역에 저장된 속성을 읽어와서 형변환합니다. 그런데 String 객체는 주석으로 처리하고, 대신 ❷에서 직접 출력하도록 했습니다. 이처럼 만약 저장한 객체가 문자열이거나 기본 타입의 래퍼 클래스라면 별도의 형변환 없이 출력해도 됩니다.

Warning ❶에서 변수명 뒤에 '2'를 추가했습니다. 같은 페이지에 속하는 스크립틀릿들은 자바 코드로 변환될 때 모두 _jspService() 메서드의 본문에 추가됩니다. 따라서 변수명을 바꿔주지 않으면 같은 이름의 변수를 중복해서 선언하는 꼴이 되어 다음과 같은 컴파일 오류가 발생합니다.

```
SEVERE: 경로 [/MustHaveJSP]의 컨텍스트 내의 서블릿 [jsp]을(를) 위한 Servlet.
service() 호출이, 근본 원인(root cause)과 함께, 예외 [JSP를 위한 클래스를 컴파일
할 수 없습니다.:

JSP 파일 [/03Scope/PageInclude.jsp]의 [6] 행에서 오류가 발생했습니다.
Duplicate local variable pInteger    ← 지역 변수 pInteger를 중복 선언하여 오류 발생
3:      pageEncoding="UTF-8"%>
4: <h4>Include 페이지</h4>
5: <%
6: int pInteger = (Integer)(pageContext.getAttribute("pageInteger"));
7: //String pString2 = pageContext.getAttribute("pageString").toString();
8: Person pPerson = (Person)(pageContext.getAttribute("pagePerson"));
9: %>
```

[예제 3-3]의 PageContextMain.jsp를 실행한 결과는 다음과 같습니다.

include 지시어로 포함시킨 JSP 파일은 원본 그대로 삽입된 후 컴파일이 진행됩니다. 따라서 통합된 파일은 결국 하나의 페이지이므로 page 영역이 공유됩니다. 실행 결과를 보면 [예제 3-3]에

서 저장한 내용을 [예제 3-4]에서 그대로 읽어왔음을 확인할 수 있습니다.

같은 페이지 내에서 page 영역이 공유되는 것을 확인하였으니, 이번에는 다른 페이지로 이동한 후 page 영역이 공유되는지 확인해보겠습니다.

예제 3-5 ⟨a⟩ 태그 링크로 이동할 별도 페이지   webapp/03Scope/PageLocation.jsp

```jsp
<%@ page import="common.Person"%>
<%@ page language="java" contentType="text/html; charset=UTF-8"
    pageEncoding="UTF-8"%>
<html>
<head><title>page 영역</title></head>
<body>
    <h2>이동 후 page 영역의 속성값 읽기</h2>
    <%                                            ❶ 속성 읽기
    Object pInteger = pageContext.getAttribute("pageInteger");
    Object pString = pageContext.getAttribute("pageString");
    Object pPerson = pageContext.getAttribute("pagePerson");
    %>
    <ul>
        <li>Integer 객체 : <%= (pInteger == null) ? "값 없음" : pInteger %></li>
❷      <li>String 객체 : <%= (pString == null) ? "값 없음" : pString %></li>
        <li>Person 객체 : <%= (pPerson == null) ? "값 없음" : ((Person)pPerson).
                        getName() %></li>
    </ul>
</body>
</html>
```

앞선 두 예제와 마찬가지로 ❶에서는 page 영역에서 속성값을 가져옵니다. 다만 이번에는 형변환을 하지 않았습니다. 가져오려는 속성이 존재하지 않는다면 getAttribute() 메서드가 null을 반환하고, null을 int 타입 변수에 담으려 시도하면 NullPointerException이 발생하기 때문입니다. ❷ 대신 값을 화면에 출력할 때 null이 아닌지 확인하도록 했습니다.

이제 결과를 살펴볼 차례입니다. PageContextMain.jsp를 실행한 후 맨 아래의 [PageLocation.jsp 바로가기] 링크를 클릭해보세요. 그럼 PageLocation.jsp로 이동하며 다음 그림처럼 모든 값의 자리에 "값 없음"을 출력합니다.

〈a〉 태그를 통한 이동은 새로운 페이지를 요청하는 것입니다. 즉, 서로 다른 페이지이므로 page 영역은 공유되지 않습니다. 따라서 결과 화면에서처럼 어떤 속성값도 출력되지 않습니다.

이상으로 page 영역의 사용법과 유효 범위를 알아보았습니다. 이어서 살펴볼 다른 영역들도 사용법은 모두 같으니 '범위에 집중'하여 따라오시면 쉽게 이해할 수 있을 것입니다.

3.4 request 영역

클라이언트가 요청을 할 때마다 새로운 request 객체가 생성되고, 같은 요청을 처리하는 데 사용되는 모든 JSP 페이지가 공유합니다. 따라서 request 영역에 저장된 정보는 현재 페이지와 포워드된 페이지까지 공유할 수 있습니다. 단, 페이지 이동 시에는 소멸되어 사용할 수 없게 됩니다. 이처럼 request 영역은 하나의 요청에 대한 응답이 완료될 때 소멸하게 되므로 page 영역보다는 접근 범위가 조금 더 넓습니다.

예제 3-6 최초 페이지(request 영역 동작 확인용)   webapp/03Scope/RequestMain.jsp

```jsp
<%@ page import="common.Person"%>
<%@ page language="java" contentType="text/html; charset=UTF-8"
    pageEncoding="UTF-8"%>
<%
request.setAttribute("requestString", "request 영역의 문자열");     ┐─ ❶ 속성 저장
request.setAttribute("requestPerson", new Person("안중근", 31));  ┘
%>
<html>
<head><title>request 영역</title></head>
<body>
    <h2>request 영역의 속성값 삭제하기</h2>
    <%
        request.removeAttribute("requestString"); ❷
        request.removeAttribute("requestInteger"); // 에러 없음 ❸
```

```
        %>
        <h2>request 영역의 속성값 읽기</h2>
        <%
        Person rPerson = (Person)(request.getAttribute("requestPerson"));
        %>
❹      <ul>
            <li>String 객체 : <%= request.getAttribute("requestString") %></li>
            <li>Person 객체 : <%= rPerson.getName() %>, <%= rPerson.getAge() %></li>
        </ul>
        <h2>포워드된 페이지에서 request 영역 속성값 읽기</h2>
        <%--
        request.getRequestDispatcher(
❺              "RequestForward.jsp?paramHan=한글&paramEng=English")
            .forward(request, response);  ❻
        --%>
</body>
</html>
```

먼저 ❶에서 request 영역에 String 객체와 Person 객체를 저장합니다. 그런 다음 ❷와 ❸에서는 request 영역에 저장된 속성을 삭제합니다. 이때 ❷ "requestString"은 당연히 정상적으로 삭제되는데, ❸ 두 번째 줄에서는 존재하지 않는 "requestInteger"를 삭제하려 시도합니다. 이런 경우라도 에러는 발생하지 않습니다.

❹에서는 속성값을 읽어와서 출력합니다. 앞서 page 영역에서 다룬 예제와 동일한 방법을 사용했으므로 자세히 설명하지 않겠습니다.

이번 절의 핵심은 ❺ 부분입니다. 바로 RequestForward.jsp로 포워드하는 코드입니다. 다만 우선은 주석으로 처리한 상태로 실행하여 포워드 이외에 짚어볼 점들부터 정리해보겠습니다(포워드는 다음 예제에서 확인해볼 예정입니다).

Note 포워드란 현재 페이지로 들어온 요청을 다음 페이지로 보내는 기능을 말합니다.

❻은 request 내장 객체를 통해 실제로 포워드를 수행하는 코드입니다. 형태는 다음과 같습니다.

```
request.getRequestDispatcher("포워드할 파일 경로").forward(request, response)
```

예제 코드에서 보듯 포워드 시 쿼리스트링으로 매개변수도 전달할 수 있습니다.

실행 화면은 다음과 같습니다.

request 영역의 속성값 삭제하기

request 영역의 속성값 읽기

- String 객체 : null
- Person 객체 : 안중근, 31

포워드된 페이지에서 request 영역 속성값 읽기

Person 객체의 값을 제대로 읽어 왔고, String 객체는 request 영역에 저장된 후 삭제되었으므로 null로 출력되었습니다. 이상으로 request 영역도 하나의 페이지 안에서 문제없이 사용할 수 있음을 확인했습니다.

이어서 포워드된 페이지에서도 영역이 공유되는지 확인해보겠습니다. 먼저 [예제 3-6]에서 포워드하는 부분의 주석을 해제합니다. 다음은 주석을 해제한 후의 모습입니다.

```
... 생략 ...
    <h2>포워드된 페이지에서 request 영역 속성값 읽기</h2>
    <%
    request.getRequestDispatcher(
            "RequestForward.jsp?paramHan=한글&paramEng=English")
        .forward(request, response);
    %>
</body>
</html>
```

참고로 이 주석 부분 코드를 다음과 같이 작성할 수도 있습니다.

```
    <%
    RequestDispatcher rd = request.getRequestDispatcher(
                        "RequestForward.jsp?paramHan=한글&paramEng=English");
    rd.forward(request, response);
    %>
```

보다시피 getRequestDispatcher( )의 반환 타입이 RequestDispatcher이며, 이 객체가 요청을 다른 페이지로 넘겨주는 기능을 수행합니다.

Note 7장 '액션 태그'에서는 이와 비슷한 기능을 하는 〈jsp:forward〉 태그를 학습할 것입니다.

다음으로 포워드되는 페이지의 코드를 보겠습니다.

예제 3-7 포워드되는 JSP 페이지   webapp/**03Scope/RequestForward.jsp**

```jsp
<%@ page import="common.Person"%>
<%@ page language="java" contentType="text/html; charset=UTF-8"
    pageEncoding="UTF-8"%>
<html>
<head><title>request 영역</title></head>
<body>
    <h2>포워드로 전달된 페이지</h2>
    <h4>RequestMain 파일의 리퀘스트 영역 속성 읽기</h4>
    <%
    Person pPerson = (Person)(request.getAttribute("requestPerson"));   ①
    %>
    <ul>
        <li>String 객체 : <%= request.getAttribute("requestString") %></li>
        <li>Person 객체 : <%= pPerson.getName() %>, <%= pPerson.getAge() %></li>   ②
    </ul>
    <h4>매개변수로 전달된 값 출력하기</h4>
    <%
        request.setCharacterEncoding("UTF-8");   ③
        out.println(request.getParameter("paramHan"));
        out.println(request.getParameter("paramEng"));   ④
    %>
</body>
</html>
```

❶과 ❷에서는 request 영역에 저장된 속성들을 읽어와서 출력합니다. 여기서 불러오는 속성들은 모두 이전 페이지, 즉 [예제 3-6]의 RequestMain.jsp에서 저장한 것들입니다. 포워드를 해도 request 영역이 공유되므로 문제없이 출력될 것입니다.

❹에서는 포워드하면서 쿼리스트링으로 전달한 매개변수의 값을 출력하는 모습입니다. 그런데 값

을 얻어오기 전에 ❸에서 인코딩 방식을 UTF-8로 변경했습니다. 매개변수로 전달된 값 중 한글이 포함되어 있기 때문입니다.

Note 매개변수에 한글이 포함되어 있다면 반드시 UTF-8로 인코딩해줘야 합니다.

이제 [예제 3-6]의 RequestMain.jsp를 다시 실행하여, 포워드된 후에도 request 영역이 여전히 유효한지 확인해보겠습니다.

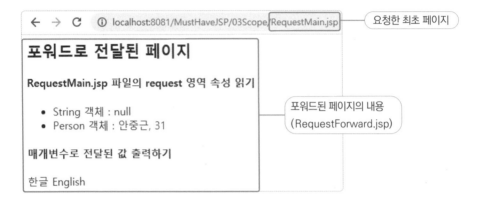

웹 브라우저의 주소표시줄에는 여전히 최초 실행한 RequestMain.jsp가 표시되지만, 화면에는 RequestForward.jsp의 내용이 보입니다. 그리고 최초 페이지에서 request 영역에 저장했던 값들을 성공적으로 읽어온 것을 확인할 수 있습니다. String 객체가 null로 출력되는 이유는 최초 실행한 페이지에서 removeAttribute( )로 삭제했기 때문입니다. 매개변수로 전달한 값들도 문제없이 출력되었습니다.

이처럼 request 영역에 저장된 속성값은 현재 페이지와 포워드된 페이지까지 공유됩니다.

3.5 session 영역

클라이언트가 웹 브라우저를 최초로 열고난 후 닫을 때까지 요청되는 모든 페이지는 session 객체를 공유할 수 있습니다. 세션session이란 클라이언트가 서버에 접속해 있는 상태 혹은 단위를 말하는 것으로, 주로 회원인증 후 로그인 상태를 유지하는 처리에 사용됩니다. 포털 사이트에서 웹 브라우저를 닫으면 자동으로 로그아웃이 되는 이유가 바로 session 객체의 특성 때문입니다.

먼저 session 영역의 특성을 파악해보기 위한 첫 번째 페이지의 코드를 보겠습니다.

```jsp
<%@ page import="java.util.ArrayList"%>
<%@ page language="java" contentType="text/html; charset=UTF-8"
    pageEncoding="UTF-8"%>
<%
ArrayList<String> lists = new ArrayList<String>();
lists.add("리스트");
lists.add("컬렉션");
session.setAttribute("lists", lists); ❷
%>
<html>
<head><title>session 영역</title></head>
<body>
    <h2>페이지 이동 후 session 영역의 속성 읽기</h2>
    <a href="SessionLocation.jsp">SessionLocation.jsp 바로가기</a>  ❸
</body>
</html>
```

❶ ArrayList 컬렉션을 생성한 후 2개의 String 객체를 저장한 다음 ❷ 이 컬렉션을 통째로 session 영역에 저장했습니다. ❸은 session 영역이 이동된 페이지에서도 공유되는지 확인하기 위한 링크입니다. 링크를 클릭해 이동할 페이지는 [예제 3-9]와 같습니다.

```jsp
<%@ page import="java.util.ArrayList"%>
<%@ page language="java" contentType="text/html; charset=UTF-8"
    pageEncoding="UTF-8"%>
<html>
<head><title>session 영역</title></head>
<body>
    <h2>페이지 이동 후 session 영역의 속성 읽기</h2>
    <%
    ArrayList<String> lists = (ArrayList<String>)session.getAttribute("lists"); ❶
    for (String str : lists) ❷
        out.print(str + "<br/>");
    %>
</body>
</html>
```

여느 때처럼 ❶에서는 session 영역에서 속성을 읽어온 후 형변환합니다. 컬렉션의 타입은 ArrayList⟨String⟩입니다. 그런 다음 ❷에서 for문을 이용해 컬렉션에서 객체들을 꺼내 출력했습니다.

이제 [예제 3-8]의 SessionMain.jsp를 실행합니다.

이어서 [SessionLocation.jsp 바로가기] 링크를 클릭해보세요.

페이지가 이동되었지만 session 영역에 저장된 속성값은 정상적으로 출력됩니다. session 영역의 속성값을 삭제하고 싶다면 웹 브라우저를 완전히 닫았다가 다시 열면 됩니다. 탭만 닫아서는 session이 삭제되지 않습니다. 반드시 웹 브라우저 전체를 닫아야 합니다.

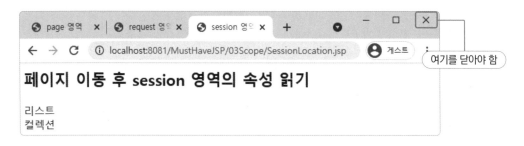

웹 브라우저 전체를 닫은 후 [예제 3-9]를 다시 실행해보죠.

```
HTTP 상태 500 – 내부 서버 오류

타입 예외 보고

메시지 행 [10]에서 [03Scope/SessionLocation.jsp]을(를) 처리하는 중 예외 발생

설명 서버가, 해당 요청을 충족시키지 못하게 하는 예기치 않은 조건을 맞닥뜨렸습니다.

예외

org.apache.jasper.JasperException: 행 [10]에서 [03Scope/SessionLocation.jsp]을(를) 처리하는 중 예외 발생

7:      <h2>페이지 이동 후 session 영역의 속성 읽기</h2>
8:      <%
9:      ArrayList<String> lists = (ArrayList<String>)session.getAttribute("lists");
10:        for (String str : lists)
11:          out.print(str + "<br/>");
12:      %>
13: </body>

Stacktrace:
        org.apache.jasper.servlet.JspServletWrapper.handleJspException(JspServletWrapper.java:610)
        org.apache.jasper.servlet.JspServletWrapper.service(JspServletWrapper.java:499)
        org.apache.jasper.servlet.JspServlet.serviceJspFile(JspServlet.java:379)
        org.apache.jasper.servlet.JspServlet.service(JspServlet.java:327)
        javax.servlet.http.HttpServlet.service(HttpServlet.java:764)
        org.apache.tomcat.websocket.server.WsFilter.doFilter(WsFilter.java:53)
        org.apache.catalina.filters.SetCharacterEncodingFilter.doFilter(SetCharacterEncodingFilter.java:109)

근본 원인 (root cause)

java.lang.NullPointerException
```

그러면 이와 같이 500 에러가 발생할 것입니다. 웹 브라우저를 닫으면 session 객체가 삭제되고, 웹 브라우저를 다시 실행하면 그때 새로운 session 객체가 만들어집니다. 그래서 getAttribute("lists")로 속성값을 읽어오려 하면 null을 반환하여 NullPointerException이 발생하는 것입니다.

3.6 application 영역

웹 애플리케이션은 단 하나의 application 객체만 생성하고, 클라이언트가 요청하는 모든 페이지가 application 객체를 공유하게 됩니다. 또한 application 객체는 웹 서버를 시작할 때 만들어지며, 웹 서버를 내릴 때 삭제됩니다. 따라서 application 영역에 한 번 저장된 정보는 페이지를 이동하거나, 웹 브라우저를 닫았다가 새롭게 접속해도 삭제되지 않습니다.

예제와 함께 확인해보죠.

예제 3-10 최초 페이지(application 영역 동작 확인용)   webapp/**03Scope/ApplicationMain.jsp**

```jsp
<%@ page import="java.util.HashMap"%>
<%@ page import="common.Person"%>
<%@ page import="java.util.Map"%>
<%@ page language="java" contentType="text/html; charset=UTF-8"
    pageEncoding="UTF-8"%>
<html>
<head><title>application 영역</title></head>
<body>
    <h2>application 영역의 공유</h2>
    <%
    Map<String, Person> maps = new HashMap<>();
    maps.put("actor1", new Person("이수일", 30));
    maps.put("actor2", new Person("심순애", 28));     ─┐─ ❶
    application.setAttribute("maps", maps);   ❷
    %>
    application 영역에 속성이 저장되었습니다.
</body>
</html>
```

❶ HashMap 컬렉션을 생성한 후 두 개의 Person 객체를 저장한 다음 ❷ 컬렉션 채로 application 영역에 저장했습니다.

[예제 3-10]을 실행하면 application 영역에 속성값이 저장됩니다.

이제 [예제 3-10]에서 application 영역에 저장한 속성을 읽어오는 결과 페이지를 만들겠습니다.

```jsp
<%@ page import="java.util.Set"%>
<%@ page import="common.Person"%>
<%@ page import="java.util.Map"%>
<%@ page language="java" contentType="text/html; charset=UTF-8"
    pageEncoding="UTF-8"%>
<html>
<head><title>application 영역</title></head>
<body>
    <h2>application 영역의 속성 읽기</h2>
    <%
    Map<String, Person> maps
            = (Map<String, Person>)application.getAttribute("maps");  ❶
    Set<String> keys = maps.keySet();  ❷
    for (String key : keys) {
        Person person = maps.get(key);
        out.print(String.format("이름 : %s, 나이 : %d<br/>",        ❸
                person.getName(), person.getAge()));
    }
    %>
</body>
</html>
```

❶ [예제 3-10]에서 application 영역에 저장한 "maps" 속성값을 읽어서 원래 형태인 Map⟨String, Person⟩ 타입 변수에 저장합니다. Map 컬렉션에 담긴 데이터를 확인하려면 먼저 키key들을 알아내야 합니다. 그래서 ❷ keySet( )으로 얻어옵니다. ❸에서는 확장 for문에서 모든 키에 해당하는 값들을 하나씩 꺼내 출력합니다. Map에 저장된 객체를 꺼낼 때는 get( )을 사용합니다.

이제 session을 삭제했을 때처럼 '모든 웹 브라우저를 닫고' [예제 3-11]을 실행해보세요.

← → C　①　localhost:8081/MustHaveJSP/03Scope/ApplicationResult.jsp

application 영역의 속성 읽기

이름 : 심순애, 나이 : 28
이름 : 이수일, 나이 : 30

[예제 3-10]에서 저장한 속성값이 여전히 정상적으로 출력되는 것을 볼 수 있습니다. 이 속성값은 웹 서버가 종료되지 않는 한 계속 유지됩니다.

실제로 그런지 웹 서버를 재시동한 후 [예제 3-11]을 다시 실행해보겠습니다.

To Do **01** 이클립스 화면 아래쪽에서 [Servers] 뷰를 클 **Note** [Servers] 뷰가 보이지 않으면 [Window] →
릭합니다. 다음 그림처럼 우리가 사용 중인 [Show View] → [Servers] 메뉴를 선택하세요.
웹 서버인 톰캣이 구동 중인 게 보일 겁니다.

02 서버 이름에서 마우스 우클릭 → [Restart] 메뉴를 클릭하여 웹 서버를 재시동합니다.

03 결과 확인 페이지, 즉 [예제 3-11]의 ApplicationResult.jsp 파일을 다시 실행합니다.

그러면 웹 브라우저에서는 500 에러 메시지를, 이클립스의 [Console] 뷰에서는 NullPointer
Exception을 확인할 수 있을 겁니다.

학습 마무리

이번 장에서는 내장 객체의 영역 네 가지에 대해 학습하였습니다. 네 가지 모두 사용법은 같지만
공유 범위는 서로 다릅니다. 예제를 통해 사용법은 익혔지만 여전히 다음과 같은 의문이 들지도 모
르겠습니다. '공유 범위가 다른 건 알겠는데 이걸 구체적으로 어디에 활용하는 걸까?' 이 질문에 답
하기는 현재로서는 조금 어렵습니다. 이유는 좀 더 뒤에서 학습할 EL(표현 언어), JSTL(표준 태그
라이브러리), 서블릿(Servlet)을 설명하면서 제대로 된 활용법을 알려드릴 수 있기 때문입니다. 조
급할 필요 없습니다. 이 책을 따라오시면 단계별로 하나씩 가장 쉽게 터득하실 수 있을 겁니다.

핵심 요약

- **page 영역** : 동일한 페이지에서만 공유됩니다. 페이지를 벗어나면 소멸됩니다.
- **request 영역** : 하나의 요청에 의해 호출된 페이지와 포워드(요청 전달)된 페이지까지 공유됩니다. 새로운 페이지를 요청(페이지 이동)하면 소멸됩니다.
- **session 영역** : 클라이언트가 처음 접속한 후 웹 브라우저를 닫을 때까지 공유됩니다. 포워드나 페이지 이동 시에도 영역은 소멸되지 않습니다.
- **application 영역** : 한 번 저장되면 웹 애플리케이션이 종료될 때까지 유지됩니다. 즉, 서버가 셧다운되지 않는다면 언제까지든 공유되는 영역입니다.

▼ 내장 객체 영역별 수명주기

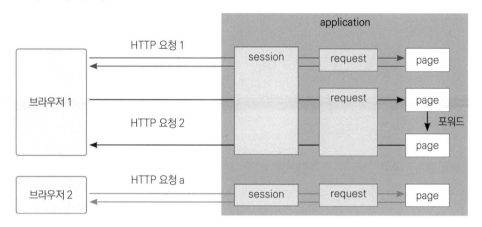

쿠키(Cookie)

☐ **학습 목표** 클라이언트의 상태 정보를 클라이언트의 PC에 저장할 수 있는 쿠키에 대해 학습합니다. 기본 사용법을 학습한 후 실무에서 활용할 수 있는 응용 예제까지 구현해봅니다.

☐ **학습 순서**

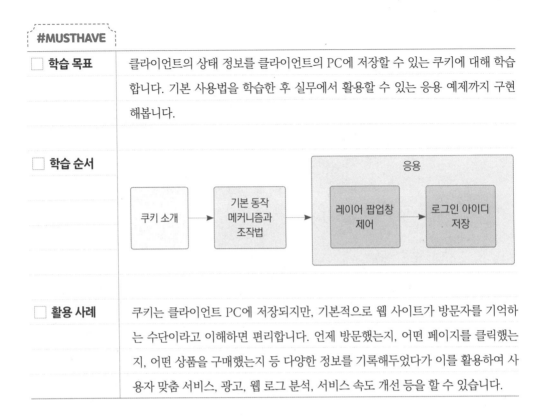

☐ **활용 사례** 쿠키는 클라이언트 PC에 저장되지만, 기본적으로 웹 사이트가 방문자를 기억하는 수단이라고 이해하면 편리합니다. 언제 방문했는지, 어떤 페이지를 클릭했는지, 어떤 상품을 구매했는지 등 다양한 정보를 기록해두었다가 이를 활용하여 사용자 맞춤 서비스, 광고, 웹 로그 분석, 서비스 속도 개선 등을 할 수 있습니다.

4.1 쿠키란?

쿠키Cookie는 클라이언트의 상태 정보를 유지하기 위한 기술입니다. 상태 정보를 클라이언트(주로 웹 브라우저)에 키key와 값value 형태로 저장했다가 다음 요청 시 저장된 쿠키를 함께 전송합니다. 그러면 웹 서버는 브라우저가 전송한 쿠키로부터 필요한 데이터를 읽어올 수 있습니다. 쿠키 표준 RFC 6265에는 다음과 같은 제약이 있다고 명시되어 있습니다.

- 3000개까지 만들 수 있습니다.
- 쿠키 하나의 최대 크기는 4096바이트입니다.
- 하나의 호스트나 도메인에서 최대 50개까지 만들 수 있습니다.

따라서 쿠키로 저장할 수 있는 최대 용량은 대략 1.2MB입니다. 하지만 모든 브라우저가 표준을 그대로 따르지는 않으며, 대부분 이보다 적은 수만 지원합니다.

4.2 기본 동작 확인

쿠키의 동작 메커니즘, 속성 및 API를 알아본 다음 간단한 예제 코드를 직접 구현하며 쿠키의 기본을 이해해보겠습니다.

4.2.1 동작 메커니즘

먼저 쿠키가 생성되어 활용되는 메커니즘을 알아보겠습니다.

▼ 쿠키 동작 메커니즘

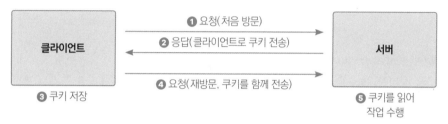

1 클라이언트가 서버에 요청을 보냅니다.
2 서버가 쿠키를 생성하여 HTTP 응답 헤더에 실어 클라이언트에 전송합니다.

> **Note** 여기서의 '요청'과 '응답'은 일반적인 HTTP 요청과 응답을 말합니다. 쿠키는 이 요청/응답에 부가적으로 실려 전달되는 데이터입니다.

3 클라이언트는 쿠키를 받아 저장해둡니다.
   (이 시점에는 쿠키가 클라이언트에만 저장된 상태이므로 서버는 아직 쿠키를 사용할 수 없습니다.)
4 클라이언트는 다음번 요청 시 저장해둔 쿠키를 HTTP 요청 헤더에 실어 보냅니다.
5 서버는 쿠키의 정보를 읽어 필요한 작업을 수행합니다.

이상에서 설명하였듯이 쿠키가 처음 만들어진 시점에는 서버가 아직 쿠키를 읽을 수 없습니다. 다음번 요청 때부터 클라이언트가 전송해주기 때문입니다. 따라서 페이지를 새로 고치거나 다시 접속해야 서버가 쿠키를 읽어 활용하게 됩니다. 서버에서 생성한 쿠키를 서버가 바로 읽을 수 없다는 게 좀 의아할 것입니다. 이것이 쿠키의 독특한 메커니즘으로, 이번 장의 예제들을 살펴보고 나면 확실히 이해될 것입니다.

4.2.2 속성과 API

쿠키를 구성하는 속성들은 다음과 같습니다.

- **이름**name : 쿠키를 구별하는 이름
- **값**value : 쿠키에 저장할 실제 데이터
- **도메인**domain : 쿠키를 적용할 도메인
- **경로**path : 쿠키를 적용할 경로
- **유지 기간**max age : 쿠키를 유지할 기간

그리고 이 속성들을 설정하고 읽어오는 메서드들을 제공합니다. 먼저 설정 메서드들을 보겠습니다.

- void **setValue**(String value)
  쿠키의 값을 설정합니다. 문자열을 입력하면 되는데, 쉼표(,)나 세미콜론(;) 같은 문자는 포함할 수 없습니다.
- void **setDomain**(String domain)
  쿠키에 적용할 도메인을 설정합니다. 주 도메인만 적용하고 싶다면 "도메인" 형태로 기술합니다. 주 도메인 외에 서브 도메인에도 적용하고 싶다면 ".도메인" 형태로 기술합니다. 예를 들어 setDomain(".nakja.co.kr")로 설정하면 **www**.nakja.co.kr은 물론 **mail**.nakja.co.kr에서도 쿠키가 적용됩니다.
- void **setPath**(String path)
  쿠키가 적용될 경로를 지정합니다. 지정한 경로와 그 하위 경로에까지 적용됩니다.
- void **setMaxAge**(int expire_seconds)
  쿠키가 유지될 기간을 초 단위로 설정합니다. 기간을 설정하지 않으면 웹 브라우저가 닫힐 때 쿠키도 같이 삭제됩니다.

그런데 좀 이상한 점이 있습니다. 이름을 설정하는 setName( )이 보이지 않습니다. 그 이유는 쿠키의 이름은 생성자constructor를 통해 설정하고, 생성 후에는 더 이상 이름을 변경할 수 없기 때문입니다. 생성자의 형태는 다음과 같습니다.

- new **Cookie**(String name, String value)
  이름과 값을 받아 새로운 쿠키를 생성합니다.

다음은 쿠키 정보를 읽는 메서드들입니다.

- String **getName()**

  쿠키의 이름을 반환합니다.

- String **getValue()**

  쿠키의 값을 반환합니다.

- String **getDomain()**

  쿠키가 적용되는 도메인을 반환합니다.

- String **getPath()**

  쿠키의 적용 경로를 반환합니다. 단, setPath( )로 설정한 적이 없다면 null을 반환합니다.

- int **getMaxAge()**

  쿠키의 유지 기간을 반환합니다. 단, setMaxAge( )로 설정한 적이 없다면 -1을 반환합니다.

4.2.3 기본 조작법

API를 살펴보았으니 이번에는 쿠키를 생성하고 기본 동작을 확인할 수 있는 간단한 예제를 보겠습니다. 다음은 메인 페이지의 코드입니다.

예제 4-1 쿠키 동작 확인　　　　　　　　　　　　　　　webapp/04Cookie/CookieMain.jsp

```jsp
<%@ page language="java" contentType="text/html; charset=UTF-8"
    pageEncoding="UTF-8"%>
<html>
<head><title>Cookie</title></head>
<body>
  <h2>1. 쿠키(Cookie) 설정</h2>
  <%
  Cookie cookie = new Cookie("myCookie", "쿠키맛나요");  // 쿠키 생성
  cookie.setPath(request.getContextPath());  // 경로를 컨텍스트 루트로 설정 ❷
  cookie.setMaxAge(3600);     // 유지 기간을 1시간으로 설정
  response.addCookie(cookie); // 응답 헤더에 쿠키 추가
  %>

  <h2>2. 쿠키 설정 직후 쿠키값 확인하기</h2>
  <%
  Cookie[] cookies = request.getCookies();  // 요청 헤더의 모든 쿠키 얻기 ❹
  if (cookies!=null) {
```

❶
❸

```
        for (Cookie c : cookies) {  // 쿠키 각각의.. ⑤
            String cookieName = c.getName();  // 쿠키 이름 얻기 ⑥
            String cookieValue = c.getValue();  // 쿠키 값 얻기 ⑦
            // 화면에 출력
            out.println(String.format("%s : %s<br/>", cookieName, cookieValue));  ⑧
        }
    }
    %>

    <h2>3. 페이지 이동 후 쿠키값 확인하기</h2>
    <a href="CookieResult.jsp">
        다음 페이지에서 쿠키값 확인하기
    </a>
</body>
</html>
```

❶ 이름이 "myCookie"이고 값이 "쿠키맛나요"인 쿠키를 생성한 후, 경로와 유지 기간을 설정해 응답 헤더에 추가했습니다.

❷에서 설정한 경로는 request 내장 객체의 getContextPath( )로 얻어온 컨텍스트 루트입니다. 이클립스에서는 프로젝트명이 컨텍스트 루트로 사용되므로 "/MustHaveJSP"가 반환되어 설정됩니다. 즉, 웹 애플리케이션 전체에서 쿠키를 사용하겠다는 의미입니다.

다음으로 ❸에서는 ❹ 요청 헤더에 담겨있는 쿠키를 모두 가져와서 ❺ 확장 for문을 이용해 ❻ 이름과 ❼ 값을 ❽ 화면에 출력합니다.

이 페이지를 최초로 실행한 결과는 다음과 같으며, ❶에서 생성한 "myCookie"는 보이지 않습니다.

---

1. 쿠키(Cookie) 설정

2. 쿠키 설정 직후 쿠키값 확인하기

JSESSIONID : A47F68902D1037537C4AD26F49378AA0

3. 페이지 이동 후 쿠키값 확인하기

다음 페이지에서 쿠키값 확인하기

앞에서 설명한 것처럼 쿠키는 생성 직후에는 사용할 수 없습니다. 쿠키는 서버에서 먼저 생성한 후 응답 헤더를 통해 클라이언트로 전송합니다. 이때 서버는 클라이언트의 요청에 의해 단지 쿠키를 만들기만 할 뿐 그 내용을 즉시 읽지 않습니다. 클라이언트로부터 재요청이 들어올 때 요청 헤더를 통해 쿠키가 서버로 전송되는데 이때부터 내용을 읽을 수 있습니다.

그리고 실행 결과에는 우리가 생성한 적이 없는 JSESSIONID라는 쿠키가 보입니다. 이 쿠키는 톰캣 컨테이너에서 세션을 유지하기 위해 발급하는 키로, 새로운 웹 브라우저를 열면 자동으로 생성됩니다. 세션에 관해서는 다음 장에서 다룰 예정입니다.

결과 화면에서 [다음 페이지에서 쿠키값 확인하기] 링크를 클릭하여 쿠키값을 확인해보죠. [예제 4-2]는 다음 페이지의 코드입니다.

예제 4-2 쿠키값 확인   webapp/04Cookie/CookieResult.jsp

```jsp
<%@ page language="java" contentType="text/html; charset=UTF-8"
    pageEncoding="UTF-8"%>
<!DOCTYPE html>
<html>
<head>
<meta charset="UTF-8">
<title>CookieResult.jsp</title>
</head>
<body>
    <h2>쿠키값 확인하기(쿠키가 생성된 이후의 페이지)</h2>
    <%
    Cookie[] cookies = request.getCookies();
    if (cookies != null) {
        for (int i = 0; i < cookies.length; i++) {
            String cookieName = cookies[i].getName();
            String cookieValue = cookies[i].getValue();
            out.println(String.format("쿠키명 : %s - 쿠키값 : %s<br/>",
                                cookieName, cookieValue));
        }
    }
    %>
</body>
</html>
```
❶

❶ 쿠키를 배열로 얻어와서 하나씩 출력합니다. 이번에는 일반 for문을 사용했습니다. 확장 for문 과는 다르게 배열의 인덱스를 사용해야 하므로 코드가 조금은 더 복잡한 단점이 있습니다.

실행 결과를 보면 "myCookie" 값을 볼 수 있습니다.

쿠키값 확인하기(쿠키가 생성된 이후의 페이지)

쿠키명 : JSESSIONID - 쿠키값 : A47F68902D1037537C4AD26F49378AA0
쿠키명 : myCookie - 쿠키값 : 쿠키맛나요

앞서 [예제 4-1]을 실행하면 클라이언트(웹 브라우저)는 서버로부터 쿠키를 받아 저장해두며, [다음 페이지에서 쿠키값 확인하기] 링크를 클릭하면 이 쿠키를 요청 헤더에 담아 서버로 전송합니다. 그 결과 서버는 쿠키를 읽어 앞의 그림과 같이 출력할 수 있습니다. 이제는 [예제 4-1]을 다시 실행하더라도 myCookie 값이 출력될 것입니다. 그리고 이 쿠키는 setMaxAge( )로 설정한 1시간 동안은 웹 애플리케이션 전체에서 사용할 수 있습니다.

쿠키를 삭제할 때는 쿠키를 빈 값으로 설정하고 유지 기간을 0으로 부여하면 됩니다. 코드로는 다음 절에서 구현해보겠습니다.

응용 4.3 레이어 팝업창 제어

쿠키의 기본 사용법을 알아보았으니 실무에서 응용할 수 있는 예제를 만들어보겠습니다.

웹 애플리케이션을 개발할 때 팝업창을 많이 사용하게 됩니다. 팝업창은 회원가입 시 아이디 중복 체크나 간단한 공지사항을 띄워주는 용도로 자주 사용합니다. 과거에는 별도의 URL을 가지는 팝업창을 주로 사용하였으나 불법 광고를 홍보하는 데 많이 악용되어 최근에는 레이어를 이용한 형태의 팝업을 주로 사용합니다.

아마도 웹서핑을 하면서 "하루 동안 열지 않음"과 같은 문구가 쓰여진 팝업창을 한 번씩은 봤으리라 생각합니다. 바로 다음 그림의 예시처럼 동작하는 페이지입니다.

▼ 비활성 기간을 설정할 수 있는 팝업창의 동작 예시

처음 방문하면 팝업 공지가 팝업창으로 뜨며, [닫기]를 누르면 사라집니다. 하지만 [오늘 하루 열지 않기]를 체크하지 않은 채 [닫기]만 했다면 새로고침하여 재방문하면 팝업 공지가 다시 나타납니다. [오늘 하루 열지 않기]를 체크한 후 닫는다면 하루 동안은 다시 방문해도 팝업 공지가 나타나지 않습니다.

이제부터 이 기능을 쿠키를 이용해 구현하려 합니다. 이번 예제는 코드가 길고 설명할 게 많기 때문에 단계를 작게 나눠 정복해보겠습니다.

4.3.1 쿠키 없이 기본 기능 구현하기

먼저 [예제 4-3]은 쿠키를 사용하지 않아서 체크 여부가 아무런 효과가 없는 페이지입니다.

> **Note** 웹 애플리케이션을 개발하기 위해서는 HTML5, CSS3와 더불어 JavaScript, jQuery를 어느 정도 다룰 수 있어야 합니다. 이 책에서는 JSP 이외의 코드는 최대한 배제하려고 노력하였으나, 구현 편의를 위해 최소한만 사용하겠습니다.

예제 4-3 레이어 팝업창 관리(ver 0.1)　　　　　　　　　　　webapp/**04Cookie/PopupMain_0.1.jsp**

```
<%@ page language="java" contentType="text/html; charset=UTF-8"
    pageEncoding="UTF-8"%>
<%
String popupMode = "on";  ❶ 레이어 팝업창 띄울지 여부
%>
<!DOCTYPE html>
<html>
<head>
```

```
<meta charset="UTF-8">
<title>쿠키를 이용한 팝업 관리 ver 0.1</title>
<style>───────────────────────────── ❷ CSS로 레이어 팝업창의 위치 지정
    div#popup {
        position: absolute; top:100px; left:50px; color:yellow;
        width:270px; height:100px; background-color:gray;
    }
    div#popup>div {
        position: relative; background-color:#ffffff; top:0px;
        border:1px solid gray; padding:10px; color:black;
    }─────────────────────────────
</style>

<script src="https://ajax.googleapis.com/ajax/libs/jquery/3.7.0/jquery.min.
js"></script>
<script>
$(function() {
    $('#closeBtn').click(function() {  ❹ 닫기 버튼(id="closeBtn")을 누르면          ❸
        $('#popup').hide();  ❺ 팝업창(id="popup")을 숨김 처리합니다.
    });
});
</script>
</head>
<body>
<h2>팝업 메인 페이지(ver 0.1)</h2>
<%
    for (int i = 1 ; i <= 10 ; i++) {
        out.print("현재 팝업창은 " + popupMode + " 상태입니다.<br/>");
    }

    if (popupMode.equals("on")) { ─────── ❻ popupMode 값이 "on"일 때만 팝업창 표시
%>
    <div id="popup">  ❼ 공지사항 팝업 화면
        <h2 align="center">공지사항 팝업입니다.</h2>
        <div align="right"><form name="popFrm">
            <input type="checkbox" id="inactiveToday" value="1" />  ❽ 체크박스
            하루 동안 열지 않음
            <input type="button" value="닫기" id="closeBtn" />  ❾ 닫기 버튼
        </form></div>
```

```
        </div>
  <%
     }
  %>
  </body>
  </html>
```

❶의 popupMode는 레이어 팝업창을 띄울지를 알려주는 변수입니다. 이 값이 "on"이면 ❻에서 팝업창을 보여주게 처리했습니다.

❷는 팝업창의 위치와 색상 등의 형태를 지정하는 CSS입니다. 〈div〉 태그의 position 속성을 absolute로 설정했는데, absolute는 웹 브라우저상에서 절대 위치를 설정할 수 있게 해주는 속성값입니다.

❸은 jQuery를 이용하는 자바스크립트 코드입니다. ❹는 id가 closeBtn인 요소(즉, ❾의 [닫기] 버튼)를 클릭하면 실행되는 함수로, ❺ 팝업창을 숨김 처리합니다.

마지막으로 ❼은 공지사항 팝업창의 HTML 코드입니다.

이상이 쿠키가 없는 기본 뼈대입니다. 실행하면 다음 그림과 같은 화면이 나타나며, 아직 쿠키를 통한 상태 관리가 되지 않기 때문에 ❽의 [하루 동안 열지 않음] 체크박스를 체크해도 아무런 효과가 없습니다.

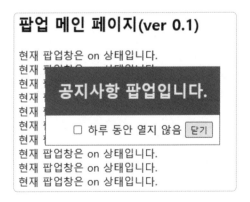

4.3.2 쿠키를 이용해 상태 정보 유지하기

이어서 쿠키 기능을 추가하여 제대로 동작하는 페이지를 만들어보겠습니다. 앞 절의 코드에서 달라진 부분은 음영을 넣어 강조했습니다.

예제 4-4 레이어 팝업창 관리(완성)　　　　　　　　　　　　　　　webapp/**04Cookie/PopupMain.jsp**

```jsp
<%@ page language="java" contentType="text/html; charset=UTF-8"
    pageEncoding="UTF-8"%>
<%
String popupMode = "on";

Cookie[] cookies = request.getCookies();    ── ❶ 쿠키를 읽어 popupMode 값 설정
if (cookies != null) {
    for (Cookie c : cookies) {
        String cookieName = c.getName();
        String cookieValue = c.getValue();
        if (cookieName.equals("PopupClose")) {    ❷ "PopupClose" 쿠키가 존재하면
            popupMode = cookieValue;    ❸ popupMode의 값 갱신
        }
    }
}
%>
<!DOCTYPE html>
<html>
<head>
<meta charset="UTF-8">
<title>쿠키를 이용한 팝업 관리</title>
<style>
    div#popup{
        position: absolute; top:100px; left:100px; color:yellow;
        width:300px; height:100px; background-color:gray;
    }
    div#popup>div{
        position: relative; background-color:#ffffff; top:0px;
        border:1px solid gray; padding:10px; color:black;
    }
</style>

<script src="https://ajax.googleapis.com/ajax/libs/jquery/3.7.0/jquery.min.js">
</script>
<script>
```

```
$(function() {
    $('#closeBtn').click(function() {   ❹ 닫기 버튼을 누르면 실행되는 함수
        $('#popup').hide();
        var chkVal = $("input:checkbox[id=inactiveToday]:checked").val();
        if(chkVal==1){                                    ❺ 체크 여부
            $.ajax({ ───────────────── ❻ jQuery의 ajax() 함수로 비동기 요청 ┐
                url : './PopupCookie.jsp',
                type : 'get',
                data : {inactiveToday : chkVal},
                dataType : "text",
                success : function(resData) {  ❼ 요청 성공 시 호출되는 함수
                    if (resData != '') location.reload();
                }
            }); ───────────────────────────────────────┘
        }
    });
});
</script>
</head>
<body>
<h2>팝업 메인 페이지</h2>
<%
    for (int i = 1; i <= 10; i++) {
        out.print("현재 팝업창은 " + popupMode + " 상태입니다.<br/>");
    }
    if (popupMode.equals("on")) {
%>
    <div id="popup">
        <h2 align="center">공지사항 팝업입니다.</h2>
        <div align="right"><form name="popFrm">
            <input type="checkbox" id="inactiveToday" value="1" />
            하루 동안 열지 않음
            <input type="button" value="닫기" id="closeBtn" />
        </form></div>
    </div>
<%
    }
%>
</body>
</html>
```

추가된 부분은 크게 두 곳입니다.

먼저 ❶에서는 쿠키를 읽어 ❷ 이름이 "PopupClose"인 쿠키가 존재하면 ❸ popupMode 변수의 값을 쿠키의 값으로 갱신합니다. 즉, 어딘가에서 PopupClose 쿠키의 값을 "on"이 아닌 값으로 설정했다면 팝업창이 더는 뜨지 않을 것입니다.

두 번째로는 [닫기] 버튼을 눌렀을 때 호출되는 함수인 ❹에 코드가 추가되었습니다. 팝업창을 숨김 처리하는 데서 끝나지 않고 ❺ [하루 동안 열지 않음]을 체크했는지를 확인하여 ❻ 쿠키를 설정하는 페이지인 PopupCookie.jsp를 실행합니다. ❺와 ❻은 낯선 코드일 수 있어서 차례로 자세히 알아보겠습니다.

먼저 ❺의 코드를 해석하면 다음 그림과 같습니다.

1. id가 "inactiveToday"이면서 '체크된' 체크박스의   2. 값을 읽어와서

```
var chkVal = $("input:checkbox[id=inactiveToday]:checked").val();
```

3. chkVal 변수에 저장합니다.

즉, [하루 동안 열지 않음] 체크박스를 체크하면 chkVal 변수에 "1"이 저장되고, 체크하지 않으면 아무 값도 저장되지 않습니다. 변수의 값이 1일 때만 아래 ajax( ) 함수를 호출합니다.

❻의 ajax( )는 비동기 HTTP 요청을 보내는 jQuery 함수입니다. 인수로는 HTTP 요청을 구성하는 다양한 설정값을 받게 되는데, [예제 4-4]에서 사용한 설정들을 다음과 같습니다.

- **url** : 요청을 보낼 페이지의 URL입니다. 기본값은 현재 페이지입니다.
- **type** : 'get', 'post' 등 HTTP 메서드를 지정합니다.
- **data** : 서버로 보낼 데이터입니다.
- **dataType** : 서버로부터 받을 '응답' 데이터의 타입입니다.
- **success** : 요청 성공 시 실행할 콜백 함수입니다.

그래서 ❻의 코드는 다음처럼 해석할 수 있습니다.

```
$.ajax({                               ❹ 비동기로 요청을 보냅니다.
    url : './PopupCookie.jsp',          ❶ PopupCookie.jsp 파일에
    type : 'get',                       ❷ HTTP GET 방식으로
    data : {inactiveToday : chkVal},    ❸ inactiveToday=<chkVal 변수의 값> 데이터를
```

```
        dataType : "text",                    ❺ 응답 데이터의 타입은 일반 텍스트이며
        success : function(resData) {          ❻ 요청 성공 시
            if (resData != '')                 ❼ 응답 데이터가 있다면
                location.reload();             ❽ 페이지를 새로고칩니다.
        }
    });
```

이제 한 가지 작업만 남았습니다. 바로 이 요청을 받는 PopupCookie.jsp에서 "PopupClose" 쿠키를 적절하게 설정한 후 응답 객체에 추가해주는 일입니다. 코드를 보시죠.

예제 4-5 쿠키를 생성해 응답 객체에 추가   webapp/04Cookie/PopupCookie.jsp

```
<%@ page language="java" contentType="text/html; charset=UTF-8"
    pageEncoding="UTF-8" trimDirectiveWhitespaces="true"%>
<%                                          ❶ "inactiveToday" 매개변수의 값 얻기
String chkVal = request.getParameter("inactiveToday");
                                            ❷ 값이 "1"이면 쿠키를 생
                                               성해 응답 객체에 추가
if (chkVal != null && chkVal.equals("1")) {
    Cookie cookie = new Cookie("PopupClose", "off");  // 쿠키 생성
    cookie.setPath(request.getContextPath());  // 경로 설정
    cookie.setMaxAge(60*60*24);  // 유지 기간 설정
    response.addCookie(cookie);  // 응답 객체에 추가
    out.println("쿠키 : 하루 동안 열지 않음");  ❸
}
%>
```

이 코드가 하는 일은 간단합니다. 먼저 ❶ 체크박스 폼값을 받습니다. [오늘 하루 열지 않음] 체크박스를 체크했다면 이 값으로 "1"이 전달됩니다. 그런 다음 ❷ 이 값이 "1"이면 이름이 "PopupClose", 값이 "off", 경로는 컨텍스트 루트, 유지 기간은 하루인 쿠키를 생성해 응답 객체에 추가합니다. 한편 ❸에서 출력하는 문자열은 [예제 4-4]의 ❼로 콜백됩니다.

이상으로 모든 코드를 완성했습니다. 이제 [예제 4-4]의 요청이 전송될 때 체크박스를 체크한 경우에만 쿠키가 생성됩니다. 쿠키가 생성된 후 새로고침하면 [예제 4-4]의 ❸에서 popupMode에 "off"가 저장되므로 레이어 팝업창은 열리지 않게 됩니다.

팝업 메인 페이지

현재 팝업창은 off 상태입니다.
현재 팝업창은 off 상태입니다.
현재 팝업창은 off 상태입니다.
현재 팝업창은 off 상태입니다.
현재 팝업창은 off 상태입니다.
현재 팝업창은 off 상태입니다.
현재 팝업창은 off 상태입니다.
현재 팝업창은 off 상태입니다.
현재 팝업창은 off 상태입니다.
현재 팝업창은 off 상태입니다.

> 팝업창이 뜨지 않고,
> 상태도 "off"로 바뀌었습니다.

크롬 브라우저에서 쿠키 삭제하기

이번 팝업 예제는 쿠키 삭제 기능 없이 유지 기간이 하루나 되어 테스트하기가 조금 번거로울 수 있습니다. JSP로 쿠키를 삭제하는 기능은 바로 다음 절에서 알아보겠지만, 브라우저 자체에서도 삭제 기능을 제공하고 있습니다. 삭제 방법은 다음과 같습니다.

크롬의 경우 우측 상단의 [더 보기] 메뉴
⋮ 에서 [설정]을 클릭합니다.

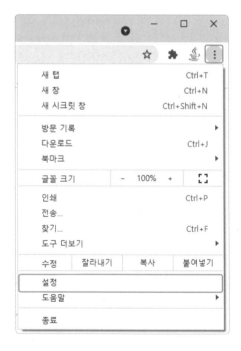

[개인 정보 보호 및 보안] 영역에서 [인터넷 사용 기록 삭제]를 클릭합니다.

① [기본] 탭과 ② [고급] 탭에 보면 다양한 옵션이 있습니다. 가장 최근의 쿠키만 삭제하려면 ③ 기간은 '지난 1시간'으로 제한하고, ④ '쿠키 및 기타 사이트 데이터' 항목을 체크한 후 ⑤ [인터넷 사용 기록 삭제] 버튼을 클릭하면 됩니다.

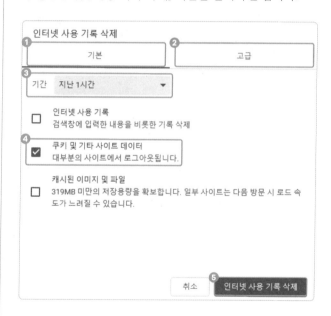

다른 브라우저들도 비슷한 메뉴를 통해 쿠키를 삭제할 수 있습니다. 예제 코드를 수정하여 다시 테스트해보고 싶다면 이와 같이 브라우저에서 쿠키를 삭제한 후 진행하면 됩니다.

4.4 로그인 아이디 저장

두 번째 응용 예로 로그인 페이지에서 아이디를 저장하는 기능을 구현해보겠습니다.

쿠키를 이용한 아이디 저장 시나리오는 다음과 같습니다.

- 로그인에 성공한 경우에만 쿠키를 생성 및 삭제합니다.
- 쿠키에 저장된 아이디가 있으면 로그인 페이지에서는 아이디가 자동 입력됩니다.
- [아이디 저장하기] 체크박스를 해제하고 로그인에 성공하면 쿠키가 삭제됩니다.

큰 흐름은 다음 그림과 같습니다.

▼ 로그인 아이디 저장 동작 시나리오

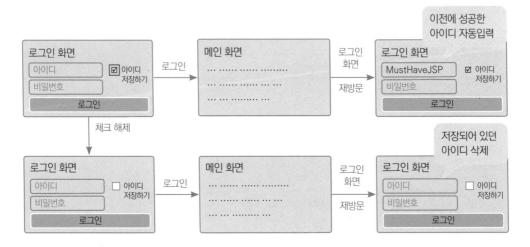

4.4.1 편의 기능 구현하기 : 자바스크립트 코드 추가

로그인 페이지를 보기 전에 JSP에서 자바스크립트를 사용하기 위한 클래스를 먼저 작성하겠습니다. 이번 절에는 메시지 알림창을 띄운 후 다음 페이지나 이전 페이지로 이동하는 자바스크립트 코드가 필요합니다. 로그인 성공/실패 여부에 따른 다음 동작을 처리하는 기능입니다.

JSP에서 자바스크립트를 사용하려면 다음과 같이 스크립틀릿 중간에 자바스크립트 코드를 넣어야 합니다. 또한 〈script〉 태그를 써야 하므로 소스가 전체적으로 지저분해지고 반복되는 코드가 많아집니다. [예제 4-6]은 알림창을 띄운 후 지정된 페이지로 이동하는 자바스크립트 코드를 JSP

코드에 삽입하는 예입니다.

예제 4-6 JSP 코드에 자바스크립트 코드 삽입하기

```
<%
... JSP 코드(스크립틀릿) ...
%>
<script>
    alert('메시지');
    location.href='이동할 페이지 경로';
</script>
<%
... JSP 코드(스크립틀릿) ...
%>
```

스크립틀릿 중간에 자바
스크립트 코드 추가

이런 단점을 최소화하기 위해 지금부터 별도의 도우미 클래스를 만들 것입니다.

To Do **01** {프로젝트 루트}/Java Resources/src/main/java
에서 마우스 우클릭 → [New] → [Class]를 차례대
로 선택합니다.

Note 이클립스에서 클래스를 생성하는 방법
이 잘 떠오르지 않으면 3.2절을 참고하세요.

02 Package는 "utils"로, Name은 "JSFunction"으로 입력합니다.

03 [Finish] 버튼을 눌러 클래스를 생성합니다.

04 생성된 파일에 [예제 4-7]의 코드를 타이핑해 넣습니다.

[예제 4-7]의 JSFunction 클래스는 메시지 알림창을 띄운 후 특정 페이지로 이동하는 자바스크
립트 코드를 추가해주는 메서드들을 담고 있습니다.

예제 4-7 도우미 클래스   Java Resources/src/main/java/**utils/JSFunction.java**

```
package utils;

import jakarta.servlet.jsp.JspWriter;  // 필요한 클래스 임포트 ❶

public class JSFunction {
    // 메시지 알림창을 띄운 후 명시한 URL로 이동합니다.
    public static void alertLocation(String msg, String url, JspWriter out) {  ❷
        try {
```

```
                String script = ""   // 삽입할 자바스크립트 코드 ─────┐
                            + "<script>"
                            + "    alert('" + msg + "');"              ───── ③
                            + "    location.href='" + url + "';"
                            + "</script>"; ──────────┘
            out.println(script);   // 자바스크립트 코드를 out 내장 객체로 출력(삽입) ④
        }
        catch (Exception e) {}
    }


    // 메시지 알림창을 띄운 후 이전 페이지로 돌아갑니다.
    public static void alertBack(String msg, JspWriter out) {  ⑤
        try {
            String script = ""
                        + "<script>"
                        + "    alert('" + msg + "');"
                        + "    history.back();"
                        + "</script>";
            out.println(script);
        }
        catch (Exception e) {}
    }
}
```

❶ JspWriter 클래스를 임포트했습니다. 참고로 기본 내장 객체인 out이 JspWriter 타입입니다.

Tip 이클립스에서는 `Ctrl + Shift + O` 를 누르면 필요한 클래스들을 자동으로 임포트해줍니다

❷ alertLocation( )은 알림창으로 메시지를 보여준 후 명시한 URL로 이동하는 메서드입니다. 매개변수 3개를 받는데, 각각의 의미는 다음과 같습니다.

- **msg** : 알림창에 띄울 메시지
- **url** : 알림창을 닫은 후 이동할 페이지의 URL
- **out** : 자바스크립트 코드를 삽입할 출력 스트림 (JSP의 out 내장 객체)

Note JSP의 내장 객체를 클래스에서 사용하려면 이와 같이 매개변수로 받아야 합니다.

이 메서드는 ❸ 자바스크립트 코드를 문자열 형태로 선언한 뒤 ❹ out 객체로 출력합니다. 문자열을 잘 보면 [예제 4-6]에서 선보인, 알림창을 띄운 후 지정된 페이지로 이동하는 자바스크립트 코

드임을 알 수 있습니다.

❺의 alertBack( ) 메서드도 alertLocation( )처럼 알림창을 띄운 후 다른 페이지로 이동합니다. 단, 호출자가 URL을 지정할 수 없고, 무조건 이전 페이지로 이동합니다.

JSFunction 클래스를 이용하면 [예제 4-6]처럼 JSP 코드를 나누고 〈script〉 태그를 사용하는 등의 귀찮은 작업 없이 다음과 같이 필요한 곳 어디서든 단 한 줄로 자바스크립트 코드를 추가할 수 있습니다.

```
<%
... JSP 코드(스크립틀릿) ...

JSFunction.alertLocation("메시지", "이동할 페이지 경로", out);

... JSP 코드(스크립틀릿) ...
%>
```

이상으로 JSP에서 자바스크립트를 사용하기 위한 메서드가 완성되었습니다. 프로그램에서 빈번하게 사용되는 기능이 있다면 이와 같이 별도의 메서드로 정의해 활용해보세요. 반복되는 코드가 줄어들어 소스 코드가 전체적으로 깔끔해집니다.

4.4.2 편의 기능 구현하기 : 쿠키 관리자

4.3절에서는 쿠키를 생성하거나 생성된 쿠키를 읽어오는 프로그램을 작성해보았습니다. 쿠키를 생성할 때는 객체 생성, 경로 및 유지 기간 설정 등이 필요합니다. 한편 쿠키를 읽을 때는 쿠키를 배열로 가져오기 때문에 반복문과 조건문이 필요합니다. 사용하는 쿠키가 많아진다면 조건문은 계속 복잡해질 수밖에 없습니다.

그래서 쿠키를 편리하게 사용할 수 있게 도와주는 클래스를 작성해보려 합니다.

예제 4-8 쿠키 관리자   Java Resources/src/main/java/**utils/CookieManager.java**

```
package utils;

import jakarta.servlet.http.Cookie;
import jakarta.servlet.http.HttpServletRequest;
```

```java
import jakarta.servlet.http.HttpServletResponse;

public class CookieManager {
    // 명시한 이름, 값, 유지 기간 조건으로 새로운 쿠키를 생성합니다.
    public static void makeCookie(HttpServletResponse response, String cName,
            String cValue, int cTime) {
        Cookie cookie = new Cookie(cName, cValue); // 쿠키 생성 ❶
        cookie.setPath("/");              // 경로 설정 ❷
        cookie.setMaxAge(cTime);          // 유지 기간 설정 ❸
        response.addCookie(cookie);       // 응답 객체에 추가 ❹
    }

    // 명시한 이름의 쿠키를 찾아 그 값을 반환합니다.
    public static String readCookie(HttpServletRequest request, String cName) {
        String cookieValue = "";   // 반환 값

        Cookie[] cookies = request.getCookies();  ❺
        if (cookies != null) {
            for (Cookie c : cookies) {
                String cookieName = c.getName();
                if (cookieName.equals(cName)) {  ❻
                    cookieValue = c.getValue();  // 반환 값 갱신
                }
            }
        }
        return cookieValue;  ❼
    }

    // 명시한 이름의 쿠키를 삭제합니다.
    public static void deleteCookie(HttpServletResponse response, String cName) {
        makeCookie(response, cName, "", 0);  ❽
    }
}
```

보다시피 CookieManager는 세 개의 메서드를 제공합니다.

첫 번째 makeCookie() 메서드는 총 네 개의 매개변수를 받아 쿠키를 만들어 응답 헤더에 추가해줍니다. 구체적으로는 ❶ 쿠키를 생성한 다음 ❷ 경로와 ❸ 유지 기간을 설정합니다. 경로는 "/"

로 설정했으므로 웹 애플리케이션 전체에서 사용되는 쿠키를 만듭니다. 마지막으로 ❹ 응답 헤더에 추가해 클라이언트로 쿠키를 전송합니다.

두 번째 readCookie( ) 메서드는 명시한 쿠키의 값을 읽어 반환합니다. 이 메서드는 ❺ request 내장 객체로부터 클라이언트가 보내온 쿠키 목록을 받아서, ❻ 그중 cName과 이름이 같은 쿠키가 있다면 ❼ 그 값을 반환합니다.

세 번째 deleteCookie( ) 메서드는 주어진 이름의 기존 쿠키를 삭제합니다. ❽ 쿠키 삭제는 쿠키 생성 시 값은 빈 문자열로, 유지 기간은 0으로 부여하면 되므로 makeCookie( ) 메서드를 재활용했습니다.

이상의 CookieManager 클래스를 이용하면 쿠키를 생성하고 값을 읽어오는 작업을 메서드 호출 한 번으로 끝낼 수 있습니다.

4.4.3 로그인 페이지 작성하기

이제부터 본격적으로 쿠키를 통해 로그인 아이디를 저장하는 기능을 살펴보겠습니다. 앞에서 정의한 두 클래스 덕에 코드가 얼마나 간결해지는지도 곧 확인할 수 있을 겁니다.

다음은 로그인 페이지의 코드입니다.

예제 4-9 로그인 페이지   webapp/04Cookie/IdSaveMain.jsp

```jsp
<%@ page import="utils.CookieManager"%>
<%@ page language="java" contentType="text/html; charset=UTF-8"
    pageEncoding="UTF-8"%>
<%
String loginId = CookieManager.readCookie(request, "loginId");  ❶

String cookieCheck = "";
if (!loginId.equals("")) {       ❸
    cookieCheck = "checked";     ❹
}
%>
<html>
<head><title>Cookie - 아이디 저장하기</title></head>
<body>
```
❷

```
    <h2>로그인 페이지</h2>
    <form action="IdSaveProcess.jsp" method="post">
    아이디 : <input type="text" name="user_id" value="<%= loginId %>" />   ❺
        <input type="checkbox" name="save_check" value="Y" <%= cookieCheck %> />   ❻
        아이디 저장하기
    <br />
    패스워드 : <input type="text" name="user_pw" />
    <br />
    <input type="submit" value="로그인하기" />
    </form>
</body>
</html>
```

HTML 코드 쪽을 먼저 보겠습니다. 코드가 간단하여 154쪽의 그림과 비교해보면 직관적으로 이해될 것입니다. 눈여겨볼 부분은 ❺와 ❻으로, 표현식을 사용해 [아이디] 입력창과 [아이디 저장하기] 체크박스의 기본값을 설정하고 있습니다.

❺와 ❻의 표현식에서 사용하는 loginId와 cookieCheck 변수의 값은 코드 상단의 JSP 코드에서 결정됩니다.

먼저 ❶에서는 앞에서 작성한 CookieManager 클래스를 이용하여 이름이 "loginId"인 쿠키를 읽어와 loginId 변수에 저장해둡니다. 즉, 저장되어 있는 아이디가 있다면 이 값이 ❺에서 [아이디] 입력창의 기본값으로 쓰일 것입니다.

다음으로 ❷에서는 cookieCheck 변수의 값을 결정합니다. ❸ 쿠키에 저장된 아이디가 있다면, 즉 ❶에서 loginId에 빈 문자열 외의 문자열을 저장해뒀다면 ❹ cookieCheck에 "checked"가 대입됩니다. 따라서 ❻에서 [아이디 저장하기] 체크박스에 checked 속성을 부여할 것입니다.

4.4.4 로그인 및 아이디 저장 기능 구현하기

마지막으로 로그인과 아이디 저장 기능을 실제로 구현해보겠습니다. 편의상 사용자 인증은 하드코딩된 문자열과 비교해 수행하겠습니다(데이터베이스와 연동되는 로그인은 6장 '세션'을 참고하세요). 아이디는 "must", 패스워드는 "1234"로 정하겠습니다.

```jsp
<%@ page import="utils.CookieManager"%>
<%@ page import="utils.JSFunction"%>
<%@ page language="java" contentType="text/html; charset=UTF-8"
    pageEncoding="UTF-8"%>
<%
String user_id = request.getParameter("user_id");
String user_pw = request.getParameter("user_pw");          ──┐─ ❶ 폼값 읽기
String save_check = request.getParameter("save_check");   ──┘

if ("must".equals(user_id) && "1234".equals(user_pw)) {  ❷ 사용자 인증
    // 로그인 성공
    if (save_check != null && save_check.equals("Y")) {  ❸ [아이디 저장하기] 체크 확인
        CookieManager.makeCookie(response, "loginId", user_id, 86400);  ❹ 쿠키 생성
    }
    else {
        CookieManager.deleteCookie(response, "loginId");  ❺ 쿠키 삭제
    }

    JSFunction.alertLocation("로그인에 성공했습니다.", "IdSaveMain.jsp", out);  ❻
}
else {
    // 로그인 실패
    JSFunction.alertBack("로그인에 실패했습니다.", out);  ❼
}
%>
```

로직은 간단합니다. ❶ 먼저 request 내장 객체를 통해 전송된 폼값을 받아서, ❷ 그중 아이디와 패스워드를 하드코딩된 값과 비교합니다.

로그인에 성공하면 ❸ [아이디 저장하기] 체크 여부를 확인하여, 체크되어 있다면 ❹ 쿠키를 생성하고, 체크되어 있지 않다면 ❺ 기존 쿠키를 삭제합니다. ❻ 마지막으로 로그인 성공 알림창을 띄워준 후 메인 페이지(IdSaveMain.jsp)로 이동합니다.

로그인에 실패하면 ❼ 단순히 로그인 실패 알림창을 띄워준 후 이전 페이지로 되돌아갑니다.

이상에서 보듯이 쿠키 관리와 자바스크립트 코드 삽입 로직을 클래스로 미리 정의했더니 코드가 매우 간결해졌습니다. 4.3절의 예제들과 비교해보기 바랍니다.

4.4.5 동작 확인

지금까지 만든 코드가 의도대로 동작하는지 확인해보겠습니다.

To Do **01** [예제 4-9]의 IdSaveMain.jsp를 실행합니다.

로그인 페이지

아이디 : [   ] ☐ 아이디 저장하기
패스워드 : [   ]
[로그인하기]

02 실행 화면에서 아이디는 "must"로, 패스워드는 "1234"로 입력하고, [아이디 저장하기]를 체크합니다.

로그인 페이지

아이디 : [must   ] ☑ 아이디 저장하기
패스워드 : [1234   ]
[로그인하기]

03 [로그인하기] 버튼을 클릭합니다. 그러면 다음과 같이 로그인 성공 메시지가 뜰 것입니다.

localhost:8081/MustHaveJSP/04Cookie/IdSaveProcess.jsp

localhost:8081 내용:
로그인에 성공했습니다.
[확인]

04 [확인] 버튼을 클릭합니다. 그러면 다시 로그인 페이지로 이동하는데, 다음과 같이 아이디가 미리 입력돼 있고 [아이디 저장하기]가 체크된 상태일 것입니다.

로그인 페이지

아이디 : [must   ] ☑ 아이디 저장하기
패스워드 : [   ]
[로그인하기]

05 (아이디 저장을 원치 않는다면) [아이디 저장하기] 체크를 해제한 후 다시 한번 로그인합니다.

로그인 페이지

아이디 : [must] ☐ 아이디 저장하기
패스워드 : [1234]
[로그인하기]

06 로그인 성공 알림창에서 [확인] 버튼을 클릭합니다. 똑같이 첫 페이지로 돌아가지만 아이디 입력란이 비어 있고 [아이디 저장하기]도 체크되지 않은 상태일 것입니다.

이번 장에서 구현한 로그인 기능은 아이디와 패스워드를 하드코딩하여 아직 실제 서비스에는 적용할 수 없는 상태입니다. 그래서 다음 장에서는 JSP에서 데이터베이스를 이용하는 방법을 알아보겠습니다.

> **Note** 쿠키는 클라이언트의 상태를 저장할 수 있으므로 아이디 저장뿐 아니라 로그인 유지 용도로도 사용할 수 있습니다. 하지만 로그인 유지에는 쿠키보다 세션을 주로 사용합니다. 그 이유를 명확히 설명하려면 세션과의 차이를 이야기해야 합니다. 6장 '세션'에서 자세히 설명하겠습니다.

학습 마무리

이번 장에서는 쿠키에 대해 학습했습니다. 쿠키는 클라이언트의 상태 정보를 클라이언트에 저장하는 기술입니다. 쿠키를 이용해 팝업창을 제어하고 로그인 아이디를 저장하는 기능을 구현해보았습니다. 책에서 다루지 못했지만 쇼핑몰에서 오늘 본 상품을 기억하거나, 게시글 조회수를 하루에 1회만 증가시키는 등의 기능에도 응용할 수 있습니다. 이처럼 다양한 형태로 쿠키를 활용해보기 바랍니다.

핵심 요약

- 쿠키는 생성자를 통해서만 생성할 수 있습니다. 생성 후 쿠키값은 변경할 수 있으나 쿠키명은 변경할 수 없습니다.
- setPath( ) 메서드로 적용할 경로를 설정합니다.

- setMaxAge( ) 메서드로 쿠키의 유지 기간을 설정합니다.
- response 내장 객체의 addCookie( ) 메서드로 클라이언트에 쿠키를 저장합니다.
- 쿠키는 생성 직후 바로 사용할 수는 없습니다. 클라이언트가 재요청을 했을 때부터 사용할 수 있습니다.

데이터베이스

☐ **학습 목표** 웹 애플리케이션에서 고객과 다양한 상품 정보를 저장하고 다채로운 서비스를 제공하기 위해서 데이터베이스를 반드시 사용해야 합니다. 5장에서는 데이터베이스 관리 시스템(DBMS) 중에서 오라클을 설치하고 JDBC API를 이용해서 JSP와 연동하는 방법을 배웁니다.

☐ **학습 순서**

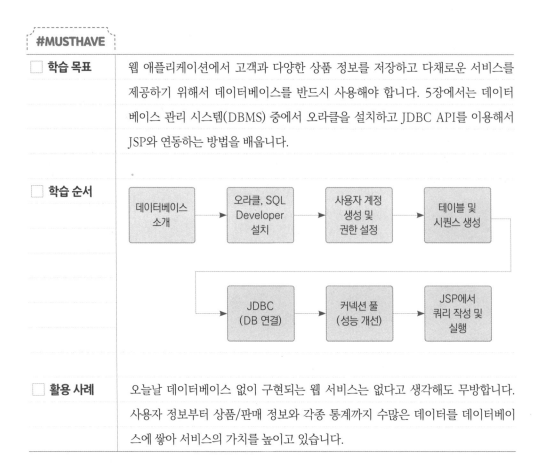

☐ **활용 사례** 오늘날 데이터베이스 없이 구현되는 웹 서비스는 없다고 생각해도 무방합니다. 사용자 정보부터 상품/판매 정보와 각종 통계까지 수많은 데이터를 데이터베이스에 쌓아 서비스의 가치를 높이고 있습니다.

5.1 데이터베이스란?

우리가 매일 PC나 스마트폰을 통해 접하게 되는 거의 모든 웹 애플리케이션은 데이터베이스를 사용합니다. 매일 매일 업데이트되는 뉴스나 날씨 등의 정보는 데이터베이스가 없다면 클라이언트에 전달하기가 거의 불가능할 것입니다. 정보를 제공하는 측에서는 필요한 내용을 데이터베이스에 미리 입력해두고, 고객은 필요한 콘텐츠를 웹 페이지를 통해 확인하게 됩니다. 이것이 흔히 접하는 게시판의 가장 기본적인 모델입니다. JSP에서는 JDBC^Java Database Connectivity를 통해 데이터베이스와 연동합니다.

5.2 오라클 설치

이 책에서는 가장 대표적인 데이터베이스인 오라클을 사용합니다. 학습에 앞서 오라클을 설치해 보겠습니다.

To Do **01** C:\01DevelopKits 하위에 oracleexe 폴더를 생성합니다. 우리는 앞에서 C:\01Devel opKits 하위에 JDK와 톰캣 등 모든 도구를 설치했습니다. 오라클도 이곳에 설치하겠습니다. 개발 관련된 도구들을 한 곳에서 관리하기 위함입니다.

02 웹 브라우저를 열어 오라클 홈페이지에 접속합니다.
- https://oracle.com

03 상단 메뉴에서 [Resources] → [Downloads] → [Developer Downloads]를 클릭합니다.

04 화면을 아래로 스크롤하여 [Database] 절의 [Database Express Edition]을 찾아 클릭합니다.

05 우리는 21c 버전을 사용할 것입니다. 본인의 운영체제에 맞는 버전을 찾아 [Download] 버튼을 클릭합니다. 책에서는 64비트 윈도우용을 다운로드했습니다.

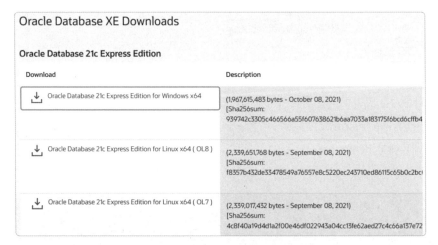

06 ❶ 다운로드한 파일의 압축을 푼 후 ❷ setup.exe 파일을 더블클릭해 설치를 시작합니다.

07 ❶ 첫 화면에서 [다음]을 클릭하고, ❷ 그다음 화면에서 [동의함]에 체크 후 ❸ [다음]을 클릭합니다.

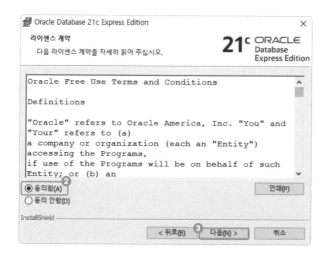

08 ❶ [변경] 버튼을 클릭하여 01 단계에서 생성한 C:\01DevelopKits\oracleexe\로 설치
폴더를 변경한 후 ❷ [다음] 버튼을 클릭합니다.

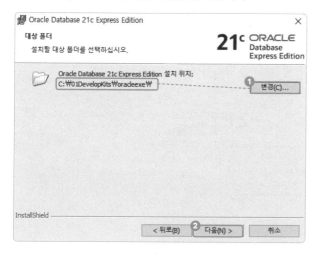

포트 지정 화면

이 화면에서 [다음] 버튼 클릭 시 포트(Port)를 지정하는 화면이 나올 때가 있습니다. 오라
클이 사용할 기본 포트를 다른 프로그램이 이미 사용하고 있어 충돌한다는 의미입니다. 따
라서 포트 번호를 다르게 지정한 후 설치를 계속하면 됩니다. 참고로 오라클이 사용하는
포트는 1521입니다.

09 오라클의 관리자 계정인 sys와 system의 비밀번호를 입력하는 창이 뜹니다. 실무에서는 복잡한 비밀번호를 사용해야 합니다. 하지만 우리는 학습용이므로 ❶ 기억하기 쉽게 "123456"을 입력하고 ❷ [다음]을 클릭합니다.

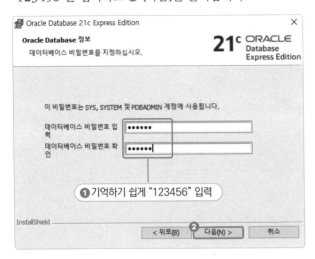

10 마지막으로 지금까지 한 설정 내용을 보여주는 화면이 나옵니다. ❶ 앞에서 설정한 설치 경로를 확인할 수 있습니다. ❷ 이제 [설치]를 클릭하면 설치가 진행됩니다.

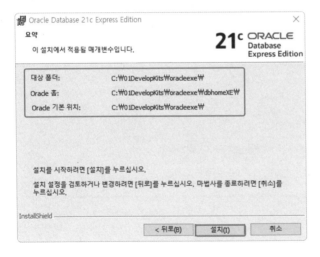

5.3 SQL Developer 설치

SQL Developer란 오라클 데이터베이스용 그래픽 기반의 관리 도구입니다. 테이블 생성, 조회, 추가 등의 작업을 마우스 클릭만으로 쉽게 할 수 있어서 개발 및 관리가 한결 편해집니다. 오라클에 회원가입 후 무료로 다운로드할 수 있습니다.

To Do 01 오라클 홈페이지 상단 메뉴에서 [Resources] → [Downloads] → [Developer Downloads]를 클릭합니다.

02 아래로 스크롤한 후 [Developer Tools] → [SQL Developer]를 클릭합니다.

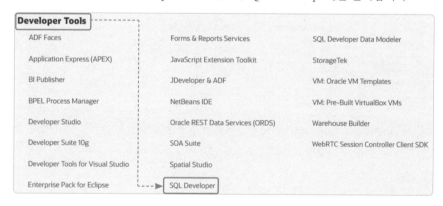

03 Windows 64-bit용으로 다운로드합니다(버전은 계속 바뀌므로 그림과 다를 수 있습니다).

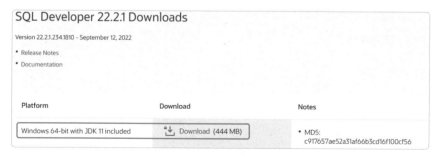

04 약관에 동의한다고 체크한 후 [다운로드] 버튼을 클릭합니다.

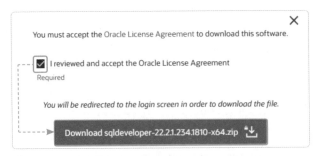

05 그러면 오라클 계정 로그인 화면이 뜹니다. 로그인하면 다운로드가 시작됩니다(아이디가 없다면 회원가입을 진행해주세요).

06 다운로드한 파일의 ❶ 압축을 해제한 후 ❷ C:\01DevelopKits 폴더로 이동시킵니다. SQL Developer도 압축만 풀면 별도의 설치없이 사용할 수 있습니다.

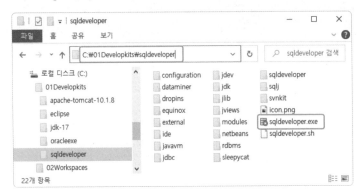

07 실행 파일인 sqldeveloper.exe를 더블클릭하여 실행해봅시다. 다음과 같이 환경설정을 임포트할지 묻는 화면이 나오면 [아니오] 버튼을 클릭해 넘어갑니다.

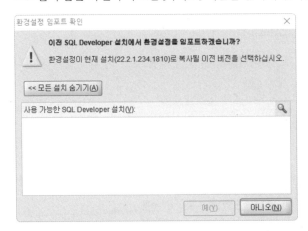

다음은 처음 실행했을 때의 화면입니다.

5.4 사용자 계정 생성 및 권한 설정

오라클을 이용하려면 적절한 권한을 가진 사용자 계정이 필요합니다. 이번 절에서는 사용자 계정을 생성하고 권한을 부여하는 방법을 알아보겠습니다. 이 작업은 명령 프롬프트에서 진행하겠습니다.

To Do 사용자 계정 생성하기

01 ❶ ⊞ + **R** 키를 눌러 실행 창을 띄운 다음, ❷ "cmd"를 입력하고 **Enter** 를 누르면 명령 프롬프트가 실행됩니다.

02 명령 프롬프트에서 sqlplus 명령을 실행합니다.

03 새로운 사용자 계정을 생성하려면 관리자 계정으로 접속해야 합니다. user-name에는 "system"을, password에는 설치 시 입력한 패스워드 "123456"을 입력합니다.

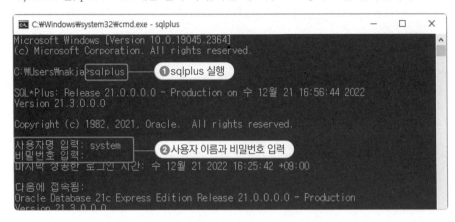

04 create user 명령으로 새로운 계정을 생성합니다. 계정 이름은 "musthave"로, 패스워드는 "1234"로 하겠습니다.

```
SQL> create user musthave identified by 1234;
create user musthave identified by 1234
           *
1행에 오류:
ORA-65096: 공통 사용자 또는 롤 이름이 부적합합니다.
```

그런데 기대와는 다르게 오류가 발생합니다. 이유는 오라클 12c부터는 CDB(Container DB), PDB(Pluggable DB)를 사용하면서 계정명 앞에 c##을 붙이도록 네이밍 규칙이 달라졌기 때문입니다.

05 c## 접두어 없이 계정을 생성하려면 다음과 같이 먼저 세션을 변경해주면 됩니다.

```
SQL> alter session set "_ORACLE_SCRIPT"=true;
세션이 변경되었습니다.
SQL> create user musthave identified by 1234;
사용자가 생성되었습니다.
```

이상으로 사용자 계정을 생성했습니다.

01 이어서 생성한 계정에 역할[role]을 할당해 기본적인 '접속' 권한과 '객체 생성' 권한을 부여합니다.

```
SQL> grant connect, resource to musthave;
권한이 부여되었습니다.
```

역할(Role)이란?

역할은 사용자가 다양한 권한을 효율적으로 관리할 수 있도록 관련된 권한끼리 묶어놓은 개념입니다. 역할의 종류는 다음과 같습니다.

- **DB 관리자(DBA)** : 시스템 관리에 필요한 모든 권한을 부여합니다. 전체를 관리할 수 있는 권한이므로 특별한 경우에만 부여합니다.
- **접속(connect)** : DB 접속에 필요한 가장 기본적인 시스템 권한 8가지를 묶은 권한입니다.
- **객체 생성(resource)** : 객체(테이블, 뷰, 인덱스) 생성에 필요한 시스템 권한을 묶은 권한입니다.

02 새로 생성한 계정으로 오라클에 접속합니다.

```
SQL> conn musthave/1234;
연결되었습니다.
```

03 다음 쿼리문을 실행해 테이블 목록을 확인해봅니다.

```
SQL> select * from tab;
선택된 레코드가 없습니다.
```

tab은 현재 접속한 계정에 생성된 테이블들의 목록을 확인할 수 있는 읽기전용 테이블입니다. 새로 생성한 계정이므로 아직은 테이블이 없다고 나옵니다.

데이터 사전(Data Dictionary)

오라클에서 읽기전용으로 제공되는 테이블^{Table}이나 뷰^{View}들의 집합으로, 데이터베이스 전반에 대한 정보를 제공합니다. 오라클은 명령이 실행될 때마다 데이터 사전을 액세스하여 구조, 권한, 데이터의 변경 사항 등을 확인하거나 반영합니다. 데이터 사전에는 다음과 같은 테이블들이 있습니다. 앞에서 확인해본 tab도 데이터 사전의 일종입니다.

- **USER_SEQUENCES** : 시퀀스의 정보 조회
- **USER_INDEXES** : 인덱스의 정보 조회
- **USER_VIEWS** : 뷰의 정보 조회
- **USER_CONSTRAINTS** : 제약조건에 대한 정보 조회

To Do 생성한 계정을 SQL Developer에 등록하기

01 왼쪽 '접속' 창의 [+](새 접속) 버튼을 클릭합니다.

02 새로 만들기 창이 뜨면 ❶ Name, ❷ 사용자 이름과 비밀번호를 입력합니다. ❸ 이때 '비밀번호 저장'에 체크를 해두면 재접속 시 다시 입력하지 않아도 됩니다. ❹ 포트와 SID도 확인한 후 ❺ [테스트] 버튼을 클릭합니다. ❻ 상태가 "성공"으로 뜬다면 계정이 제대로 등록된 것입니다.

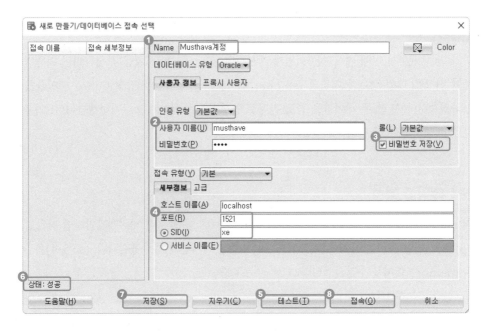

03 같은 화면에서 마지막으로 ❼ [저장] → ❽ [접속]을 클릭합니다. 그러면 musthave 계정에 접속된 것을 볼 수 있습니다. 처음 접속하면 다음 그림과 같이 쿼리문을 입력할 수 있는 새로운 워크시트가 자동으로 열립니다.

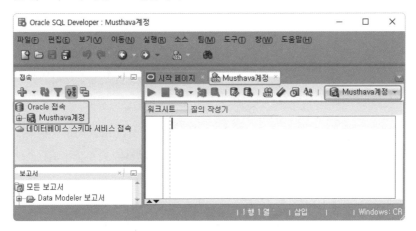

5.5 테이블 및 시퀀스 생성

우리가 만들어볼 첫 번째 게시판은 회원제 게시판입니다. 게시판에 글을 작성하려면 회원임을 인증해야 하므로 회원 정보를 저장할 member 테이블과 게시글을 저장할 board 테이블을 각각 생성하겠습니다. 또한 두 테이블을 참조 관계로 연결해주는 외래키를 추가하겠습니다. 이 작업을 SQL Developer에서 진행해보겠습니다.

5.5.1 테이블 생성

먼저 member 테이블에는 어떤 정보를 담아야 할까요? 실제 서비스를 개발한다면 다양한 정보를 담아야겠지만 우리는 아이디, 패스워드, 이름, 가입 날짜만 이용하겠습니다. [표 5-1]은 우리가 만들 member 테이블의 정의입니다.

표 5-1 member 테이블 정의

컬럼명	데이터 타입	null 허용	키	기본값	설명
id	varchar2(10)	N	기본키		아이디
pass	varchar2(10)	N			패스워드
name	varchar2(30)	N			이름
regidate	date	N		sysdate	가입 날짜

어떤 의미인지 각각의 컬럼을 간단히 살펴보겠습니다.

- **id** : 회원 아이디를 저장하는 컬럼으로, 길이는 최대 10문자(varchar2(10))까지이며, 빈 값(null)은 허용하지 않습니다. 이 테이블에서 다른 회원과 구분짓는 기준값이 되므로 기본키 primary key로 지정했습니다.
- **pass** : 패스워드로, 최대 10 문자를 지원합니다. 역시 빈 값은 불허합니다.
- **name** : 회원 이름으로, 30자까지 쓸 수 있습니다. 빈 값은 불허합니다.
- **regidate** : 가입 날짜로, 날짜(date) 타입의 값을 저장합니다. 빈 값을 불허하고, 기본값으로 현재 시스템 시간(SYSDATE)이 주어집니다.

다음은 [표 5-1]의 정의대로 member 테이블을 만들어주는 SQL 쿼리문입니다.

```
create table member (
    id varchar2(10) not null,
    pass varchar2(10) not null,
    name varchar2(30) not null,
    regidate date default sysdate not null,
    primary key (id)
);
```

❶ 쿼리문을 워크시트에 입력한 후 ❷ 워크시트 도구바 왼쪽 끝의 [명령문 실행] 버튼을 클릭해 실행합니다(단축키 Ctrl + Enter 로도 실행할 수 있습니다).

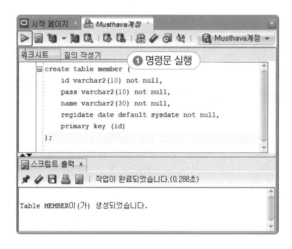

> **Note** 이번 장에 필요한 SQL 명령들은 책 예제 깃허브 저장소의 webapp/05JDBC/**계정및테이블생성**.sql 파일에 기록해뒀습니다. 책을 보고 일일이 타이핑하면 오타가 나기 쉬우니 복사해 사용하세요.

같은 식으로 board 테이블도 만들어보겠습니다. board 테이블의 정의는 [표 5-2]와 같습니다.

표 5-2 board 테이블 정의

컬럼명	데이터 타입	null 허용	키	기본값	설명
num	number	N	기본키		일련번호. 기본키
title	varchar2(200)	N			게시물의 제목
content	varchar2(2000)	N			내용

id	varchar2(10)	N	외래키		작성자의 아이디. member 테이블의 id를 참조하는 외래키
postdate	date	N		sysdate	작성일
visitcount	number(6)	Y			조회수

특이한 부분이 두 곳 눈에 띌 것입니다. 첫 번째는 id를 외래키로 사용한다는 것이고, 두 번째는 num과 visitcount 컬럼의 데이터 타입이 모두 숫자이지만 각각 number와 number(6)로 다르다는 것입니다. 두 타입의 차이는 다음과 같습니다.

- **number** : 전체 자릿수를 지정하지 않은 상태로 컬럼을 생성하면, 입력한 값만큼 공간이 자동으로 할당됩니다.
- **number(6)** : 소수점을 포함한 전체 자릿수를 6으로 지정합니다.

외래키foreign key는 다른 테이블과의 관계relation를 설정해주는 키로, 다른 테이블에서 기본키로 지정된 컬럼만을 외래키로 사용할 수 있습니다. 여기서는 member 테이블에서 기본키로 사용 중인 id 컬럼을 외래키로 지정하여, 각각의 게시글을 특정 회원과 연결지었습니다. 이렇게 하면 **회원이 아닌 사람은 글을 게시할 수 없도록 DBMS가 보장**해줍니다.

다음은 [표 5-2]의 정의대로 board 테이블을 만들어주는 SQL 쿼리문입니다.

예제 5-2 board 테이블 생성 쿼리문　　　　　　　　　　　　webapp/**05JDBC/계정및테이블생성.sql**

```
create table board (
    num number primary key,
    title varchar2(200) not null,
    content varchar2(2000) not null,
    id varchar2(10) not null,  ❶
    postdate date default sysdate not null,
    visitcount number(6)
);
```

그런데 이상한 점이 하나 있습니다. ❶에서 id 컬럼을 외래키로 지정해야 할 것 같은데 쿼리문을 아무리 살펴봐도 관련 내용을 찾을 수 없습니다. 그 이유는 외래키는 테이블 생성 후 별도 명령을 사용해 지정하기 때문입니다. 외래키 지정은 다음 절에서 알아보기로 하고, 우선 [예제 5-2]의 쿼리문을 실행해 board 테이블을 만들겠습니다.

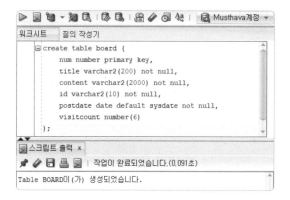

이상으로 이번 장에서 사용할 두 테이블을 모두 생성했습니다. 생성
된 테이블은 왼쪽 접속창의 테이블에서 확인할 수 있습니다.

5.5.2 외래키로 테이블 사이의 관계 설정

앞 절에서 이야기했듯 외래키 지정은 테이블을 생성한 후 진행합니다. 테이블들의 관계는 동적으
로 언제든 재정립할 수 있기 때문입니다.

그럼 board 테이블의 id 컬럼이 member 테이블의 id 컬럼을 참조하도록 해주는 외래키를 생
성하겠습니다. 외래키는 alter table 명령으로 설정합니다. 또한 외래키 생성 시 제약조건의 이름
을 지정할 수 있습니다. 필수는 아니지만, 제약조건 위배로 오류 발생 시 제약조건 이름이 출력되
므로 어떤 조건을 위배했는지를 더 쉽게 식별할 수 있습니다. 우리는 이 제약에 "board_mem_
fk"라는 이름을 부여하겠습니다.

예제 5-3 외래키 설정   webapp/05JDBC/계정및테이블생성.sql

```
alter table board
    add constraint board_mem_fk foreign key (id)
    references member (id);
```

[예제 5-3]을 실행하면 다음처럼 테이블이 변경됩니다.

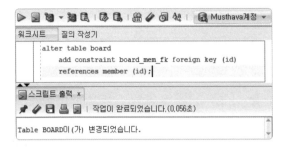

5.5.3 일련번호용 시퀀스 객체 생성

시퀀스Sequence는 순차적으로 증가하는 순번을 반환하는 데이터베이스 객체입니다. 우리는 board 테이블의 일련번호 컬럼에서 이 시퀀스를 사용할 것입니다.

예제 5-4 일련번호용 시퀀스 생성   webapp/05JDBC/계정및테이블생성.sql

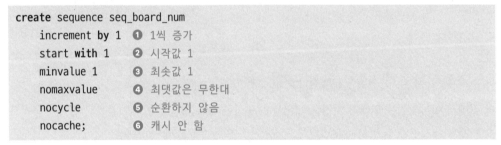

```
create sequence seq_board_num
    increment by 1    ① 1씩 증가
    start with 1      ② 시작값 1
    minvalue 1        ③ 최솟값 1
    nomaxvalue        ④ 최댓값은 무한대
    nocycle           ⑤ 순환하지 않음
    nocache;          ⑥ 캐시 안 함
```

1에서 무한대까지 1씩 증가하는 시퀀스를 생성했습니다. 참고로 ⑤에서 nocycle 대신 cycle로 설정하면 최댓값까지 도달하면 최솟값부터 다시 시작하며, ⑥을 cache로 설정하면 메모리에 시퀀스 값을 미리 할당해둡니다.

[예제 5-4]를 실행하면 다음 그림과 같이 시퀀스가 만들어집니다. 어떻게 사용하는지는 다음 절에서 보여드리겠습니다.

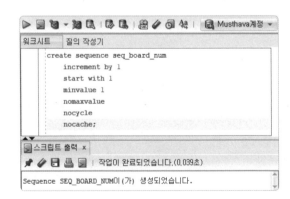

5.5.4 테이블 스페이스 설정

오라클 21c에서는 데이터를 삽입하기 전에 테이블 스페이스부터 설정해야 합니다. **테이블 스페이스**table space란 디스크 공간을 소비하는 테이블table과 뷰view 같은 데이터베이스 객체들이 저장되는 장소를 말합니다. 즉, 데이터를 저장할 물리적 공간이라 말할 수 있습니다.

테이블 스페이스를 확인하려면 system 계정으로 접속해야 합니다. SQL Developer에 계정을 추가하겠습니다. 5.4절 끝에서 musthave 계정을 추가했을 때와 똑같이 진행하면 됩니다.

To Do system 계정 생성

01 '접속' 창의 [+](새 접속) 버튼을 클릭합니다.

02 새로 만들기 창이 뜨면 ❶ Name, 사용자 이름, 비밀번호를 입력합니다. ❷ '비밀번호 저장'에 체크한 후 ❸ [테스트] 버튼을 클릭합니다. ❹ 상태가 "성공"으로 뜨면 ❺ [저장]합니다.

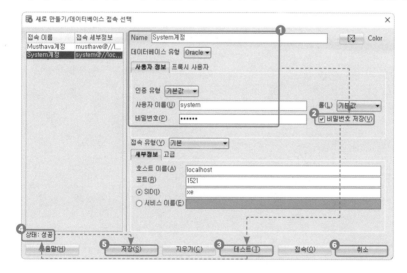

system 계정의 비밀번호는 오라클을 설치할 때 "123456"으로 설정했습니다.

03 이번에는 다른 방식으로 접속해보기 위해 ❻ 위 화면에서 [취소] 버튼을 클릭하여 창을 닫고 나옵니다.

04 '접속' 창을 보면 'System계정'이 생성되어 있습니다. ❶ 더블클릭하면 접속이 이루어지고 워크시트가 열립니다.

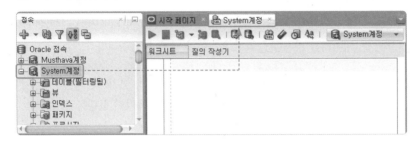

테이블 스페이스 설정

01 테이블 스페이스를 조회해보겠습니다. ❶ 워크시트에 다음 코드를 입력하고 ❷ [명령문 실행] 버튼을 클릭합니다.

```
select tablespace_name, status, contents from dba_tablespaces;
```

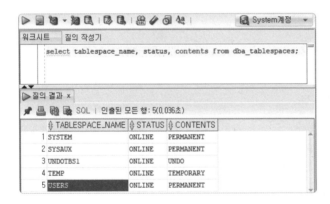

SYSTEM, USERS와 같은 테이블 스페이스가 생성되어 있는 걸 볼 수 있습니다.

02 같은 방식으로 테이블 스페이스별 가용 공간을 확인해보겠습니다.

```
select tablespace_name, sum(bytes), max(bytes) from dba_free_space
group by tablespace_name;
```

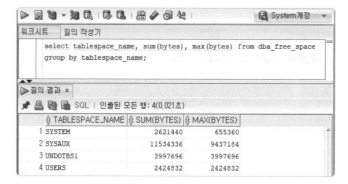

03 이번에는 musthave 계정이 사용하는 테이블 스페이스도 확인해봅시다.

```
select username, default_tablespace from dba_users
where username in upper('musthave');
```

musthave 계정은 USERS라는 테이블 스페이스를 사용하는 걸 알 수 있습니다.

04 musthave 계정이 USERS 테이블 스페이스에 데이터를 입력할 수 있도록 5m의 용량을 할 당하겠습니다(5m은 5MB를 뜻합니다).

```
alter user musthave quota 5m on users;
```

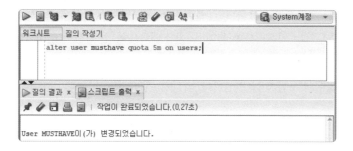

이상으로 테이블 스페이스 설정을 마쳤습니다. 지금부터는 데이터를 입력할 수 있습니다.

5.5.5 동작 확인

지금까지 만든 테이블들이 의도대로 잘 동작하는지 테스트해보겠습니다.

테스트 목적으로 입력하는 가짜 데이터를 더미^{dummy} 데이터라고 합니다. 예를 들어 회원 관리용 member 테이블은 원래라면 회원 가입을 받아야 데이터가 입력되지만, 당장 구현하기에는 작업량이 너무 많으므로 더미 데이터로 대신하겠습니다. member 테이블과 참조 관계인 board 테이블도 제약조건이 잘 지켜지는지 확인하기 위해 마찬가지로 더미 데이터를 삽입할 것입니다.

데이터 입력은 musthave 계정으로 접속한 후 진행해주세요.

To Do **01** 먼저 다음 쿼리문을 실행해보세요.

```
insert into board (num, title, content, id, postdate, visitcount)
    values (seq_board_num.nextval, '제목1입니다', '내용1입니다', 'musthave',
sysdate, 0);
```

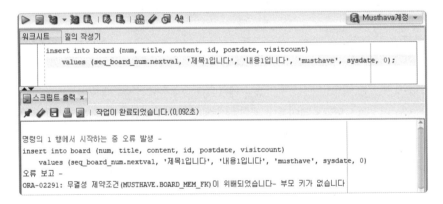

쿼리문에는 문제가 없으나 에러가 발생했습니다. 에러 내용을 보면 부모키를 찾을 수 없다는데, 과연 무슨 뜻일까요? 우리는 외래키를 이용해 board 테이블의 id 컬럼이 member 테이블의 id 컬럼을 참조하는 제약조건을 설정했습니다. 그런데 member 테이블에는 아직 참조가 될 부모 레코드가 없어서 오류가 난 것입니다. 따라서 먼저 member 테이블에 데이터를 채워 넣어야 합니다.

02 다음과 같이 member 테이블에 데이터를 입력한 후, 앞서 오류가 났던 쿼리문을 다시 실행해보겠습니다.

예제 5-5 더미 데이터 입력
webapp/05JDBC/계정및테이블생성.sql

```sql
insert into member (id, pass, name) values ('musthave', '1234', '머스트해브');
insert into board (num, title, content, id, postdate, visitcount)
    values (seq_board_num.nextval, '제목1입니다', '내용1입니다', 'musthave',
            sysdate, 0);
```

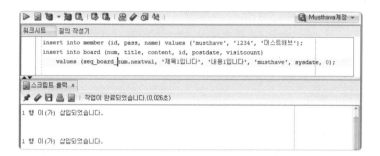

이번에는 board 테이블에도 데이터가 정상적으로 입력되었습니다.

03 마지막으로 다음과 같이 커밋(commit)을 실행합니다.

처음 레코드를 입력하면 오라클은 입력된 레코드를 내부의 임시 테이블에 저장합니다. 따라서 오라클 내부에서는 레코드를 조회할 수 있으나, 외부에서는 입력된 레코드를 조회할 수 없는 상태입니다. 커밋은 임시 테이블에 저장된 레코드를 실제 테이블에 적용하는 명령입니다.

5.6 JDBC 설정 및 데이터베이스 연결

JDBC^Java Database Connectivity란 자바로 데이터베이스 연결 및 관련 작업을 할 때 사용하는 API입니다. JDBC API를 사용하기 위해서는 JDBC 드라이버가 있어야 합니다. 각 DBMS에 맞는 JDBC 드라이버를 다운로드한 후 설정하면 DBMS 종류에 상관없이 동일한 방식으로 프로그래밍할 수 있게 됩니다. 이 책에서는 Oracle XE의 설정 방법을 설명하겠습니다.

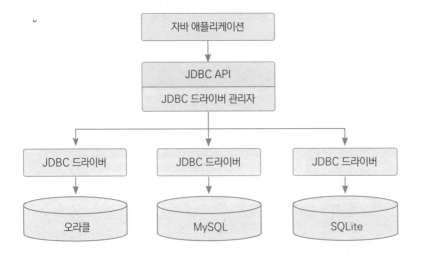

5.6.1 JDBC 드라이버 설정

JDBC로 오라클을 이용하려면 오라클이 제공하는 JDBC 드라이버가 필요합니다. 우리는 오라클을 이미 설치하였으므로 드라이버 파일은 별도로 다운로드하지 않아도 됩니다. 윈도우 탐색기에서 다음 경로를 확인해보세요.

- C:\01DevelopKits\oracleexe\dbhomeXE\jdbc\lib

그러면 확장자가 jar인 파일들이 보일 텐데, 그중 ojdbc11.jar 파일이 바로 오라클 JDBC 드라이버입니다.

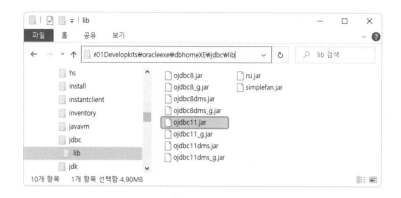

이 드라이버 파일을 프로젝트와 연결하는 방법은 2가지입니다. 첫 번째는 WAS(톰캣)가 설치된 경로 하위의 lib 폴더에 추가하는 것입니다. 이 경우 한 번의 설정으로 해당 컴퓨터에서 실행되는 모든 웹 애플리케이션에 적용됩니다. 편리해 보이지만 웹 애플리케이션 배포 파일에는 드라이버가 포함되지 않으므로 별도의 설정을 더 해줘야 한다는 단점이 있습니다.

두 번째는 개별 프로젝트의 WEB-INF 하위의 lib 폴더에 추가하는 방법입니다. 프로젝트마다 동일한 설정을 반복해야 하므로 처음에는 번거롭지만, 작업 공간을 변경하거나 배포 시에도 드라이버가 함께 따라 간다는 편리함 덕분에 실무에서 주로 사용하는 방법입니다.

윈도우 탐색기에서 ojdbc11.jar 파일을 이클립스의 {프로젝트 루트}/src/main/webapp/WEB-INF/lib 폴더로 드래그 앤 드롭하면 JDBC 드라이버 설정이 완료됩니다.

5.6.2 연결 관리 클래스 작성

JDBC 드라이버를 이용하여 DB와의 연결을 관리하는 클래스를 만들어봅시다.

{프로젝트 루트}/Java Resources 하위의 src/main/java 에서 마우스 우클릭 → [New] → [Class]를 클릭하여 common 패키지에 JDBConnect 클래스를 생성합니다. 이 클래스의 코드는 다음과 같습니다.

예제 5-6 기본적인 DB 연결 관리 클래스　　　　　　　Java Resources/src/main/java/**common/JDBConnect.java**

```java
package common;

import java.sql.Connection;
import java.sql.DriverManager;
import java.sql.PreparedStatement;
import java.sql.ResultSet;
import java.sql.Statement;

public class JDBConnect {
    public Connection con;
    public Statement stmt;                  ──┐
    public PreparedStatement psmt;            ├─ ❶
    public ResultSet rs;                    ──┘

    // 기본 생성자
    public JDBConnect() {  ❷
        try {
            // JDBC 드라이버 로드
            Class.forName("oracle.jdbc.OracleDriver");  ❸

            // DB에 연결
            String url = "jdbc:oracle:thin:@localhost:1521:xe";  ❹
            String id = "musthave";  ❺
            String pwd = "1234";  ❻
            con = DriverManager.getConnection(url, id, pwd);  ❼

            System.out.println("DB 연결 성공(기본 생성자)");
        }
        catch (Exception e) {
            e.printStackTrace();
```

```
        }
    }

    // 연결 해제(자원 반납)
    public void close() {  ❽
        try {
            if (rs != null) rs.close();
            if (stmt != null) stmt.close();
            if (psmt != null) psmt.close();
            if (con != null) con.close();

            System.out.println("JDBC 자원 해제");
        }
        catch (Exception e) {
            e.printStackTrace();
        }
    }
}
```

❶ 이 클래스는 총 4개의 멤버 변수를 선언했습니다. 각각의 용도는 다음과 같습니다.

- **Connection** : 데이터베이스와 연결을 담당합니다.
- **Statement** : 인파라미터가 없는 정적 쿼리문을 실행할 때 사용됩니다.
- **PreparedStatement** : 인파라미터가 있는 동적 쿼리문을 실행할 때 사용됩니다. 인파라미터는 쿼리문 작성 시 매개변수로 전달된 값을 설정할 때 사용합니다. ?(물음표)로 표현하는데, 뒤에서 예제와 함께 한 번 더 설명하겠습니다.
- **ResultSet** : SELECT 쿼리문의 결과를 저장할 때 사용됩니다.

Note Connection 외에는 당장은 사용하지 않지만 데이터베이스 작업에 흔히 함께 쓰이는 객체들이라 미리 선언해뒀습니다. 사용 예는 5.7절과 이후 프로젝트들에서 보실 수 있습니다.

❷ 다음은 생성자를 보겠습니다. 생성자는 JDBC 드라이버를 이용해 오라클 DB에 연결하는 두 가지 일을 합니다.

❸ 먼저 JDBC 드라이버를 메모리에 로드합니다. Class 클래스의 forName( )은 new 키워드 대신 클래스명을 통해 직접 객체를 생성한 후 메모리에 로드하는 메서드입니다. 인수로는 오라클 드

라이버 이름을 넣으면 됩니다. 참고로, JDBC 드라이버로 사용될 클래스는 DB 종류에 따라 다르므로 오라클이 아니라면 클래스명도 다르게 지정해야 합니다.

다음은 DB에 연결할 차례입니다. DB에 연결하려면 URL, ID, 패스워드가 필요합니다. ❹ URL은 "오라클 프로토콜@IP주소:포트번호:sid" 형식으로 구성됩니다.

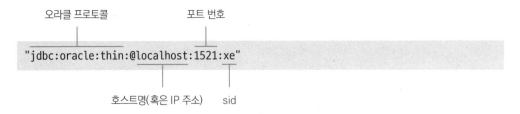

프로토콜은 이미 정해져 있는 값이므로 그대로 사용하면 되고, IP 주소와 포트번호, sid는 설치 환경에 따라 달라집니다. 이 책의 설명에 따라 설치하였다면 localhost, 1521, xe를 사용하면 됩니다.

> **Note** sid는 오라클 인스턴스의 식별자입니다. 자신의 sid를 확인하려면 sqlplus로 관리자(system) 계정으로 접속한 후 SELECT instance FROM v$thread; 명령을 실행하면 됩니다.

❺ ID와 ❻ 패스워드는 5.3절에서 만든 musthave 사용자 계정의 것입니다.

이제 실제로 오라클에 연결해봅니다. ❼ 준비한 URL, ID, 패스워드를 인수로 DriverManager 클래스의 getConnection( )을 호출하면 됩니다. 연결에 성공하면 Connection 객체가 반환됩니다. 우리는 이렇게 얻은 Connection 객체를 통해 오라클에 연결하는 것입니다.

❽ 다음은 close( ) 메서드 차례입니다. DB 관련 작업을 모두 마쳤다면 자원을 절약하기 위해 연결을 해제해주는 게 좋습니다. close( ) 메서드가 바로 이 역할을 담당합니다. 코드를 보면 멤버 변수로 선언된 객체 각각을 닫아줍니다. if문을 이용해 사용된 적이 있는 객체들만 자원을 해제하도록 했습니다.

5.6.3 동작 확인
방금 만든 JDBConnect 클래스를 이용해 실제로 DB 연결을 테스트하는 jsp 파일을 생성하겠습니다.

```jsp
<%@ page import="common.JDBConnect"%> ❶
<%@ page language="java" contentType="text/html; charset=UTF-8"
    pageEncoding="UTF-8"%>
<html>
<head><title>JDBC</title></head>
<body>
    <h2>JDBC 테스트 1</h2>
    <%
    JDBConnect jdbc1 = new JDBConnect(); ❷
    jdbc1.close(); ❸
    %>
</body>
</html>
```

보다시피 간단한 페이지입니다. ❶ [예제 5-6]에서 작성한 JDBConnect 클래스를 임포트하고 ❷ 객체를 생성한 후 ❸ 바로 닫아 자원을 해제합니다. DB 연결은 객체 생성자에서 이루어집니다.

Tip 코드 자동 완성(Ctrl + Space) 기능을 사용하면 ❶의 임포트문은 자동으로 삽입됩니다.

그럼 JSP 파일을 실행해보시죠. 이클립스의 콘솔 뷰를 확인해보면 DB에 연결되었다가 자원을 해제하며 접속이 종료된 것을 알 수 있습니다. 웹 브라우저에서 확인할 건 따로 없습니다.

```
Console ×  Servers
Tomcat v10.1 Server at localhost [Apache Tomcat] C:\01Developkits\jdk-17\b
DB 연결 성공(기본 생성자)
JDBC 자원 해제
```

5.6.4 연결 설정 개선

앞 절에서는 DB 접속 정보를 클래스 안에서 모두 입력하였습니다. 접속 테스트 용도라면 상관없지만, 실무에서는 사용하지 않는 방식입니다. 만약 서버 이전 등의 이유로 접속 정보가 변경되면 클래스를 수정한 후 다시 컴파일해야 하는 불편함이 있기 때문입니다.

이러한 서버 환경과 관련된 정보들은 한 곳에서 관리하는 것이 좋은데요, 주로 web.xml에 입력해놓고 필요할 때마다 application 내장 객체를 통해 얻어옵니다. 우선 오라클 접속 정보를

web.xml에 컨텍스트 초기화 매개변수(〈context-param〉)로 입력하겠습니다.

예제 5-8 web.xml에 오라클 접속 정보 입력   webapp/**WEB-INF/web.xml**

```xml
<?xml version="1.0" encoding="UTF-8"?>
<web-app xmlns:xsi=... 생략 ...>
    ... 생략 ...


    <context-param>
        <param-name>OracleDriver</param-name>    ❶ 드라이버 이름
        <param-value>oracle.jdbc.OracleDriver</param-value>
    </context-param>
    <context-param>
        <param-name>OracleURL</param-name>    ❷ 접속 URL
        <param-value>jdbc:oracle:thin:@localhost:1521:xe</param-value>
    </context-param>
    <context-param>
        <param-name>OracleId</param-name>    ❸ 계정 아이디
        <param-value>musthave</param-value>
    </context-param>
    <context-param>
        <param-name>OraclePwd</param-name>    ❹ 패스워드
        <param-value>1234</param-value>
    </context-param>
</web-app>
```

오라클에 접속하기 위한 ❶ 드라이버명, ❷ 접속 URL, ❸ 계정 아이디, ❹ 패스워드를 각각 입력했습니다. 앞서 [예제 5-6]에 사용한 값을 그대로 옮긴 것이므로 설명은 생략하겠습니다.

다음으로 접속 정보를 외부로부터 받는 생성자를 JDBConnect 클래스에 추가합니다.

예제 5-9 접속 정보를 외부로부터 받는 생성자 추가   Java Resources/src/main/java/**common/JDBConnect.java**

```java
... 생략 ...
    // 두 번째 생성자
    public JDBConnect(String driver, String url, String id, String pwd) {    ❶
        try {
            // JDBC 드라이버 로드
            Class.forName(driver);    ❷
```

```
                // DB에 연결
                con = DriverManager.getConnection(url, id, pwd);  ❸

                System.out.println("DB 연결 성공(인수 생성자 1)");
            }
            catch (Exception e) {
                e.printStackTrace();
            }
        }
... 생략 ...
```

❶ [예제 5-6]에서는 하드코딩했던 값들을 모두 외부에서 전달받도록 했습니다. 나중에 web. xml에서 정보를 읽어와 이 생성자를 호출할 것입니다. 이 생성자는 전달받은 값으로 ❷ 드라이버를 로드하고 ❸ 데이터베이스에 연결합니다. 하드코딩했던 접속 정보가 모두 제거되어 코드가 훨씬 간결해졌습니다.

> **Note** 이처럼 매개변수만 다르게 해서 생성자나 메서드를 추가하는 것을 오버로딩(overloading)이라고 합니다.

이어서 접속 정보를 web.xml로부터 읽어 새로운 생성자를 호출하는 코드를 ConnectionTest. jsp에 추가하겠습니다.

예제 5-10 두 번째 생성자 테스트 코드 추가   webapp/05JDBC/ConnectionTest.jsp

```
... 생략 ...

    <h2>JDBC 테스트 2</h2>
    <%
    String driver = application.getInitParameter("OracleDriver");  ┐
    String url = application.getInitParameter("OracleURL");        │
    String id = application.getInitParameter("OracleId");          ├─❶
    String pwd = application.getInitParameter("OraclePwd");        ┘

    JDBConnect jdbc2 = new JDBConnect(driver, url, id, pwd);  ❷
    jdbc2.close();
    %>
</body>
</html>
```

❶ 이처럼 application 내장 객체의 getInitParameter()로 web.xml의 컨텍스트 초기화 매개변수를 가져올 수 있습니다. ❷ 이렇게 가져온 네 가지 설정값을 새로운 생성자에 전달합니다.

작성을 마쳤다면 실행한 후 콘솔에서 결과를 확인해봅니다.

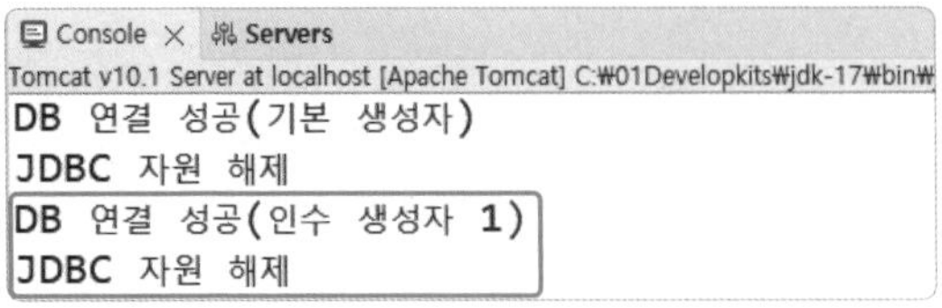
Console
Servers
Tomcat v10.1 Server at localhost [Apache Tomcat] C:₩01Developkits₩jdk-17₩bin₩
DB 연결 성공(기본 생성자)
JDBC 자원 해제
DB 연결 성공(인수 생성자 1)
JDBC 자원 해제

보다시피 새로운 생성자로도 접속과 해제가 문제없이 이루어졌습니다.

5.6.5 연결 설정 개선 2

이번엔 다른 방법을 알아보겠습니다. 앞 절에서는 접속 정보를 web.xml에 입력한 후 내장 객체를 통해 가져왔으나, 이와 같이 하면 DB 접속이 필요할 때마다 동일한 코드를 JSP에서 반복 기술해야 합니다. 따라서 컨텍스트 초기화 매개변수를 생성자에서 직접 가져올 수 있도록 정의하는 것이 좋습니다.

예제 5-11 접속 정보를 직접 읽어오는 생성자 추가 Java Resources/src/main/java/common/JDBConnect.java

```
package common;

import java.sql.Connection;
import java.sql.DriverManager;
import java.sql.PreparedStatement;
import java.sql.ResultSet;
import java.sql.Statement;

import jakarta.servlet.ServletContext; ❶

public class JDBConnect {
... 생략 ...

    // 세 번째 생성자
    public JDBConnect(ServletContext application) { ❷
        try {
```

```
        // JDBC 드라이버 로드
        String driver = application.getInitParameter("OracleDriver");
        Class.forName(driver);

        // DB에 연결
        String url = application.getInitParameter("OracleURL");
        String id = application.getInitParameter("OracleId");
        String pwd = application.getInitParameter("OraclePwd");
        con = DriverManager.getConnection(url, id, pwd);

        System.out.println("DB 연결 성공(인수 생성자 2)");
    }
    catch (Exception e) {
        e.printStackTrace();
    }
}
... 생략 ...
```

❷ 이번 생성자는 매개변수로 application 내장 객체를 받도록 정의했습니다. application 내장 객체를 이용해 web.xml로부터 접속 정보를 직접 가져온다는 점만 빼면 기존 생성자와 동일합니다.

❶ 그리고 application 내장 객체의 타입인 ServletContext를 사용할 수 있도록 임포트합니다.

방금 추가한 세 번째 생성자를 사용하는 코드를 JSP 페이지에 추가해보겠습니다.

예제 5-12 세 번째 생성자 테스트 코드 추가   webapp/05JDBC/ConnectionTest.jsp

```
... 생략 ...

    <h2>JDBC 테스트 3</h2>
    <%
    JDBConnect jdbc3 = new JDBConnect(application);   ❶
    jdbc3.close();
    %>
</body>
</html>
```

보다시피 ❶ application 내장 객체를 인수로 전달했습니다.

이 방식은 DB에 접속할 때마다 JSP에서 컨텍스트 초기화 매개변수를 읽어오지 않아도 되므로 편리하며, 코드 중복도 줄일 수 있습니다.

마지막으로 [예제 5-12]를 실행해서 결과를 확인하겠습니다.

```
Console ×  Servers
Tomcat v10.1 Server at localhost [Apache Tomcat] C:₩01Developkits₩jdk-17₩bin₩jav
DB 연결 성공(기본 생성자)
JDBC 자원 해제
DB 연결 성공(인수 생성자 1)
JDBC 자원 해제
DB 연결 성공(인수 생성자 2)
JDBC 자원 해제
```

지금까지 살펴본 세 개의 예제 모두 결과는 동일합니다. 하지만 JSP와 클래스에서 적용하는 방법이 조금씩 다르므로 단계별로 만들어보면서 정확한 사용법을 익혀보길 바랍니다.

5.7 커넥션 풀로 성능 개선

웹은 클라이언트의 요청에 서버가 응답하는 구조입니다. 그런데 요청이 있을 때마다 DB와 새로 연결했다가 해제한다면 어떤 일이 벌어질까요? DB 작업을 위해 웹 서버가 Connection 객체를 생성할 때마다 네트워크 통신이 이루어지며 사용자 인증 같은 시간이 걸리는 작업이 수반됩니다. 다시 말해 빈번한 연결과 해제는 시스템 성능에 큰 영향을 미칩니다.

이 문제의 해법으로 가장 널리 쓰이는 방식이 커넥션 풀입니다. **커넥션 풀**connection pool이란 Connection 객체를 미리 생성해 풀pool에 넣어놓고, 요청이 있을 때 이미 생성된 Connection 객체를 가져다 사용하는 기법입니다. 다 쓴 객체는 연결을 해제하는 것이 아니라 풀에 반납하여 필요할 때 재사용합니다. 이는 워터파크의 유수풀과 비슷합니다. 유수풀에 가면 튜브가 이미 준비되어 있습니다. 튜브를 타고 재미있게 즐겼다면 퇴장할 때는 튜브를 반납합니다. 다음에 입장하는 사람은 내가 반납한 튜브를 다시 사용하게 될 것입니다.

5.7.1 커넥션 풀과 JNDI

JSP 프로그래밍 시 커넥션 풀은 직접 만들어 사용하지 않고 WAS가 제공하는 것을 이용하는 게 좋습니다. WAS 하나에 여러 개의 웹 애플리케이션을 구동시키는 경우가 많은데, 애플리케이션마다 자원을 따로 관리하면 낭비도 심하고 관리하기도 어렵기 때문입니다.

대부분의 WAS는 커넥션 풀을 비롯한 여러 자원을 JNDI 서비스로 제공합니다. JNDI^{Java Naming} and Directory Interface란 자바 소프트웨어에서 객체나 데이터를 전체 경로를 몰라도 '이름'만으로 찾아 쓸 수 있는 디렉터리 서비스입니다. 이름과 실제 객체와의 연결은 외부의 설정 파일에서 관리하므로 다른 객체로 교체하거나 세부 설정을 바꿀 때도 소스 코드를 수정하고 다시 컴파일할 필요가 없습니다.

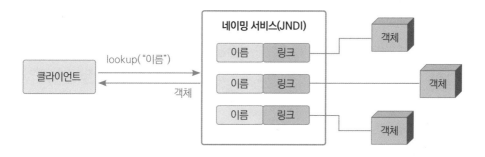

비슷한 예로 DNS^{Domain Name System}가 있습니다. 웹 브라우저에서 도메인을 입력하면 DNS를 통해 웹 서버의 IP 주소를 얻어와 해당 주소로 접속하게 됩니다. DNS가 도메인과 IP 주소를 연결해주듯, JNDI도 객체 이름과 실제 객체를 연결해주는 역할을 하는 것입니다.

다음은 WAS의 JNDI를 통해 커넥션 풀을 사용하는 개략적인 절차입니다.

1 WAS(톰캣)가 시작할 때 server.xml과 context.xml에 설정한 대로 커넥션 풀을 생성합니다.
2 JSP 코드에서 JNDI 서버(WAS가 제공)로부터 데이터소스 객체를 얻어옵니다.
3 데이터소스로부터 커넥션 객체를 가져옵니다.
4 DB 작업을 수행합니다.
5 모든 작업이 끝나면 커넥션 객체를 풀로 반환합니다.

지금까지 설명하지 않은 내용이 두 가지가 등장했습니다. 하나는 server.xml과 context.xml에 설정하는 부분이고, 다른 하나는 데이터소스 객체입니다. 두 xml 파일들은 커넥션 풀의 구체적인 속성을 정의하고 JNDI 서비스에 등록하는 역할로, 다음 절에서 자세히 설명합니다. 데이터소스는 단순히 JDBC 연결을 생성해 제공해주는 객체로, 5.6.3절에서 예제와 함께 다시 살펴보겠습니다.

커넥션 풀을 사용하면 WAS가 시작될 때 미리 생성한 커넥션 객체를 사용하므로 웹 애플리케이션 실행 속도가 빨라지고, 클라이언트의 동시 요청이 많아지더라도 좀 더 수월하게 응답할 수 있습니다. 성능 향상 효과가 커서 웹뿐만 아니라 게임 등에서도 많이 사용합니다.

5.7.2 커넥션 풀 설정

톰캣에서 커넥션 풀을 사용할 수 있도록 설정해봅시다. server.xml과 context.xml, 이렇게 총 두 개의 파일을 수정해야 합니다. 두 파일 모두 톰캣이 설치된 경로(C:\01DevelopKits\apache-tomcat-10.1.x)의 conf 디렉터리에 있습니다.

server.xml은 이름에서 알 수 있듯이 서버 전체와 관련한 설정을 담고 있으며, context.xml은 각각의 웹 애플리케이션마다 하나씩 주어지는 자원을 설정하게 됩니다. 우리는 server.xml에 커넥션 풀을 전역 자원으로 선언하고, context.xml에서는 이를 참조하는 링크를 추가할 것입니다.

server.xml 수정

먼저 server.xml을 메모장으로 연 후 〈GlobalNamingResources〉 엘리먼트를 찾습니다. 다른 내용이 이미 입력되어 있을 텐데, 기존 내용 아래에 [예제 5-13]의 내용으로 추가해줍니다.

예제 5-13 server.xml 변경 사항　　　　　　　　　　　　(톰캣 홈 디렉터리)/conf/server.xml

```
<GlobalNamingResources>
        ... 기 존  내 용  유 지 ...
    <Resource auth="Container"
            driverClassName="oracle.jdbc.OracleDriver"
            type="javax.sql.DataSource"
            initialSize="0"
            minIdle="5"
            maxTotal="20"
            maxIdle="20"
            maxWaitMillis="5000"
            url="jdbc:oracle:thin:@localhost:1521:xe"
            name="dbcp_myoracle"
            username="musthave"
            password="1234" />
</GlobalNamingResources>
```

Note 변경 내용은 책 예제 깃허브 저장소의 webapp/05JDBC/**커넥션풀설정.txt** 파일에 기록해뒀습니다. 직접 타이핑 시 오타가 나기 쉬우니 복사해 사용하세요.

〈GlobalNamingResources〉는 이름에서 유추할 수 있듯이 전역 자원을 등록하는 영역입니다. 따라서 이 엘리먼트 안에 등록한 자원은 이 서버에서 구동되는 모든 웹 애플리케이션에서 사용할 수 있습니다.

〈Resource〉 엘리먼트에는 다양한 속성이 있는데, 대부분은 이름을 보면 그 역할을 짐작할 수 있습니다.

- **driverClassName** : JDBC 드라이버의 클래스명
- **type** : 데이터소스로 사용할 클래스명
- **initialSize** : 풀의 최초 초기화 과정에서 미리 만들어놓을 연결의 개수(기본값은 0)
- **minIdle** : 최소한으로 유지할 연결 개수(기본값은 0)
- **maxTotal** : 동시에 사용할 수 있는 최대 연결 개수(기본값은 8)
- **maxIdle** : 풀에 반납할 때 최대로 유지될 수 있는 연결 개수(기본값은 8)
- **maxWaitMillis** : 새로운 요청이 들어왔을 때 얼마큼 대기할지를 밀리초 단위로 기술
- **url** : 오라클 연결을 위한 URL
- **name** : 생성할 자원(여기서는 풀)의 이름
- **username** : 계정 아이디
- **password** : 계정 패스워드

type 속성으로 지정한 javax.sql.DataSource는 물리적인 데이터소스와의 연결을 생성해주는 자바 표준 인터페이스이며, driverClassName 속성으로 지정한 oracle.jdbc.OracleDriver 클래스가 이 인터페이스를 구현하고 있습니다. 즉, 오라클이 제공하는 OracleDriver 클래스가 커넥션 풀 기능을 구현하며, 우리는 자바 표준 인터페이스인 DataSource 형태로 받아 이용하는 것입니다.

context.xml 수정

다음은 content.xml 차례입니다. 마찬가지로 메모장으로 연 후 〈Context〉 엘리먼트를 찾아 다음 내용을 추가합니다.

```
<Context>
    ... 기존 내용 유지 ...
    <ResourceLink global="dbcp_myoracle" name="dbcp_myoracle"
                  type="javax.sql.DataSource"/>
</Context>
```

Note 변경 내용은 책 예제 깃허브 저장소의 webapp/05JDBC/**커넥션풀설정.txt** 파일에 기록해뒀습니다. 직접 타이핑 시 오타가 나기 쉬우니 복사해 사용하세요.

이 엘리먼트에는 풀의 이름과 데이터소스로 사용할 클래스명을 기술합니다. 여기서 global 속성에는 앞서 server.xml에서 등록한 커넥션 풀 전역 자원의 이름을 명시해야 합니다. 즉, 다음 그림과 같은 관계입니다.

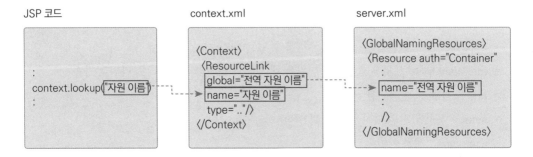

웹 서버 다시 생성

두 파일을 모두 편집하였다면 이클립스에서 웹 서버를 다시 생성해야 합니다.

To Do **01** [Servers] 뷰를 엽니다.

02 기존에 생성해둔 웹 서버에서 마우스 우클릭 → [Delete]를 클릭합니다.

03 경고창이 뜨면 [OK]를 클릭하여 삭제합니다.

04 삭제가 완료되면 가용한 서버가 없다는 메시지가 출력됩니다. 이 메시지를 클릭합니다.

05 "Tomcat v10.1 Server"를 선택한 후 [Finish]를 클릭하여 새로운 웹 서버를 생성합니다.

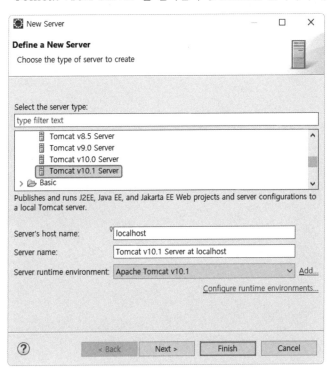

06 프로젝트 탐색기에서 Servers 폴더를 열어보세요. 우리가 수정한 두 파일이 보일 것입니다. 더블클릭해서 열어보면 편집한 내용이 그대로 적용된 것을 확인할 수 있습니다.

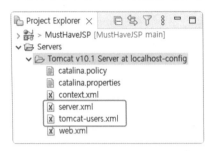

이상으로 JSP 프로그램에서 커넥션 풀을 사용하기 위한 준비를 모두 마쳤습니다.

Note 이상의 설정 과정을 통해 이클립스가 웹 서버의 기능을 자체적으로 제공하는 것이 아니라, 우리가 설치한 톰캣의 환경을 가져와서 사용한다는 것을 알 수 있습니다. 즉, 톰캣이 설치된 디렉터리가 원본이고 이클립스는 복사본이라 볼 수 있습니다.

5.7.3 커넥션 풀 동작 검증

이제 커넥션 풀을 실제로 이용해보겠습니다. 다음은 커넥션 풀을 이용하는 연결 클래스의 코드입니다.

예제 5-15 커넥션 풀을 이용하는 연결 클래스   Java Resources/src/main/java/**common/DBConnPool.java**

```java
package common;

import java.sql.Connection;
import java.sql.PreparedStatement;
import java.sql.ResultSet;
import java.sql.Statement;

import javax.naming.Context;
import javax.naming.InitialContext;
import javax.sql.DataSource;

public class DBConnPool {
    public Connection con;
    public Statement stmt;
    public PreparedStatement psmt;
```

```java
    public ResultSet rs;

    // 기본 생성자
    public DBConnPool() {
        try {
            // 커넥션 풀(DataSource) 얻기
            Context initCtx = new InitialContext();    ❶
            Context ctx = (Context)initCtx.lookup("java:comp/env");    ❷
            DataSource source = (DataSource)ctx.lookup("dbcp_myoracle");    ❸

            // 커넥션 풀을 통해 연결 얻기
            con = source.getConnection();    ❹

            System.out.println("DB 커넥션 풀 연결 성공");
        }
        catch (Exception e) {
            System.out.println("DB 커넥션 풀 연결 실패");
            e.printStackTrace();
        }
    }

    // 연결 해제(자원 반납)
    public void close() {
        try {
            if (rs != null) rs.close();
            if (stmt != null) stmt.close();
            if (psmt != null) psmt.close();
            if (con != null) con.close();  // 자동으로 커넥션 풀로 반납됨 ❺

            System.out.println("DB 커넥션 풀 자원 반납");
        }
        catch (Exception e) {
            e.printStackTrace();
        }
    }
}
```

사용하는 멤버 변수들과 close( ) 메서드는 JDBConnect 클래스와 같습니다.

코드상으로 JDBConnect와 차이가 나는 부분은 바로 생성자입니다. JDBConnect가 JDBC 드라이버를 로드하고 DB와의 연결을 직접 만들었다면, DBConnPool은 JNDI로부터 데이터소스를 찾은 후 데이터소스로부터 연결을 얻습니다. 코드를 살펴보죠.

먼저 ❶에서는 InitialContext라는 객체를 만들었습니다. 자바의 네이밍 서비스(JNDI)에서 이름과 실제 객체를 연결해주는 개념이 Context이며, InitialContext는 네이밍 서비스를 이용하기 위한 시작점입니다. 이 객체의 lookup( ) 메서드에 이름을 건네 원하는 객체를 찾아올 수 있습니다.

그다음 줄 ❷에서는 "java:comp/env"라는 이름을 인수로 Context 객체를 얻었습니다. "java:comp/env"는 현재 웹 애플리케이션의 루트 디렉터리라고 생각하면 됩니다. 즉, 현재 웹 애플리케이션이 사용할 수 있는 모든 자원은 "java:comp/env" 아래에 위치합니다.

❸에서는 "java:comp/env" 아래에 위치한 "dbcp_myoracle" 자원을 얻어옵니다. 이 자원이 바로 앞서 설정한 데이터소스(커넥션 풀)입니다. 여기서 **"dbcp_myoracle"은 context.xml 파일에 추가한 〈ResourceLink〉에 있는 name 속성의 값**입니다.

❹ 마지막으로 데이터소스를 통해 풀에 생성되어 있는 연결 객체를 얻어 멤버 변수에 저장하면 생성 과정이 마무리됩니다.

다 쓴 연결을 반납하는 일은 아주 간단합니다. 풀을 사용하지 않을 때와 똑같이 ❺ Connection 객체의 close( )만 호출해주면 자동으로 풀로 반납됩니다.

다음으로, 앞에서 작성한 ConnectionTest.jsp의 뒷부분에 다음 내용을 추가합니다.

예제 5-16 커넥션 풀 테스트 코드 추가   webapp/05JDBC/ConnectionTest.jsp

```jsp
<%@ page import="common.JDBConnect"%>
<%@ page import="common.DBConnPool"%>  ❶ DBConnPool 클래스 임포트
<%@ page language="java" contentType="text/html; charset=UTF-8"
    pageEncoding="UTF-8"%>
... 생략 ...


    <h2>커넥션 풀 테스트</h2>
    <%
    DBConnPool pool = new DBConnPool();
    pool.close();
```

```
  %>
</body>
</html>
```

❶ 새로 만든 클래스인 DBConnPool을 사용해야 하므로 임포트도 추가했습니다.

이제 ConnectionTest.jsp를 실행하면 콘솔 창에 네 번째 테스트 로그가 추가로 출력됩니다.

JDBC를 통한 연결과 커넥션 풀을 통한 연결 및 해제가 모두 성공한 것을 알 수 있습니다. 이로써 JDBC를 사용하기 위한 준비와 검증을 완료했습니다.

Note DBConnPool의 구체적인 활용 예는 13장과 14장에서 보실 수 있습니다.

5.8 간단한 쿼리 작성 및 실행

데이터베이스 작업이라면 쿼리문(SQL)을 작성하고 실행하여 그 결과를 얻어오는 일을 말합니다. JDBC에서 쿼리문은 java.sql.Statement 인터페이스로 표현되며, Statement 객체는 Connection 객체를 통해 얻어오도록 되어 있습니다. Statement 계열의 인터페이스는 다음과 같이 세 가지가 있습니다.

- **Statement** : 인파라미터가 없는 정적 쿼리를 처리할 때 사용
- **PreparedStatement** : 인파라미터가 있는 동적 쿼리를 처리할 때 사용
- **CallableStatement** : 프로시져(procedure)나 함수(function)를 호출할 때 사용

인파라미터IN parameter는 미리 작성해둔 쿼리문에서 일부 값을 나중에 결정할 수 있게 해주는 매개변수입니다. 쿼리문에서 물음표(?)로 표현합니다.

Statement 계열의 객체로 쿼리문을 실행할 때는 다음의 두 메서드를 이용합니다.

- **executeUpdate()** : INSERT, UPDATE, DELETE 쿼리문을 실행할 때 사용합니다. 기존 레코드를 변화시키거나 새로운 레코드를 입력하는 쿼리문들입니다. 따라서 실행 후 영향을 받은 행의 개수가 int형으로 반환됩니다.
- **executeQuery()** : SELECT 쿼리문을 실행할 때 사용합니다. SELECT는 기존 레코드를 조회하는 쿼리문입니다. 조회한 레코드들의 집합인 ResultSet 객체를 반환합니다.

단, Statement와 PreparedStatement의 사용 방법에는 약간의 차이가 있습니다. 그 차이는 잠시 후 예제와 함께 알아보겠습니다.

> **Note** ｜ CallableStatement 인터페이스는 JSP의 범위를 넘어서는 것이므로 이 책에서는 다루지 않겠습니다.

5.8.1 동적 쿼리문으로 회원 추가

회원 테이블에 새로운 회원을 추가하는 프로그램을 작성하겠습니다. 일부 값을 나중에 명시할 수 있는 동적 쿼리문을 사용해볼 것이며, 자바에서는 PreparedStatement로 동적 쿼리문을 표현합니다.

예제 5-17 회원 추가 테스트   webapp/05JDBC/ExeUpdate.jsp

```jsp
<%@ page import="java.sql.PreparedStatement"%>
<%@ page import="java.sql.Connection"%>
<%@ page import="common.JDBConnect"%>
<%@ page language="java" contentType="text/html; charset=UTF-8"
    pageEncoding="UTF-8"%>
<html>
<head><title>JDBC</title></head>
<body>
    <h2>회원 추가 테스트(executeUpdate() 사용)</h2>
    <%
    // DB에 연결 ❶
    JDBConnect jdbc = new JDBConnect();

    // 테스트용 입력값 준비 ❷
    String id = "test1";
    String pass = "1111";
```

```
    String name = "테스트1회원";

    // 쿼리문 생성
    String sql = "INSERT INTO member VALUES (?, ?, ?, sysdate)";   ❸
    jdbc.psmt = jdbc.con.prepareStatement(sql);   ❹
    psmt.setString(1, id);    ┐
    psmt.setString(2, pass);  ├─❺
    psmt.setString(3, name);  ┘

    // 쿼리 수행
    int inResult = psmt.executeUpdate();   ❻
    out.println(inResult + "행이 입력되었습니다.");

    // 연결 닫기
    jdbc.close();   ❼
    %>
</body>
</html>
```

코드에서 보듯 작업 순서는 DB 연결 → 입력값 준비 → 쿼리문 생성 → 쿼리 수행 → 연결 닫기 순으로 이루어집니다. 차례로 자세히 살펴보시죠.

❶ 먼저 앞서 준비한 JDBConnect 객체를 생성합니다.

❷ 그리고 테이블에 입력할 값을 준비합니다. 회원 테이블이므로 ID, 패스워드, 회원 이름을 준비했습니다. 보통의 경우라면 다음처럼 form 값을 전송받아야겠지만, 지금은 DB 작업 테스트 중이니 간단히 값을 하드코딩했습니다.

```
    String id = request.getParameter("id");
    String pass = request.getParameter("pass");
    String name = request.getParameter("name");
```

이어서 쿼리문을 생성합니다. 이는 다시 구체적으로 세 단계로 이루어집니다.

❸ 첫 번째 단계로 SQL문 문자열을 정의했는데, 그 뜻은 다음 그림과 같습니다.

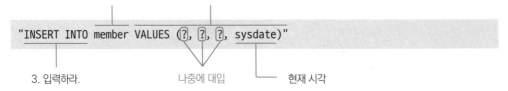

여기서 중요한 부분은 바로 입력값에 사용된 물음표(?)입니다. SQL문에 사용된 물음표를 인파라미터라고 하며, 정확한 값을 나중에 채워주겠다는 뜻입니다.

❹ 두 번째 단계에서는 Connection 객체를 통해 PreparedStatement 객체를 생성합니다. 이때 방금 작성한 미완의 SQL문을 인수로 제공합니다.

❺ 이어서 인파라미터들에 실제 값을 대입합니다. setString( )의 첫 번째 매개변수가 인파라미터의 순서를 뜻합니다. 첫 번째 인파라미터가 1번이며, 차례로 1씩 증가합니다. 즉 DB에서는 인덱스가 1부터 시작합니다.

쿼리문이 완성되었으니 ❻ 실행해볼 차례입니다. 이때 데이터베이스에 성공적으로 입력된 레코드의 수가 정수형으로 반환됩니다. 만약 실행한 쿼리문이 UPDATE나 DELETE였다면 수정 혹은 삭제된 레코드의 수가 반환될 것입니다.

❼ 마지막으로 DB 연결을 해제합니다.

이번 예제에서 살펴보았듯이 PreparedStatement는 먼저 쿼리문의 틀을 준비해둔 후, 필요할 때 인파라미터를 설정해 사용하는 방식으로 동작합니다. 인파라미터 설정 시에는 데이터 타입에 맞는 set 메서드를 사용하면 됩니다. set 메서드는 데이터 타입별로 다양하게 준비되어 있지만 거의 대부분은 다음 세 메서드로 처리할 수 있습니다.

- void **setInt**(int index, **int** value)
- void **setDate**(int index, **Date** value)
- void **setString**(int index, **String** value)

[예제 5-17]을 실행하면 다음 화면이 나타날 것입니다.

회원 추가 테스트(executeUpdate() 사용)

1행이 입력되었습니다.

Warning [예제 5-17]을 다시 실행하면 500 에러가 발생할 것입니다. 회원 ID가 "test1"로 하드코딩되어 있어서 ID 중복이 발생하기 때문입니다. 따라서 "test1" 회원을 삭제하거나 다른 ID로 바꾼 후 실행해야 합니다.

member 테이블에 정상적으로 입력되었는지 확인해보겠습니다.

To Do 명령 프롬프트에서 확인

member 테이블에 정상적으로 입력되었는지 명령 프롬프트에서도 확인해보겠습니다.

01 ⊞ + Ⓡ 키를 눌러 실행창을 띄웁니다.

02 실행창이 뜨면 "cmd"를 입력하고 Enter 키를 누르면 명령 프롬프트가 실행됩니다.

03 명령 프롬프트에서 sqlplus 명령을 실행합니다.

04 user-name에는 "musthave"를, password에는 "1234"를 입력합니다.

05 다음 SQL문을 입력하고 Enter 키를 누릅니다.

```
select * from member;
```

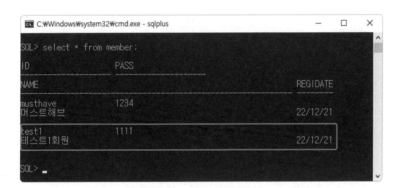

To Do SQL Developer에서 확인하기

SQL Developer에서도 확인해보겠습니다.

01 접속창에서 ❶ [MustHave계정] → [테이블] → [MEMBER] 테이블을 순서대로 클릭하면 ❷ 오른쪽에 [MEMBER] 탭이 열립니다.

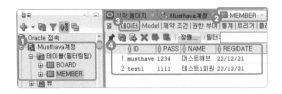

02 이 화면에서 ❸ [데이터] 탭을 선택하면 ❹ 테이블 안의 내용을 바로 보여줍니다.

이와 같이 SQL Developer를 사용하면 쿼리문을 작성하지 않아도 테이블 생성과 조회 등의 기본적인 작업을 편리하게 수행할 수 있습니다.

5.8.2 정적 쿼리문으로 회원 조회

회원 목록을 sqlplus가 아닌 JSP를 통해서 조회해보겠습니다. 이번에는 정적 쿼리문을 이용하겠습니다. 정적 쿼리문은 모든 내용이 처음부터 완벽하게 정의되어 더는 변할 게 없는 쿼리문을 뜻합니다.

예제 5-18 회원 목록 조회 테스트　　　　　　　　　　　　　webapp/**05JDBC/ExeQuery.jsp**

```java
<%@ page import="java.sql.ResultSet"%>
<%@ page import="java.sql.Statement"%>
<%@ page import="java.sql.Connection"%>
<%@ page import="common.JDBConnect"%>
<%@ page language="java" contentType="text/html; charset=UTF-8"
    pageEncoding="UTF-8"%>
<html>
<head><title>JDBC</title></head>
<body>
    <h2>회원 목록 조회 테스트(executeQuery() 사용)</h2>
    <%
    // DB에 연결
    JDBConnect jdbc = new JDBConnect();

    // 쿼리문 생성
    String sql = "SELECT id, pass, name, regidate FROM member";  ❶
    jdbc.stmt = jdbc.con.createStatement();  ❷

    // 쿼리 수행
    jdbc.rs = jdbc.stmt.executeQuery(sql);  ❸
```

```
    // 결과 확인(웹 페이지에 출력)
    while (rs.next()) {  ❹
        String id = rs.getString(1);
        String pw = rs.getString(2);
        String name = rs.getString("name");
        java.sql.Date regidate = rs.getDate("regidate");

        out.println(String.format("%s %s %s %s", id, pw, name, regidate) +
"<br/>");  ❻
    }

    // 연결 닫기
    jdbc.close();
    %>
</body>
</html>
```

코드 흐름은 이전 예제와 비슷하므로 차이가 있는 부분을 중심으로 살펴보겠습니다.

DB 연결 부분은 차이가 없으나, 쿼리문 생성 부분이 훨씬 간결합니다. ❶ SQL문에는 인파라미터가 전혀 없으며 ❷ PreparedStatement가 아닌 Statement를 생성했습니다. 이때 이용한 메서드도 prepareStatement( )가 아닌 createStatement( )입니다.

❸ 쿼리 수행에는 executeQuery( ) 메서드를 이용했으며(앞 예제에서는 executeUpdate( )를 이용했음), 결과로 ResultSet 객체를 받았습니다. 이 ResultSet은 조회 결과를 담고 있는 집합입니다. 제대로 수행되었다면 회원 목록이 담겨 있을 것입니다.

이어서 받아온 회원 목록을 화면에 출력하겠습니다. ❹ next( ) 메서드는 ResultSet 객체에서 다음 행(레코드)을 반환합니다. ❺ 반환된 행에서 ID, 패스워드, 이름, 가입 날짜를 차례로 읽어 ❻ 웹 페이지에 출력합니다.

❺에서 값을 가져올 때 사용하는 get 계열 메서드들에서 컬럼을 지정할 때는 인덱스와 컬럼명 둘 다 사용할 수 있습니다. 단, 컬럼명을 사용하면 차후 테이블에서 새로운 컬럼이 추가되거나 순서가 변경되어도 소스 코드 수정 없이 사용할 수 있는 이점이 있습니다.

[예제 5-18]을 실행한 결과는 다음과 같습니다.

> **회원 목록 조회 테스트(executeQuery() 사용)**
>
> musthave 1234 머스트해브 2022-12-21
> test1 1111 테스트1회원 2022-12-21

이와 같이 2개의 레코드가 출력되는 것을 볼 수 있습니다.

예제를 통해 알아보았듯이 JDBC 프로그래밍은 다음 순서로 진행됩니다.

1 JDBC 드라이버 로드

2 데이터베이스 연결

3 쿼리문 작성

4 쿼리문(Statement 계열) 객체 생성

5 쿼리 실행

6 실행 결과 처리

7 연결 해제

테이블에 따라 쿼리문만 달라질 뿐, 전체적인 순서는 항상 동일합니다. 다음 장에서는 세션을 이용하고 DB까지 연동하여 로그인 기능을 더 그럴듯하게 구현하겠습니다.

ResultSet에서 결괏값 불러오기

SELECT문은 조건에 맞는 레코드를 모두 선택하라는 명령이므로, 실행 결과로 얻은 ResultSet에는 일반적으로 여러 개의 레코드가 담겨 있습니다. 그리고 ResultSet 안의 쿼리 결과로 반환된 ResultSet에서는 다음 그림과 같이 커서가 첫 번째 행 윗부분에 위치합니다. 그리고 next() 메서드가 호출되면 다음 행으로 커서를 이동시킵니다. 이때 다음 행이 있다면 true를 반환하며, 없다면 false를 반환합니다. 즉, 애초에 빈 ResultSet이거나 커서가 제일 마지막 행까지 이동하여 더 이상 읽어올 행이 없다면 false를 반환합니다.

최초 커서 위치

컬럼 인덱스

next()
next()
:

1	2	3	4
id	pass	name	regdate
MUST	****	성낙현	2021.09.15
HAVE	****	최현우	2021.09.15
JSP	****	이복연	2021.09.15
RABBIT	****	골든래빗	2021.09.15

get 메서드들은 커서가 현재 가리키는 행의 컬럼값을 읽어옵니다. 이때 컬럼의 인덱스를 사용해도 되고, 컬럼명을 그대로 사용해도 됩니다. ResultSet에는 데이터 타입별로 다양한 get 메서드가 준비되어 있지만, 일반적으로 다음의 세 메서드로 대부분의 작업을 처리할 수 있습니다.

- int **getInt**(int columnIndex) 혹은 int **getInt**(String columnLabel)
  지정한 인덱스 혹은 이름의 컬럼에 해당하는 값을 정수형으로 추출
- Date **getDate**(int columnIndex) 혹은 Date **getDate**(String columnLabel)
  지정한 인덱스 혹은 이름의 컬럼에 해당하는 값을 날짜형으로 추출
- String **getString**(int columnIndex) 혹은 String **getString**(String columnLabel)지정한 인덱스 혹은 이름의 컬럼에 해당하는 값을 문자열로 추출

학습 마무리

이번 장에서는 데이터베이스에 대해 학습하였습니다. 대표적인 DBMS인 오라클을 설치하고 기본적인 설정을 마친 후, JSP에서 JDBC 프로그램을 제작해보았습니다. 이 장에서 생성한 테이블은 6장 '세션'과 8장 '모델1 방식의 회원제 게시판 만들기'에서 사용할 것입니다.

핵심 요약

* 오라클을 사용하려면 새로운 사용자 계정을 생성한 후 적절한 권한을 부여합니다.
* 이클립스, 톰캣, 오라클 등 많은 도구를 사용하니 설정 시 세심한 주의가 필요하며, 각종 설정 파일의 위치와 역할을 익혀두면 좋습니다.
* 커넥션 풀을 이용하면 자원을 더 효율적으로 이용할 수 있습니다.
* 쿼리문에는 내용이 고정된 정적 쿼리문(Statement)과 일부 내용을 나중에 바꿀 수 있는 동적 쿼리문(PreparedStatement)이 있습니다.
* 쿼리문 객체는 Connection 객체로부터 얻어, SQL문으로 내용을 채운 후 사용합니다.
* 테이블에 저장된 레코드를 변경하지 않는 SELECT문은 executeQuery( ) 메서드로 실행하고, 레코드를 변경하는 INSERT, UPDATE, DELETE문은 executeUpdate( ) 메서드로 실행합니다.

세션(Session)

| ☐ **학습 목표** | 클라이언트의 상태 정보를 서버 측에 저장할 수 있는 세션에 대해 학습합니다. 기본 사용법을 먼저 알아본 후 3장 '내장 객체의 영역'에서 학습한 session 영역을 이용해 로그인 기능을 구현해볼 것입니다. 영역을 활용하는 방법에 대한 첫 번째 대답이 될 것입니다. |

☐ **학습 순서**

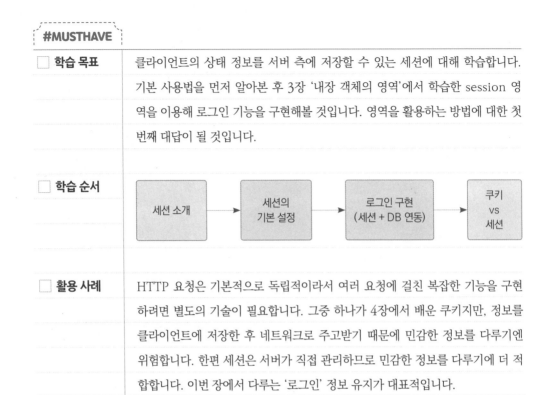

☐ **활용 사례**

HTTP 요청은 기본적으로 독립적이라서 여러 요청에 걸친 복잡한 기능을 구현하려면 별도의 기술이 필요합니다. 그중 하나가 4장에서 배운 쿠키지만, 정보를 클라이언트에 저장한 후 네트워크로 주고받기 때문에 민감한 정보를 다루기엔 위험합니다. 한편 세션은 서버가 직접 관리하므로 민감한 정보를 다루기에 더 적합합니다. 이번 장에서 다루는 '로그인' 정보 유지가 대표적입니다.

6.1 세션이란?

'클라이언트가 ❶ 웹 브라우저를 통해 서버에 접속한 후 ❷ 용무를 처리하고 ❸ 웹 브라우저를 닫아 서버와의 접속을 종료하는 하나의 단위'를 세션[session]이라고 합니다. 즉 세션은 클라이언트가 서버에 접속해 있는 동안 그 상태를 유지하는 것이 목적입니다.

우리는 3장 '내장 객체의 영역'에서 세션을 한번 다뤘습니다. 기본적인 사용법은 3장과 크게 다르지 않지만, 이번 장에서는 세션을 설정하는 방법을 알아보고 데이터베이스와 연동되는 로그인 기능을 구현해보겠습니다.

6.2 세션 설정, 확인, 삭제

세션을 설정하고 확인하고 삭제하는 기능을 알아봅시다.

6.2.1 유지 시간 설정

세션은 웹 브라우저를 실행할 때마다 새롭게 생성됩니다. 이렇게 생성된 세션은 설정된 유지 시간 동안 유지되며, 유지 시간이 만료되기 전에 새로운 요청이 들어오면 수명이 계속 연장됩니다. 그리고 만료 때까지 클라이언트가 아무런 요청을 하지 않거나 웹 브라우저를 닫으면 삭제됩니다.

세션의 유지 시간을 설정하는 방법은 2가지입니다. 첫 번째는 /WEB-INF/web.xml에서 설정하는 방법입니다. 파일을 열어 다음 코드를 추가해주세요.

예제 6-1 세션 유지 시간 설정   webapp/**WEB-INF/web.xml**

```xml
<?xml version="1.0" encoding="UTF-8"?>
<web-app xmlns:xsi=... 생략 ...>
    ... 생략 ...

    <session-config>
        <session-timeout>20</session-timeout>
    </session-config>
</web-app>
```

web.xml에서는 유지 시간을 분 단위로 설정합니다. 따라서 이 코드는 20분으로 설정한 것입니다.

두 번째 방법으로, JSP 파일에서 session 내장 객체가 제공하는 setMaxInactiveInterval( )을 사용할 수도 있습니다.

```jsp
<%
session.setMaxInactiveInterval(1800);
%>
```

web.xml에서와 달리 이 메서드의 시간 단위는 초입니다. 따라서 이 코드는 1800초, 즉 30분으로 설정한 것입니다. 두 가지 설정은 방법만 다를 뿐 동일하게 적용됩니다.

6.2.2 설정값 확인

세션에는 앞 절에서 설정한 유지 시간 외에도 몇 가지 속성이 더 있습니다. 가장 먼저 다른 세션과 구분하기 위한 아이디가 있고, 최초 요청 시각(생성 시각)과 마지막 요청 시각 등의 속성이 있습니다. 다음은 세션 설정값을 확인해볼 수 있는 JSP 페이지입니다.

예제 6-2 세션 설정값 확인   **webapp/06Session/SessionMain.jsp**

```jsp
<%@ page import="java.util.Date"%>
<%@ page import="java.text.SimpleDateFormat"%>
<%@ page language="java" contentType="text/html; charset=UTF-8"
    pageEncoding="UTF-8"%>
<%
SimpleDateFormat dateFormat = new SimpleDateFormat("HH:mm:ss"); // 날짜 표시 형식 ❶

long creationTime = session.getCreationTime();  // 최초 요청(세션 생성) 시각 ┐
String creationTimeStr = dateFormat.format(new Date(creationTime));     │
                                                                        │ ❷
long lastTime = session.getLastAccessedTime();  // 마지막 요청 시각       │
String lastTimeStr = dateFormat.format(new Date(lastTime));           ┘
%>
<html>
<head><title>Session</title></head>
<body>
    <h2>Session 설정 확인</h2>
    <ul>
        <li>세션 유지 시간 : <%= session.getMaxInactiveInterval() %></li>  ❸
        <li>세션 아이디 : <%= session.getId() %></li>  ❹
        <li>최초 요청 시각 : <%= creationTimeStr %></li> ┐
        <li>마지막 요청 시각 : <%= lastTimeStr %></li>    ┘─ ❺
    </ul>
</body>
</html>
```

사전 작업으로 ❶ SimpleDateFormat 클래스를 활용해 날짜 표시 형식을 '시:분:초' 형태로 지정한 후, ❷에서는 세션의 최초 요청 시각(세션 생성 시각)과 마지막 요청 시각을 구해, 방금 지정한 날짜 표시 형식에 맞는 문자열로 바꿔줍니다.

이제 현재의 세션 설정값을 확인해볼 차례입니다. ❸은 web.xml에서 설정한 세션 유지 시간을 출력합니다. ❹는 웹 브라우저에 생성된 세션 ID를 출력하고, ❺는 ❷에서 구한 세션의 최초 요청 시각과 마지막 요청 시각을 출력합니다.

웹 브라우저를 완전히 닫은 후, SessionMain.jsp를 실행하면 다음과 같은 결과를 얻습니다.

Session 설정 확인

- 세션 유지 시간 : 1200
- 세션 아이디 : C8DB3DFDBE43D9372BBF066085F44732
- 최초 요청 시각 : 18:58:23
- 마지막 요청 시각 : 18:58:23

앞서 [예제 6-1]에서 20분으로 설정했으므로 1200초가 출력됩니다. 세션 아이디는 웹 브라우저를 새롭게 열 때마다 다른 값으로 설정됩니다. 최초 요청 시각과 마지막 요청 시각은 처음 실행하면 동일하게 출력될 것이고, 잠시 후 F5 를 눌러 새로고침하면 마지막 요청 시각만 현재 시각으로 바뀔 것입니다.

Session 설정 확인

- 세션 유지 시간 : 1200
- 세션 아이디 : C8DB3DFDBE43D9372BBF066085F44732
- 최초 요청 시각 : 18:58:23
- 마지막 요청 시각 : 18:59:40

6.2.3 세션 삭제

앞서 세션은 웹 브라우저를 닫으면 종료된다고 했습니다. 그런데 웹 브라우저를 닫지 않고도, 웹 브라우저 설정에서 모든 쿠키를 삭제해 세션을 삭제하는 방법도 있습니다. 실제로 확인해본 다음 원리를 알아보죠.

크롬 브라우저의 경우 설정 화면으로 들어가면 다음 그림처럼 [개인정보 및 보안] 영역이 보일 것입니다.

오른쪽의 삼각형 버튼을 클릭하면 다음 창이 뜹니다.

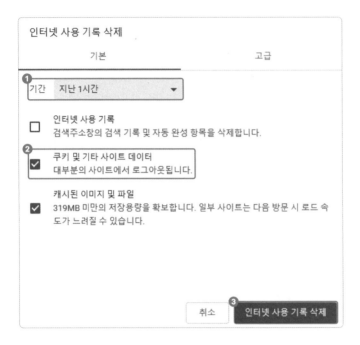

❶ [기간]은 손대지 말고 ❷ [쿠키 및 기타 사이트 데이터] 체크박스가 체크되어 있는지 확인하고 ❸ [인터넷 사용 기록 삭제] 버튼을 클릭하면 최근 1시간 내에 만들어진 모든 쿠키가 삭제됩니다. 쿠키 삭제 후 새로고침해보면 세션 아이디와 최초 요청 시각이 변경되는 걸 확인할 수 있습니다.

Warning 기간을 손대지 않은 이유는, 이 작업을 수행하면 설정한 기간 안에 방문했던 다른 사이트들의 쿠키까지 모두 삭제되기 때문입니다.

이제 왜 이렇게 동작하는지 원리를 알아보겠습니다. 다음 그림은 4장 '쿠키'의 [예제 4-2]를 실행한 결과 화면입니다.

쿠키값 확인하기(쿠키가 생성된 이후의 페이지)

쿠키명 : JSESSIONID - 쿠키값 : A47F68902D1037537C4AD26F49378AA0
쿠키명 : myCookie - 쿠키값 : 쿠키맛나요

출력 결과 중 JSESSIONID는 우리가 생성한 적이 없지만, 톰캣 컨테이너에서 새로운 웹 브라우저가 접속하면 세션을 유지하기 위해 자동으로 생성해준다고 설명하였습니다. 이 JSESSIONID는 요청을 보낸 웹 브라우저가 현재 연결되어 있는지(세션이 살아 있는지) 확인하는 데 이용됩니다. 동작 방식을 간소해서 설명하면 다음과 같습니다.

1. 웹 브라우저가 처음 접속하면 서버(톰캣)는 세션을 새로 생성합니다. 그리고 응답 시 세션 아이디를 값으로 갖는 JSESSIONID 쿠키를 응답 헤더response header에 담아 웹 브라우저에 보냅니다.
2. 웹 브라우저는 재요청 시마다 JSESSIONID를 요청 헤더request header에 추가하여 보냅니다.
3. 서버는 요청 헤더에 포함된 JSESSIONID로 해당 요청이 기존 세션에서 이어진 것임을 알게 됩니다.

즉, 웹 브라우저로부터 전달받은 JSESSIONID를 통해 서버는 세션 영역에 (HttpSession과 같이) 상태를 유지해야 하는 값들을 저장할 수 있게 됩니다.

반대로 웹 브라우저에서 모든 쿠키를 삭제하면 JSESSIONID까지 사라지므로 서버가 새로운 세션을 생성하는 것입니다. 그래서 로그인한 상태였더라도 로그아웃 처리됩니다.

6.3 세션과 DB를 이용한 로그인 구현

방금 배운 세션을 이용해서 로그인 기능을 구현해보도록 하겠습니다. 실제로도 로그인은 거의 세션을 통해 구현합니다. 이번 예제는 데이터베이스와 연동할 것이며, 5장에서 생성해둔 member 테이블에 입력된 회원 정보를 활용하겠습니다.

6.3.1 로그인 페이지 작성

먼저 간단한 로그인 폼을 작성해보죠.

```jsp
<%@ page language="java" contentType="text/html; charset=UTF-8"
    pageEncoding="UTF-8"%>
<html>
<head><title>Session</title></head>
<body>
    <h2>로그인 페이지</h2>
    <span style="color: red; font-size: 1.2em;">
        <%= request.getAttribute("LoginErrMsg") == null ?
                "" : request.getAttribute("LoginErrMsg") %>
    </span>
    <%
    if (session.getAttribute("UserId") == null) {  // 로그인 상태 확인 ❷
        // 로그아웃 상태
    %>
    <script>
    function validateForm(form) {
        if (!form.user_id.value) {
            alert("아이디를 입력하세요.");
            return false;
        }
        if (form.user_pw.value == "") {
            alert("패스워드를 입력하세요.");
            return false;
        }
    }
    </script>
    <form action="LoginProcess.jsp" method="post" name="loginFrm"
        onsubmit="return validateForm(this);"> ❺
        아이디 : <input type="text" name="user_id" /><br />
        패스워드 : <input type="password" name="user_pw" /><br />
        <input type="submit" value="로그인하기" />
    </form>
    <%
    } else {  // 로그인된 상태
    %>
        <%= session.getAttribute("UserName") %> 회원님, 로그인하셨습니다.<br />
        <a href="Logout.jsp">[로그아웃]</a>
    <%
```

❶

❸

❹

❻

```
    }
  %>
</body>
</html>
```

❶ request 내장 객체 영역에 LoginErrMsg 속성이 있는지 확인 후 그 내용을 출력합니다. 나중에 [예제 6-6]에서 만약 회원인증에 실패한다면 request 영역에 이 속성을 저장한 후 포워드할 것입니다. 뒤에서 다시 설명하겠습니다.

❷ session 영역에 사용자 아이디(UserId)가 저장되어 있는지 확인합니다. 값이 null이면 저장되지 않은 것이므로 로그아웃 상태를 뜻합니다. ❷의 결과에 따라 로그아웃 상태라면 ❸과 ❹가 실행되고, 로그인 상태라면 ❻이 실행됩니다.

회원인지 인증하려면 아이디와 패스워드를 반드시 입력해야 합니다. ❸ validateForm( )은 자바스크립트로 작성한 유효성 검사 함수로, 아이디와 패스워드 중 빈 값이 있다면 경고창을 띄웁니다.

❹는 form 태그와 input 태그로 작성한 로그인 폼입니다. 폼값 전송 시 ❺ onsubmit 이벤트 핸들러가 validateForm( )을 호출하도록 설정했습니다. 유효성 검사에서 통과하면 폼에 입력한 값이 post 방식으로 LoginProcess.jsp에 전송됩니다.

❻은 ❷의 검사 결과 session 영역에 사용자 아이디가 저장되어 있는 경우, 즉 이미 로그인되어 있는 경우에 실행됩니다. 로그인한 사용자의 이름과 로그아웃 버튼을 보여줍니다.

처음 실행하면 다음 그림과 같은 페이지가 나타날 것입니다.

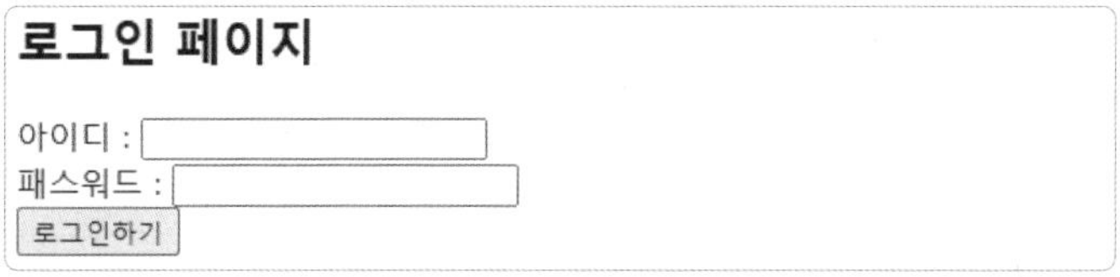

로그인 페이지

아이디 : [   ]
패스워드 : [   ]
[로그인하기]

아이디와 패스워드를 입력한 후 [로그인하기]를 누르면 LoginProcess.jsp로 폼값이 전송됩니다. 서버에서 이 값을 받아 로그인 처리를 해야 하는데, 이때 DB 연동이 필요합니다.

6.3.2 DB 연동

데이터를 주고받기 위한 DTO 클래스와 테이블에 접근하기 위한 DAO 클래스를 먼저 만들어보겠습니다.

▌DTO와 DAO

DTO^{Data Transfer Object}는 계층 사이에서 데이터를 교환하기 위해 생성하는 객체입니다. 별다른 로직 없이 속성(멤버 변수)과 그 속성에 접근하기 위한 게터/세터 메서드만 갖춘 게 특징입니다. 그래서 값 객체^{Value Object, VO}라고도 합니다.

DAO^{Data Access Object}는 데이터베이스의 데이터에 접근하기 위한 객체입니다. 보통 JDBC를 통해 구현하며, 하나의 테이블에서 수행할 수 있는 CRUD를 전담합니다. CRUD란 Create^{생성}, Read^{읽기}, Update^{갱신}, Delete^{삭제} 작업을 말합니다.

회원 정보용 DTO 준비

데이터 전달을 위한 DTO 클래스는 일반적으로 테이블당 하나씩 생성하며, 테이블의 컬럼과 동일한 멤버 변수를 갖습니다. 우리는 5장에서 이미 회원 정보 관리용으로 member 테이블을 생성하였습니다. 이 테이블에 맞게 DTO 클래스를 정의해보겠습니다.

Java Resources/src/main/java에서 마우스 우클릭 → [New] → [Class]를 클릭하여 membership 패키지에 MemberDTO 클래스를 추가합니다. 이 클래스는 DTO답게 멤버 변수와 게터/세터로만 구성되어 있습니다. 코드는 다음과 같습니다.

예제 6-4 회원 정보를 담을 DTO 클래스　　　　Java Resources/src/main/java/**membership/MemberDTO.java**

```java
package membership;

public class MemberDTO {
    // 멤버 변수 선언
    private String id;
    private String pass;
    private String name;
```

```java
    private String regidate;

    // 멤버 변수별 게터와 세터
    public String getId() {
        return id;
    }
    public void setId(String id) {
        this.id = id;
    }
    public String getPass() {
        return pass;
    }
    public void setPass(String pass) {
        this.pass = pass;
    }
    public String getName() {
        return name;
    }
    public void setName(String name) {
        this.name = name;
    }
    public String getRegidate() {
        return regidate;
    }
    public void setRegidate(String regidate) {
        this.regidate = regidate;
    }
}
```

회원 정보 테이블용 DAO 준비

이어서 회원 정보 테이블용 DAO 클래스를 만들어보겠습니다.

이 클래스는 DB에 연결한 후, CRUD에 해당하는 SQL 쿼리문을 실행한 후, 얻어온 결과를 앞서 만든 DTO 객체에 담아 반환하는 일을 합니다.

```java
package membership;

import common.JDBConnect;

public class MemberDAO extends JDBConnect {  ①
    // 명시한 데이터베이스로의 연결이 완료된 MemberDAO 객체를 생성합니다.
    public MemberDAO(String drv, String url, String id, String pw) {
        super(drv, url, id, pw);  ②
    }

    // 명시한 아이디/패스워드와 일치하는 회원 정보를 반환합니다.
    public MemberDTO getMemberDTO(String uid, String upass) {  ③
        MemberDTO dto = new MemberDTO();  // 회원 정보 DTO 객체 생성 ┐
        String query = "SELECT * FROM member WHERE id=? AND pass=?"; ├ ④
                                // 쿼리문 템플릿              ┘

        try {  ⑤
            // 쿼리 실행
            psmt = con.prepareStatement(query); // 동적 쿼리문 준비 ⑥
            psmt.setString(1, uid);   // 쿼리문의 첫 번째 인파라미터에 값 설정 ┐
            psmt.setString(2, upass); // 쿼리문의 두 번째 인파라미터에 값 설정 ┤ ⑦
            rs = psmt.executeQuery(); // 쿼리문 실행 ⑧

            // 결과 처리
            if (rs.next()) {  ⑨
                // 쿼리 결과로 얻은 회원 정보를 DTO 객체에 저장
                dto.setId(rs.getString("id"));    ┐
                dto.setPass(rs.getString("pass")); ├ ⑩
                dto.setName(rs.getString(3));      │
                dto.setRegidate(rs.getString(4));  ┘
            }
        }
        catch (Exception e) {
            e.printStackTrace();
        }

        return dto;  // DTO 객체 반환 ⑪
    }
}
```

❶ MemberDAO가 상속한 JDBConnect는 5장에서 만든 클래스로, JDBC 연결 관리와 쿼리문 작성 등의 기능을 제공합니다. DB 연결은 자주 쓰이는 작업이므로 이와 같이 상속으로 처리하면 편리합니다.

MemberDAO 생성자 안에서는 ❷ 부모인 JDBConnect 클래스의 생성자 중 매개변수 4개짜리를 호출합니다. super( )는 부모 클래스의 생성자를 뜻합니다. 생성자가 호출되면 DB 연결이 완료됩니다.

❸ getMemberDTO() 메서드는 매개변수로 받은 아이디/패스워드와 일치하는 회원을 찾아 MemberDTO 형태로 반환합니다. 구체적인 로직을 들여다보죠.

❹ 먼저 DTO 객체와 쿼리문 템플릿을 준비합니다. 아이디와 패스워드가 일치하는 회원을 찾는 쿼리문입니다. 인파라미터인 id=?, pass=?의 값은 ❼에서 설정할 것입니다.

❺ JDBC 프로그래밍은 기본적으로 예외 처리를 해야 하므로 try/catch문으로 감쌌습니다.

이제 쿼리문 템플릿을 완성하고 실행할 차례입니다. ❻ 먼저 인파라미터가 있는 동적 쿼리문을 실행하기 위한 PreparedStatement 객체를 생성합니다. 여기서 con은 부모 클래스인 JDBConnect에서 정의한 멤버 변수로, 데이터베이스와의 연결 객체입니다. 그런 다음 ❼ 쿼리문 템플릿에 ?로 처리된 인파라미터의 값을 설정합니다. setString( ) 메서드로 인덱스 1에 아이디(uid)를 설정하고, 인덱스 2에 패스워드(upass)를 설정했습니다. **Note** DB 작업에서의 인덱 ❽ 이제 완성된 쿼리문을 실행합니다. 실행한 결과 레코드는 스는 1부터 시작합니다. ResultSet 객체에 담겨 반환됩니다.

다음은 결과 레코드에 담긴 dto 객체를 채웁니다. ❾ ResultSet 객체에 레코드가 들어 있는지는 next( ) 메서드로 알 수 있습니다. 아이디와 패스워드가 일치하는 멤버가 존재했다면 레코드가 담겨 있을 것이고, 따라서 true가 반환됩니다. ❿ 레코드의 값들을 getString( ) 메서드로 가져와서 dto 객체에 저장합니다. getString( )의 인수로는 컬럼명 혹은 인덱스 둘 다 가능합니다. 여기서 '인덱스'는 테이블 정의에서의 컬럼 순서를 말합니다.

⓫ 끝으로 완성된 DTO 객체를 반환합니다.

로그인 처리 JSP 구현

사용자로부터 받은 폼값(아이디와 패스워드)으로 로그인을 처리할 JSP를 만들어보겠습니다. 폼
값은 [예제 6-3]의 로그인 화면에서 전달받고, DB상의 정보는 방금 만든 DAO를 이용해 가져옵
니다.

예제 6-6 로그인 처리 JSP   webapp/**06Session/LoginProcess.jsp**

```jsp
<%@ page import="membership.MemberDTO"%>
<%@ page import="membership.MemberDAO"%>
<%@ page language="java" contentType="text/html; charset=UTF-8"
    pageEncoding="UTF-8"%>
<%
// 로그인 폼으로부터 받은 아이디와 패스워드 ❶
String userId = request.getParameter("user_id");
String userPwd = request.getParameter("user_pw");

// web.xml에서 가져온 데이터베이스 연결 정보 ❷
String oracleDriver = application.getInitParameter("OracleDriver");
String oracleURL = application.getInitParameter("OracleURL");
String oracleId = application.getInitParameter("OracleId");
String oraclePwd = application.getInitParameter("OraclePwd");

// 회원 테이블 DAO를 통해 회원 정보 DTO 획득
MemberDAO dao = new MemberDAO(oracleDriver, oracleURL, oracleId, oraclePwd);  ❸
MemberDTO memberDTO = dao.getMemberDTO(userId, userPwd);  ❹
dao.close();  ❺

// 로그인 성공 여부에 따른 처리
if (memberDTO.getId() != null) {  ❻
    // 로그인 성공
    session.setAttribute("UserId", memberDTO.getId());
    session.setAttribute("UserName", memberDTO.getName());  ❼
    response.sendRedirect("LoginForm.jsp");  ❽
}
else {
    // 로그인 실패
    request.setAttribute("LoginErrMsg", "로그인 오류입니다.");  ❾
    request.getRequestDispatcher("LoginForm.jsp").forward(request, response);  ❿
}
%>
```

❶ 먼저 로그인 폼에서 전송된 아이디와 패스워드를 request 내장 객체를 통해 받아둡니다.

이 아이디와 패스워드에 해당하는 회원이 데이터베이스에 존재한다면 로그인에 성공할 것이고, 그렇지 않으면 실패할 것입니다. 이를 확인하려면 먼저 데이터베이스에 연결해야 합니다. ❷ 연결 정보는 web.xml에 컨텍스트 초기화 매개변수로 저장해뒀으니, 이를 application 내장 객체를 통해 가져옵니다.

❸ 데이터베이스 연결 정보를 건네 MemberDAO 객체를 생성합니다. 생성 과정에서 오라클 DB에 접속합니다. ❹ 그런 다음 사용자가 입력한 아이디와 패스워드를 인수로 getMemberDTO( ) 를 호출합니다. 아이디와 패스워드가 일치한다면 해당 회원의 정보가 저장된 DTO 객체가 반환될 것입니다. ❺ 이것으로 데이터베이스 작업은 모두 끝났으므로 연결을 해제합니다.

❻ DTO 객체에 아이디가 담겨 있다면 로그인 성공입니다. 로그인에 성공했다면 ❼ session 영역에 아이디와 이름을 저장한 후 ❽ 로그인 페이지로 이동합니다. session 영역에 저장된 속성값은 웹 브라우저를 닫을 때까지는 모든 페이지에서 공유됩니다.

로그인에 실패했다면 ❾ request 영역에 오류 메시지를 저장한 후 ❿ 로그인 페이지로 포워드합니다. request 영역에 저장된 속성값은 포워드된 페이지까지 공유됩니다. 따라서 [예제 6-3]의 ❶에서 어떤 오류가 발생했는지를 화면에 출력해줄 것입니다.

동작 확인
로그인 처리 페이지까지 완성하였으니 테스트를 해보겠습니다.

To Do 01 [예제 6-3]의 LoginForm.jsp를 실행합니다.

02 일부러 잘못된 값을 입력해보겠습니다. 아이디와 패스워드를 각각 "wrong"과 "1234"로 입력한 후 [로그인하기] 버튼을 클릭하세요.

다음 그림과 같이 로그인에 실패하면 LoginProcess.jsp에서 LoginForm.jsp로 포워드됩니다. 따라서 주소표시줄에는 LoginProcess.jsp가 표시되지만 화면에는 LoginForm.jsp의 내용이 출력됩니다. 또한 request 영역에 저장된 오류 메시지인 "로그인 오류입니다."가 공유되어 화면에 표시됩니다.

로그인 페이지

로그인 오류입니다.
아이디 :
패스워드 :
로그인하기

03 이번엔 제대로 된 값을 입력해보겠습니다. 5장에서 member 테이블에 입력한 데이터는
"musthave"와 "1234"입니다. 로그인에 성공했다면 결과는 다음과 같습니다.

로그인 페이지

머스트해브 회원님, 로그인하셨습니다.
[로그아웃]

6.3.3 로그아웃 처리

마지막으로 로그아웃 기능을 만들어보겠습니다.

로그아웃은 session 영역에 저장된 로그인 관련 속성을 모두 지워주기만 하면 됩니다. 속성을 지
우는 방법은 두 가지입니다. 다음 코드를 살펴보시죠.

예제 6-7 로그아웃 처리 JSP   webapp/**06Session/Logout.jsp**

```jsp
<%@ page language="java" contentType="text/html; charset=UTF-8"
    pageEncoding="UTF-8"%>
<%
// 방법 1: 회원인증정보 속성 삭제 ❶
session.removeAttribute("UserId");
session.removeAttribute("UserName");

// 방법 2: 모든 속성 한꺼번에 삭제 ❷
session.invalidate();

// 속성 삭제 후 페이지 이동 ❸
response.sendRedirect("LoginForm.jsp");
%>
```

❶의 removeAttribute( )는 인수로 지정한 속성을 삭제하는 메서드입니다. 특정 속성만 선택해서 삭제할 수 있습니다.

❷의 invalidate( ) 메서드는 세션 자체를 무효화합니다. 이때 session 영역의 모든 속성을 한꺼번에 삭제합니다.

이렇게 속성들을 삭제한 후(로그아웃한 후) ❸ 로그인 페이지로 이동하기만 하면 모든 작업이 끝이 납니다.

이제 로그인된 상태에서 [로그아웃] 버튼을 클릭하면 다시 처음의 로그인 페이지(LoginForm.jsp)로 이동합니다.

로그인 페이지

머스트해브 회원님, 로그인하셨습니다.
[로그아웃]

Note 참고로 invalidate( )를 사용하면 서버는 세션 정보를 더 이상 유지할 필요가 없으므로 부담이 줄어듭니다. 따라서 로그아웃 시에는 invalidate( )를 사용하는 것이 좋습니다.

6.3.4 공통 링크 추가

세션을 사용해서 로그인, 로그아웃 기능까지 모두 구현해보았습니다. 이 예제들은 8장과 9장에서 함께 만들 회원제 게시판에서도 사용될 예정입니다. 따라서 페이지 사이의 이동을 좀 더 편하게 하기 위해 다음과 같은 공통 링크를 로그인 페이지 상단에 추가하겠습니다.

로그인   게시판(페이징X)   게시판(페이징O)

예제 6-8 공통 링크   webapp/**Common/Link.jsp**

```
<%@ page language="java" contentType="text/html; charset=UTF-8"
    pageEncoding="UTF-8"%>
<table border="1" width="90%">
    <tr>
        <td align="center">
            <!-- 로그인 여부에 따른 메뉴 변화 -->
```

```
        <% if (session.getAttribute("UserId") == null) { %>
            <a href="../06Session/LoginForm.jsp">로그인</a>  ❶
        <% } else { %>
            <a href="../06Session/Logout.jsp">로그아웃</a>  ❷
        <% } %>
            <!-- 8장과 9장의 회원제 게시판 프로젝트에서 사용할 링크 -->
                 <!-- 메뉴 사이의 공백(space) 확보용 특수 문자 -->
            <a href="../08Board/List.jsp">게시판(페이징X)</a>  ❸
               
            <a href="../09PagingBoard/List.jsp">게시판(페이징O)</a>  ❹
        </td>
    </tr>
</table>
```

이 코드는 로그인 여부를 확인하여 상황에 맞는 링크를 출력합니다. ❶ 로그아웃 상태면 [로그인] 링크를 출력하고 ❷ 로그인 상태면 [로그아웃] 링크를 출력합니다.

❸은 8장에서 만들 게시판으로 가는 링크이고 ❹는 9장에서 만들 게시판으로 가는 링크입니다. 자세한 설명은 8장과 9장에서 하겠습니다.

이제 공통 링크를 [예제 6-9]의 로그인 폼(LoginForm.jsp) 상단에 추가해보겠습니다.

예제 6-9 로그인 폼에 공통 링크 추가   webapp/06Session/LoginForm.jsp

```
<%@ page language="java" contentType="text/html; charset=UTF-8"
    pageEncoding="UTF-8"%>
<html>
<head><title>Session</title></head>
<body>
    <jsp:include page="../Common/Link.jsp" />  ❶ 공통 링크 추가
    <h2>로그인 페이지</h2>
    ··· 생략 ···
</body>
</html>
```

공통 링크는 액션 태그를 써서 인클루드하였습니다. 액션 태그는 바로 다음 장인 7장에서 학습합니다.

실행해서 확인해보겠습니다.

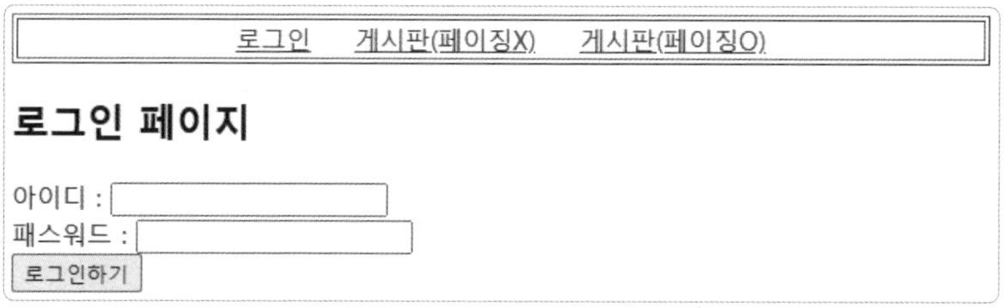

```
      로그인      게시판(페이징X)      게시판(페이징O)
```

로그인 페이지

아이디 : [_____]
패스워드 : [_____]
[로그인하기]

그림과 같이 로그인 페이지 위쪽에 공통 링크가 보입니다. 이제 로그인을 해보면 다음 그림처럼
공통 링크의 [로그인] 부분이 [로그아웃]으로 바뀝니다.

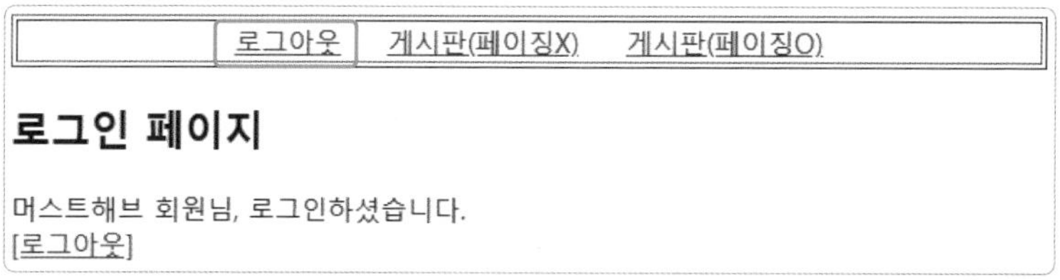

```
      로그아웃 | 게시판(페이징X)      게시판(페이징O)
```

로그인 페이지

머스트해브 회원님, 로그인하셨습니다.
[로그아웃]

6.4 쿠키 vs. 세션

로그인은 쿠키보다는 세션을 이용해 구현하는 것이 좋습니다. 그 이유를 세션과 쿠키의 차이점을
알아보면서 설명해보겠습니다.

표 6-1 쿠키 vs. 세션

	쿠키	세션
저장 위치/형식	클라이언트 PC에 text로 저장됩니다.	웹 서버에 Object 타입으로 저장됩니다.
보안	클라이언트에 저장되므로 보안에 취약합니다.	서버에 저장되므로 보안에 안전합니다.
자원/속도	서버 자원을 사용하지 않으므로 세션보다 빠릅니다.	서버 자원을 사용하므로 쿠키보다 느립니다.
용량	용량의 제한이 있습니다.	서버가 허용하는 한 제한이 없습니다.
유지 시간	쿠키 생성 시 설정합니다. 단, 설정된 시간이 경과되면 무조건 삭제됩니다.	서버의 web.xml에서 설정합니다. 설정된 시간 내라도 동작이 있다면 삭제되지 않고 유지됩니다.

표에서 보듯 쿠키는 정보가 클라이언트에 기록되기 때문에 보안 측면에서 안전하지 않습니다. 웹 브라우저의 개발자 도구를 이용해 값을 변경할 수 있고, 변경한 값을 전송할 수 있습니다. 또한 개인정보 무단사용 방지 차원에서 웹 브라우저에는 쿠키를 거부할 수 있는 설정이 있습니다. 이 설정이 되어 있다면 쿠키를 이용한 로그인 기능은 사용할 수 없게 됩니다.

이에 반해 세션은 서버에 저장되므로 보안에 안전합니다. 그러므로 개인정보와 같은 민감한 정보라도 저장하는 데 문제가 없습니다. 웹 브라우저가 종료되면 세션도 같이 삭제되므로 로그아웃 유무와 상관없이 기존 세션은 소멸되고, 접속 시 새로운 세션이 생성됩니다.

이러한 장점 때문에 로그인 기능은 세션을 이용해 구현하는 것이 여러 면에서 유리합니다. 그렇다고 쿠키는 절대로 안 된다라고 말하진 않겠습니다. 본인이 개발할 웹 애플리케이션에서 무엇을 선택하는 게 좋을지 판단하여 구현하면 될 것입니다.

학습 마무리

이번 장에서는 세션에 대해 학습하였습니다. JSP에서는 클라이언트의 상태 정보를 저장하는 방법이 두 가지 있습니다. 바로 쿠키와 세션입니다. 쿠키는 상태 정보를 클라이언트 PC에 저장하고, 세션은 서버에 저장합니다. 이와 같은 특성 때문에 보안 측면에서 크게 중요하지 않은 정보에는 쿠키를 사용하고, 보안이 중요한 정보는 세션을 사용하여 저장합니다.

한편 이번 장에서는 처음으로 JDBC까지 이용한 JSP 프로그램을 구현해보았습니다. 자바와 JSP, 오라클을 서로 연동해야 하는 부분이라 어렵게 느껴졌을 것입니다. 하지만 웹 프로그래밍과 데이터베이스는 바늘과 실 같은 관계이므로 익숙해질 때까지 여러 번 반복하면서 사용법을 익혀두시길 바랍니다.

핵심 요약

- 세션은 클라이언트가 웹 브라우저를 통해 서버에 접속한 후 웹 브라우저를 닫을 때까지의 단위를 뜻합니다.
- 클라이언트가 서버에 접속한 동안 상태를 유지하기 위해 세션 영역을 이용해 상태 정보를 저장합니다.

- 세션의 유지 시간 설정은 web.xml을 이용하는 것이 편리합니다.
- 설정된 유지 시간 동안 아무런 동작이 없다면 세션은 소멸됩니다. 하지만 동작이 있다면 계속 유지됩니다.
- 세션 영역은 다른 페이지와도 공유되므로 클라이언트별 상태 정보를 관리하기에 아주 유용한 수단입니다.

액션 태그(Action Tag)

☐ 학습 목표	JSP 코드를 HTML 태그와 같은 형태로 간단히 사용할 수 있는 액션 태그에 대해 학습합니다.

☐ **학습 순서**

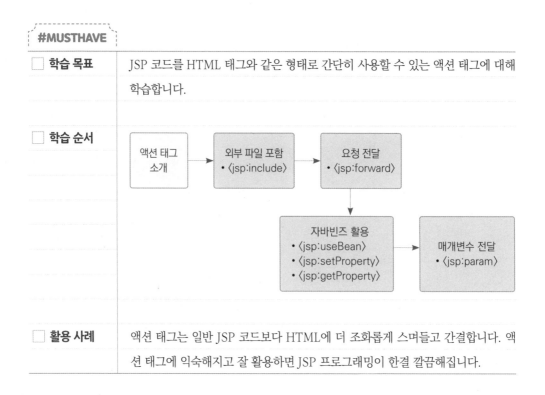

☐ 활용 사례	액션 태그는 일반 JSP 코드보다 HTML에 더 조화롭게 스며들고 간결합니다. 액션 태그에 익숙해지고 잘 활용하면 JSP 프로그래밍이 한결 깔끔해집니다.

7.1 액션 태그란?

액션 태그Action Tag는 JSP의 표준 태그로, 페이지 사이에서 이동을 제어하거나 자바빈을 생성할 때 주로 사용됩니다. 특별한 선언 없이 〈jsp:태그명 /〉 형태로 사용합니다. 태그처럼 사용하지만 그 뒤에서는 JSP가 수행됩니다. 즉, JSP 코드와 마찬가지로 웹 애플리케이션 서버(WAS)에서 처리 된 후 결과만 출력되어 웹 브라우저에서 소스 보기를 해도 액션 태그는 보이지 않습니다.

액션 태그의 특징은 다음과 같습니다.

- XML 문법을 따릅니다.
- 반드시 종료 태그를 사용해야 합니다.
- 액션 태그 사이에 주석을 사용하면 에러가 발생합니다.
- 액션 태그에 속성값을 부여할 때는 표현식 〈%= %〉을 사용할 수 있습니다.

액션 태그는 용도에 따라 다음과 같이 크게 네 가지로 나눠볼 수 있습니다.

- 〈jsp:include〉 : 외부 파일을 현재 파일에 포함시킵니다.
- 〈jsp:forward〉 : 다른 페이지로 요청을 넘깁니다.
- 〈jsp:useBean〉, 〈jsp:setProperty〉, 〈jsp:getProperty〉 : 자바빈즈를 생성하고 값을 설정/추출합니다.
- 〈jsp:param〉 : 다른 페이지로 매개변수를 전달합니다. 〈jsp:include〉, 〈jsp:forward〉 액션 태그와 함께 사용합니다.

7.2 〈jsp:include〉

〈jsp:include〉 액션 태그는 외부 JSP 파일을 현재 JSP 파일로 포함시키는 기능을 합니다. 그런데 우리는 비슷한 기능을 하는 include 지시어를 이미 2장에서 학습하였습니다. 이 둘은 비슷한 역할을 하지만 동작 방식에 약간의 차이가 있습니다. 이번 절에서는 둘을 비교해가며 〈jsp:include〉 액션 태그를 자세히 알아보겠습니다.

7.2.1 include 지시어와 〈jsp:include〉 액션 태그

우선 다음 표를 보시죠.

표 7-1 include 지시어와 〈jsp:include〉 액션 태그의 차이점

	지시어	액션 태그
형식	〈%@ include file="포함할 파일의 경로" %〉	〈jsp:include page="포함할 파일의 경로" /〉
표현식	표현식 사용 불가	표현식 사용 가능
포함 방식	페이지 자체를 현재 페이지에 포함시킨 후 컴파일 진행	실행의 흐름을 포함시킬 페이지로 이동시킨 후 실행한 결과를 현재 페이지에 포함시킴
변수	포함시킨 파일에서 생성한 변수 사용 가능	포함시킨 파일에서 생성한 변수 사용 불가
page 영역	공유됨	공유되지 않음
request 영역	공유됨	공유됨

기본적인 기능은 특정 페이지를 현재 페이지에 포함시키는 것이지만, 포함 방식에 차이가 있어 결과가 조금 다르게 나타납니다.

각각의 동작 메커니즘을 그림을 곁들여 설명해보겠습니다. 지시어부터 시작합니다.

▼ include 지시어의 동작 메커니즘

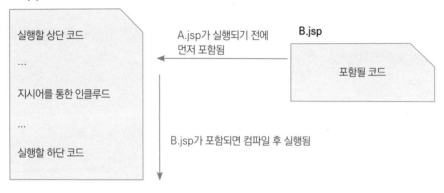

지시어를 통한 인클루드는 페이지를 원본 그대로 현재 페이지에 먼저 포함시킨 후 컴파일합니다. 즉, JSP 코드만 서로 다른 페이지로 모듈화(부품화)하는 것입니다. 그러므로 동일한 페이지로 인식됩니다. 다음은 액션 태그의 메커니즘입니다.

▼ 〈jsp:include〉 액션 태그의 동작 메커니즘

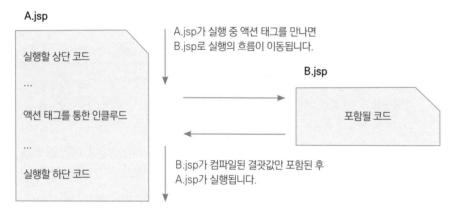

하지만 액션 태그를 사용하면 포함시킬 페이지로 요청의 흐름이 이동되어 컴파일을 진행합니다. 그리고 컴파일된 결과물을 현재 페이지에 삽입하게 됩니다. 웹 서버에서 컴파일된 JSP 코드는 모두 단순한 HTML 형태로 변환됩니다. 그러므로 포함시킬 페이지에서 생성한 변수는 현재 페이지에서 사용할 수 없게 됩니다. 다른 페이지로 인식하므로 page 영역 역시 공유되지 않습니다.

Note 〈jsp:include〉로 포함되는 페이지로 매개변수를 넘기려면 〈jsp:param〉을 이용해야 합니다. 7.5.2절에서 자세히 설명합니다.

7.2.2 포함될 외부 파일 준비

예제 코드를 직접 수행해보면서 더 확실히 알아봅시다. webapp 폴더에 07ActionTag 폴더를 생성하고, 그 하위에 inc 폴더도 하나 더 생성하겠습니다. 앞으로 다른 파일에 포함될 파일들은 이 inc 폴더에 생성할 것입니다.

먼저 첫 번째 파일입니다.

예제 7-1 포함될 외부 JSP 파일 1   webapp/07ActionTag/inc/OuterPage1.jsp

```jsp
<%@ page language="java" contentType="text/html; charset=UTF-8"
    pageEncoding="UTF-8"%>
<!DOCTYPE html>
<html>
<head>
<meta charset="UTF-8">
<title>OuterPage</title>
</head>
<body>
    <h2>외부 파일 1</h2>
    <%
    String newVar1 = "고구려 세운 동명왕";  ❶
    %>
    <ul>
        <li>page 영역 속성 : <%= pageContext.getAttribute("pAttr") %></li>  ┐
        <li>request 영역 속성 : <%= request.getAttribute("rAttr") %></li>  ┘ ❷
    </ul>
</body>
</html>
```

❶ String 타입 변수를 하나 선언하고 ❷ page와 request 내장 객체 영역에서 속성을 읽어와 출력하는 간단한 파일입니다. 어떻게 이용되는지는 [예제 7-3]에서 확인해볼 것입니다.

두 번째 파일도 살펴보죠. String 변수의 이름과 값만 다를 뿐 [예제 7-1]과 똑같습니다.

```jsp
<%@ page language="java" contentType="text/html; charset=UTF-8"
    pageEncoding="UTF-8"%>
<!DOCTYPE html>
<html>
<head>
<meta charset="UTF-8">
<title>OuterPage</title>
</head>
<body>
    <h2>외부 파일 2</h2>
    <%
    String newVar2 = "백제 온조왕";
    %>
    <ul>
        <li>page 영역 속성 : <%= pageContext.getAttribute("pAttr") %></li>
        <li>request 영역 속성 : <%= request.getAttribute("rAttr") %></li>
    </ul>
</body>
</html>
```

7.2.3 포함 방식에 따른 차이 확인

이상의 두 외부 파일을 지시어와 액션 태그로 각각 인클루드하여 어떤 차이가 있는지 알아보겠습니다. [예제 7-3]은 inc 폴더가 아닌 07ActionTag 폴더에 만들어주세요.

예제 7-3 지시어와 액션 태그의 동작 방식 차이 확인   webapp/**07ActionTag/IncludeMain.jsp**

```jsp
<%@ page language="java" contentType="text/html; charset=UTF-8"
    pageEncoding="UTF-8"%>
<%
// 포함할 파일의 경로 ❶
String outerPath1 = "./inc/OuterPage1.jsp";
String outerPath2 = "./inc/OuterPage2.jsp";

// page 영역과 request 영역에 속성 저장 ❷
pageContext.setAttribute("pAttr", "동명왕");
request.setAttribute("rAttr", "온조왕");
```

```
%>
<html>
<head><title>지시어와 액션 태그 동작 방식 비교</title></head>
<body>
    <h2>지시어와 액션 태그 동작 방식 비교</h2>
    <!-- 지시어 방식 -->
    <h3>지시어로 페이지 포함하기</h3>
    <%@ include file="./inc/OuterPage1.jsp"%>                ❸
    <%--@ include file="<%=outerPath1OuterPage1%>" --%>      ❹
    <p>외부 파일에 선언한 변수 : <%=newVar1%></p>            ❺

    <!-- 액션 태그 방식 -->
    <h3>액션 태그로 페이지 포함하기</h3>
    <jsp:include page="./inc/OuterPage2.jsp" />             ❻
    <jsp:include page="<%=outerPath2%>" />                  ❼
    <p>외부 파일에 선언한 변수 : <%--=newVar2--%></p>       ❽
</body>
</html>
```

먼저 동작 비교에 필요한 재료를 준비했습니다.

❶에서는 포함할 두 파일의 경로를 변수에 저장해뒀습니다. ❹와 ❼에서 표현식 사용 가능 여부를 확인해보기 위한 용도의 변수들입니다. 그리고 ❷에서는 page 영역과 request 영역에 속성을 저장했습니다. 여기서 설정한 속성을 포함할 두 파일에서 읽어올 수 있는지 확인하기 위한 용도입니다.

다음은 준비한 재료를 이용해서 두 방식의 차이를 비교해보는 코드입니다.

❸ 먼저 include 지시어로 OuterPage1.jsp 파일을 포함시킵니다. 이때 만약 ❹처럼 표현식을 사용한다면 에러가 발생합니다. 궁금하시면 주석을 해제한 후 실행해보세요.

❺에서는 [예제 7-1]에서 선언한 newVar1 변수를 출력합니다. 지시어를 이용해 포함시켰으므로 이 변수는 정상적으로 출력됩니다. 지시어 방식에서는 실행하기 전에 파일을 포함시켜 컴파일을 진행하므로, 둘이 결국 같은 페이지로 인식되기 때문입니다.

다음으로 ❻과 ❼은 모두 액션 태그로 페이지를 포함시키는 코드입니다. ❼에서 표현식을 썼는데, 액션 태그는 표현식을 지원하므로 문제없이 실행됩니다.

마지막으로 ❽에서는 [예제 7-2]에서 선언한 newVar2 변수를 출력합니다. 하지만 주석을 해제하고 실행해보면 선언되지 않은 변수라는 에러가 발생할 것입니다. 액션 태그 방식에서는 실행의 흐름만 이동시켜 실행된 결괏값만 가져와 포함시키기 때문입니다. 실행된 결과에는 JSP 코드는 존재하지 않으니 출력되지 않는 것입니다.

[예제 7-3]을 실행한 결과와 해당 코드를 연결해 설명해보겠습니다.

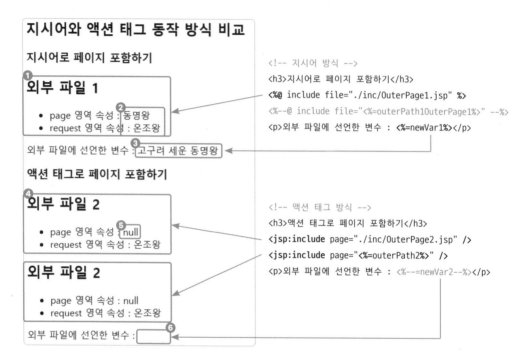

❶ 외부 파일 1은 OuterPage1.jsp를 의미합니다. ❷ page 영역과 request 영역에 저장된 속성 값을 정상적으로 가져와 출력한 걸 볼 수 있습니다. ❸ 외부 파일에서 선언한 변수의 값도 잘 출력 되었습니다.

❹ 외부 파일 2는 OuterPage2.jsp를 의미합니다. 액션 태그에서는 표현식을 사용할 수 있으 므로 파일이 두 번 포함되어, 출력도 두 번 된 걸 볼 수 있습니다. ❺ page 영역에 설정한 속성은 null로 나왔습니다. 실행한 IncludeMain.jsp와 인클루드된 OuterPage2.jsp는 서로 다른 페이지로 처리므로 page 영역은 공유되지 않기 때문입니다. ❻ 마지막으로 외부 파일에서 선언한 변수 부분은 아무것도 출력되지 않았습니다. 외부 파일의 변수를 가져오려 하면 컴파일 자체가 되지 않으므로 주석으로 처리했기 때문입니다.

7.3 〈jsp:forward〉

2장과 3장에서도 포워드를 다뤘습니다. 포워드는 현재 페이지에 들어온 요청을 다음 페이지로 보내는 기능이죠. 예를 들어 RequestDispatcher 객체의 forward( ) 메서드는 다음과 같이 사용합니다.

```
RequestDispatcher requestDispatcher = request.getRequestDispatcher("포워드할 파일
의 경로");
requestDispatcher.forward(request, response);
```

〈jsp:forward〉 액션 태그도 같은 기능을 수행합니다. 〈jsp:forward〉 액션 태그를 만나기까지의 모든 출력을 제거하고 포워드할 페이지로 요청을 전달합니다. 포워드는 버퍼와 밀접합니다. 만약 해당 페이지 지시어 부분에 buffer="none"으로 설정해 버퍼를 사용하지 않도록 했다면 포워드는 사용할 수 없습니다. 또한 포워드는 다음 페이지로 요청을 전달하는 것이 목적이므로 이동된 페이지와 request 영역을 공유합니다. 그리고 URL이 변경되지 않는 특징이 있습니다.

다음은 page 영역과 request 영역에 설정한 속성이 포워드된 페이지에도 공유되는지 확인하는 예제입니다.

예제 7-4 시작 페이지(포워드하는 페이지)　　　　　　　　webapp/07ActionTag/ForwardMain.jsp

```
<%@ page language="java" contentType="text/html; charset=UTF-8"
    pageEncoding="UTF-8"%>
<%
pageContext.setAttribute("pAttr", "김유신");
request.setAttribute("rAttr", "계백");              ──┐──❶
%>
<!DOCTYPE html>
<html>
<head>
<meta charset="UTF-8">
<title>액션 태그 - forward</title>
</head>
<body>
    <h2>액션 태그를 이용한 포워딩</h2>  ❷
    <jsp:forward page="/07ActionTag/ForwardSub.jsp" />  ❸
</body>
</html>
```

①에서 page 영역과 request 영역에 속성을 저장한 후 ③에서 ForwardSub.jsp 파일로 포워드합니다. ⟨jsp:forward⟩를 만나면 그전의 모든 출력은 제거되므로, ②의 텍스트를 화면에 출력되지 않을 것입니다.

다음은 포워드되는 페이지 차례입니다. 메인 페이지에서 설정한 속성들이 공유되는지 확인해봅시다.

예제 7-5 포워드되는 페이지　　　　　　　　　　　　　　webapp/07ActionTag/ForwardSub.jsp

```jsp
<%@ page language="java" contentType="text/html; charset=UTF-8"
    pageEncoding="UTF-8"%>
<!DOCTYPE html>
<html>
<head>
<meta charset="UTF-8">
<title>액션 태그 - forward</title>
</head>
<body>
    <h2>포워드 결과</h2>
    <ul>
        <li>
            page 영역 : <%= pageContext.getAttribute("pAttr") %>  ①
        </li>
        <li>
            request 영역 : <%= request.getAttribute("rAttr") %>  ②
        </li>
    </ul>
</body>
</html>
```

①과 ②에서는 이전 페이지에서 각각 page 영역과 request 영역에 저장한 속성값을 출력하려 시도합니다. [예제 7-4]의 ForwardMain.jsp를 실행한 결과를 먼저 보고 이유를 설명드리겠습니다.

보다시피 ❶ page 영역에 설정한 속성은 불러오는 데 실패했고, ❷ request 영역에 설정한 속성은 제대로 가져왔습니다. 포워드된 페이지는 이전 페이지와는 서로 다른 페이지이므로, 페이지별로 생성되는 page 영역은 공유되지 않기 때문입니다. 한편 포워드는 요청을 전달하므로 request 영역은 공유됩니다.

또한 ❸ 실행 결과의 주소표시줄을 보면 ForwardMain.jsp로 표시됩니다. 하지만 화면에는 ForwardSub.jsp의 내용이 출력되었죠. 사용자는 페이지가 이동된 것을 알 수 없지만, 웹 서버 내부적으로 요청이 다음 페이지로 전달되어 출력된 것입니다.

복습 겸 정리해보자면, 다음 그림과 같이 page 영역은 페이지별로 고유하게 만들어지며, request 영역은 하나의 요청을 공유하는 모든 페이지에 공유됩니다. 포워드는 요청을 전달하는 메커니즘이므로 포워드로 연결된 페이지들은 모두 같은 요청을 공유하는 것입니다.

▼ 포워드와 내장 객체의 영역

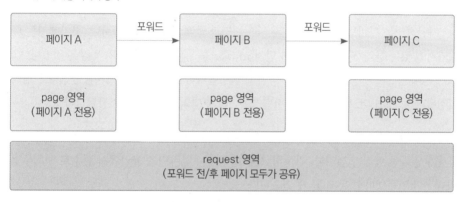

7.4 〈jsp:useBean〉, 〈jsp:setProperty〉, 〈jsp:getProperty〉

〈jsp:useBean〉 액션 태그는 자바빈즈^{JavaBeans}를 생성하거나 설정할 때 사용합니다. 자바빈즈는 데이터를 저장하기 위한 멤버 변수(속성)와 게터/세터 메서드로만 이루어진 클래스를 말합니다.

복습 겸 자바빈즈 개발 규약을 다시 한번 살펴보겠습니다.

1 자바빈즈는 기본(default) 패키지 이외의 패키지에 속해 있어야 합니다.
2 멤버 변수(속성, 프로퍼티)의 접근 지정자는 private으로 선언합니다.

3 기본 생성자가 있어야 합니다.

4 멤버 변수에 접근할 수 있는 게터/세터 메서드가 있어야 합니다.

5 게터/세터 메서드의 접근 지정자는 public으로 선언합니다.

7.4.1 자바빈즈 생성

그럼 〈jsp:useBean〉 액션 태그의 사용법을 알아보겠습니다.

```
<jsp:useBean id="자바빈즈 이름" class="사용할 패키지와 클래스명" scope="저장될 영역" />
```

각 속성의 의미는 다음과 같습니다.

- **id** : 자바빈즈 객체의 이름을 지정합니다. 같은 id로 이미 생성된 객체가 있다면 해당 객체를 사용하고, 아직 없다면 새로 생성합니다.
- **class** : 사용하려는 자바빈즈 객체의 실제 패키지명과 클래스명을 지정합니다. 자바에서는 다른 패키지에 있는 클래스를 사용하려면 먼저 import를 해야 하는데, 이와 똑같은 것입니다.
- **scope** : 자바빈즈가 저장될 내장 객체 영역을 지정합니다. 생략한다면 기본값인 page 영역이 지정됩니다. 액션 태그로 생성한 자바빈즈는 4가지 영역 중 한 곳에 저장됩니다.

〈jsp:useBean〉으로 자바빈즈를 생성할 때는 기본 생성자를 호출합니다. 따라서 해당 클래스에 기본 생성자가 없다면 에러가 납니다. 다행히 기본 생성자는 자바빈즈 규약에서 필수로 정해두었으니, 규약대로만 만들었다면 문제 될 게 없습니다.

7.4.2 멤버 변수 값 설정/추출

생성된 자바빈즈에 〈jsp:setProperty〉로 멤버 변수의 값을 설정할 수 있습니다. 형식은 다음과 같습니다.

```
<jsp:setProperty name="자바빈즈 이름" property="속성명(멤버 변수)"
value="설정할 값" />
```

각 속성의 의미는 다음과 같습니다.

- **name** : ⟨jsp:useBean⟩의 id 속성에 지정한 자바빈즈의 이름을 지정합니다. 즉, 인스턴스 변수를 지정하는 것과 동일합니다.
- **property** : 자바빈즈의 멤버 변수명을 지정합니다. 이름을 명시하는 대신 property="*"라고 쓰면 form의 하위 요소와 일치하는 자바빈즈의 모든 속성에 사용자가 전송한 값이 설정됩니다. 이때는 value 속성을 생략할 수 있습니다.
- **value** : 멤버 변수에 설정할 값을 지정합니다.

자바빈즈의 값을 추출할 때는 ⟨jsp:getProperty⟩를 사용합니다. 형식은 다음과 같습니다.

```
<jsp:getProperty name="자바빈즈 이름" property="속성명(멤버 변수)" />
```

각 속성의 의미는 ⟨jsp:setProperty⟩와 같습니다.

이번에는 구체적인 예제를 살펴볼까요? 3장에서 작성한 Person 클래스를 사용하겠습니다.

예제 7-6 액션 태그로 자바빈즈 사용하기   webapp/**07ActionTag/UseBeanMain.jsp**

```
<%@ page language="java" contentType="text/html; charset=UTF-8"
    pageEncoding="UTF-8"%>
<!DOCTYPE html>
<html>
<head>
<meta charset="UTF-8">
<title>액션 태그 - UseBean</title>
</head>
<body>
    <h2>useBean 액션 태그</h2>
    <h3>자바빈즈 생성하기</h3>
    <jsp:useBean id="person" class="common.Person" scope="request" />   ❶

    <h3>setProperty 액션 태그로 자바빈즈 속성 지정하기</h3>
    <jsp:setProperty name="person" property="name" value="임꺽정" />  ⎤
    <jsp:setProperty name="person" property="age" value="41" />       ⎦ ❷

    <h3>getProperty 액션 태그로 자바빈즈 속성 읽기</h3>
    <ul>
        <li>이름 : <jsp:getProperty name="person" property="name" /></li>  ⎤
        <li>나이 : <jsp:getProperty name="person" property="age" /></li>   ⎦ ❸
```

```
    </ul>
</body>
</html>
```

❶ 먼저 common 패키지의 Person 클래스로 person이라는 자바빈즈를 생성해 request 영역에 저장했습니다. 이 액션 태그를 자바 코드로 변경한다면 다음과 같습니다.

```
Person person = (Person)request.getAttribute("person");  // request 영역에서 가져옴
if (person == null) {  // 없으면 새로 생성해 저장
    person = new Person();
    request.setAttribute("person", person);
}
```

주목할 부분은 기존에 만들어둔 인스턴스가 있는지 확인한다는 것입니다. 첫 줄에서 request 영역에 있는 person 속성을 가져왔습니다. 기존에 만들어둔 게 없을 때만 새롭게 객체를 생성해 request 영역에 저장합니다.

❷에서는 person 자바빈즈의 name과 age 멤버 변수에 값을 설정했습니다. 이때 세터를 이용합니다. 반대로 ❸에서는 자바빈즈에서 멤버 변수의 값을 출력했습니다. 이때 게터를 이용해 값을 추출합니다.

예제를 실행해보겠습니다.

---

useBean 액션 태그

자바빈 생성하기

setProperty 액션 태그로 자바빈 속성 지정하기

getProperty 액션 태그로 자바빈 속성 읽기

- 이름 : 임꺽정
- 나이 : 41

Person 클래스를 기반으로 자바빈즈를 생성하고 설정된 값이 출력되는 것을 볼 수 있습니다.

> **Note** 액션 태그로 자바빈즈를 생성할 때는 기본 생성자를 사용하고, 값을 설정할 때는 세터, 값을 추출할 때는 게터 메서드를 사용한다는 점을 꼭 기억하세요.

7.4.3 와일드카드로 폼값 한 번에 설정하기

이번에는 자바빈즈에 값을 설정할 때 property 속성에 와일드카드(*)를 사용해보겠습니다. 와일드카드를 사용하면 〈form〉 태그를 통해 전송되는 모든 폼값을 한 번에 자바빈즈에 입력할 수 있습니다.

우선 폼값을 전송할 페이지부터 만들어보죠.

예제 7-7 폼값을 전송하는 페이지   webapp/07ActionTag/UseBeanForm.jsp

```
<%@ page language="java" contentType="text/html; charset=UTF-8"
    pageEncoding="UTF-8"%>
<!DOCTYPE html>
<html>
<head><title>액션 태그 - UseBean</title></head>
<body>
    <h2>액션 태그로 폼값 한 번에 받기</h2>
    <form method="post" action="UseBeanAction.jsp">    ❶
        이름 : <input type="text" name="name" /> <br />    ❷
        나이 : <input type="text" name="age" /> <br />
        <input type="submit" value="폼값 전송" />    ❸
    </form>
</body>
</html>
```

❶ 폼값을 전송하는 방식은 post로 설정하고, ❷ 이름과 나이를 입력한 후 ❸ 폼값을 전송하도록 했습니다. ❷에서 input 태그의 name 값이 Person 클래스의 멤버 변수 이름과 같아야 합니다.

이어서 전송된 폼값을 한 번에 받을 파일을 작성하겠습니다. 자바빈즈를 생성한 후 멤버 변수의 초깃값을 〈jsp:setProperty〉 태그로 설정합니다. 이때 property="*"와 같이 와일드카드를 사용할 것입니다.

예제 7-8 폼값을 받는 페이지   webapp/07ActionTag/UseBeanAction.jsp

```
<%@ page language="java" contentType="text/html; charset=UTF-8"
    pageEncoding="UTF-8"%>
<html>
<head><title>액션 태그 - UseBean</title></head>
<body>
```

```
    <h3>액션 태그로 폼값 한 번에 받기</h3>
    <jsp:useBean id="person" class="common.Person" />   ①
    <jsp:setProperty property="*" name="person" />      ②
    <ul>
        <li>이름 : <jsp:getProperty name="person" property="name" /></li> ─┐
        <li>나이 : <jsp:getProperty name="person" property="age" /></li> ─┴─ ③
    </ul>
</body>
</html>
```

① 먼저 Person 클래스로 자바빈즈를 생성했습니다. scope 속성을 설정하지 않았으므로 가장 좁은 page 영역에 저장됩니다.

다음이 이번 예제의 핵심입니다. ② 〈jsp:setProperty〉로 폼값을 자바빈즈에 설정했습니다. 그런데 property 속성에 멤버 변수 이름 대신 와일드카드(*)를 사용합니다. 이렇게 하면 전송된 폼 값이 자바빈즈에 한 번에 저장됩니다.

③ 마지막으로 방금 설정한 값이 제대로 들어 있는지를 확인합니다.

폼값은 항상 input 태그의 name 속성에 지정한 이름을 통해 전송됩니다. name 속성에 지정한 이름과 Person 클래스의 멤버 변수 이름이 같았기 때문에 폼값을 한 번에 저장할 수 있는 것입니다.

▼ 와일드카드 사용 시 폼값과 자바빈즈 멤버 변수 매핑

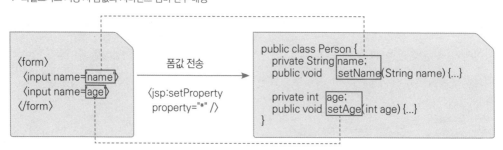

[예제 7-8]까지 다 작성했다면 실제로 잘 작동하는지 확인해보죠. [예제 7-7]의 UseBeanForm. jsp를 실행한 다음, 이름과 나이 입력란에 각각 "안창호"와 "60"을 입력하고 [폼값 전송] 버튼을 클릭하세요.

액션 태그로 폼값 한 번에 받기

이름 : 안창호
나이 : 60
[폼값 전송]

그러면 다음 결과가 출력될 것입니다.

액션 태그로 폼값 한 번에 받기

- 이름 : 안창호
- 나이 : 60

입력한 값이 정상적으로 출력되었습니다. 그런데 Tomcat 9.x 버전까지는 한글깨짐 현상이 발생합니다. 한글깨짐 현상이 발생할 때 문제를 해결하는 방법을 알아보겠습니다.

7.4.4 한글 인코딩 문제 해결

우리는 2장의 [예제 2-3]에서 post 방식으로 전송된 한글이 깨졌을 때 request 내장 객체의 setCharacterEncoding( )으로 인코딩 처리를 한 적이 있습니다. 이 방식은 폼값을 받는 모든 페이지에서 반복 설정해야 하므로 불편합니다. 그래서 이번에는 한 번의 설정으로 모든 페이지에 적용할 수 있는 방법을 알아보겠습니다.

다음과 같이 web.xml에 필터를 추가해주세요.

예제 7-9 모든 페이지에 캐릭터 인코딩 설정하기   webapp/WEB-INF/web.xml

```xml
<?xml version="1.0" encoding="UTF-8"?>
<web-app xmlns:xsi=... 생략 ...>
   ... 생략 ...


  <filter> ❶
    <filter-name>SetCharEncoding</filter-name> ❷
    <filter-class>org.apache.catalina.filters.SetCharacterEncodingFilter</filter
-class> ❸
    <init-param>
      <param-name>encoding</param-name> ❹
```

```
        <param-value>utf-8</param-value>  ❺
      </init-param>
  </filter>
  <filter-mapping>  ❻
    <filter-name>SetCharEncoding</filter-name>  ❼
    <url-pattern>/*</url-pattern>  ❽
  </filter-mapping>
</web-app>
```

❶ 〈filter〉 태그에서는 ❷ 필터의 이름, ❸ 사용할 클래스, ❹❺ 클래스에 전달할 매개변수를 설정
합니다. 이 필터의 이름은 SetCharEncoding이고, ❹ 인코딩 방식을 ❺ utf-8로 설정했습니다.

❻ 그런 다음 〈filter-mapping〉 태그로 요청 URL과 필터를 매핑합니다. ❽ 여기에서는 URL 패
턴을 /*로 지정했으므로 해당 웹 애플리케이션으로 들어오는 모든 요청에 ❼ SetCharEncoding
이란 이름의 필터를 적용하라는 뜻입니다.

그래서 결국 모든 요청의 encoding을 utf-8로 바꿔주게 한 것입니다. 이 설정은 웹 애플리케이
션 전체에 적용되므로 편리합니다.

web.xml을 저장한 후 서버를 재시작하면 됩니다.

7.5 〈jsp:param〉

〈jsp:param〉은 〈jsp:include〉나 〈jsp:forward〉를 사용할 때 다른 페이지에 값을 전달해주는
액션 태그입니다. 전달할 수 있는 값은 String뿐입니다. 다른 타입의 객체를 전달할 때는 내장 객
체의 영역을 이용해야 합니다.

이번에 준비한 예제는 다소 복잡하여 그림을 먼저 보겠습니다.

▼ 예제 코드의 페이지 구성과 공유하려는 데이터

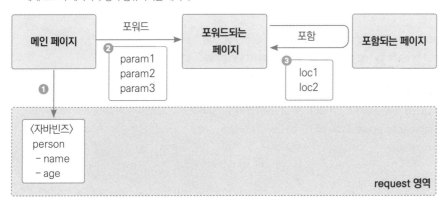

포워드와 포함 관계로 연결된 총 세 개의 페이지를 만들 것이며, 이 페이지들 사이에서 데이터를 공유하는 다양한 방법을 살펴볼 것입니다. ❶은 자바빈즈 객체를 request 영역에 만드는 방법으로, 이미 배운 방법입니다. 그리고 ❷와 ❸에서는 이번 절에서 배울 〈jsp:param〉 액션 태그를 활용하겠습니다.

마지막 절인만큼 이번 장에서 배운 내용을 종합적으로 적용한 예제입니다. 예제 코드들을 살펴본 후, 마지막에 더 상세한 그림을 보여드리겠습니다.

7.5.1 포워드되는 페이지로 매개변수 전달하기

먼저 메인 페이지의 코드부터 보시죠.

예제 7-10 메인 페이지(포워드하는 페이지)　　　　　　　　　　webapp/07ActionTag/ParamMain.jsp

```
<%@ page language="java" contentType="text/html; charset=UTF-8"
    pageEncoding="UTF-8"%>
<%
request.setCharacterEncoding("UTF-8");  ❶
String pValue = "방랑시인";
%>
<!DOCTYPE html>
<html>
<head>
<meta charset="UTF-8">
<title>액션 태그 - param</title>
```

```
</head>
<body>
    <jsp:useBean id="person" class="common.Person" scope="request" />  ❷
    <jsp:setProperty name="person" property="name" value="김삿갓" />  ┐
                                                                      ├─ ❸
    <jsp:setProperty name="person" property="age" value="56" />  ┘
    <jsp:forward page="ParamForward.jsp?param1=김병연">  ┐
        <jsp:param name="param2" value="경기도 양주" />    │
                                                         ├─ ❹
        <jsp:param name="param3" value="<%=pValue%>" />  │
    </jsp:forward>  ┘
</body>
</html>
```

❶ setCharacterEncoding( ) 메서드를 이용해 UTF-8로 인코딩합니다. 포워드되는 페이지로 한글을 전달할 때는 반드시 포워드시키는 최초 페이지에서 인코딩 처리를 해야 합니다. 하지만 우리는 web.xml에 필터를 설정했으므로 생략할 수 있는 코드입니다.

❷ request 영역에 저장할 자바빈즈를 생성해 ❸ 멤버 변수 name과 age의 값을 설정했습니다.

❹ 그런 다음 〈jsp:forward〉 액션 태그를 이용해 ParamForward.jsp로 포워딩하는데, 이때 쿼리스트링으로 param1 매개변수를 함께 전달했습니다. ❺ 그리고 〈jsp:param〉 액션 태그로 또다른 매개변수 param2와 param3를 전달합니다. name, value는 앞에서도 계속 사용해온 속성이므로 설명은 생략합니다.

이어서 포워드되는 페이지를 작성해보겠습니다.

예제 7-11 포워드되는 페이지   webapp/07ActionTag/ParamForward.jsp

```
<%@ page language="java" contentType="text/html; charset=UTF-8"
    pageEncoding="UTF-8"%>
<!DOCTYPE html>
<html>
<head>
<meta charset="UTF-8">
<title>액션 태그 - param</title>
</head>
<body>
    <jsp:useBean id="person" class="common.Person" scope="request" />  ❶
    <h2>포워드된 페이지에서 매개변수 확인</h2>
```

```
    <ul>
        <li><jsp:getProperty name="person" property="name" /></li>
        <li>나이 : <jsp:getProperty name="person" property="age" /></li>      ─┐
        <li>본명 : <%= request.getParameter("param1") %></li>                  ─┐ ❷
        <li>출생 : <%= request.getParameter("param2") %></li>                   │ ❸
        <li>특징 : <%= request.getParameter("param3") %></li>                  ─┘
    </ul>
</body>
</html>
```

❶ 〈jsp:useBean〉 액션 태그를 이용해 이전 페이지에서 request 영역에 저장한 자바빈즈를 가져온 다음 ❷에서 〈jsp:getProperty〉 액션 태그를 이용해 멤버 변수의 값을 가져와 출력합니다. 앞에서 다룬 내용이라 특별히 설명할 것은 없습니다.

Note request 영역은 포워드된 페이지까지 공유됩니다.

이번 예제의 핵심은 ❸입니다. ❸은 매개변수로 전달된 값 3개를 출력합니다. 쿼리스트링으로 전달한 매개변수와 〈jsp:param〉 액션 태그로 전달한 매개변수를 구분 없이 모두 request 내장 객체의 getParameter( )를 사용했습니다.

[예제 7-10]의 ParamMain.jsp를 실행한 결과는 다음과 같습니다.

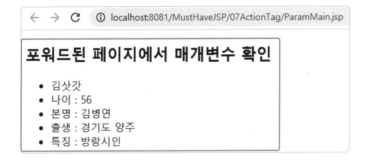

보다시피 포워드 이전의 내용은 삭제되고, 포워드된 ParamForward.jsp의 내용이 화면에 출력됩니다.

7.5.2 인클루드되는 페이지로 매개변수 전달하기

앞서 7.2.1절에서 〈jsp:include〉 액션 태그로 인클루드한 JSP 페이지와는 변수를 직접 공유할 수 없다고 했습니다. 하지만 다행히 〈jsp:param〉을 이용하면 인클루드한 페이지로도 매개변수를 전달할 수 있습니다.

[예제 7-11] 코드를 살짝 수정하여, 다른 페이지를 인클루드하고 매개변수를 전달하도록 해보겠습니다.

예제 7-12 인클루드하는 페이지로 매개변수 전달   webapp/07ActionTag/ParamForward.jsp

```jsp
<%@ page language="java" contentType="text/html; charset=UTF-8"
    pageEncoding="UTF-8"%>
<!DOCTYPE html>
<html>
<head>
<meta charset="UTF-8">
<title>액션 태그 - param</title>
</head>
<body>
    <jsp:useBean id="person" class="common.Person" scope="request" />
    <h2>포워드된 페이지에서 매개변수 확인</h2>
    <ul>
        <li><jsp:getProperty name="person" property="name" /></li>
        <li>나이 : <jsp:getProperty name="person" property="age" /></li>
        <li>본명 : <%= request.getParameter("param1") %></li>
        <li>출생 : <%= request.getParameter("param2") %></li>
        <li>특징 : <%= request.getParameter("param3") %></li>
    </ul>
    <jsp:include page="inc/ParamInclude.jsp">
        <jsp:param name="loc1" value="강원도 영월" />          ┐
        <jsp:param name="loc2" value="김삿갓면" />             ┘── ❹
    </jsp:include>
</body>
</html>
```

❹의 코드를 추가했습니다. 보다시피 ParamInclude.jsp를 인클루드하고, 매개변수 loc1과 loc2 두 가지를 전달했습니다.

마지막으로 인클루드되는 페이지를 inc 폴더 안에 추가합니다.

예제 7-13 인클루드되는 페이지
webapp/07ActionTag/inc/ParamInclude.jsp

```jsp
<%@ page language="java" contentType="text/html; charset=UTF-8"
    pageEncoding="UTF-8"%>
<h2>인클루드된 페이지에서 매개변수 확인</h2>
<%= request.getParameter("loc1") %>에              ┐
<%= request.getParameter("loc2") %>이 있습니다.   ┘──① 
</>
```

❶ 매개변수로 전달된 loc1과 loc2를 화면에 출력하고 있습니다. ParamInclude.jsp가 [예제 7-11]에 포함되게 되며, 이때 매개변수로 전달된 두 값이 화면에 출력됩니다.

다시 ParamMain.jsp를 실행하면 결과 페이지가 다음처럼 바뀔 것입니다.

포워드된 페이지에서 매개변수 확인

- 김삿갓
- 나이 : 56
- 본명 : 김병연
- 출생 : 경기도 양주
- 특징 : 방랑시인

인클루드된 페이지에서 매개변수 확인

강원도 영월 에 김삿갓면 이 있습니다.

보다시피 인클루드된 ParamInclude.jsp에서도 매개변수로 전달된 두 값이 제대로 출력되고 있습니다. 이처럼 〈jsp:param〉 액션 태그를 사용하면 인클루드하거나 포워드한 페이지로 매개변수를 전달할 수 있습니다.

마지막으로 이번 예제의 구성과 동작 메커니즘을 그림으로 정리해보겠습니다.

▼ 예제 페이지 구조와 동작 메커니즘

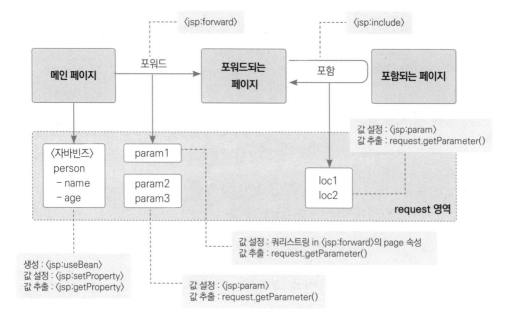

여기서 발견할 수 있는 재미난 점은 전달 방식과 상관없이 매개변수들이 모두 request 영역에 생성되어 항상 request.getParameter( ) 메서드로 값을 가져오고 있다는 사실입니다. 생각해보면 당연합니다. request 영역이란 하나의 요청을 처리하는 과정에서 거쳐가는 모든 페이지에서 공유하는 공간입니다. 이런 공간이 이미 준비되어 있으니 또 다른 메커니즘을 고안할 필요가 없는 것이죠.

> **Note** 페이지 사이의 매개변수는 모두 request 영역에 생성됩니다.

학습 마무리

이번 장에서는 액션 태그에 대해 학습하였습니다. JSP 코드는 HTML 태그 중간에 삽입할 때 스크립틀릿을 사용해야 해서 약간의 이질감이 생기지만, 액션 태그는 태그의 형태를 지니고 있어 소스가 좀 더 간결해지는 이점이 있습니다. 또한 JSP 코드보다 훨씬 짧은 코드로 동일한 기능을 구현할 수 있습니다.

핵심 요약

- **〈jsp:include〉 태그** : 특정 페이지를 현재 페이지에 포함시킬 때 사용합니다. include 지시어와 비슷한 기능이지만 동작 방식에 차이가 있으므로 사용에 주의해야 합니다.

- **〈jsp:forward〉 태그** : 요청을 전달하는 포워드에 사용됩니다.

- **〈jsp:useBean〉, 〈jsp:setProperty〉, 〈jsp:getProperty〉 태그** : 자바빈즈를 생성하거나 값을 설정 및 출력할 때 사용됩니다. 특히 와일드카드인 *를 사용하면 전송되는 폼값을 한 번에 받을 수 있습니다.

- **〈jsp:param〉 태그** : 인클루드나 포워드 시 매개변수를 넘길 때 사용합니다.

Project
모델1 방식의 회원제 게시판 만들기

난이도	★★☆☆
이름	회원제 게시판(페이지 처리 없음) – 모델1
예제 위치	• webapp/08Board/ • src/model1/board/
미션	간단한 회원제 게시판을 구현하자.
기능	• 로그인(6장에서 구현)　　• 목록 보기 • 글쓰기　　　　　　　　• 상세 보기 • 수정하기　　　　　　　• 삭제하기
활용 기술	• 지시어 • 스크립트 요소(스크립틀릿, 표현식) • 내장 객체(request, response, out, session, application) • JDBC(DAO/DTO) • 자바스크립트

☐ **학습 목표**   데이터베이스와 연동하여 데이터를 입력, 수정, 삭제, 조회할 수 있는 모델1 방식의 회원제 게시판을 제작합니다. 폼값 처리에는 내장 객체를 사용하고, 로그인은 session 영역을 사용합니다. 즉, 7장까지의 모든 내용을 통합하여 게시판을 구현함으로써 학습한 내용을 활용하는 법을 익히게 될 것입니다.

☐ **학습 순서**

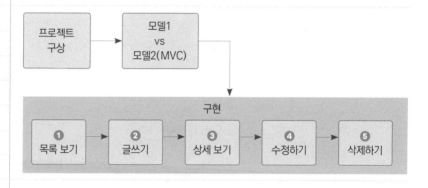

☐ **활용 사례**   게시판은 거의 모든 웹 사이트에서 사용한다고 해도 과언이 아닙니다. 게시판은 단순히 글 하나를 저장한다는 기능 외에도 다양한 데이터를 저장하고 관리하는 기능도 제공합니다. 그래서 쇼핑몰의 상품 리스트, 재고 관리, 회원 관리 기능에서도 게시판을 활용하게 됩니다. 이처럼 게시판은 여러 형태의 데이터를 관리하기 위해 반드시 필요합니다. 지금부터 데이터 관리의 기본이 되는 게시판을 제작해보겠습니다.

8.1 프로젝트 구상

회원제 게시판의 동작 프로세스를 정의하고 필요한 데이터베이스 테이블과 시퀀스를 준비해봅시다.

8.1.1 회원제 게시판의 프로세스

다음은 우리가 이번 장에서 구현할 회원제 게시판의 프로세스입니다.

▼ 회원제 게시판 프로세스

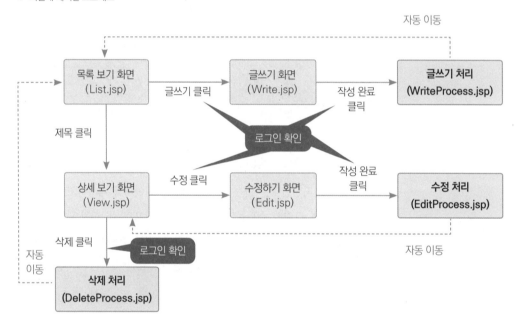

일반적으로 게시판은 첫 진입 시 게시물 목록을 보여줍니다. 목록에서 게시물의 제목을 클릭하여 상세 보기로 이동합니다. 내용을 확인하였다면 수정 혹은 삭제를 할 수 있습니다. 새로운 글을 작성하고 싶다면 목록에서 글쓰기 버튼을 눌러 쓰기 페이지로 이동할 수 있습니다.

하지만 우리가 구현하려는 것은 회원제 게시판입니다. 따라서 쓰기, 수정, 삭제의 경우에는 로그인한 이후에 처리할 수 있습니다. 로그인을 하더라도 본인이 작성한 게시물만 수정 혹은 삭제할 수 있습니다. 상세 보기는 비회원도 가능하도록 구현하겠습니다.

- 비회원(로그아웃) 상태 : 목록 보기, 상세 보기
- 회원(로그인) 상태 : 글쓰기, 수정하기, 삭제하기

각 기능을 처리한 후 페이지 이동은 다음과 같습니다.

- 글쓰기 후 : 목록으로 이동
- 수정 후 : 상세 보기로 이동
- 삭제 후 : 목록으로 이동

각 기능을 처리하는 파일 이름도 그림에 함께 표기해뒀습니다.

8.1.2 테이블 및 시퀀스 생성

게시판은 작성한 게시물을 DB에 저장한 후 관리해야 하므로 JDBC 프로그래밍은 필수입니다. DB에는 회원정보를 저장할 테이블과 게시물을 저장할 테이블을 생성해야 합니다. 우리는 5장에서 오라클에 두 개의 테이블을 이미 생성해두었습니다. 이 두 테이블을 정의서를 보면서 한 번 더 설명하도록 하겠습니다.

표 8-1 회원 관리 : member 테이블 정의

컬럼명	데이터 타입	null 허용	키	기본값	설명
id	varchar2(10)	N	기본키		아이디
pass	varchar2(10)	N			패스워드
name	varchar2(30)	N			이름
regidate	date	N		sysdate	가입날짜

member 테이블은 회원정보를 저장할 테이블입니다. 게시판에 글을 쓰거나 수정, 삭제를 하기 전 회원인증을 위해 사용됩니다. 아이디 컬럼을 기본키primary key로 지정했습니다. 회원가입은 게시판의 글쓰기와 기능적으로 동일하므로 별도로 구현하지는 않고, 5장에서 삽입한 더미 데이터를 사용하도록 하겠습니다.

다음은 board 테이블을 보겠습니다.

표 8-2 게시물 관리 : board 테이블 정의서

컬럼명	데이터 타입	null 허용	키	기본값	설명
num	number	N	기본키		일련번호. 기본키
title	varchar2(200)	N			게시물의 제목
content	varchar2(2000)	N			내용
id	varchar2(10)	N	외래키		작성자의 아이디. member 테이블의 id를 참조하는 외래키
postdate	date	N		sysdate	작성일
visitcount	number(6)				조회수

사용자가 입력한 게시물을 저장하는 테이블입니다. 기본키로 사용되는 일련번호 컬럼에는 시퀀스를 통해 부여되는 순번을 입력하게 됩니다. 시퀀스sequence란 순차적으로 증가하는 순번을 생성해 중복되지 않는 정숫값을 반환하는 데이터베이스 객체입니다. 시퀀스도 5장에서 만든 것을 그대로 재활용하겠습니다.

또한 member 테이블의 id 컬럼과 board 테이블의 id 컬럼은 외래키foreign key로 엮어 있습니다. 만약 member 테이블에 없는 아이디로 게시물을 작성하려 하면 제약조건 위배로 에러가 날 것입니다. 회원으로 가입된 사람만 글을 쓸 수 있다는 뜻입니다. 테이블과 시퀀스를 생성하는 쿼리문은 5장을 참고하기 바랍니다.

8.2 모델1 구조와 모델2 구조(MVC 패턴)

이번 장에서는 회원제 게시판을 '모델1' 방식으로 개발한다고 했습니다. 그렇다면 모델1 방식이란 무엇일까요? 또한 모델2 방식과 어떤 차이가 있을까요? 모델1과 모델2의 차이를 이해하기 위해서는 먼저 MVC 패턴에 대해 알아야 합니다.

8.2.1 MVC 패턴

웹 애플리케이션은 사용자의 요청을 받아 처리한 후 응답하는 구조입니다. MVC는 모델Model, 뷰View, 컨트롤러Controller의 약자로, 소프트웨어를 개발하는 방법론의 일종입니다. 데이터 처리를 담당하는 모델과 화면 출력을 담당하는 뷰, 그리고 이 둘을 제어하는 컨트롤러가 각자의 역할을 분담하여 사용자의 요청을 처리한 후 결과를 웹 브라우저에 출력하게 됩니다.

▼ MVC 패턴의 절차

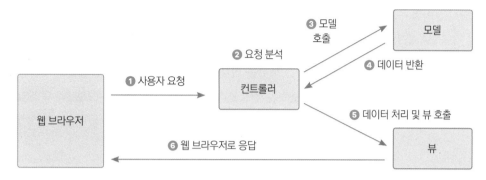

- **모델** : 업무 처리 로직(비즈니스 로직) 혹은 데이터베이스와 관련된 작업을 담당합니다.
- **뷰** : JSP 페이지와 같이 사용자에게 보여지는 부분을 담당합니다.
- **컨트롤러** : 모델과 뷰를 제어하는 역할을 합니다. 사용자의 요청을 받아서 그 요청을 분석하고, 필요한 업무 처리 로직(모델)을 호출합니다. 모델이 결괏값을 반환하면 출력할 뷰(JSP 페이지)를 선택한 후 전달합니다.

8.2.2 모델1 구조와 모델2 구조

이번에는 모델1과 모델2의 구조에 대해 알아보겠습니다. 웹은 사용자의 요청부터 시작된다고 했습니다. 다음 그림을 먼저 보겠습니다.

▼ 모델1의 구조

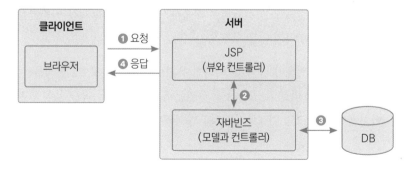

그림과 같이 모델1 방식에서는 사용자의 요청을 JSP가 받아 모델을 호출합니다. 모델이 요청을 처리한 후 결과를 반환하면 JSP를 통해 응답을 하게 됩니다. 즉 JSP에 뷰와 컨트롤러가 혼재되어 있습니다.

모델1 방식은 이런 구조 때문에 개발 속도가 빠르고 배우기 쉽다는 장점이 있지만, 뷰와 컨트롤러 두 가지 기능 모두를 JSP에서 구현해야 하므로 코드가 복잡해지고 유지보수가 어렵습니다.

하지만 모델2 방식은 앞에서 설명한 MVC 패턴을 그대로 사용합니다. JSP와 서블릿의 장점을 모두 취합하여 JSP는 뷰로 사용하고, 서블릿은 컨트롤러로 사용합니다. 다음은 모델2의 구조입니다.

▼ 모델2의 구조

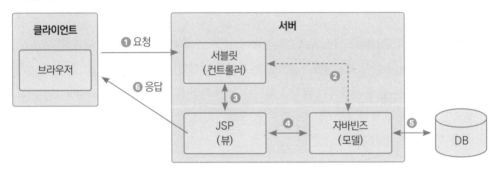

보다시피 모델2 방식에서는 사용자의 요청을 컨트롤러인 서블릿이 받습니다. 서블릿은 사용자의 요청을 분석한 후 모델을 호출합니다. 모델로부터 데이터를 받아 뷰로 전달하면 최종적으로 사용자는 요청에 대한 응답을 받을 수 있게 됩니다.

모델, 뷰, 컨트롤러가 각자의 역할을 수행하므로 업무 분담이 명확해지고 코드가 간결해집니다. 자연스럽게 유지보수도 쉬워지죠. 하지만 구조가 복잡하여 익숙하지 않다면 개발 기간이 길어질 수 있어 규모가 작은 프로젝트에서는 적합하지 않을 수도 있습니다.

그렇다면 배우기 쉬운 모델1 방식을 선택해야 할까요? 아니면 유지보수가 쉬운 모델2 방식을 선택해야 할까요? 정답은 프로젝트에 따라 다를 수 있습니다. 우리는 두 가지를 모두 학습한 후 구현 방식에 따른 차이점을 알아보겠습니다. 그럼 이제부터 모델1 방식의 회원제 게시판을 제작해보겠습니다.

8.3 목록 보기

게시판의 목록 페이지부터 제작하겠습니다. 이번 절에서는 페이지 개념 없이 전체 게시물을 한꺼번에 출력하는 형태로 제작하겠습니다. 페이지로 나누는 기능이 추가되면 코드가 다소 어려워지므로, 기본 기능들을 만들어본 후에 9장에서 페이지 기능을 추가하겠습니다.

▼ 목록 보기 처리 프로세스와 담당 모듈(파일)

8.3.1 DTO와 DAO 준비

먼저 board 테이블에 데이터를 저장하거나 전송하기 위한 DTO 클래스를 생성하겠습니다.

Note DTO(Data Transfer Object)는 주로 데이터 저장이나 전송에 사용되는, 로직을 가지고 있지 않은 객체를 말합니다. 3.2절 '데이터 전송 객체(DTO) 준비'를 참고하세요.

예제 8-1 게시글 목록용 DTO　　　　　　　Java Resources/src/main/java/**model1/board/BoardDTO.java**

```java
package model1.board;  ❶

public class BoardDTO {
    // 멤버 변수 선언 ❷
    private String num;
    private String title;
    private String content;
    private String id;
    private java.sql.Date postdate;
    private String visitcount;
    private String name;  ❸

    // 게터/세터 ❹
    public String getNum() {
        return num;
    }
    public void setNum(String num) {
```

```java
            this.num = num;
        }
        public String getTitle() {
            return title;
        }
        public void setTitle(String title) {
            this.title = title;
        }
        public String getContent() {
            return content;
        }
        public void setContent(String content) {
            this.content = content;
        }
        public String getId() {
            return id;
        }
        public void setId(String id) {
            this.id = id;
        }
        public java.sql.Date getPostdate() {
            return postdate;
        }
        public void setPostdate(java.sql.Date postdate) {
            this.postdate = postdate;
        }
        public String getVisitcount() {
            return visitcount;
        }
        public void setVisitcount(String visitcount) {
            this.visitcount = visitcount;
        }
        public String getName() {
            return name;
        }
        public void setName(String name) {
            this.name = name;
        }
    }
```

❶ 패키지는 model1.board로 선언합니다.

❷ 멤버 변수는 board 테이블의 컬럼과 동일하게 작성합니다. 자바빈즈 규약에 따라 접근 지정자는 private으로 지정합니다. 자료형은 특별한 이유가 없다면 String으로 선언하면 됩니다.

❸ board 테이블에는 작성자의 아이디만 저장되므로 목록 출력 시 이름은 출력할 수 없습니다. 따라서 이름을 출력해야 한다면 member 테이블과 조인^{Join}을 사용해야 합니다. 이때 name 컬럼을 사용하게 됩니다. 이와 같이 DTO는 필요한 경우 다른 테이블의 컬럼을 멤버 변수로 추가할 수 있습니다.

❹ 멤버 변수를 선언하였다면 게터와 세터 메서드는 [Source] → [Generate Getters and Setters...] 메뉴를 이용해 자동으로 생성할 수 있습니다.

DTO 클래스는 별다른 로직을 가지고 있지 않으므로 더 설명할 게 없습니다. 이어서 DAO 클래스를 생성해보겠습니다.

> **Note** DAO(Data Access Object)는 데이터베이스에 접근하여 CRUD 작업을 수행하기 위한 객체입니다. 6.3.2절 'DB 연동'을 참고하세요.

예제 8-2 게시글 목록 CRUD용 DAO　　　　　　　　Java Resources/src/main/java/**model1/board/BoardDAO.java**

```
package model1.board;  ❶

import jakarta.servlet.ServletContext;
import common.JDBConnect;

public class BoardDAO extends JDBConnect {  ❷
    public BoardDAO(ServletContext application) {
        super(application);  ❸
    }
}
```

❶ [예제 8-1]의 BoardDTO 클래스와 같은 패키지입니다.

❷ 5장에서 생성한 JDBConnect 클래스를 상속한 후, ❸ 생성자에서는 부모 클래스의 생성자를 호출합니다. 부모 클래스인 JDBConnect에는 총 3개의 생성자를 정의하였는데, 그중 application 내장 객체를 받는 생성자를 이용했습니다. 이 생성자는 매개변수로 받은

application 내장 객체를 통해 web.xml에 정의해둔 오라클 접속 정보를 직접 가져와 DB에 연결해줍니다.

이로써 오라클에 연결하기 위한 준비가 끝났습니다. 이제 본격적으로 목록을 출력하기 위한 코드를 작성해보겠습니다.

8.3.2 JSP 페이지 구현

우선 여러분의 이해를 돕기 위해 목록을 실행한 화면을 먼저 보겠습니다.

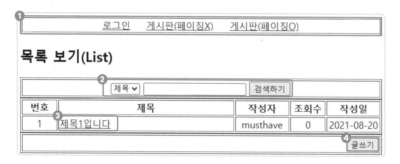

그림과 같이 게시판 목록에서는 다음과 같은 기능을 제공합니다.

- ❶은 6.3.4절에서 만든 공통 링크입니다.
- ❷의 검색폼을 통해 제목이나 내용으로 게시물을 검색합니다.
- ❸ 제목을 클릭하면 상세 보기 페이지로 이동합니다.
- ❹ [글쓰기] 버튼을 클릭하면 쓰기 페이지로 이동합니다.

목록에 출력할 게시물을 얻어오기 위한 메서드를 작성하도록 하겠습니다. [예제 8-2]에서 작성한 BoardDAO 클래스에 메서드를 추가하면 됩니다. 여기서 추가할 메서드는 2개입니다.

- **selectCount()** : board 테이블에 저장된 게시물의 개수를 반환합니다. 목록에서 번호를 출력하기 위해 사용됩니다.
- **selectList()** : board 테이블의 레코드를 가져와서 반환합니다. 이 메서드가 반환한 ResultSet 객체로부터 게시물 목록을 반복하여 출력하게 됩니다.

게시물 개수 세기

selectCount( ) 메서드부터 추가해보죠.

예제 8-3 DAO에 selectCount() 추가   Java Resources/src/main/java/**model1/board/BoardDAO.java**

```java
... 생략 ...
import java.util.Map;  ❶

public class BoardDAO extends JDBConnect {
    ... 생성자 생략 ...

    // 검색 조건에 맞는 게시물의 개수를 반환합니다.
    public int selectCount(Map<String, Object> map) {  ❷
        int totalCount = 0; // 결과(게시물 수)를 담을 변수

        // 게시물 수를 얻어오는 쿼리문 작성
        String query = "SELECT COUNT(*) FROM board";
        if (map.get("searchWord") != null) {  ❹
            query += " WHERE " + map.get("searchField") + " "
                + " LIKE '%" + map.get("searchWord") + "%'";
        }

        try {  ❺
            stmt = con.createStatement();  // 쿼리문 생성 ❻
            rs = stmt.executeQuery(query); // 쿼리 실행 ❼
            rs.next();  // 커서를 첫 번째 행으로 이동 ❽
            totalCount = rs.getInt(1);  // 첫 번째 컬럼 값을 가져옴 ❾
        }
        catch (Exception e) {
            System.out.println("게시물 수를 구하는 중 예외 발생");
            e.printStackTrace();
        }

        return totalCount;  ❿
    }
}
```

❶은 selectCount( ) 코드에서 사용하는 외부 클래스를 임포트한 것입니다. 필요한 클래스의 임포트문은 Ctrl + Shift + O 키를 누르면 이클립스가 자동으로 추가해주므로, 앞으로는 따로 언급하지

않겠습니다.

❷ 게시물 개수를 알려주는 메서드를 정의합니다. 매개변수로 받은 Map〈String, Object〉 컬렉션에는 게시물 검색을 위한 조건(검색어)이 담겨 있습니다. 뒤에서 좀 더 자세히 설명하겠습니다.

❸ 게시물의 개수를 얻어오는 쿼리문을 작성합니다. 이때 SQL이 제공하는 COUNT(*) 함수를 사용합니다. ❹ if문을 써서 검색어가 있는 경우, 즉 Map 컬렉션에 "searchWord" 키로 저장된 값이 있을 때만 WHERE절을 추가하도록 했습니다.

Note SQL 예약어(SELECT, WHERE 등)는 대소문자를 구분하지 않습니다만, 가독성을 높이기 위해 대문자로 구분해 썼습니다.

❺ JDBC 프로그래밍은 기본적으로 예외 처리를 해야 해서 try/catch문으로 감쌌습니다. ❻ 정적 쿼리문을 실행하기 위해 Statement 객체를 생성한 후 ❼ 쿼리를 실행합니다. 결과는 ResultSet 객체로 반환됩니다.

ResultSet 객체는 행 단위로 저장되며, 현재 행을 가리키는 커서cursor를 통해 값을 읽어오는 구조입니다. ❽ next()로 커서를 최초 행으로 이동시킨 다음 ❾ 게시물 개수를 추출합니다. COUNT(*) 함수가 반환하는 값은 정수이므로 getInt()를 사용했습니 **Note** DB에서 인덱스는
다. 이때 숫자 1은 SELECT절에 명시된 컬럼의 인덱스를 의미합니다. 1부터 시작합니다.

❿ 마지막으로 추출한 값을 반환하면 모든 처리가 끝납니다. 이 값이 JSP로 반환되게 됩니다.

방금 추가한 selectCount()는 결과적으로 다음 쿼리문을 실행한 결과를 반환합니다.

```
SELECT COUNT(*) FROM board;
```

만약 사용자가 다음 그림과 같이 검색 항목으로 '제목'을 선택한 후 "홍길동"이라고 입력하고 [검색하기] 버튼을 누른다면 쿼리문에는 WHERE절이 추가되어야 합니다.

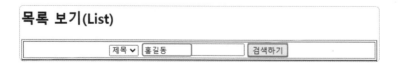

WHERE절이 추가된 쿼리문은 다음과 같습니다.

```
SELECT COUNT(*) FROM board WHERE title like '%홍길동%';
```

그러면 like를 사용해 title 컬럼에서 검색어로 입력한 단어가 포함된 레코드를 찾게 됩니다.

이 쿼리문을 실행한 후 결과를 얻는 코드가 ❻ ~ ❾입니다. 해당 부분만 다시 자세히 살펴볼까요?

```
stmt = con.createStatement();      // 쿼리문을 실행하기 위해 Statement 객체 생성
rs = stmt.executeQuery(query);     // SELECT 쿼리문을 실행. 실행 결과는
                                   // ResultSet 객체로 반환
rs.next();                         // 커서를 이동시켜 결괏값이 있는지 확인
totalCount = rs.getInt(1);         // ResultSet 객체의 1번 인덱스의 결과를 정수로 추출
```

JSP에서 입력한 검색어가 어떤 과정을 거쳐서 selectCount( )에 인수로 전달되는지는 아직 설명하지 않았습니다. 이 부분은 JSP에서 검색폼을 만들어본 후인 [예제 8-6]에서 설명하겠습니다.

게시물 목록 가져오기

다음은 게시물을 가져오는 메서드를 작성할 차례입니다. 이번에도 같은 파일에 selectList( )라는 이름으로 메서드를 추가하겠습니다.

예제 8-4 DAO에 selectList() 추가   Java Resources/src/main/java/**model1/board/BoardDAO.java**

```
... 생략 ...

public class BoardDAO extends JDBConnect {
    ... 생략 ...
    public int selectCount(Map<String, Object> map) {... 생략 ...}

    // 검색 조건에 맞는 게시물 목록을 반환합니다.
    public List<BoardDTO> selectList(Map<String, Object> map) {  ❶
        List<BoardDTO> bbs = new Vector<BoardDTO>();
                                        // 결과(게시물 목록)를 담을 변수 ❷

        String query = "SELECT * FROM board ";  ❸
        if (map.get("searchWord") != null) {  ❹
            query += " WHERE " + map.get("searchField") + " "
                  + " LIKE '%" + map.get("searchWord") + "%' ";
        }
```

```
        query += " ORDER BY num DESC ";  ❺

        try {
            stmt = con.createStatement();    // 쿼리문 생성 ❻
            rs = stmt.executeQuery(query);   // 쿼리 실행 ❼

            while (rs.next()) {  // 결과를 순회하며... ❽
                // 한 행(게시물 하나)의 내용을 DTO에 저장
            ┌── BoardDTO dto = new BoardDTO();

                dto.setNum(rs.getString("num"));          // 일련번호
                dto.setTitle(rs.getString("title"));      // 제목
    ❾ ──┤     dto.setContent(rs.getString("content"));   // 내용
                dto.setPostdate(rs.getDate("postdate"));  // 작성일
                dto.setId(rs.getString("id"));            // 작성자 아이디
            └── dto.setVisitcount(rs.getString("visitcount"));  // 조회수

                bbs.add(dto);  // 결과 목록에 저장 ❿
            }
        }
        catch (Exception e) {
            System.out.println("게시물 조회 중 예외 발생");
            e.printStackTrace();
        }

        return bbs;  ⓫
    }
}
```

❶ 연결된 데이터베이스로부터 게시물 목록을 가져오는 메서드를 정의합니다. selectCount( )와 똑같이 검색 조건을 매개변수로 받습니다.

❷ 테이블에서 레코드를 가져올 때는 항상 List 계열의 컬렉션에 저장합니다. List 컬렉션에는 데이터가 순서대로 저장되어 인덱스를 통해 가져올 수 있기 때문입니다. 여기서는 Vector를 사용했지만 ArrayList나 LinkedList 등 List 계열의 컬렉션이라면 모두 동일하게 사용할 수 있습니다.

❸ 목록을 가져오기 위한 쿼리문을 작성합니다. ❹ 검색어가 있다면 WHERE절을 추가하는 부분

은 selectCount( ) 메서드와 똑같습니다. 그런데 ➎ 마지막에 게시물 정렬을 위한 ORDER BY 절이 추가되었습니다. 게시판 목록은 항상 최근 게시물이 상단에 출력되므로 일련번호 컬럼 num 을 내림차순(DESC)으로 정렬한 것입니다.

➏ Statement 객체를 생성하여 ➐ 쿼리문을 실행합니다. 결과는 ResultSet 객체에 저장되어 반환됩니다.

➑ next( ) 메서드로 ResultSet에 저장된 행이 있는지 확인합니다. 있다면 true를 반환하고, 커서를 첫 번째 행으로 이동시킵니다. while문과 함께 써서 더 이상 행이 존재하지 않을 때까지 중괄호 안의 작업을 반복하게 됩니다.

while문 안에서는 ➒ 하나의 행(게시물 하나)의 내용을 DTO 객체에 저장한 후 ➓ 이 DTO를 List 컬렉션에 담습니다. 이렇게 while 루프를 끝까지 돌고 나면 쿼리문으로 받아온 게시물 목록이 모두 List 컬렉션인 bbs에 저장되게 됩니다.

마지막으로 ⓫ 쿼리 결과를 모두 담은 List 컬렉션을 JSP로 반환합니다.

게시물 목록 출력하기

이번에는 목록을 화면에 출력해주는 JSP를 만들 차례입니다. 이번에 작성할 파일은 JSP 파일이므로 webapps/08Board 폴더에 추가해주세요. 코드가 길어 두 번으로 나눠 설명하겠습니다. 먼저 DAO를 통해 필요한 정보를 얻어오는 부분입니다.

예제 8-5 게시물 목록을 출력하는 JSP(앞부분)　　　　　　　　　　　　　　　　webapp/**08Board/List.jsp**

```
<%@ page import="java.util.List"%>
<%@ page import="java.util.HashMap"%>
<%@ page import="java.util.Map"%>
<%@ page import="model1.board.BoardDAO"%>
<%@ page import="model1.board.BoardDTO"%>
<%@ page language="java" contentType="text/html; charset=UTF-8"
    pageEncoding="UTF-8"%>
<%
// DAO를 생성해 DB에 연결 ➊
BoardDAO dao = new BoardDAO(application);

// 사용자가 입력한 검색 조건을 Map에 저장 ➋
Map<String, Object> param = new HashMap<String, Object>();
```

```
String searchField = request.getParameter("searchField");
String searchWord = request.getParameter("searchWord");
if (searchWord != null) {
    param.put("searchField", searchField);
    param.put("searchWord", searchWord);
}

int totalCount = dao.selectCount(param);  // 게시물 수 확인 ❸
List<BoardDTO> boardLists = dao.selectList(param);  // 게시물 목록 받기 ❹
dao.close();  // DB 연결 닫기
%>
<!DOCTYPE html>
<html>
<head>
<meta charset="UTF-8">
<title>회원제 게시판</title>
</head>
<body>
... 생략(예제 8-6) ...
</body>
</html>
```

❶ 가장 먼저 BoardDAO 객체를 생성하는데, DAO 생성 과정에서 DB와의 연결이 완료됩니다.

❷ 그런 다음 사용자가 검색폼에서 입력한 내용을 Map 컬렉션에 저장합니다. DAO의 메서드를 호출할 때 이 컬렉션을 매개변수로 전달할 것입니다. 저장되는 과정은 뒤에서 설명하겠습니다.

이제 DAO가 제공하는 메서드를 호출해 ❸ 게시물의 개수와 ❹ 게시물 목록을 가져옵니다. ❸과 ❹ 모두에서 ❷에서 만든 검색 조건을 매개변수로 전달했으므로 조건에 맞는 게시물만 찾아줍니다.

이어서 [예제 8-5]에서 생략한 〈body〉〈/body〉 안쪽의 코드를 보겠습니다.

예제 8-6 게시물 목록을 출력하는 JSP(뒷부분)　　　　　　　　　　　　　　　　webapp/08Board/List.jsp

```
... 생략 ...
<body>
    <jsp:include page="../Common/Link.jsp" />  <!-- 공통 링크 -->
```

```
<h2>목록 보기(List)</h2>
<!-- 검색폼 --> ❶
<form method="get"> ❷
<table border="1" width="90%">
<tr>
    <td align="center">
        <select name="searchField"> ❸
            <option value="title">제목</option>
            <option value="content">내용</option>
        </select>
        <input type="text" name="searchWord" />
        <input type="submit" value="검색하기" />
    </td>
</tr>
</table>
</form>
<!-- 게시물 목록 테이블(표) --> ❹
<table border="1" width="90%">
    <!-- 각 컬럼의 이름 --> ❺
    <tr>
        <th width="10%">번호</th>
        <th width="50%">제목</th>
        <th width="15%">작성자</th>
        <th width="10%">조회수</th>
        <th width="15%">작성일</th>
    </tr>
    <!-- 목록의 내용 --> ❻
<%
if (boardLists.isEmpty()) {
    // 게시물이 하나도 없을 때 ❼
%>
    <tr>
        <td colspan="5" align="center">
            등록된 게시물이 없습니다^^*
        </td>
    </tr>
<%
}
else {
    // 게시물이 있을 때 ❽
```

```
    int virtualNum = 0;  // 화면상에서의 게시물 번호
    for (BoardDTO dto : boardLists)
    {
        virtualNum = totalCount--;  // 전체 게시물 수에서 시작해 1씩 감소
%>
        <tr align="center">
            <td><%= virtualNum %></td>  <!--게시물 번호-->
            <td align="left">  <!--제목(+ 하이퍼링크)-->
                <a href="View.jsp?num=<%= dto.getNum() %>"><%= dto.getTitle() %>
</a>  ❾
            </td>
            <td align="center"><%= dto.getId() %></td>        <!--작성자 아이디-->
            <td align="center"><%= dto.getVisitcount() %></td>  <!--조회수-->
            <td align="center"><%= dto.getPostdate() %></td>    <!--작성일-->
        </tr>
<%
    }
}
%>
    </table>
    <!--목록 하단의 [글쓰기] 버튼--> ❿
    <table border="1" width="90%">
        <tr align="right">
            <td><button type="button" onclick="location.href='Write.jsp';">글쓰기
                </button></td>
        </tr>
    </table>
</body>
</html>
```

❶ 가장 위에는 검색폼이 옵니다. ❷ 전송 방식은 get 방식이고, action 속성을 지정하지 않았으므로 submit하면 폼값이 현재 페이지로 전송됩니다. ❸ 검색 항목(searchField)은 제목과 내용 중 선택할 수 있습니다. 그래서 검색어가 없을 때와 있을 때를 구분하여 처리하게 됩니다.

검색폼 아래에는 ❹ 검색 목록이 표 형태로 출력됩니다. ❺ 표의 첫 줄은 각 컬럼의 이름이 오고, ❻ 그 아래에 드디어 목록의 내용이 나옵니다.

❼ List 컬렉션에 저장된 내용이 하나도 없다면 간략하게 "등록된 게시물이 없습니다^^*"라고 출

력하고, ❽ 게시물이 있다면 for문을 돌면서 하나씩 출력합니다. 게시물 정보는 모두 DTO 객체로부터 얻습니다. ❾ 특히 제목은 상세 보기 페이지로 이동하기 위한 링크가 추가됩니다. 상세 보기는 일련번호를 통해 게시물을 조회하므로 num을 매개변수로 전달하고 있습니다.

❿ 화면의 맨 아래에는 [글쓰기] 버튼이 자리합니다.

완성입니다. 이제 List.jsp를 실행하면 이번 절 처음에 보여드린 다음 화면이 나타날 것입니다.

로그인	게시판(페이징X)	게시판(페이징O)

목록 보기(List)

번호	제목	작성자	조회수	작성일
1	제목1입니다	musthave	0	2021-08-20

제목 ∨ [   ] [검색하기]

[글쓰기]

그런데 게시글이 하나뿐이니 목록을 다 가져온 것인지 확인할 수 없습니다. 확인해보기 위해 더미 데이터를 몇 개 더 추가하겠습니다.

To Do **01** ⊞ + R 키를 눌러 실행창을 띄웁니다.

02 실행창이 뜨면 "cmd"를 입력하고 enter 키를 누르면 명령 프롬프트가 실행됩니다.

03 명령 프롬프트에서 sqlplus 명령을 실행하여 musthave 계정으로 접속합니다.

04 다음 SQL문을 실행하여 더미 데이터를 추가합니다.

webapp/08Board/더미데이터추가.sql

```
INSERT INTO board VALUES (seq_board_num.nextval, '지금은 봄입니다', '봄의왈츠',
'musthave', sysdate, 0);
INSERT INTO board VALUES (seq_board_num.nextval, '지금은 여름입니다', '여름향기',
'musthave', sysdate, 0);
INSERT INTO board VALUES (seq_board_num.nextval, '지금은 가을입니다', '가을동화',
'musthave', sysdate, 0);
INSERT INTO board VALUES (seq_board_num.nextval, '지금은 겨울입니다', '겨울연가',
'musthave', sysdate, 0);

commit;
```

Note 더미 데이터를 추가한 후 마지막에 반드시 commit을 실행해야 합니다.

이제 웹 브라우저로 돌아와 목록 페이지에서 새로고침(F5)해보면 다음과 같이 방금 입력한 게시물들도 잘 출력됩니다.

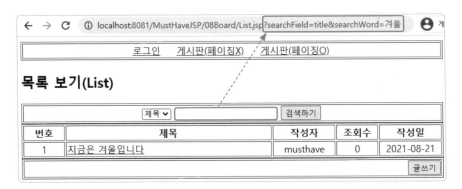

게시물 검색하기

이번에는 검색을 해보겠습니다. 검색폼에 ❶ '제목'을 선택한 후 ❷ "겨울"이라고 입력하고 ❸ [검색하기] 버튼을 누릅니다.

그러면 검색 항목과 검색어가 주소표시줄 뒷부분에 쿼리스트링을 통해 전송되게 됩니다. 그러면 [예제 8-5]의 JSP 코드에서 요청 객체의 getParameter( )로 매개변수를 받아서, Map 컬렉션에 저장한 후, DAO로 전달해 조건에 맞는 결과만 가져옵니다. 그러면 앞의 그림과 같이 해당 게시물만 출력되는 것이죠. 여러분은 '내용' 항목도 선택해 검색해보시기 바랍니다.

이로써 페이지 처리 없는 게시판 목록이 완성되었습니다. 다음은 글쓰기를 제작해보겠습니다.

8.4 글쓰기

회원제 게시판에서는 반드시 로그인 후에야 쓰기 페이지로 진입할 수 있습니다. 로그인이 안 된 상태라면 로그인 페이지로 이동해야 합니다. 로그인 기능은 6장에서 제작한 LoginForm.jsp를 그대로 사용하겠습니다.

▼ 글쓰기 처리 프로세스와 담당 모듈(파일)

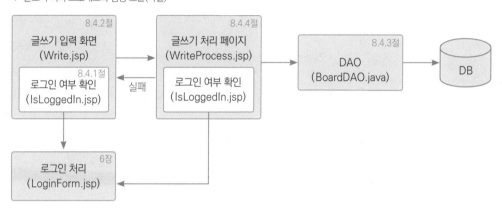

8.4.1 로그인 여부 확인

먼저 로그인 정보가 없을 때 로그인 페이지로 이동시키는 페이지를 작성해보겠습니다.

예제 8-7 로그인하지 않았다면 로그인 폼으로 이동   webapp/**08Board/IsLoggedIn.jsp**

```
<%@ page import="utils.JSFunction"%>
<%@ page language="java" contentType="text/html; charset=UTF-8"
    pageEncoding="UTF-8"%>
<%
if (session.getAttribute("UserId") == null) {  ❶
    JSFunction.alertLocation("로그인 후 이용해주십시오.",
                             "../06Session/LoginForm.jsp", out);  ❷

    return;  ❸
}
%>
```

❶ session 영역에 "UserId"라는 속성값이 있는지 확인합니다. 값이 null이면 로그인하지 않았다는 뜻입니다.

❷ 로그인하지 않았다면 경고창을 띄운 후, 로그인 페이지로 이동합니다. utils 패키지의 JSFunction 클래스는 4장에서 작성하였습니다.

❸ 특정한 조건에서 실행을 멈추고 싶을 때는 반드시 return문을 써줘야 합니다.

[예제 8-7]은 회원제 게시판의 프로세스에서 로그인 확인이 필요한 모든 페이지에서 include해 포함시킬 용도로 만들었으니 따로 실행해볼 필요는 없습니다. 이처럼 공통적으로 사용하는 코드는 include해 사용하면 편리합니다. 코드를 수정해야 할 때도 한 군데만 수정하면 되므로 유지보수도 쉬워지고요.

8.4.2 글쓰기 페이지 구현

글쓰기 페이지를 작성해보겠습니다.

예제 8-8 글쓰기 페이지   webapp/08Board/Write.jsp

```jsp
<%@ page language="java" contentType="text/html; charset=UTF-8"
    pageEncoding="UTF-8"%>
<%@ include file="./IsLoggedIn.jsp"%>  <!--로그인 확인--> ❶
<!DOCTYPE html>
<html>
<head>
<meta charset="UTF-8">
<title>회원제 게시판</title>
<script type="text/javascript">
function validateForm(form) {  // 폼 내용 검증 ❷
    if (form.title.value == "") {
        alert("제목을 입력하세요.");
        form.title.focus();
        return false;
    }
    if (form.content.value == "") {
        alert("내용을 입력하세요.");
        form.content.focus();
        return false;
    }
}
</script>
```

```
</head>
<body>
<jsp:include page="../Common/Link.jsp" />
<h2>회원제 게시판 - 글쓰기(Write)</h2>
<form name="writeFrm" method="post" action="WriteProcess.jsp"  ❸
      onsubmit="return validateForm(this);"> ❹
    <table border="1" width="90%">
        <tr>
            <td>제목</td>
            <td> ❺
                <input type="text" name="title" style="width: 90%;" />
            </td>
        </tr>
        <tr>
            <td>내용</td>
            <td> ❻
                <textarea name="content" style="width: 90%; height: 100px;">
                </textarea>
            </td>
        </tr>
        <tr>
            <td colspan="2" align="center">
                <button type="submit">작성 완료</button>  ❼
                <button type="reset">다시 입력</button>
                <button type="button" onclick="location.href='List.jsp';">
                    목록 보기</button>
            </td>
        </tr>
    </table>
</form>
</body>
</html>
```

❶ 글쓰기 페이지는 로그인해야 진입할 수 있으므로 [예제 8-7]에서 작성한 IsLoggedIn.jsp를
삽입했습니다.

❷의 자바스크립트 함수는 폼에 필수 항목인 '제목'과 '내용'이 입력되어 있는지 확인합니다. 값이
비어 있다면 경고창을 띄우고 포커스를 이동시킨 후, 실패를 뜻하는 false를 반환합니다.

❸ 폼의 이름(writeFrm), 전송 방식(post), 폼값을 전송할 경로(WriteProcess.jsp)를 지정합니다. 특히 ❹는 [작성 완료] 버튼을 눌렀을 때, 즉 submit 이벤트가 발생했을 때 ❷에서 작성한 validateForm( ) 함수를 호출하는 코드입니다. 검증 함수가 false를 반환되면 폼값을 전송하지 않습니다.

❺는 글의 제목 입력란, ❻은 내용 입력란입니다. 각각의 name 속성값은 board 테이블의 컬럼 이름과 동일하게 설정했습니다. ❼ 마지막으로 [작성 완료] 버튼을 추가했습니다.

[예제 8-5]를 실행해 제목과 내용을 입력하고 [작성 완료] 버튼을 누르면 WriteProcess.jsp로 폼값이 전송됩니다. 이 폼값을 받아 데이터베이스에 추가하려면 먼저 DAO 클래스에 메서드를 추가해야 합니다.

8.4.3 DAO에 글쓰기 메서드 추가

model1.board.BoardDAO.java 파일을 열어서 다음과 같이 insertWrite( ) 메서드를 추가합니다.

예제 8-9 DAO에 글쓰기 메서드 추가   Java Resources/src/main/java/**model1/board/BoardDAO.java**

```
... 생략 ...

public class BoardDAO extends JDBConnect {
    ... 생략 ...

    // 게시글 데이터를 받아 DB에 추가합니다. ❶
    public int insertWrite(BoardDTO dto) {
        int result = 0;

        try {
            // INSERT 쿼리문 작성 ❷
            String query = "INSERT INTO board ( "
                        + " num,title,content,id,visitcount) "
                        + " VALUES ( "
                        + " seq_board_num.NEXTVAL, ?, ?, ?, 0)"; ❸

            psmt = con.prepareStatement(query);  // 동적 쿼리 ❹
```

```
            psmt.setString(1, dto.getTitle());
            psmt.setString(2, dto.getContent());      ⑤
            psmt.setString(3, dto.getId());

            result = psmt.executeUpdate();  ⑥
        }
        catch (Exception e) {
            System.out.println("게시물 입력 중 예외 발생");
            e.printStackTrace();
        }

        return result;  ⑦
    }
}
```

❶ insertWrite( ) 메서드는 BoardDTO 타입의 매개변수를 받은 후 데이터를 insert합니다. 그리고 insert에 성공한 행의 개수를 정수로 반환합니다.

❷에서 INSERT 쿼리문을 작성합니다. ❸ 제목, 내용, 아이디를 모두 인파라미터(?)로 설정하고 ❺에서 사용자가 입력한 값을 대입합니다. ❹ 이번에는 인파라미터가 있는 동적 쿼리이므로 PreparedStatement 객체를 생성했습니다.

❻ INSERT 쿼리를 실행하면 성공적으로 추가한 행의 개수를 돌려줍니다. ❼ 이 값을 JSP로 반환합니다.

8.4.4 글쓰기 처리 페이지 작성

사용자가 글을 입력할 글쓰기 페이지와 글 내용을 데이터베이스에 저장해줄 DAO 객체가 준비되었으니, 이제 이 둘을 연결해주기만 하면 끝입니다.

예제 8-10 글쓰기 처리 페이지   webapp/**08Board/WriteProcess.jsp**

```
<%@ page import="model1.board.BoardDAO"%>
<%@ page import="model1.board.BoardDTO"%>
<%@ page language="java" contentType="text/html; charset=UTF-8"
    pageEncoding="UTF-8"%>
<%@ include file="./IsLoggedIn.jsp"%>  ❶
```

```
<%
// 폼값 받기 ❷
String title = request.getParameter("title");
String content = request.getParameter("content");

// 폼값을 DTO 객체에 저장 ❸
BoardDTO dto = new BoardDTO();
dto.setTitle(title);
dto.setContent(content);
dto.setId(session.getAttribute("UserId").toString());   ❹

// DAO 객체를 통해 DB에 DTO 저장 ❺
BoardDAO dao = new BoardDAO(application);
int iResult = dao.insertWrite(dto);
dao.close();

// 성공 or 실패?
if (iResult == 1) {
    response.sendRedirect("List.jsp");   ❻
} else {
    JSFunction.alertBack("글쓰기에 실패하였습니다.", out);   ❼
}
%>
```

❶ 로그인 확인을 위해 인클루드합니다. 만약 글쓰기 페이지에서 세션 유지 시간이 지날 동안 동작이 없었다면 로그인이 해제될 수 있기 때문입니다.

이후의 로직은 간단합니다. ❷ 전송된 폼값을 ❸ DTO 객체에 담아 ❺ 앞 절에서 작성한 insertWrite( ) 메서드를 호출해 DB에 저장합니다. 곧바로 이해되지 않을 코드는 ❹뿐일 겁니다. session 영역에 저장돼 있는 사용자 아이디까지 DTO에 담은 이유는 무엇일까요? board 테이블의 id 컬럼은 member 테이블의 id 컬럼과 외래키로 설정되어 있으므로, id가 빈 값이면 INSERT할 때 제약조건 위배로 오류가 발생하기 때문입니다.

마지막으로 입력 결과에 따라 ❻ 성공하면 목록 페이지로 이동하고, ❼ 실패하면 경고창을 띄운 후 이전 페이지, 즉 글쓰기 페이지로 이동합니다.

8.4.5 동작 확인

필요한 구성요소가 다 갖춰졌으니 의도한 대로 잘 동작하는지 테스트해볼 차례입니다.

To Do **01** Write.jsp를 실행합니다(혹은 목록 보기 화면에서 [글쓰기] 버튼을 눌러도 됩니다). 글쓰기
페이지로 진입하는 순간 다음과 같이 경고창이 뜰 것입니다.

02 [확인] 버튼을 누르면 로그인 페이지로 이동합니다.

로그인 페이지는 6장에서 작성한 LoginForm.jsp입니다.

03 아이디와 패스워드에 "musthave"와 "1234"를 각각 입력 후 [로그인하기] 버튼을 누릅
니다.

04 로그인에 성공하면, 상단 공통 링크의 [게시판(페이징X)] 링크를 클릭합니다.

05 목록 보기 화면 나타날 겁니다. 오른쪽 아래의 [글쓰기] 버튼을 클릭합니다. 이제는 로그인이 된 상태이므로 글쓰기 페이지로 진입할 수 있습니다.

06 '내용' 항목만 입력 후 [작성 완료] 버튼을 눌러봅니다. 그러면 "제목을 입력하세요."란 경고 창이 뜹니다.

07 '제목'까지 채운 후 [작성 완료] 버튼을 눌러보겠습니다.

그러면 '목록 보기' 페이지(List.jsp)로 이동하며, 새로 작성한 게시물이 등록된 것을 볼 수 있습니다.

게시물을 등록하였으니 다음은 쓴 내용을 볼 차례입니다. 다음 절에서는 '상세 보기' 페이지를 작성해보겠습니다.

STEP 3 8.5 상세 보기

상세 보기는 사용자가 선택한 게시물 하나를 조회하여 보여주는 기능입니다. 내용을 보려면 목록에서 원하는 게시물의 제목을 클릭하면 됩니다. 이때 게시물의 일련번호(num 컬럼)를 매개변수로 전달하고, 이를 이용해 데이터베이스에서 게시물 내용을 가져올 것입니다. 또한 게시물을 조회하면 조회수(visitcount 컬럼)를 증가시켜야 합니다.

목록에서 게시물을 클릭하면 다음 그림과 같이 게시물의 일련번호가 매개변수로 전달되는 것을 볼 수 있습니다. 이 코드는 이미 목록 보기 페이지(List.jsp)에서 구현해두었습니다.

내용 보기 페이지로 일련번호 전달

▼ 상세 보기 처리 프로세스와 담당 모듈(파일)

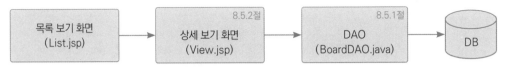

8.5.1 DAO 준비

그러면 먼저 게시물을 조회하기 위한 메서드를 DAO에서 추가하도록 하겠습니다.

예제 8-11 DAO에 게시물 조회 메서드 추가　　　　Java Resources/src/main/java/**model1/board/BoardDAO.java**

```java
... 생략 ...

public class BoardDAO extends JDBConnect {
    ... 생략 ...

    // 지정한 게시물을 찾아 내용을 반환합니다.
    public BoardDTO selectView(String num) {  ❶
        BoardDTO dto = new BoardDTO();

        // 쿼리문 준비 ❷
        String query = "SELECT B.*, M.name "  ❸
                + " FROM member M INNER JOIN board B "  ❹
                + " ON M.id=B.id "
                + " WHERE num=?";

        try {
            psmt = con.prepareStatement(query);
            psmt.setString(1, num);    // 인파라미터를 일련번호로 설정 ❺
            rs = psmt.executeQuery();  // 쿼리 실행 ❻

            // 결과 처리
            if (rs.next()) {  ❼
                dto.setNum(rs.getString(1));
                dto.setTitle(rs.getString(2));
                dto.setContent(rs.getString("content"));
                dto.setPostdate(rs.getDate("postdate"));
                dto.setId(rs.getString("id"));       ❽
```

```
                dto.setVisitcount(rs.getString(6));
                dto.setName(rs.getString("name"));
            }
        }
        catch (Exception e) {
            System.out.println("게시물 상세보기 중 예외 발생");
            e.printStackTrace();
        }

        return dto;   ❾
    }
}
```

❶ JSP에서 매개변수로 전달한 일련번호를 받습니다.

❷❸ 게시물을 가져오기 위한 SELECT 쿼리문을 작성합니다. ❹ 이때 member 테이블과 조인 (INNER JOIN)을 걸어줍니다. board 테이블에는 작성자의 아이디만 저장되므로 이름을 출력 하기 위해서는 member 테이블과의 조인이 필요하기 때문입니다. board 테이블의 모든 컬럼과 member 테이블의 name 컬럼을 가져옵니다.

이어서 ❺ 인파라미터를 일련번호로 설정한 다음 ❻ 쿼리문을 실행합니다.

❼ ResultSet 객체로 반환된 행을 next( ) 메서드로 확인하고, ❽ DTO 객체에 저장합니다. 값을 추출하기 위한 get 계열 메서드에는 인덱스와 컬럼명을 혼합해서 사용하였습니다.

❾ 마지막으로 이렇게 완성한 DTO를 반환합니다.

계속해서 조회수를 1 증가시키는 메서드를 추가하겠습니다. 이번 메서드는 간단합니다.

예제 8-12 DAO에 조회수 증가 메서드 추가   Java Resources/src/main/java/**model1/board/BoardDAO.java**

```
... 생략 ...

public class BoardDAO extends JDBConnect {
    ... 생략 ...

    // 지정한 게시물의 조회수를 1 증가시킵니다.
    public void updateVisitCount(String num) {   ❶
        // 쿼리문 준비 ❷
```

```
        String query = "UPDATE board SET "
                    + " visitcount=visitcount+1 "
                    + " WHERE num=?";

        try {
            psmt = con.prepareStatement(query);
            psmt.setString(1, num);  // 인파라미터를 일련번호로 설정 ❸
            psmt.executeQuery();     // 쿼리 실행 ❹
        }
        catch (Exception e) {
            System.out.println("게시물 조회수 증가 중 예외 발생");
            e.printStackTrace();
        }
    }
}
```

❶ 조회수를 증가시킬 게시물의 일련번호를 매개변수로 받습니다.

❷ UPDATE 쿼리문을 작성한 후 ❸ 인파라미터를 일련번호로 설정하고 ❹ 쿼리를 실행합니다.

Note 일반적으로 UPDATE와 같이 기존 행에 영향을 주는 쿼리문은 executeUpdate() 메서드를 사용합니다. 하지만 UPDATE가 적용된 행의 개수를 알 필요가 없다면 ❹처럼 executeQuery()를 사용해도 무방합니다. 즉, 두 메서드 모두 반환값만 다를 뿐 쿼리는 똑같이 실행해줍니다.

이상으로 상세 보기에 필요한 DAO 수정을 모두 마쳤습니다.

8.5.2 상세 보기 화면 작성

앞 절에서 보강한 DAO 메서드들을 이용해서 다음 그림과 같은 상세 보기 화면을 작성하겠습니다.

회원제 게시판 - 상세 보기(View)

번호	111	작성자	머스트해브
작성일	2021-07-30	조회수	1
제목	게시판에 글을 남겨볼게요.		
내용	첫 번째 작성이네요... 두근두근...^^		

로그인한 사용자와 작성자가 같을 때만 표시

[수정하기] [삭제하기] [목록 보기]

코드를 볼까요? 코드가 제법 길지만 지금까지 보아온 예제들과 같은 구성이라 친숙할 것입니다.

예제 8-13 상세 보기 페이지   webapp/08Board/View.jsp

```jsp
<%@ page import="model1.board.BoardDAO"%>
<%@ page import="model1.board.BoardDTO"%>
<%@ page language="java" contentType="text/html; charset=UTF-8"
   pageEncoding="UTF-8"%>
<%
String num = request.getParameter("num");   // 일련번호 받기 ❶

BoardDAO dao = new BoardDAO(application);   // DAO 생성 ❷
dao.updateVisitCount(num);                  // 조회수 증가 ❸
BoardDTO dto = dao.selectView(num);         // 게시물 가져오기 ❹
dao.close();                                // DB 연결 해제
%>
<!DOCTYPE html>
<html>
<head>
<meta charset="UTF-8">
<title>회원제 게시판</title>
<script>
function deletePost() {
  // 생략(8.7절 참고)
}
</script>
</head>
<body>
<jsp:include page="../Common/Link.jsp" />  <!-- 공통 링크 -->
```

```
<h2>회원제 게시판 - 상세 보기(View)</h2>
<form name="writeFrm">
    <input type="hidden" name="num" value="<%= num %>" />
    <table border="1" width="90%">
        <tr>
            <td>번호</td>
            <td><%= dto.getNum() %></td>
            <td>작성자</td>
            <td><%= dto.getName() %></td>
        </tr>
        <tr>
            <td>작성일</td>
            <td><%= dto.getPostdate() %></td>
            <td>조회수</td>
            <td><%= dto.getVisitcount() %></td>
        </tr>
        <tr>
            <td>제목</td>
            <td colspan="3"><%= dto.getTitle() %></td>
        </tr>
        <tr>
            <td>내용</td>
            <td colspan="3" height="100">
                <%= dto.getContent().replace("\r\n", "<br/>") %></td>    ❻
        </tr>
        <tr>
            <td colspan="4" align="center">
                <%
                if (session.getAttribute("UserId") != null
                    && session.getAttribute("UserId").toString().equals(
                                                        dto.getId())) {
                %>
                <button type="button"
                        onclick="location.href='Edit.jsp?num=<%= dto.getNum() %>';">
                    수정하기</button>
                <button type="button" onclick="deletePost();">삭제하기</button>
                <%
                }
                %>
```

❺

❼

```
                    <button type="button" onclick="location.href='List.jsp';">
                        목록 보기
                    </button>
                </td>
            </tr>
        </table>
    </form>
</body>
</html>
```

❶ 일련번호 매개변수를 받습니다.

❷ DAO 객체를 생성한 후 앞 절에서 작성한 두 메서드를 호출하여 ❸ 조회수를 1 증가시키고
❹ 게시물 가져오기를 실행합니다.

❺ 번호, 작성자, 제목 등 DTO 객체에 저장된 내용을 출력합니다. 특히 이때 ❻에서 replace()
메서드로 엔터키를 〈br/〉 태그로 변경하여, 웹 브라우저상에서 줄바꿈이 적용되도록 했습니다.

❼ 부분은 수정, 삭제를 위한 버튼을 출력합니다. 단, 작성자 본인에게만 노출하기 위해 다음 두
조건을 만족할 때만 버튼이 보이도록 했습니다.

  1 session 영역에 속성값이 있는가? 즉, 로그인한 상태인가?
  2 로그인(세션) 아이디와 DTO 객체에 저장된 아이디가 일치하는가? 즉, 작성자 본인인가?

Note View.jsp를 단독으로 직접 실행하면 일련번호(num)를 건네받지 못해 500 에러가 발생합니다. 그러니 결과를 확인
하려면 반드시 목록 보기에서 게시물 제목을 클릭해서 실행해주세요.

STEP 4 # 8.6 수정하기

수정하기는 상세 보기와 글쓰기를 합쳐놓은 형태라고 보면 됩니다. 먼저 본인이 작성했던 글을
DB에서 가져와서 글쓰기 폼에 채워서 보여주고, 내용을 수정해 전송하면 수정한 내용으로 DB를
갱신하면 됩니다.

▼ 수정하기 처리 프로세스와 담당 모듈(파일)

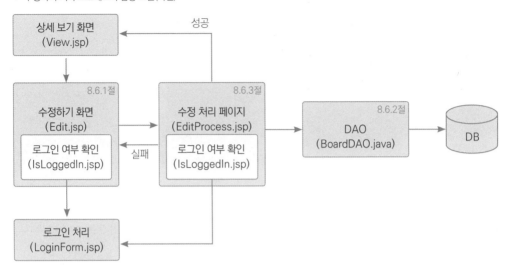

8.6.1 수정 폼 화면 작성

수정 폼을 먼저 작성할 텐데요, 기존의 글쓰기 파일(Write.jsp)을 복사-붙여넣기한 후 몇 가지만 수정하면 됩니다(Write.jsp와 다른 부분을 음영 처리하였습니다). 상세 보기는 앞 절에서 작성한 부분이므로 바로 사용할 수 있습니다.

예제 8-14 수정하기 폼   webapp/08Board/Edit.jsp

```jsp
<%@ page import="model1.board.BoardDAO"%>
<%@ page import="model1.board.BoardDTO"%>
<%@ page language="java" contentType="text/html; charset=UTF-8"
    pageEncoding="UTF-8"%>
<%@ include file="./IsLoggedIn.jsp"%>  ❶
<%
String num = request.getParameter("num");  // 일련번호 받기
BoardDAO dao = new BoardDAO(application);  // DAO 생성                    ❷
BoardDTO dto = dao.selectView(num);        // 게시물 가져오기
String sessionId = session.getAttribute("UserId").toString();  // 로그인 ID 얻기
if (!sessionId.equals(dto.getId())) {      // 본인인지 확인
    JSFunction.alertBack("작성자 본인만 수정할 수 있습니다.", out);        ❸
    return;
}
```

```
dao.close(); // DB 연결 해제
%>
<!DOCTYPE html>
<html>
<head>
<meta charset="UTF-8">
<title>회원제 게시판</title>
<script type="text/javascript">
function validateForm(form) { // 폼 내용 검증
    if (form.title.value == "") {
        alert("제목을 입력하세요.");
        form.title.focus();
        return false;
    }
    if (form.content.value == "") {
        alert("내용을 입력하세요.");
        form.content.focus();
        return false;
    }
}
</script>
</head>
<body>
<jsp:include page="../Common/Link.jsp" />
<h2>회원제 게시판 - 수정하기(Edit)</h2>
<form name="writeFrm" method="post" action="EditProcess.jsp"  ❹
     onsubmit="return validateForm(this);">
    <input type="hidden" name="num" value="<%= dto.getNum() %>" />  ❺
    <table border="1" width="90%">
        <tr>
            <td>제목</td>
            <td>
                <input type="text" name="title" style="width: 90%;"
                    value="<%= dto.getTitle() %>"/>  ❻
            </td>
        </tr>
        <tr>
            <td>내용</td>
            <td>
```

```
                <textarea name="content" style="width: 90%; height: 100px;">
<%= dto.getContent() %></textarea>   ❼
            </td>
        </tr>
        <tr>
            <td colspan="2" align="center">
                <button type="submit">작성 완료</button>
                <button type="reset">다시 입력</button>
                <button type="button" onclick="location.href='List.jsp';">
                    목록 보기</button>
            </td>
        </tr>
    </table>
</form>
</body>
</html>
```

❶ 수정하기 페이지에서도 로그인한 상태인지 확인하기 위해 IsLoggedIn.jsp를 인클루드합니다.

그다음은 Write.jsp에서 달라진 부분 위주로 설명하겠습니다.

로그인한 상태라면 ❷ 먼저 상세 보기 때와 마찬가지로 게시물을 가져옵니다. 그런 다음 ❸ 로그인한 사용자가 게시물 작성자 본인이 맞는지 확인합니다. 본인이 아니라면 경고창을 띄우고 뒤로 이동합니다.

❹부터 수정용 form 태그입니다. 수정 처리는 EditProcess.jsp에서 합니다. ❺ form 태그 바로 아래에 hidden 속성의 input 태그가 추가되는데요, 선택된 게시물의 일련번호를 EditProcess.jsp에 그대로 전달하는 역할을 합니다.

마지막으로 ❻ 기존 게시물의 제목과 ❼ 내용을 각각의 입력 폼에 미리 채워 넣습니다. ❻ input 태그에서는 value 속성을 이용했고 ❼ textarea 태그에서는 여는 태그와 닫는 태그 사이의 콘텐츠 부분에 값을 삽입했습니다. input 태그와는 다르게 시작 태그와 종료 태그 사이에 텍스트가 들어가므로 반드시 공백space 없이 작성해야 합니다.

그럼 상세 보기 페이지에서 [수정하기] 버튼을 눌러보겠습니다. 만약 로그인이 해제되었다면 반드시 로그인을 하셔야 합니다. 수정하기 페이지는 다음과 같습니다.

8.6.2 DAO 준비

게시물을 수정하는 메서드를 BoardDAO 클래스에 추가하겠습니다. 계속 반복되는 패턴이므로
이제 눈에 많이 익을 것입니다.

예제 8-15 DAO에 수정하기 메서드 추가　　　　　　Java Resources/src/main/java/**model1/board/BoardDAO.java**

```java
... 생략 ...

public class BoardDAO extends JDBConnect {
    ... 생략 ...

    // 지정한 게시물을 수정합니다.
    public int updateEdit(BoardDTO dto) {  ❶
        int result = 0;

        try {
            // 쿼리문 템플릿 ❷
            String query = "UPDATE board SET "
                        + " title=?, content=? "
                        + " WHERE num=?";

            // 쿼리문 완성 ❸
            psmt = con.prepareStatement(query);
            psmt.setString(1, dto.getTitle());
            psmt.setString(2, dto.getContent());
            psmt.setString(3, dto.getNum());
```

```
        // 쿼리문 실행 ❹
        result = psmt.executeUpdate();
    }
    catch (Exception e) {
        System.out.println("게시물 수정 중 예외 발생");
        e.printStackTrace();
    }

    return result; // 결과 반환 ❺
    }
}
```

❶ 이번 메서드가 매개변수로 받는 DTO 객체에는 수정할 내용이 담겨 있습니다.

그다음은 지금까지와 같은 패턴입니다. ❷ UPDATE 쿼리문을 작성하는데, 이때 ❸ 제목, 내용, 일련번호를 인파라미터로 입력한 후 ❹ 쿼리를 실행합니다. ❺ 반환하는 값은 업데이트된 행의 개수입니다.

8.6.3 수정 처리 페이지 작성

앞 절에서 DAO에 추가한 메서드를 이용해서 수정 처리 페이지를 작성하겠습니다.

예제 8-16 수정 처리 페이지   webapp/08Board/EditProcess.jsp

```
<%@ page import="model1.board.BoardDAO"%>
<%@ page import="model1.board.BoardDTO"%>
<%@ page language="java" contentType="text/html; charset=UTF-8"
    pageEncoding="UTF-8"%>
<%@ include file="./IsLoggedIn.jsp"%>  ❶
<%
// 수정 내용 얻기
String num = request.getParameter("num");
String title = request.getParameter("title");
String content = request.getParameter("content");
                                                            ❷
// DTO에 저장
BoardDTO dto = new BoardDTO();
```

```
dto.setNum(num);
dto.setTitle(title);
dto.setContent(content);

// DB에 반영
BoardDAO dao = new BoardDAO(application);
int affected = dao.updateEdit(dto);                     ❸
dao.close();

// 성공/실패 처리
if (affected == 1) {
    // 성공 시 상세 보기 페이지로 이동
    response.sendRedirect("View.jsp?num=" + dto.getNum());    ❹
}
else {
    // 실패 시 이전 페이지로 이동
    JSFunction.alertBack("수정하기에 실패하였습니다.", out);    ❺
}
%>
```

❶ 로그인한 상태인지 확인하기 위해 IsLoggedIn.jsp를 인클루드합니다.

그다음 로직은 아주 직관입니다. ❷ 먼저 폼값을 받은 후 DTO 객체에 저장하고, ❸ DAO 객체를 생성해 updateEdit() 메서드를 호출합니다. 이때 문제없이 수정했다면 1이 반환됩니다. ❹ 수정에 성공하면 상세 보기 페이지로 이동하고, ❺ 실패하면 이전 페이지로 이동합니다.

8.6.4 동작 확인

지금까지 작성한 수정 기능을 테스트해보겠습니다. 수정하기 페이지를 테스트하려면 '목록 보기' → '상세 보기' → '수정하기' 단계를 거쳐 와야 합니다.

To Do 01 목록 보기(List.jsp)를 실행합니다.

Note 로그인이 되어 있지 않다면 ❶ 공통 링크의 [로그인] 클릭 → ❷ 로그인(musthave/1234) → ❸ 공통 링크의 [게시판(페이징X)]를 클릭합니다.

02 수정하려는 글의 '제목'을 클릭해 상세 보기 페이지로 이동합니다.

03 아래쪽의 [수정하기] 버튼을 클릭합니다.

04 제목과 내용을 적당히 수정 후 [작성 완료] 버튼을 클릭합니다.

수정이 잘 되었다면 다음과 같이 상세 보기 페이지로 이동합니다.

회원제 게시판 - 상세 보기(View)

번호	36	작성자	머스트해브
작성일	2021-04-13	조회수	2
제목	게시판에 글을 남겨볼게요.		
내용	첫 번째 수정이네요... 수정은 잘 될까요? 두근두근...^^		
	수정하기 삭제하기 목록 보기		

그림과 같이 수정은 잘 처리되셨나요? 이어서 삭제 기능을 추가해보겠습니다.

STEP 5 8.7 삭제하기

삭제는 쓰기나 수정과는 다르게 별도의 폼이 필요하지 않습니다. 회원제 게시판이므로 글을 작성한 본인인지만 확인되면 바로 삭제 처리를 하면 됩니다.

삭제의 시작은 상세 보기 페이지입니다. 로그인 상태에서 본인이 작성한 글을 보면 [수정하기] 버튼과 함께 [삭제하기] 버튼도 표시되는데, 이 버튼을 누르면 삭제 처리용 JSP로 삭제 요청을 보내게 할 것입니다.

▼ 삭제하기 처리 프로세스와 담당 모듈(파일)

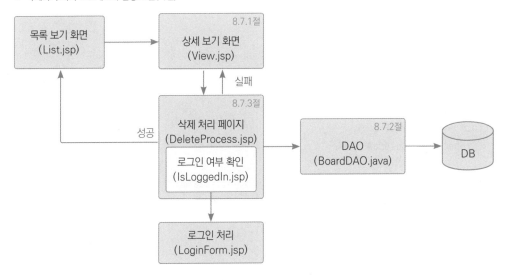

8.7.1 삭제하기 버튼에 삭제 요청 로직 달기

먼저 [삭제하기] 버튼 클릭 시 삭제 요청을 보내는 자바스크립트 코드를 상세 보기 페이지(View. jsp)에 추가하겠습니다. 추가한 부분은 음영으로 표시했습니다. 상세 보기 페이지에서 삭제를 위한 부분을 먼저 설명하도록 하겠습니다.

예제 8-17 View.jsp에 삭제하기 자바스크립트 코드 추가   webapp/**08Board/View.jsp**

```
... 생략 ...
<!DOCTYPE html>
<html>
<head>
<meta charset="UTF-8">
<title>회원제 게시판</title>
<script>
function deletePost() {    ❶
    var confirmed = confirm("정말로 삭제하겠습니까?");    ❷
    if (confirmed) {
        var form = document.writeFrm;            // 이름(name)이 "writeFrm"인 폼 선택
        form.method = "post";                    // 전송 방식 ❸
        form.action = "DeleteProcess.jsp";       // 전송 경로 ❹
        form.submit();                           // 폼값 전송 ❺
```

```
      }
   }
   </script>
   </head>
   <body>
   <jsp:include page="../Common/Link.jsp" />
   <h2>회원제 게시판 - 상세 보기(View)</h2>
   <form name="writeFrm">
     <input type="hidden" name="num" value="<%= num %>" />  ⑥
   ... 생략 ...
           <button type="button" onclick="deletePost();">삭제하기</button>  ⑦
   ... 생략 ...
   </form>
   </body>
   </html>
```

⑦ [삭제하기] 버튼을 클릭하면 onclick="deletePost( );" 코드에 의해 ①의 deletePost( ) 함수
가 실행됩니다. 앞서 상세 보기 설명 때는 필요가 없어서 본문 부분을 비워뒀던 함수입니다.

코드는 간단합니다. ② 정말 삭제할 것인지 한 번 더 확인한 후, 삭제하겠다고 하면 폼에 ③ 전송
방식과 ④ 전송 경로를 설정한 후 ⑤ 실제로 전송합니다. 이때 ⑥ hidden 타입으로 정의한 일련번
호가 함께 전송됩니다.

8.7.2 DAO 준비

삭제 처리를 위한 메서드를 BoardDAO 클래스에 추가하겠습니다.

예제 8-18 DAO에 삭제하기 메서드 추가   Java Resources/src/main/java/**model1/board/BoardDAO.java**

```
... 생략 ...

public class BoardDAO extends JDBConnect {
... 생략 ...

    // 지정한 게시물을 삭제합니다.
    public int deletePost(BoardDTO dto) {  ①
        int result = 0;
```

```
        try {
            // 쿼리문 템플릿
            String query = "DELETE FROM board WHERE num=?";  ❷

            // 쿼리문 완성
            psmt = con.prepareStatement(query);
            psmt.setString(1, dto.getNum());  ❸

            // 쿼리문 실행
            result = psmt.executeUpdate();  ❹
        }
        catch (Exception e) {
            System.out.println("게시물 삭제 중 예외 발생");
            e.printStackTrace();
        }

        return result; // 결과 반환
    }
}
```

❶ 삭제할 게시물의 일련번호와 로그인 아이디를 담은 DTO 객체를 매개변수로 받습니다.
❷ DELETE 쿼리문을 작성하고 ❸ 인파라미터로 일련번호를 설정한 후 ❹ 쿼리를 실행합니다.
DELETE 쿼리는 삭제한 행의 개수를 반환합니다.

8.7.3 삭제 처리 페이지 작성

DAO에 메서드를 추가하였으므로 이를 이용해서 삭제 처리 페이지를 작성하도록 하겠습니다.

예제 8-19 삭제 처리 페이지   webapp/08Board/DeleteProcess.jsp

```
<%@ page import="model1.board.BoardDAO"%>
<%@ page import="model1.board.BoardDTO"%>
<%@ page language="java" contentType="text/html; charset=UTF-8"
    pageEncoding="UTF-8"%>
<%@ include file="./IsLoggedIn.jsp"%>  ❶
<%
String num = request.getParameter("num");  // 일련번호 얻기  ❷
```

```java
BoardDTO dto = new BoardDTO();              // DTO 객체 생성
BoardDAO dao = new BoardDAO(application);   // DAO 객체 생성          ❸
dto = dao.selectView(num);   // 주어진 일련번호에 해당하는 기존 게시물 얻기

// 로그인된 사용자 ID 얻기
String sessionId = session.getAttribute("UserId").toString();   ❹

int delResult = 0;

if (sessionId.equals(dto.getId())) {  // 작성자가 본인인지 확인 ❺
    // 작성자가 본인이면...
    dto.setNum(num);
    delResult = dao.deletePost(dto);  // 삭제!!! ❻
    dao.close();

    // 성공/실패 처리
    if (delResult == 1) {
        // 성공 시 목록 페이지로 이동 ❼
        JSFunction.alertLocation("삭제되었습니다.", "List.jsp", out);
    } else {
        // 실패 시 이전 페이지로 이동 ❽
        JSFunction.alertBack("삭제에 실패하였습니다.", out);
    }
}
else {
    // 작성자 본인이 아니라면 이전 페이지로 이동 ❾
    JSFunction.alertBack("본인만 삭제할 수 있습니다.", out);

    return;
}
%>
```

❶ 삭제 처리 페이지도 로그인 상태에서만 접근할 수 있도록 했습니다.

이어서 각종 데이터를 준비합니다. ❷ 요청 객체로부터 폼값, 정확하게는 일련번호를 받습니다. ❸ DTO, DAO 객체를 생성한 후 selectView( ) 메서드를 호출하여 기존 게시물을 가져옵니다. 그리고 ❹ session 영역에 저장된 로그인 아이디를 가져옵니다.

❺ 로그인된 아이디와 게시물 작성자가 같은지 확인하여 ❻ 작성자 본인이 맞으면 deletePost( ) 메서드를 호출하여 게시물을 삭제합니다. ❼ 삭제에 성공하면 목록 페이지로 이동하고 ❽ 실패라면 뒤로 이동합니다.

❾ 작성자 본인이 아닌 경우에도 뒤로 이동합니다.

8.7.4 동작 확인

To Do **01** 목록 보기(List.jsp)를 실행합니다.

Note 로그인이 되어 있지 않다면 ❶ 공통 링크의 [로그인] 클릭 → ❷ 로그인(musthave/1234) → ❸ 공통 링크의 [게시판(페이징X)]를 클릭합니다.

02 삭제하려는 글의 '제목'을 클릭해 상세 보기 페이지로 이동합니다.

03 [삭제하기] 버튼을 클릭합니다. 그러면 정말로 삭제할지 다시 한번 묻는 창이 뜹니다.

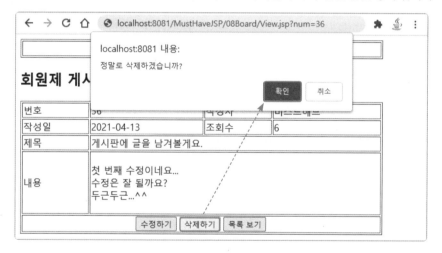

04 [확인] 버튼을 클릭합니다. 삭제가 완료됐다는 창이 뜹니다.

05 [확인] 버튼을 클릭합니다. 목록 보기 화면으로 이동하며, 방금 삭제한 게시물은 목록에서 사라졌음을 확인할 수 있습니다.

이로써 게시판의 기본 기능은 모두 완성되었습니다. 하지만 아직 한 가지 더 처리할 것이 남았습니다. 바로 목록이 길 때 페이지 단위로 나눠 보여주는 기능인데, 잠시 쉬었다가 다음 장에서 이어서 진행하겠습니다.

학습 마무리

이번 장에서는 모델1 방식의 회원제 게시판을 제작해보았습니다. 게시판은 단순히 글을 작성하는 일뿐만 아니라 데이터를 관리하는 용도로도 사용할 수 있습니다. 즉, 이번에 제작한 게시판은 여러분이 앞으로 여러 형태의 관리 프로그램을 제작할 때 가장 기본적인 모델이 될 것입니다.

핵심 요약

- 목록 보기와 상세 보기는 로그인 없이 접근할 수 있습니다.
- 글쓰기는 로그인 후 할 수 있습니다.
- 수정과 삭제는 로그인 후 본인이 작성한 게시물에 한해서만 가능합니다.
- 로그인 시 session 내장 객체와 session 영역을 사용합니다.
- 데이터베이스 연결을 위한 설정값은 web.xml에 저장해두면 코드 수정 없이 데이터베이스 연결 정보를 수정할 수 있습니다. 이 점은 서비스 운영 시 큰 도움을 줍니다.
- 게시판은 사용자가 입력한 내용을 쿼리에 반영해 실행합니다. 그래서 동적 쿼리를 뜻하는 PreparedStatement 인터페이스를 주로 사용합니다.
- 경고창(alert), 페이지 이동(location.href)과 같이 자주 사용하는 자바스크립트 메서드는 별도의 유틸리티 클래스로 만들어두면 재사용성이 높아집니다.

Project
게시판에 페이징 기능 넣기

```
← → C ⌂   ① localhost:8081/MustHaveJSP2/09PagingBoard/List.jsp?pageNum=6   ☆ ✹ ☕ ⋮
```

로그인	게시판(페이징X)	게시판(페이징O)

목록 보기(List) - 현재 페이지 : 6 (전체 : 11)

| 제목 ▼ | | 검색하기 |

번호	제목	작성자	조회수	작성일
55	페이징 처리-50	musthave	0	2021-08-17
54	페이징 처리-49	musthave	0	2021-08-17
53	페이징 처리-48	musthave	0	2021-08-17
52	페이징 처리-47	musthave	0	2021-08-17
51	페이징 처리-46	musthave	0	2021-08-17
50	페이징 처리-45	musthave	0	2021-08-17
49	페이징 처리-44	musthave	0	2021-08-17
48	페이징 처리-43	musthave	0	2021-08-17
47	페이징 처리-42	musthave	0	2021-08-17
46	페이징 처리-41	musthave	0	2021-08-17

| [첫 페이지] [이전 블록] 6 7 8 9 10 [다음 블록] [마지막 페이지] | 글쓰기 |

난이도	★★★☆
이름	회원제 게시판(with 페이징) – 모델1
예제 위치	• webapp/09PagingBoard/ • src/main/java/model1/board/
미션	페이징 처리 로직을 이해하고, 8장에서 구현한 게시판에 페이징 기능을 추가하자.
기능	• 게시물 목록을 페이지 단위로 보여주기 • 페이지 번호를 블록 단위로 보여주기 • 첫 페이지/마지막 페이지로 이동하기
활용 기술	• 지시어 • 스크립트 요소(스크립틀릿, 표현식) • 내장 객체(request, application) • JDBC(DAO/DTO) • 자바스크립트

□ 학습 목표   8장에서 만든 게시판에 페이징 기능을 추가합니다. 페이징이란 목록이 길 때 페이지별로 나눠 보여주는 기능입니다.

□ 학습 순서

□ 활용 사례   페이징은 게시판뿐 아니라 쇼핑몰, 블로그, 검색 엔진 등 보여줄 콘텐츠가 여러 개인 서비스에서는 거의 필수로 이용됩니다. 화면 맨 아래까지 스크롤하면 다음 콘텐츠를 추가로 로딩해 보여주는 기능 역시 UI만 다를 뿐 페이징의 응용 기술입니다.

9.1 프로젝트 구상

우리는 8장에서 페이지 처리가 없는 게시판을 제작해보았습니다. 게시물이 몇 개 없을 때는 상관없지만, 게시물이 많아지면 모든 게시물을 한 페이지에서 출력하는 것은 무리가 있습니다. 서비스가 인기를 끌어 게시물이 1만 개가 되었다고 가정해보면 다음과 같은 문제가 발생합니다.

- 스크롤이 길어져서 사용자가 목록에서 원하는 게시글을 찾기 어렵습니다(가독성 저하).
- 전송해야 할 데이터가 많아지므로 페이지 로딩 속도가 느려집니다.
- 한꺼번에 많은 데이터를 처리해야 하므로 데이터베이스에도 과부하가 걸립니다.

그래서 게시판에서는 목록을 보통 10~20개 정도씩 나눠 페이지별로 출력합니다. 이런 기법을 페이징paging이라고 합니다. 페이징을 구현하기 위해 필요한 설정과 절차를 먼저 알아보겠습니다.

9.1.1 페이징을 위한 설정

페이징 처리를 위해서는 두 가지 기본 설정값이 필요합니다.

- 한 페이지에 출력할 게시물의 개수
  - POSTS_PER_PAGE = 10
- 한 화면(블록)에 출력할 페이지 번호의 개수
  - PAGES_PER_BLOCK = 5

이 설정값을 이용해 페이지 개수와 출력할 레코드의 범위를 계산합니다. 설정값은 목록에서 다음과 같이 사용됩니다.

▼ 페이징 설정값과 페이지 번호

목록 보기(List) - 현재 페이지 : 6 (전체 : 11)

번호	제목	작성자	조회수	작성일
55	페이징 처리-50	musthave	0	2021-08-02
54	페이징 처리-49	musthave	0	2021-08-02
53	페이징 처리-48	musthave	0	2021-08-02
52	페이징 처리-47	musthave	0	2021-08-02
51	페이징 처리-46	musthave	0	2021-08-02
50	페이징 처리-45	musthave	0	2021-08-02
49	페이징 처리-44	musthave	0	2021-08-02
48	페이징 처리-43			2021-08-02
47	페이징 처리-42			2021-08-02
46	페이징 처리-41			2021-08-02

POSTS_PER_PAGE
: 한 페이지에 출력할 게시물 수

PAGES_PER_BLOCK
: 한 화면에 출력할 페이지 번호 수

[첫 페이지] [이전 블록] 6 7 8 9 10 [다음 블록] [마지막 페이지]　　글쓰기

9.1.2 페이징 구현 절차

우리는 다음과 같이 총 6단계를 걸쳐 페이징을 구현하겠습니다. 구체적인 예시를 들어 단계를 하나씩 밟아보죠.

단계 1 : board 테이블에 저장된 전체 레코드 수를 카운트합니다.

- 계산 예 : 전체 게시물이 105개라 가정하겠습니다.

단계 2 : 각 페이지에서 출력할 게시물의 범위를 계산합니다.

- 계산식
  - 범위의 시작값 : (현재 페이지 - 1) * POSTS_PER_PAGE + 1
  - 범위의 종료값 : (현재 페이지 * POSTS_PER_PAGE)
- 계산 예
  - 현재 1페이지일 때
    - 시작값 : (1 - 1) * 10 + 1 = 1
    - 종료값 : 1 * 10 = 10
  - 현재 2페이지일 때
    - 시작값 : (2 - 1) * 10 + 1 = 11
    - 종료값 : 2 * 10 = 20

단계 3 : 전체 페이지 수를 계산합니다.

이때 계산된 결과는 무조건 올림 처리합니다. 만약 올림 처리를 하지 않으면 마지막 페이지의 게시물 5개는 조회할 수 없기 때문입니다.

- 계산식 : Math.ceil(전체 게시물 수 / POSTS_PER_PAGE)
- 계산 예
  - 게시물 수가 총 105개이므로
    - 페이지 수 : Math.ceil(105 / 10) = Math.ceil(10.5) = 11

단계 4 : '이전 페이지 블록 바로가기'를 출력합니다.

- 계산식 : ((현재 페이지 - 1) / PAGES_PER_BLOCK) * PAGES_PER_BLOCK + 1
- 계산 예
  - 현재 1페이지일 때
    - pageTemp = ((1 - 1) / 5) * 5 + 1 = 1
  - 현재 5페이지일 때
    - pageTemp = ((5 - 1) / 5) * 5 + 1 = 1

pageTemp가 1이라 함은 첫 번째 페이지 블록을 뜻하므로 이전 페이지 블록 바로가기를 출력하지 않습니다.

- 계산 예
  - 현재 6페이지일 때
    - pageTemp = ((6 - 1) / 5) * 5 + 1 = 6
  - 현재 10페이지일 때
    - pageTemp = ((10 - 1) / 5) * 5 + 1 = 6

1이 아닐 때는 pageTemp - 1 결과로 이전 페이지 블록 바로가기를 출력합니다. 즉, 이전 페이지 블록은 5가 됩니다.

단계 5 : 각 페이지 번호를 출력합니다.

단계 4에서 계산한 pageTemp를 BLOCK_PAGE만큼 반복하면서 +1 연산 후 출력합니다.

- 계산 예
  - pageTemp가 1일 때 : "1 2 3 4 5"를 출력
  - pageTemp가 6일 때 : "6 7 8 9 10"을 출력

단계 6 : '다음 페이지 블록 바로가기'를 출력합니다.

각 페이지 번호를 출력한 후 pageTemp + 1 하여 다음 페이지 블록 바로가기를 설정합니다. 즉, 마지막 페이지 번호가 5라면 다음 페이지 블록은 6이 됩니다.

STEP 1 9.2 8장 소스 코드 복사

이번 프로젝트는 8장에서 만든 게시판에 기능을 추가하는 것이므로, 8장에서 만든 코드를 재활용하려 합니다. 하지만 8장 예제와 뒤섞이지 않기 위해 webapp/08Board 폴더 전체를 복사한 후 추가 작업을 진행하겠습니다.

To Do 01 이클립스 프로젝트 탐색기의 ❶ webapp/08Board 폴더에서 마우스 우클릭 → ❷ [Copy] 메뉴를 선택합니다.

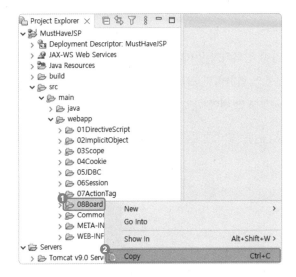

02 프로젝트 탐색기의 ❶ webapp에서 마우스 우클릭 → ❷ [Paste] 메뉴를 선택합니다.

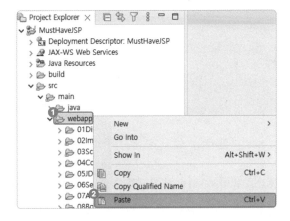

03 이름 충돌(Name Conflict) 창이 뜨면 ❶ 이름을 "09PagingBoard"로 수정 후 ❷ [OK] 버튼을 클릭합니다.

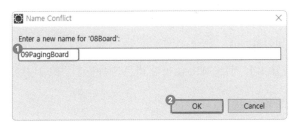

이상으로 8장의 코드를 유지한 채 기능을 추가할 수 있게 되었습니다.

9.3 더미 데이터 입력

페이징 기능을 테스트하려면 데이터가 많이 입력되어 있어야 합니다. 게시글을 하나씩 수동으로 채워 넣는 방법도 있지만, 다수의 데이터를 입력하려면 귀찮고 시간도 오래 걸립니다. 그래서 우리는 반복문을 이용해서 더미 데이터 100개를 한 번에 삽입해보겠습니다.

글쓰기 처리를 위한 파일 WriteProcess.jsp를 열어 코드를 조금 수정하겠습니다. 수정된 부분은 음영으로 표기했습니다.

예제 9-1 더미 데이터 입력을 위한 수정   webapp/**09PagingBoard/WriteProcess.jsp**

```java
... 생략 ...

// DAO 객체를 통해 DB에 DTO 저장
BoardDAO dao = new BoardDAO(application);
//int iResult = dao.insertWrite(dto);  // 원래 코드 ①
int iResult = 0;
for (int i = 1; i <= 100; i++) {
    dto.setTitle(title + "-" + i);     ③        ②
    iResult = dao.insertWrite(dto);
}
dao.close();

... 생략 ...
```

WriteProcess.jsp에서는 원래 전달된 폼값을 받아서 DTO에 저장한 후 ① insertWrite( ) 메서드를 호출하여 새로운 글을 DB에 저장합니다. 여기서 실제 삽입이 이루어지는 ① 부분을 ② for 문으로 반복 실행하게 바꿔 원하는 만큼의 더미 데이터를 입력하도록 한 것입니다. 단, 아무런 처리 없이 반복 입력하면 같은 제목으로 입력되므로 페이지를 이동했을 때 구분하기가 어렵습니다. ③ 그래서 제목에 변수 i의 값을 덧붙여서 "제목-1", "제목-2"와 같이 입력되도록 했습니다.

To Do   **01**   WriteProcess.jsp 수정사항을 저장합니다.

     02   Write.jsp를 실행하여 글을 작성합니다. 저는 "페이징 처리"라는 제목을 입력했습니다.

그러면 변수 i가 제목 뒤에 붙어 다음 그림과 같이 입력됩니다.

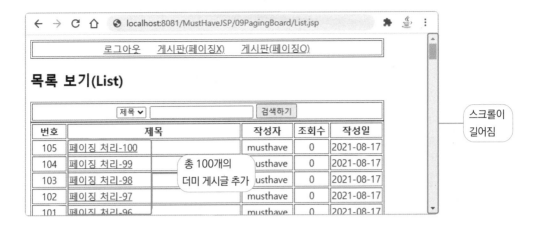

추가된 100개의 더미 데이터까지 모두 한 페이지에 출력하기 때문에 스크롤이 길어진 것을 볼 수 있습니다.

Warning 데이터 입력을 마쳤다면 잊지 말고 WriteProcess.jsp에 새로 추가한 코드 ❷를 지우고 원래 코드 ❶의 주석을 해제해 기존 상태로 되돌려주세요.

STEP 3 9.4 페이징용 쿼리문 작성

9.1.2절 '페이징 구현 절차'에서 게시물을 카운트하여 각 페이지에서 출력할 게시물의 범위를 계산해보았습니다. 계산된 결과에서 범위의 시작값과 끝값을 구했는데, 이 값을 이용해 쿼리문을 작성해보겠습니다. 우리가 사용하는 DBMS는 오라클이므로 rownum을 이용해서 쿼리문을 작성합니다.

9.4.1 rownum이란?

오라클에서 생성된 모든 테이블에서 사용할 수 있는 가상의 컬럼으로, SELECT 쿼리문으로 추출하는 데이터(row)에 순차적으로 부여되는 순번(num)을 말합니다. rownum은 물리적으로 존재하는 컬럼이 아니므로 값을 변경하기 위한 DML문은 사용할 수 없습니다.

Note DML은 데이터 조작어(Data Manipulation Language)의 약어로, 말 그대로 데이터를 조작하기 위한 SQL 명령어입니다. SELECT, INSERT, UPDATE, DELETE문이 DML에 해당합니다.

더 확실히 알아보기 위해 어떻게 동작하는지 실습해보겠습니다.

To Do **01** SQL Developer를 실행합니다.

02 접속창에서 [MustHave계정]을 더블클릭하여 워크시트를 엽니다.

> **Note** 기존 워크시트를 놔둔 채 새로운 워크시트를 열 수도 있습니다. ❶ [SQL 워크시트] 아이콘 클릭한 다음 ❷ 원하는 계정 선택 → ❸ [확인] 버튼을 누르면 됩니다.

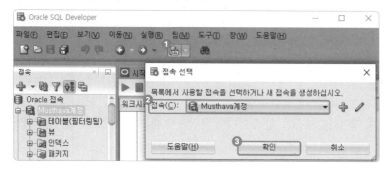

03 DESC 명령으로 member 테이블의 구조를 확인합니다. 쿼리 실행 단축키는 `Ctrl + Enter` 입니다.

```
DESC member;
```

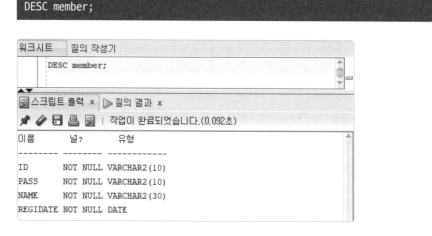

컬럼은 모두 4개인 것을 확인할 수 있습니다.

04 SELECT문으로 member 테이블의 모든 레코드를 읽어옵니다.

```
SELECT * FROM member;
```

05 SELECT문에 id, pass 컬럼을 지정하고 rownum을 사용합니다.

```
SELECT id, pass, rownum FROM member;
```

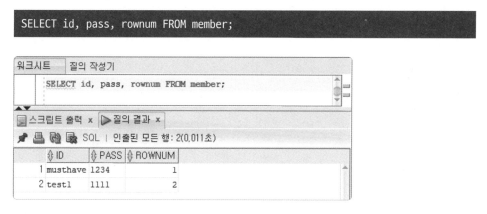

앞에서도 확인하였듯 우리는 rownum이라는 컬럼은 만든 적이 없습니다. 하지만 이번 결과에서는 rownum 컬럼에 순번이 출력되는 것을 볼 수 있습니다.

9.4.2 페이징 처리용 쿼리문 작성

페이징 구현 절차 3번에서 계산한 시작값과 끝값을 이용해서 각 페이지에 출력할 게시물을 SELECT하는 쿼리문을 작성해보겠습니다. 우선 첫 번째 페이지에 출력할 게시물을 가져오기 위해 rownum은 1~10까지로 지정합니다.

```
SELECT * FROM (  ❸
    SELECT Tb.*, rownum rNum FROM (  ❷
        SELECT * FROM board ORDER BY num DESC  ❶
    ) Tb
)
WHERE rNum BETWEEN 1 and 10;
```

이 쿼리문은 총 3개의 SELECT문이 서브쿼리로 구성되어 있습니다. 제일 안쪽부터 살펴보겠습니다.

```
SELECT * FROM (
    SELECT Tb.*, rownum rNum FROM (
        SELECT * FROM board ORDER BY num DESC  ❶
    ) Tb
)
WHERE rNum BETWEEN 1 and 10;
```

이 서브쿼리는 board 테이블의 모든 게시물을 일련번호(num)에 대해 내림차순으로 정렬해서 가져옵니다.

```
SELECT * FROM (
    SELECT Tb.*, rownum rNum FROM (  ❷
        ❶번 쿼리문의 결과 행
    ) Tb
)
WHERE rNum BETWEEN 1 and 10;
```

❶번 쿼리문의 결과행을 *를 통해 모두 가져오고 rownum을 추가해서 순번을 부여합니다. rownum 컬럼에는 별칭 rNum을 사용합니다.

```
SELECT * FROM (  ❸
    ❷번 쿼리문의 결과 행
)
WHERE rNum BETWEEN 1 and 10;
```

첫 페이지에 출력할 게시물의 범위가 1~10이므로 rownum으로 부여한 번호를 이용해 구간을 정해 가져올 수 있습니다. WHERE절에서는 구간을 정하는 것이므로 BETWEEN 대신 rNum>=1과 같이 조건을 부여할 수도 있습니다.

참고로, 검색을 해야 한다면 ❶번 쿼리문에 조건을 추가하면 됩니다. 다음은 검색 조건을 추가한 쿼리문의 예입니다.

```
SELECT * FROM (
    SELECT Tb.*, rownum rNum FROM (
        SELECT * FROM board WHERE title LIKE '%검색어%' ORDER BY num DESC
    ) Tb
)
WHERE rNum BETWEEN 1 and 10;
```

다음은 검색 조건 추가 없이 쿼리문을 실행한 결과입니다.

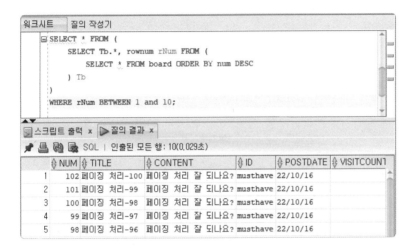

10개의 게시물이 출력되지만 책에는 5행까지만 실었습니다. 만약 2페이지에 해당하는 행을 가져오고 싶다면 BETWEEN문의 값을 11~20까지로 변경해주면 됩니다. 즉, 매개변수를 이용해서 페이지별 목록의 범위를 계산하고, DAO에서는 이를 적용한 쿼리문을 실행한 결과를 반환하면 됩니다.

STEP 4 ## 9.5 DAO 수정

먼저 BoardDAO 클래스에 목록을 반환하는 메서드를 추가하겠습니다. 페이징 처리 없이 제작했던 selectList( ) 메서드 아래에 작성하겠습니다. 실행 결과와는 상관없지만 관련 있는 메서드끼리 나란히 배치하면 나중에 코드를 읽고 유지보수하기 쉬워집니다.

```java
... 생략 ...

public class BoardDAO extends JDBConnect {
    ... 생략 ...
    public List<BoardDTO> selectList(Map<String,Object> map) {
        ... 생략 ...
    }


    // 검색 조건에 맞는 게시물 목록을 반환합니다(페이징 기능 지원).
    public List<BoardDTO> selectListPage(Map<String, Object> map) {
        List<BoardDTO> bbs = new Vector<BoardDTO>(); // 결과(게시물 목록)를 담을 변수

        // 쿼리문 템플릿 ❶
        String query = " SELECT * FROM ( "
                    + "      SELECT Tb.*, ROWNUM rNum FROM ( "
                    + "           SELECT * FROM board ";

        // 검색 조건 추가 ❷
        if (map.get("searchWord") != null) {
            query += " WHERE " + map.get("searchField")
                   + " LIKE '%" + map.get("searchWord") + "%' ";
        }

        query += "      ORDER BY num DESC "
               + "     ) Tb "
               + " ) "
               + " WHERE rNum BETWEEN ? AND ?";  ❸

        try {
            // 쿼리문 완성 ❹
            psmt = con.prepareStatement(query);
            psmt.setString(1, map.get("start").toString());
            psmt.setString(2, map.get("end").toString());

            // 쿼리문 실행 ❺
            rs = psmt.executeQuery();

            while (rs.next()) {
```

```
               // 한 행(게시물 하나)의 데이터를 DTO에 저장
               BoardDTO dto = new BoardDTO();
               dto.setNum(rs.getString("num"));
               dto.setTitle(rs.getString("title"));
               dto.setContent(rs.getString("content"));
               dto.setPostdate(rs.getDate("postdate"));
               dto.setId(rs.getString("id"));
               dto.setVisitcount(rs.getString("visitcount"));

               // 반환할 결과 목록에 게시물 추가
               bbs.add(dto);
            }
        }
        catch (Exception e) {
            System.out.println("게시물 조회 중 예외 발생");
            e.printStackTrace();
        }

        // 목록 반환
        return bbs;
    }

    ... 생략 ...
}
```

이 메서드는 쿼리문을 제외한 나머지는 selectList( ) 메서드와 똑같습니다.

❶ 앞 절에서 설명한 rownum을 이용한 쿼리문을 작성합니다. ❷ 검색어가 있다면 WHERE절이 추가되도록 if문을 중간에 추가하고 ❸ 시작 게시물과 끝 게시물을 정하는 BETWEEN 부분은 인 파라미터로 설정했습니다. ❹ 그런 다음 시작과 끝 인파라미터를 매개변수로 받은 값으로 채워 ❺ 실행하면 됩니다.

나머지는 selectList( ) 메서드와 동일하므로 설명은 생략하겠습니다.

9.6 List.jsp 수정

DAO가 준비되었으니 List.jsp에서도 코드를 추가해야 합니다. 하지만 그에 앞서 페이징 관련 설정값을 web.xml에 정의하겠습니다.

9.6.1 설정값 관리

한 페이지에 출력할 게시물의 개수(POSTS_PER_PAGE)와 한 화면에 출력할 페이지 번호의 개수(PAGES_PER_BLOCK)를 설정하겠습니다. 이 값들은 페이지나 페이지 블록을 계산할 때 사용됩니다.

예제 9-3 페이징 설정값 　　　　　　　　　　　　　　　　　　webapp/WEB-INF/web.xml

```xml
<?xml version="1.0" encoding="UTF-8"?>
<web-app xmlns:xsi=... 생략 ...>
   ... 생략 ...

  <context-param>
    <param-name>POSTS_PER_PAGE</param-name>
    <param-value>10</param-value>
  </context-param>
  <context-param>
    <param-name>PAGES_PER_BLOCK</param-name>
    <param-value>5</param-value>
  </context-param>
</web-app>
```

9.6.2 데이터 계산

이제 8장에서 작성한 List.jsp에서 코드를 상단과 중간으로 나눠서 코드를 추가/수정하겠습니다. 달라진 부분은 음영을 넣었습니다.

예제 9-4 List.jsp에 페이징 기능 추가 1　　　　　　　　webapp/09PagingBoard/List.jsp

```jsp
<%@ page import="java.util.List"%>
<%@ page import="java.util.HashMap"%>
<%@ page import="java.util.Map"%>
```

```
<%@ page import="model1.board.BoardDAO"%>
<%@ page import="model1.board.BoardDTO"%>
<%@ page language="java" contentType="text/html; charset=UTF-8"
    pageEncoding="UTF-8"%>
<%
// DAO를 생성해 DB에 연결
BoardDAO dao = new BoardDAO(application);

// 사용자가 입력한 검색 조건을 Map에 저장
Map<String, Object> param = new HashMap<String, Object>();
String searchField = request.getParameter("searchField");
String searchWord = request.getParameter("searchWord");
if (searchWord != null) {
    param.put("searchField", searchField);
    param.put("searchWord", searchWord);
}

int totalCount = dao.selectCount(param);  // 게시물 수 확인

/*** 페이지 처리 start ***/
// 전체 페이지 수 계산 ❶
int pageSize = Integer.parseInt(application.getInitParameter("POSTS_PER_PAGE"));
int blockPage = Integer.parseInt(application.getInitParameter("PAGES_PER_BLOCK"));
int totalPage = (int)Math.ceil((double)totalCount / pageSize); // 전체 페이지 수

// 현재 페이지 확인 ❷
int pageNum = 1;  // 기본값
String pageTemp = request.getParameter("pageNum");
if (pageTemp != null && !pageTemp.equals(""))
    pageNum = Integer.parseInt(pageTemp); // 요청받은 페이지로 수정

// 목록에 출력할 게시물 범위 계산 ❸
int start = (pageNum - 1) * pageSize + 1;  // 첫 게시물 번호
int end = pageNum * pageSize; // 마지막 게시물 번호
param.put("start", start);
param.put("end", end);
/*** 페이지 처리 end ***/

List<BoardDTO> boardLists = dao.selectListPage(param);  // 게시물 목록 받기 ❹
```

```
dao.close();  // DB 연결 닫기
%>
<!DOCTYPE html>
<html>
<head>
... 생략 ...
```

페이징을 위한 코드를 selectCount( )와 selectListPage( ) 메서드 사이에 추가했습니다. 크게
세 부분으로 나눠볼 수 있습니다.

❶ 먼저 앞에서 상수로 정의한 설정값을 가져와 전체 페이지 수를 계산합니다. 계산 결과가 나누
어 떨어지지 않으면 무조건 올림 처리를 해야 합니다. ❷ 현재 페이지 번호를 처리합니다. 처음에
는 무조건 1로 설정해두고, 매개변수로 페이지 번호가 넘어오면 그 번호를 사용합니다. ❸ 목록에
출력할 게시물의 범위를 계산하여 Map 컬렉션에 저장합니다.

❹ 마지막으로 앞 절에서 DAO에 새로 추가한 selectListPage( ) 메서드를 호출하여 범위에 해
당하는 게시물 목록을 가져옵니다.

9.6.3 바로가기 HTML 코드 생성

목록에 출력할 게시물을 가져왔으니, 이제 화면에 출력해야 합니다. 그 첫 단계로 페이지 바로가
기 영역을 HTML 문자열로 출력해주는 메서드를 먼저 구현하겠습니다. 9.1.2절 '페이징 구현 절
차'에서 설명한 페이지 바로가기 부분을 코드로 구현한 것입니다.

Note 차후 서블릿으로 제작하는 모델2 방식의 게시판에서도 사용할 예정이라 utils 패키지에 만들었습니다.

예제 9-5 페이지 바로가기 영역 HTML 문자열 출력   Java Resources/src/main/java/**utils/BoardPage.java**

```java
package utils;

public class BoardPage {
    public static String pagingStr(int totalCount, int pageSize, int blockPage,
            int pageNum, String reqUrl) {
        String pagingStr = "";

        // 단계 3 : 전체 페이지 수 계산
```

```java
    int totalPages = (int) (Math.ceil(((double) totalCount / pageSize))); ❶

    // 단계 4 : '이전 페이지 블록 바로가기' 출력
    int pageTemp = (((pageNum - 1) / blockPage) * blockPage) + 1;
    if (pageTemp != 1) { ❷
        pagingStr += "<a href='" + reqUrl + "?pageNum=1'>[첫 페이지]</a>"; ❸
        pagingStr += " ";
        pagingStr += "<a href='" + reqUrl + "?pageNum=" + (pageTemp - 1)
                    + "'>[이전 블록]</a>"; ❹
    }

    // 단계 5 : 각 페이지 번호 출력
    int blockCount = 1;
    while (blockCount <= blockPage && pageTemp <= totalPages) {
        if (pageTemp == pageNum) { ❺
            // 현재 페이지는 링크를 걸지 않음
            pagingStr += " " + pageTemp + " ";
        } else {
            pagingStr += " <a href='" + reqUrl + "?pageNum=" + pageTemp
                        + "'>" + pageTemp + "</a> "; ❻
        }
        pageTemp++; ❼
        blockCount++;
    }

    // 단계 6 : '다음 페이지 블록 바로가기' 출력
    if (pageTemp <= totalPages) { ❽
        pagingStr += "<a href='" + reqUrl + "?pageNum=" + pageTemp
                    + "'>[다음 블록]</a>"; ❾
        pagingStr += " ";
        pagingStr += "<a href='" + reqUrl + "?pageNum=" + totalPages
                    + "'>[마지막 페이지]</a>"; ❿
    }

    return pagingStr;
    }
}
```

보다시피 9.1.2절에서 설명한 절차 중 단계 3부터 단계 6까지를 계산해 HTML 코드로 뽑아줍니다.

단계 3에서는 ❶ 전체 페이지 수를 계산합니다.

단계 4에서는 ❷ pageTemp가 1이 아닐 때만 ❸ [첫 페이지]와 ❹ [이전 블록] 링크를 출력합니다. ❸은 첫 페이지로의 바로가기 링크이므로 pageNum은 1이고, ❹에서의 pageNum은 만약 현재 6페이지라면 5가 됩니다.

단계 5에서는 ❼ pageTemp를 1씩 증가시키면서 ❻ 페이지 바로가기를 출력합니다. 단, ❺ 현재 페이지에서는 링크를 걸지 않기 위해 조건식을 사용했습니다.

단계 6에서는 ❽ pageTemp가 전체 페이지 수 이하일 때 ❾ [다음 블록]과 ❿ [마지막 페이지] 링크를 출력합니다(마지막 페이지가 포함된 블록으로 이동하면 이 영역은 출력되지 않습니다). 마지막 페이지로 바로가기 링크는 pageNum 값으로 전체 페이지 수를 사용합니다.

9.6.4 화면 출력

페이지 번호를 출력하는 메서드를 모두 작성하였습니다. 이제 마지막으로 목록에서 게시물을 출력하는 부분을 완성해보겠습니다. 역시나 달라진 부분은 음영을 칠해뒀습니다.

예제 9-6 List.jsp에 페이징 기능 추가 2   webapp/**09PagingBoard**/List.jsp

```jsp
<%@ page import="java.util.List"%>
<%@ page import="java.util.HashMap"%>
<%@ page import="java.util.Map"%>
<%@ page import="model1.board.BoardDAO"%>
<%@ page import="model1.board.BoardDTO"%>
<%@ page import="utils.BoardPage"%>
<%@ page language="java" contentType="text/html; charset=UTF-8"
    pageEncoding="UTF-8"%>
... 생략 ...
<body>
    <h2>목록 보기(List) - 현재 페이지 : <%= pageNum %> (전체 : <%= totalPage %>)
</h2> ❶
... 생략 ...
    <!--게시물 목록 출력-->
    <table border="1" width="90%">
        <tr>
            <th width="10%">번호</th>
            <th width="50%">제목</th>
```

```
                <th width="15%">작성자</th>
                <th width="10%">조회수</th>
                <th width="15%">작성일</th>
        </tr>

<%
if (boardLists.isEmpty()) {
    // 게시물이 하나도 없을 때
%>
        <tr>
            <td colspan="5" align="center">
                등록된 게시물이 없습니다^^*
            </td>
        </tr>
<%
}
else {
    // 게시물이 있을 때
    int virtualNumber = 0;  // 화면상에서의 게시물 번호
    int countNum = 0;
    for (BoardDTO dto : boardLists)
    {
        // virtualNum = totalCount--;  // 기존 코드
        virtualNum = totalCount - (((pageNum - 1) * pageSize) + countNum++);    ❷
%>
        <tr align="center">
            <td><%= virtualNum %></td>  <!--게시물 번호-->
            <td align="left">  <!--제목(+ 하이퍼링크)-->
                <a href="View.jsp?num=<%= dto.getNum() %>"><%= dto.getTitle() %>
</a>
            </td>
            <td align="center"><%= dto.getId() %></td>         <!--작성자 아이디-->
            <td align="center"><%= dto.getVisitcount() %></td>  <!--조회수-->
            <td align="center"><%= dto.getPostdate() %></td>    <!--작성일-->
        </tr>
<%
    }
}
%>
```

```
        </table>
        <!--목록 하단의 [글쓰기] 버튼-->
        <table border="1" width="90%">
            <tr align="center">
                <!--페이징 처리-->
                <td>  ❸
                    <%= BoardPage.pagingStr(totalCount, pageSize,
                            blockPage, pageNum, request.getRequestURI()) %>
                </td>
                <!--글쓰기 버튼-->
                <td><button type="button" onclick="location.href='Write.jsp';">글쓰기
                    </button></td>
            </tr>
        </table>
    </body>
</html>
```

❶ 제목에 현재 페이지 번호와 총 페이지 수를 출력했습니다.

❷ 목록 출력 시 사용할 가상 번호를 계산합니다. 페이지에 따라 출력되는 게시물 범위가 다르므로 가상 번호에도 페이지 번호가 적용되어 계산되어야 합니다. 예를 들어 계산해보겠습니다.

- 전체 게시물 수(totalCount) : 106개
- 페이지 범위(pageSize) : 10
- 1페이지일 때
  - 첫 번째 게시물 : 106 - (((1 - 1) * 10) + 0) = 106
  - 두 번째 게시물 : 106 - (((1 - 1) * 10) + 1) = 105
- 2페이지일 때
  - 첫 번째 게시물 : 106 - (((2 - 1) * 10) + 0) = 96
  - 두 번째 게시물 : 106 - (((2 - 1) * 10) + 1) = 95

❸ 앞 절에서 만든 페이지 바로가기 영역 HTML 문자열 출력 메서드를 호출합니다. 매개변수는 왼쪽서부터 '전체 게시물 개수', '페이지 범위', '블록 페이지 범위', '현재 페이지 번호', '실행된 목록 파일명'입니다.

9.7 동작 확인

페이지 기능이 추가된 게시판을 실행한 결과를 보겠습니다.

To Do **01** List.jsp를 실행합니다.

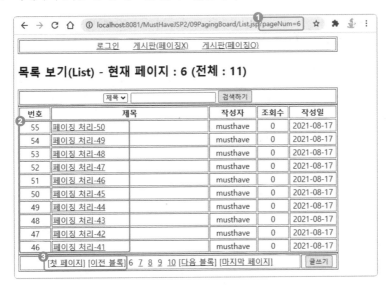

처음 실행했을 때는 ❶ pageNum 매개변수가 전달되지 않으니 1페이지로 인식합니다. 따라서 이전 블록도 없기 때문에 ❷처럼 아무것도 출력되지 않습니다.

02 아래쪽의 [다음 블록] 링크를 눌러보겠습니다.

현재 페이지 블록의 크기를 5로 설정하였으므로 다음 블록은 6입니다. ❶ 매개변수로 pageNum=6이 전달되는 것을 볼 수 있고, ❷ 게시물도 55번(105 - 50)이 첫 번째로 출력됩니다. 이제 첫 페이지가 아니므로 ❸ 이전 페이지 블록도 출력되는 걸 확인할 수 있습니다.

여러분은 게시판의 설정값인 POSTS_PER_PAGE, PAGES_PER_BLOCK을 원하는 대로 수정한 후 페이지 번호가 의도대로 출력되는지 확인해보시기 바랍니다.

이로써 모델1 방식의 게시판 제작을 완료했습니다. 모두 수고하셨어요!

학습 마무리

이번 장에서는 앞 장에서 만든 회원제 게시판에 페이징 기능을 추가했습니다. 글의 개수가 조금만 많아져도 페이징 기능이 반드시 필요합니다. 또한 쇼핑몰에서 상품 목록을 보여주거나 검색 엔진에서 검색 결과를 보여줄 때도 페이지를 구분해주어야 합니다. 페이징은 이처럼 다양하게 응용되니 잘 익히고 발전시켜서 유용한 무기로 활용하시기 바랍니다.

핵심 요약

- 게시판의 설정값은 web.xml에 컨텍스트 초기화 매개변수로 저장해 사용하면 소스 코드 수정 없이 값을 변경할 수 있습니다.
- 해당 설정값과 테이블에 저장된 레코드의 개수를 통해 페이지 수를 계산합니다.
- 페이지 번호를 출력하는 코드는 14장에서 제작할 모델2 방식 게시판에서도 동일하게 사용하게 됩니다. 이처럼 공통적으로 쓰이는 기능은 별도의 유틸리티 클래스로 만들어두면 재사용성이 높아집니다.

JSP 프로그래밍을 더 효율적이고 강력하게 해주는 고급 스킬들을 학습합니다. 설계 방식도 한 단계 레벨업하여 게시판에 MVC 패턴을 적용해볼 것입니다. 또한, 2판에서는 필터와 리스너 관련 내용을 보강하여 하나의 장으로 추가 구성했습니다.

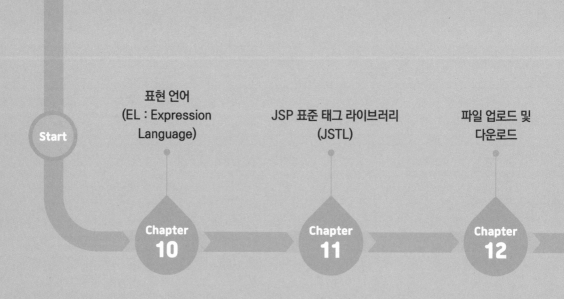

Start

표현 언어
(EL : Expression
Language)

Chapter
10

JSP 표준 태그 라이브러리
(JSTL)

Chapter
11

파일 업로드 및
다운로드

Chapter
12

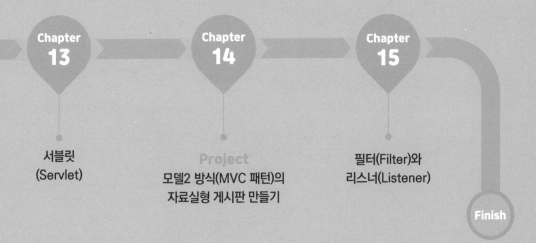

표현 언어(EL : Expression Language)

표현 언어는 변수의 값을 표현식보다 편하게 출력할 수 있게 해주고, JSP의 기본 문법을 보완하는 역할을 합니다. 또한 4가지 영역에 저장된 속성도 더 쉽게 읽을 수 있습니다. 이번 장에서는 표현 언어의 문법을 학습합니다.

☐ **학습 순서**

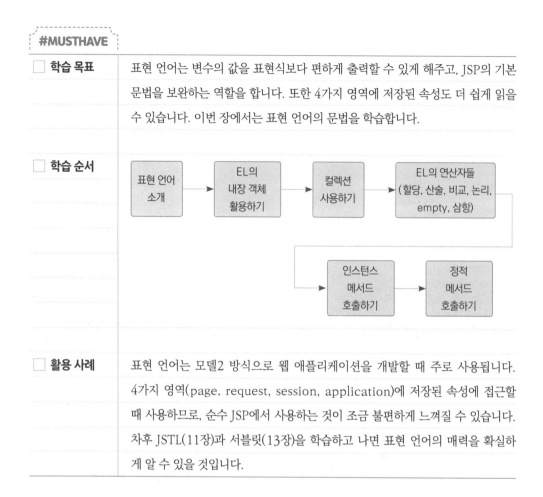

☐ **활용 사례**

표현 언어는 모델2 방식으로 웹 애플리케이션을 개발할 때 주로 사용됩니다. 4가지 영역(page, request, session, application)에 저장된 속성에 접근할 때 사용하므로, 순수 JSP에서 사용하는 것이 조금 불편하게 느껴질 수 있습니다. 차후 JSTL(11장)과 서블릿(13장)을 학습하고 나면 표현 언어의 매력을 확실하게 알 수 있을 것입니다.

10.1 표현 언어란?

표현 언어Expression Language, EL는 변수의 값을 출력할 때 사용하는 스크립트 언어입니다. 우리는 지금까지 값을 출력하기 위해 표현식을 사용했습니다. 표현식(⟨%= %⟩)만으로도 충분히 값을 출력할 수 있었으니, 굳이 다른 방식이 필요할까 의문이 들 것입니다. 표현식과 표현 언어는 값을 출력한다는 점은 동일하나 그 역할이 조금 다릅니다. 표현 언어는 4가지 영역에 저장된 값을 출력할 때 사용합니다. 또한 사용법이 매우 간결하고, 예외와 형변환에 관대하다는 특징이 있습니다. 예를 들어 자바에서 값이 null인 변수를 사용하면 예외가 발생하지만 표현 언어를 사용하면 예외가 발생하지 않습니다.

표현 언어는 다음과 같은 기능을 제공합니다.

- JSP 내장 객체의 영역에 담긴 속성을 사용할 수 있습니다.
- 산술 연산, 비교 연산, 논리 연산이 가능합니다.
- 자바 클래스에 정의된 메서드를 호출할 수 있습니다.
- 표현 언어만의 객체를 통해 JSP와 동일한 기능을 수행할 수 있습니다.

지금부터는 표현 언어 대신 EL로 간단히 줄여 부르겠습니다.

10.1.1 기본 사용법

EL의 기본 사용법은 다음과 같습니다.

```
${ 속성 }
```

여기서 속성은 영역에 저장된 속성을 뜻합니다. 즉, 변수나 값을 바로 쓸 수 있던 표현식과는 다릅니다. 만약 JSP에서 생성한 변수를 접근하려면, 반드시 영역에 저장 후 사용해야 합니다. 만약 request 영역에 저장하였다면 다음과 같이 출력할 수 있습니다.

```
<h2>${ reuqestScope.saveVar }</h2>
```

EL은 HTML 태그나 자바스크립트, CSS 어디에서든 사용할 수 있습니다. 또한 액션 태그나 뒤에서 학습할 JSTL의 속성값으로도 사용할 수 있습니다.

```
<c:set var="elVar" value="${ elVar }" />      ← 액션 태그와 함께 사용
<jsp:include page="${ pathVar }" />           ← JSTL과 함께 사용
```

하지만 JSP 스크립트 요소(선언부, 표현식, 스크립틀릿)에서는 사용할 수 없습니다.

```
<%!
void myMethod(${ errorVar }) {
    // 코드..
}
%>    ← 선언부에서 사용했으므로 에러 발생
```

```
<%@ include file="${ errorVar }" %>    ← 스크립틀릿에서 사용했으므로 에러 발생

<%= ${ errorVar } %>    ← 표현식에서 사용했으므로 에러 발생
```

10.1.2 객체 표현 방식

EL에서 객체를 표현할 때는 .(점)이나 [](대괄호)를 사용합니다.

```
${ param.name }
${ param["name"] }
${ param['name'] }
```

하지만 속성명에 특수 기호나 한글이 포함되었을 때는 대괄호만 사용할 수 있습니다.

```
${ header["user-agent"] }    ← 가능
${ header.user-agent }       ← 에러 발생
${ King['한글'] }             ← 가능
${ King.한글 }                ← 에러 발생
```

대괄호를 사용할 때 속성명에는 "(큰따옴표)와 '(작은따옴표) 모두 사용할 수 있습니다.

10.2 EL의 내장 객체

EL에서는 4가지 영역에 접근하거나 사용자의 요청을 처리하기 위한 내장 객체를 제공합니다. 종류별로 알아보겠습니다.

10.2.1 4가지 영역에 속성값 저장하고 읽어오기

EL에서 4가지 영역에 접근하기 위한 내장 객체는 다음과 같습니다.

- **pageScope** : pageContext 내장 객체와 같이 page 영역에 저장된 속성값을 읽어옵니다.
- **requestScope** : request 내장 객체와 같이 request 영역에 저장된 속성값을 읽어옵니다.

- **sessionScope** : session 내장 객체와 같이 session 영역에 저장된 속성값을 읽어옵니다.
- **applicationScope** : application 내장 객체와 같이 application 영역에 저장된 속성값을 읽어옵니다.

예제 10-1 EL의 내장 객체 사용 예   webapp/**10EL/ImplicitObjMain.jsp**

```jsp
<%@ page language="java" contentType="text/html; charset=UTF-8"
    pageEncoding="UTF-8"%>
<%
pageContext.setAttribute("scopeValue", "페이지 영역");
request.setAttribute("scopeValue", "리퀘스트 영역");          ─┐
session.setAttribute("scopeValue", "세션 영역");              ├─ ❶
application.setAttribute("scopeValue","애플리케이션 영역");   ─┘
%>
<html>
<meta charset="UTF-8">
<head><title>표현 언어(EL) - 내장 객체</title></head>
<body>
    <h2>ImplicitObjMain 페이지</h2>
    <h3>각 영역에 저장된 속성 읽기</h3>
    <ul>
        <li>페이지 영역 : ${ pageScope.scopeValue }</li>       ─┐
        <li>리퀘스트 영역 : ${ requestScope.scopeValue }</li>    ├─ ❷
        <li>세션 영역 : ${ sessionScope.scopeValue }</li>        │
        <li>애플리케이션 영역 : ${ applicationScope.scopeValue }</li> ─┘
    </ul>

    <h3>영역 지정 없이 속성 읽기</h3>
    <ul>
        <li>${ scopeValue }</li>  ❸
    </ul>

<%--     <jsp:forward page="ImplicitForwardResult.jsp" /> --%>  ❹
</body>
</html>
```

❶ 4가지 영역 모두에 "scopeValue"라는 같은 이름으로 속성을 저장한 후, ❷ EL의 내장 객체를 통해 각 영역에 저장된 속성값을 출력했습니다. ❸처럼 영역을 따로 지정하지 않으면 가장 좁은 영역에서부터 속성을 찾습니다. 지금 예에서는 page 영역에 저장된 값을 가져올 것입니다.

❹는 다른 페이지로 포워드하는 액션 태그인데, ❷와 ❸의 결과를 확인해보기 위해 우선 주석으로 처리해놨습니다.

[예제 10-1]의 실행 결과는 다음과 같습니다.

ImplicitObjMain 페이지

각 영역에 저장된 속성 읽기

- 페이지 영역 : 페이지 영역
- 리퀘스트 영역 : 리퀘스트 영역
- 세션 영역 : 세션 영역
- 애플리케이션 영역 : 애플리케이션 영역

영역 지정 없이 속성 읽기

- 페이지 영역

설명한 바와 같이 4가지 영역에 저장된 값이 출력되었고, 특히 영역명을 지정하지 않았을 때는 가장 좁은 영역인 page 영역의 속성이 출력되었습니다.

결과를 확인하였다면 ❹의 주석을 해제한 후 다음 예제를 작성하겠습니다.

예제 10-2 포워드된 페이지　　　　　　　　　　　　　　webapp/**10EL/ImplicitForwardResult.jsp**

```
<%@ page language="java" contentType="text/html; charset=UTF-8"
    pageEncoding="UTF-8"%>
<html>
<meta charset="UTF-8">
<head><title>표현 언어(EL) - 내장 객체</title></head>
<body>
    <h2>ImplicitForwardResult 페이지</h2>
    <h3>각 영역에 저장된 속성 읽기</h3>
    <ul>
        <li>페이지 영역 : ${ pageScope.scopeValue }</li>
        <li>리퀘스트 영역 : ${ requestScope.scopeValue }</li>        ❶
        <li>세션 영역 : ${ sessionScope.scopeValue }</li>
        <li>애플리케이션 영역 : ${ applicationScope.scopeValue }</li>
    </ul>
    <h3>영역 지정 없이 속성 읽기</h3>
    <ul>
```

```
        <li>${ scopeValue }</li> ❷
    </ul>
</body>
</html>
```

출력하는 내용은 포워드되기 전 코드와 거의 같습니다. ❶ 4가지 영역에 저장된 값을 내장 객체를 통해 읽어오고 ❷ 영역을 지정하지 않은 상태로도 읽어와봤습니다.

결과도 똑같을까요? [예제 10-1]의 ImplicitObjMain.jsp를 다시 한번 실행해보죠.

ImplicitForwardResult 페이지

각 영역에 저장된 속성 읽기

- 페이지 영역 : ❶ [   ]
- 리퀘스트 영역 : 리퀘스트 영역
- 세션 영역 : 세션 영역
- 애플리케이션 영역 : 애플리케이션 영역

영역 지정 없이 속성 읽기

- ❷ [리퀘스트 영역]

두 곳에서 이전 결과와 달라졌습니다. 우리는 내장 객체의 영역 중 page 영역은 포워드되면 소멸되고 새로 만들어진다고 학습하였습니다. 따라서 ❶ 포워드된 이후에는 새로운 page 영역이 만들어져서 기존 page 영역에 저장해둔 값은 읽을 수 없습니다. 같은 이유로 ❷ 영역을 지정하지 않고 출력하면 request 영역의 속성값이 출력됩니다. 즉 현재의 page 영역에는 scopeValue라는 속성이 없으므로, 그다음으로 범위가 좁은 request 영역에서 속성을 읽어온 것입니다.

다음은 매개변수를 처리하는 방법에 대해 알아보겠습니다.

10.2.2 폼값 처리하기

JSP에서는 전송 방식(get/post)에 상관없이 request.getParameter()로 폼값을 받을 수 있습니다. EL에서도 마찬가지입니다.

EL에서 폼값을 처리하기 위한 내장 객체는 다음과 같습니다.

- **param** : request.getParameter("매개변수명")과 동일하게 요청 매개변수의 값을 받아옵니다.

- **paramValues** : request.getParameterValues("매개변수명")과 동일하게 요청 매개변수의 값을 문자열 배열로 받아옵니다. 주로 다중 선택이 가능한 checkbox를 통해 전달된 폼값을 받을 때 사용합니다.

폼값을 전송해줄 간단한 개인정보 입력폼을 만들어보겠습니다. 다음과 같이 생긴 화면을 만들 것입니다.

예제 10-3 폼값 전송용 개인정보 입력폼   webapp/**10EL/FormSubmit.jsp**

```jsp
<%@ page language="java" contentType="text/html; charset=UTF-8"
    pageEncoding="UTF-8"%>
<html>
<meta charset="UTF-8">
<head><title>표현 언어(EL) - 폼값 처리</title></head>
<body>
    <h2>폼값 전송하기</h2>
    <form name="frm" method="post" action="FormResult.jsp">
        이름 : <input type="text" name="name" /><br />
        성별 : <input type="radio" name="gender" value="Man" />남자
                <input type="radio" name="gender" value="Woman" />여자<br />
        학력 :
            <select name="grade">
                <option value="ele">초딩</option>
                <option value="mid">중딩</option>
                <option value="high">고딩</option>
                <option value="uni">대딩</option>
            </select><br />
        관심 사항 :
            <input type="checkbox" name="inter" value="pol" />정치
```

```
            <input type="checkbox" name="inter" value="eco" />경제
            <input type="checkbox" name="inter" value="ent" />연예
            <input type="checkbox" name="inter" value="spo" />운동<br />
        <input type="submit" value="전송하기" />
    </form>
</body>
</html>
```

이어서 전송된 폼값을 받을 수 있는 페이지를 만들어보겠습니다.

예제 10-4 전송된 폼값 확인용 페이지   webapp/10EL/FormResult.jsp

```
<%@ page language="java" contentType="text/html; charset=UTF-8"
    pageEncoding="UTF-8"%>
<html>
<meta charset="UTF-8">
<head><title>표현 언어(EL) - 폼값 처리</title></head>
<body>
    <h3>EL로 폼값 받기</h3>
    <ul>
        <li>이름 : ${ param.name }</li> ────
        <li>성별 : ${ param.gender }</li> ───── ❶
        <li>학력 : ${ param.grade }</li> ────
        <li>관심사항 : ${ paramValues.inter[0] } ──
            ${ paramValues.inter[1] }
            ${ paramValues.inter[2] }         ❷
            ${ paramValues.inter[3] }</li> ──
    </ul>
</body>
</html>
```

❶ text, radio 타입의 〈input〉 태그나 〈select〉 태그는 값이 하나만 전송되므로 EL의 내장 객체인 param으로 값을 받을 수 있습니다. ❷ 한편 타입이 checkbox라면 다수의 값을 전송할 수 있으므로 EL의 내장 객체 paramValues를 통해 배열로 값을 받습니다.

Note ❷처럼 값을 배열로 받으면 11장에서 배울 JSTL의 forEach 태그를 사용해 좀 더 쉽게 출력할 수 있습니다.

FormSubmit.jsp를 실행하고, 정보를 입력한 다음, [전송하기] 버튼을 눌러보세요. 그러면 폼값이 post 방식으로 FormResult.jsp로 전송됩니다. 결과는 다음과 같습니다.

> **EL로 폼값 받기**
>
> - 이름 : 성낙현
> - 성별 : Man
> - 학력 : uni
> - 관심사항 : eco spo

성별은 '남자', 학력은 '대딩', 관심 사항은 '경제'와 '운동'을 선택한 후 전송한 결과입니다.

관심 사항 선택에 사용한 checkbox는 그 특성상 체크하지 않은 항목은 전송되지 않습니다. 따라서 잘못 처리하면 null을 출력하는 경우가 생깁니다. 그런데 null을 표현식으로 출력하면 예외가 발생하니 주의해야 합니다. EL은 null을 출력해도 예외가 발생하지 않으므로 앞의 예처럼 null 체크 없이 간단히 쓸 수 있다는 장점이 있습니다.

10.2.3 객체 전달하기

문자열은 앞의 예처럼 폼으로 전송할 수 있습니다. 하지만 전송할 대상이 객체라면 어떻게 해야 할까요? 아쉽게도 폼으로는 객체 전송이 불가능합니다. 이때 영역을 사용합니다.

이번 장을 시작하며 EL은 모델2 방식에서 많이 사용한다고 했습니다. 객체를 영역에 저장한 후, 내장 객체의 영역이 공유된다는 특징을 이용해서 전송하고자 하는 페이지로 전달하면 됩니다. 예를 살펴보겠습니다.

예제 10-5 객체 전달　　　　　　　　　　　　　　　　　　webapp/10EL/ObjectParams.jsp

```
<%@ page import="common.Person"%>
<%@ page language="java" contentType="text/html; charset=UTF-8"
    pageEncoding="UTF-8"%>
<html>
<meta charset="UTF-8">
<head><title>표현 언어(EL) - 객체 매개변수</title></head>
<body>
    <%
    request.setAttribute("personObj", new Person("홍길동", 33)); ─┐
    request.setAttribute("stringObj", "나는 문자열");             ├─❶
    request.setAttribute("integerObj", new Integer(99));          ─┘
```

```
    %>
    <jsp:forward page="ObjectResult.jsp">  ❷
        <jsp:param value="10" name="firstNum" /> ┐
        <jsp:param value="20" name="secondNum" /> ┘─❸
    </jsp:forward>
</body>
</html>
```

❶ Person 객체, 문자열(String 객체), Integer 객체를 생성한 후 request 영역에 저장합니다. 그리고 ❷ 액션 태그를 이용해 ObjectResult.jsp로 포워드합니다. ❸ 이때 10과 20도 포워드된 페이지로 함께 전달합니다.

이어서 결과를 확인할 페이지를 작성해보죠.

예제 10-6 전달받은 객체 확인   webapp/**10EL/ObjectResult.jsp**

```
<%@ page import="common.Person"%>
<%@ page language="java" contentType="text/html; charset=UTF-8"
    pageEncoding="UTF-8"%>
<html>
<meta charset="UTF-8">
<head><title>표현 언어(EL) - 객체 매개변수</title></head>
<body>
    <h2>영역을 통해 전달된 객체 읽기</h2>
    <ul>
        <li>Person 객체 => 이름 : ${ personObj.name }, 나이 : ${ personObj.age }┐
</li>                                                                          │
        <li>String 객체 => ${ requestScope.stringObj }</li>                   ├─❶
        <li>Integer 객체 => ${ integerObj }</li> ─────────────────────────────┘
    </ul>
    <h2>매개변수로 전달된 값 읽기</h2>
    <ul>
        <li>${ param.firstNum + param['secondNum'] }</li> ┐
        <li>${ param.firstNum } + ${param["secondNum"] }</li> ┘─❷
    </ul>
</body>
</html>
```

❶ request 영역을 통해 전달된 객체를 출력합니다. ❷ 매개변수를 통해 전달된 값을 출력합니다. 속성명을 지정할 때 점과 대괄호 모두 사용할 수 있습니다.

전달하고 받는 페이지가 모든 완성되었으니 ObjectParams.jsp를 실행해보겠습니다. 결과는 다음과 같습니다.

영역을 통해 전달된 객체 읽기

- Person 객체 => 이름 : 홍길동, 나이 : 33
- String 객체 => 나는 문자열
- Integer 객체 => 99

매개변수로 전달된 값 읽기

- 30
- 10 + 20

보다시피 모든 값이 무사히 전송되었습니다.

순수 JSP 코드와 비교해보면 EL이 얼마나 간결한지 단번에 체감할 수 있습니다. request 영역에 저장된 Person 객체에서 JSP 코드를 통해 읽는다면 다음처럼 해야 합니다.

표 10-1 순수 JSP와 EL 코드 비교

순수 JSP	EL
```<%Object object = request.getAttribute("personObj");Person person = (Person)object;out.println("이름 : " + person.getName());out.println("나이 : " + person.getAge());%>```	이름 : ${ personObj.name } 나이 : ${ personObj.age }
혹은	
```<%Object object = request.getAttribute("personObj");Person person = (Person)object;%>이름 : <%= person.getName() %>나이 : <%= person.getAge() %>```	

영역에는 모든 객체가 Object 타입으로 저장되므로 읽어올 때는 반드시 형변환 후 사용해야 하고, 게터로 멤버 변수의 값을 가져옵니다. 한편 EL을 사용하면 이런 번거로운 절차를 생략할 수 있습니다. 형변환이 필요 없고, 게터 호출 대신 멤버 변수 이름만 쓰면 바로 원하는 값을 출력할 수 있습니다.

> **Note** 객체를 영역에 저장해 전달하는 방식은 서블릿(12장)에서 자주 사용합니다. 서블릿 코드는 자바로 작성하고 결과 출력은 JSP에서 합니다. 이때 서블릿에서 처리한 내용을 영역에 저장한 후 JSP 파일로 포워드해 출력합니다.

10.2.4 쿠키, HTTP 헤더, 컨텍스트 초기화 매개변수 출력하기

EL은 쿠키나 헤더값을 읽을 수 있도록 다음의 내장 객체를 제공합니다.

- **cookie** : 쿠키를 읽을 때 사용합니다.
- **header** : request.getHeader(헤더명)와 동일하게 헤더값을 읽을 때 사용합니다.
- **headerValues** : request.getHeaders(헤더명)와 동일하게 헤더값을 배열 형태로 읽을 때 사용합니다.
- **initParam** : web.xml에 설정한 컨텍스트 초기화 매개변수를 읽을 때 사용합니다.
- **pageContext** : JSP의 pageContext 내장 객체와 동일한 역할을 합니다.

예제 10-7 쿠키, HTTP 헤더, 컨텍스트 초기화 매개변수 출력하기　　　　　　　webapp/10EL/OtherImplicitObj.jsp

```jsp
<%@ page import="utils.CookieManager"%>
<%@ page language="java" contentType="text/html; charset=UTF-8"
    pageEncoding="UTF-8"%>
<%
CookieManager.makeCookie(response, "ELCookie", "EL좋아요", 10);  ❶
%>
<html>
<meta charset="UTF-8">
<head><title>표현 언어(EL) - 그 외 내장 객체</title></head>
<body>
    <h3>쿠키값 읽기</h3>
    <li>ELCookie값 : ${ cookie.ELCookie.value }</li>  ❷

    <h3>HTTP 헤더 읽기</h3>
    <ul>
```

```
            <li>host : ${ header.host }</li>
            <li>user-agent : ${ header['user-agent'] }</li>        ─┐
            <li>cookie : ${ header.cookie }</li>                     │─❸
    </ul>                                                          ─┘

        <h3>컨텍스트 초기화 매개변수 읽기</h3>
        <li>OracleDriver : ${ initParam.OracleDriver }</li>

        <h3>컨텍스트 루트 경로 읽기</h3>
        <li>${ pageContext.request.contextPath }</li>
</body>
</html>
```

❶에서는 4장에서 생성한 CookieManager 클래스의 makeCookie() 메서드로 쿠키를 생성합니다. EL을 통해 확인만 해보면 되므로 유효 시간은 10초로 설정하였습니다.

그리고 ❷에서 쿠키를 출력합니다. 쿠키는 생성 직후에는 바로 사용할 수 없으므로, 만약 첫 실행이라면 새로고침을 해야 쿠키값이 출력됩니다.

❸에서는 HTTP 요청 헤더에 포함된 값들을 출력합니다. 여기서 'user-agent'의 경우 이름에 특수 기호가 들어가므로 ${header.user-agent }처럼 작성하면 제대로 출력되지 않습니다. 0으로 출력됩니다.

[예제 10-7]을 처음 실행하면 다음과 같이 쿠키값이 제대로 출력되지 않습니다.

쿠키값 읽기

- ELCookie값 : [　　　　] ── 값이 비어 있음

HTTP 헤더 읽기

  - host : localhost:8081

쿠키는 생성 직후에는 클라이언트에만 저장되어 있으므로, 다시 한번 방문해서 서버로 전송해줘야 읽을 수 있습니다. F5 를 눌러서 새로고침하면 쿠키값을 포함해 모든 정보가 제대로 보일 것입니다.

쿠키값 읽기

- ELCookie값 : EL좋아요 ——— 값이 채워짐

HTTP 헤더 읽기

- host : localhost:8081
- user-agent : Mozilla/5.0 (Windows NT 10.0; Win64; x64) AppleWebKit/537.36 (KHTML, like Gecko) Chrome/92.0.4515.107 Safari/537.36
- cookie : JSESSIONID=F0266E17E2DA30E9CC315D657E5CFA65; ELCookie=ELì¢□ì□□ì□□

컨텍스트 초기화 매개변수 읽기

- OracleDriver : oracle.jdbc.OracleDriver

컨텍스트 루트 경로 읽기

- /MustHaveJSP

이것으로 EL에서 제공되는 내장 객체에 대해 알아보았습니다.

10.3 컬렉션 사용하기

EL을 통해서 컬렉션을 사용하는 법을 알아보겠습니다. EL을 사용하면 컬렉션을 자바 코드보다 훨씬 더 간단하게 이용할 수 있습니다.

우리는 앞 장에서 모델1 방식 게시판을 제작하며 컬렉션을 사용해보았습니다. 게시판 목록은 순서가 중요하므로 List 컬렉션을 사용했고, 여러 가지 매개변수를 저장할 때는 Map 컬렉션을 사용했습니다. 이번 절에서는 이 두 가지 컬렉션을 EL을 이용해 사용하는 법을 알아보겠습니다.

예제 10-8 EL로 컬렉션 이용하기   webapp/**10EL/CollectionUse.jsp**

```
<%@ page import="java.util.HashMap"%>
<%@ page import="java.util.Map"%>
<%@ page import="java.util.List"%>
<%@ page import="java.util.ArrayList"%>
<%@ page import="common.Person"%>
<%@ page language="java" contentType="text/html; charset=UTF-8"
    pageEncoding="UTF-8"%>
<html>
```

```
<meta charset="UTF-8">
<head><title>표현 언어(EL) - 컬렉션</title></head>
<body>
<h2>List 컬렉션</h2>
<%
List<Object> aList = new ArrayList<Object>();   ❶
aList.add("청해진");   ❷
aList.add(new Person("장보고", 28));   ❸
pageContext.setAttribute("Ocean", aList);   ❹
%>
<ul>
    <li>0번째 요소 : ${ Ocean[0] }</li>
    <li>1번째 요소 : ${ Ocean[1].name }, ${ Ocean[1].age }</li>  ❺
    <li>2번째 요소 : ${ Ocean[2] }<!--출력되지 않음--></li>
</ul>
<h2>Map 컬렉션</h2>
<%
Map<String, String> map = new HashMap<String, String>();
map.put("한글", "훈민정음");
map.put("Eng", "English");                                      ❻
pageContext.setAttribute("King", map);
%>
<ul>
    <li>영문 Key : ${ King["Eng"] }, ${ King['Eng'] }, ${ King.Eng }</li>   ❼
    <li>한글 Key : ${ King["한글"] }, ${ King['한글'] }, \${King.한글 }<!--에러-->
</li> ❽
</ul>
</body>
</html>
```

❶ 먼저 List 컬렉션을 생성합니다. 타입 매개변수를 Object로 선언했으므로 어떤 객체든 저장할 수 있습니다. ❷ 첫 번째는 String, ❸ 두 번째는 Person 객체를 저장합니다. ❹ 그런 다음 List 컬렉션을 page 영역에 저장합니다.

❺ 영역에 저장된 List를 출력해봅니다. List는 배열처럼 인덱스로 접근할 수 있습니다.

❻ 다음은 Map 컬렉션 차례입니다. Map 역시 page 영역에 저장했습니다.

Map은 List와는 달리 키를 입력해 값을 가져옵니다. 코드에서 보듯 ❼ 키가 영문이면 3가지 방식을 모두 사용할 수 있으나, ❽ 한글이면 .(점)은 사용할 수 없습니다. 점을 사용하면 500 에러가 발생하기 때문에 코드에서 주석으로 처리했습니다.

> **Note** EL 코드를 주석 처리하려면 앞에 \(역슬래시)를 붙여줍니다.

CollectionUse.jsp를 실행해봅시다.

List 컬렉션

- 0번째 요소 : 청해진
- 1번째 요소 : 장보고, 28
- 2번째 요소 : [   ]❶

Map 컬렉션

- 영문 Key : English, English, English
- 한글 Key : 훈민정음, 훈민정음, ${King.한글 }❷

List 컬렉션에는 2개의 객체를 저장하였습니다. 따라서 인덱스는 1까지만 존재하고, ❶ 인덱스 2는 null인 상태입니다. EL은 null을 출력해도 예외를 발생시키지 않으므로 그림과 같이 아무것도 출력되지 않습니다.

Map 쪽은 모두 동일한 출력 결과를 보이고 있습니다. 단, 키가 한글일 때 ❷ 마지막 EL을 주석 처리하여 일반 HTML 코드로 인식되어 화면에 그대로 출력되었습니다.

이와 같이 EL은 컬렉션도 매우 편리하게 사용할 수 있는 기능을 제공합니다.

10.4 EL의 연산자들

자바에는 산술 연산자, 비교 연산자 등 여러 가지 연산자가 있습니다. EL에서도 동일한 기능의 연산자를 제공합니다. 조금 다른 점이라면 자바에서 사용하는 특수 기호 형태의 연산자 이외에 EL에서는 문자 형태의 연산자도 함께 사용할 수 있다는 것입니다.

연산자 사용법은 모든 언어에서 가장 기초에 해당하며, EL에서도 마찬가지입니다. 가벼운 마음으로 학습해보시길 바랍니다.

할당 연산자

초기의 EL은 할당이 불가능했으나 EL 3.0부터는 = 연산자를 써서 변수에 값을 할당할 수 있습니다. 다만 할당과 동시에 출력되기 때문에 할당만을 하고 싶다면 세미콜론과 작은따옴표를 함께 사용해야 합니다.

```
${ numberVar = 10 }          ← 할당과 동시에 출력
${ numberVar = 10;'' }       ← 할당만 되고 출력은 되지 않음
```

산술 연산자

- **+, −, *** : 덧셈, 뺄셈, 곱셈
- **/ 또는 div** : 나눗셈
- **% 또는 mod** : 나머지

비교 연산자

- **〉또는 gt** : Greater Than(~보다 크다.)
- **〉= 또는 ge** : Greater than or Equal(~보다 크거나 같다.)
- **〈 또는 lt** : Less Than(~보다 작다.)
- **〈= 또는 le** : Less than or Equal(~보다 작거나 같다.)
- **== 또는 eq** : EQual(같다.)
- **!= 또는 ne** : Not Equal(같지 않다. 즉 다르다.)

논리 연산자

- **&& 또는 and** : 논리 And
- **|| 또는 or** : 논리 Or
- **! 또는 not** : 논리 Not

예제 10-9 각종 연산자 사용 예 1   webapp/10EL/Operator1.jsp

```jsp
<%@ page language="java" contentType="text/html; charset=UTF-8"
    pageEncoding="UTF-8"%>
<%
// 예시에서 사용할 변수 선언 ❶
int num1 = 3;
```

```jsp
pageContext.setAttribute("num2", 4);
pageContext.setAttribute("num3", "5");
pageContext.setAttribute("num4", "8");
%>
<html>
<meta charset="UTF-8">
<head><title>표현 언어(EL) - 연산자</title></head>
<body>
    <h3>변수 선언 및 할당</h3>
    스크립틀릿에서 선언한 변수 : ${ num1 } <br /> ❷
    page 영역에 저장된 변수 : ${ num2 } <br />    ❸
    변수 할당 및 즉시 출력 : ${ num1 = 7 } <br /> ❹
    변수 할당 및 별도 출력 : ${ num2 = 8;'' } => ${ num2 } <br /> ❺
    num1 = ${ num1 }, num2 = ${ num2 }, num3 = ${ num3 }, num4 = ${ num4 }

    <h3>산술 연산자</h3> ❻
    num1 + num2 : ${ num1 + num2 } <br />
    num1 - num2 : ${ num1 - num2 } <br />
    num1 * num2 : ${ num1 * num2 } <br />
    num3 / num4 : ${ num3 / num4 } <br />
    num3 div num4 : ${ num3 div num4 } <br /> ❼
    num3 % num4 : ${ num3 % num4 } <br />
    num3 mod num4 : ${ num3 mod num4 }  ❽

    <h3>+ 연산자는 덧셈만 가능</h3>
    num1 + "34" : ${ num1 + "34" } <br /> ❾
    num2 + "이십" : \${num2 + "이십" }<!-- 에러 발생(주석 처리) --> <br /> ┐
    "삼십" + "사십" : \${"삼십" + "사십" }<!-- 에러 발생(주석 처리) -->          ┘ ❿

    <h3>비교 연산자</h3> ⓫
    num4 > num3 : ${ num4 gt num3 } <br />
    num1 < num3 : ${ num1 lt num3 } <br />
    num2 >= num4 : ${ num2 ge num4 } <br />
    num1 == num4 : ${ num1 eq num4 }

    <h3>논리 연산자</h3> ⓬
    num3 <= num4 && num3 == num4 : ${ num3 le num4 and num3 eq num4 } <br />
    num3 >= num4 || num3 != num4 : ${ num3 ge num4 or num3 ne num4 }
</body>
</html>
```

❶ 먼저 예시에서 사용할 변수들을 선언했습니다. num3과 num4는 문자열을 입력했지만 EL에서는 산술 연산 시 자동으로 숫자로 변경됩니다.

❷ EL은 스크립틀릿에서 선언한 변수를 즉시 사용할 수 없습니다. 따라서 null이므로 아무것도 출력되지 않습니다. ❸ page 영역에 저장된 속성은 정상적으로 출력됩니다.

❹ EL 3.0부터는 변수에 값을 할당할 수 있습니다. 하지만 할당과 동시에 출력됩니다. ❺ 할당만 하려면 ${변수명=값;' ' }처럼 사용해야 합니다. 따라서 왼쪽 항은 출력되지 않습니다.

❻ 산술 연산자는 자바와 같습니다. 단, ❼ 나눗셈에 div, ❽ 나머지 연산에 mod를 추가로 사용할 수 있습니다.

EL에서는 + 연산자는 덧셈을 위해서만 사용됩니다. ❾ 숫자 형태의 문자열이라면 자동으로 숫자로 변환되어 계산되지만, ❿ 문자가 포함되어 있다면 변환이 되지 않으므로 에러가 발생합니다.

> **Warning** + 연산자를 문자열 연결에 사용할 수 없으므로 주의하세요.

⓫ 비교 연산자와 ⓬ 논리 연산자도 문자 형태의 연산자(gt, and 등)를 사용할 수 있습니다.

[예제 10-9]에서 보듯이 EL은 문자 형태의 연산자를 제공하여 코드를 좀 더 직관적으로 작성할 수 있습니다.

Operator1.jsp를 실행해볼까요? 실행 결과가 길어 양쪽으로 보이게 그림을 수정하였으므로 참고하세요.

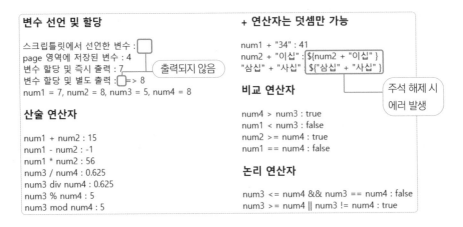

empty 연산자

다음과 같이 값이 없을 때 true를 반환하는 연산자입니다.

- null
- 빈 문자열
- 길이가 0인 배열
- size가 0인 컬렉션

삼항 연산자

자바의 삼항 연산자와 사용법이 동일합니다.

```
${ 조건 ? "true일 때 선택" : "false일 때 선택" }
```

null일 때 연산

자바에서는 null을 조작하려 하거나 연산에 사용하면 NullPointerException이 발생합니다.
하지만 EL에서는 0으로 인식되어 예외가 발생하지 않습니다.

예제 10-10 각종 연산자 사용 예 2   webapp/**10EL/Operator2.jsp**

```jsp
<%@ page import="java.util.ArrayList"%>
<%@ page language="java" contentType="text/html; charset=UTF-8"
    pageEncoding="UTF-8"%>
<%
// 예시에서 사용할 변수 선언 ❶
pageContext.setAttribute("num1", 9);
pageContext.setAttribute("num2", "10");

pageContext.setAttribute("nullStr", null);
pageContext.setAttribute("emptyStr", "");
pageContext.setAttribute("lengthZero", new Integer[0]);
pageContext.setAttribute("sizeZero", new ArrayList<Object>());
%>
<html>
<meta charset="UTF-8">
<head><title>표현 언어(EL) - 연산자</title></head>
<body>
```

```
<h3>empty 연산자</h3>
empty nullStr : ${ empty nullStr } <br />
empty emptyStr : ${ empty emptyStr } <br />
empty lengthZero : ${ empty lengthZero } <br />
empty sizeZero : ${ empty sizeZero }

<h3>삼항 연산자</h3>
num1 gt num2 ? "참" : "거짓" => ${ num1 gt num2 ? "num1이 크다" : "num2가 크다" }

<h3>null 연산</h3>
null + 10 : ${ null + 10 } <br />
nullStr + 10 : ${ nullStr + 10 } <br />
param.noVar > 10 : ${ param.noVar > 10 }
</body>
</html>
```

❶ EL에서 사용할 변수를 생성하여 영역에 저장합니다.

❷ 값이 없는(empty) 상태이므로 모두 true를 반환합니다.

❸ num1과 num2는 각각 9와 10이므로 num2가 더 큽니다. 따라서 false를 반환하여 "num2가 크다"가 출력됩니다.

❹ null은 모두 0으로 처리됩니다. 실행에는 문제가 없으나, null과 정수를 연산하는 부분을 이클립스는 에러로 표시하니 참고하시기 바랍니다.

Operator2.jsp를 실행한 결과는 다음과 같습니다.

empty 연산자

empty nullStr : true
empty emptyStr : true
empty lengthZero : true
empty sizeZero : true

삼항 연산자

num1 gt num2 ? "참" : "거짓" => num2가 크다

null 연산

null + 10 : 10
nullStr + 10 : 10
param.noVar > 10 : false

지금까지 EL의 연산자에 대해 알아보았습니다. 자바에서 사용한 연산자에서 조금 확장된 정도이므로 큰 어려움은 없으리라 생각합니다.

10.5 인스턴스 메서드 호출

EL에서 자바 코드를 직접 사용할 수는 없어서 불편할 때가 있습니다. 이 불편함을 덜어주고자 EL은 메서드를 호출할 수 있는 방법을 제공합니다.

10.5.1 호출할 메서드 준비

먼저 EL에서 호출해볼 메서드를 몇 개 준비하겠습니다. 다음 클래스는 el이라는 패키지를 만들어 그 안에 작성해주세요.

예제 10-11 EL로 호출할 메서드를 담은 클래스　　　　　　Java Resources/src/main/java/**el/MyELClass.java**

```java
package el;

public class MyELClass {
    // 주민번호를 입력받아 성별을 반환합니다. ❶
    public String getGender(String jumin) {
        String returnStr = "";
        int beginIdx = jumin.indexOf("-") + 1;
```

```java
        String genderStr = jumin.substring(beginIdx, beginIdx + 1);
        int genderInt = Integer.parseInt(genderStr);
        if (genderInt == 1 || genderInt == 3)  ❷
            returnStr = "남자";
        else if (genderInt == 2 || genderInt == 4)  ❸
            returnStr = "여자";
        else
            returnStr = "주민번호 오류입니다.";
        return returnStr;
    }


    // 입력받은 문자열이 숫자인지 판별해줍니다. ❹
    public static boolean isNumber(String value) {
        char[] chArr = value.toCharArray();
        for (int i = 0; i < chArr.length; i++) {
            if (!(chArr[i] >= '0' && chArr[i] <= '9')) {
                return false;
            }
        }
        return true;
    }


    // 입력받은 정수까지의 구구단을 HTML 테이블로 출력해줍니다. ❺
    public static String showGugudan(int limitDan) {
        StringBuffer sb = new StringBuffer();
        try {
            sb.append("<table border='1'>");
            for (int i = 2; i <= limitDan; i++) {
                sb.append("<tr>");
                for (int j = 1; j <= 9; j++) {
                    sb.append("<td>" + i + "*" + j + "=" + (i * j) + "</td>");
                }
                sb.append("</tr>");
            }
            sb.append("</table>");
        } catch (Exception e) {
            e.printStackTrace();
        }
        return sb.toString();
```

```
    }
}
```

총 3개의 메서드를 준비했습니다.

❶ getGender() 메서드는 주민번호를 매개변수로 받아 성별을 판단해줍니다. ❷ 주민번호 뒤 7자리의 첫 번째 숫자가 1이나 3이면 남자로, ❸ 2나 4면 여자로 판단할 수 있습니다.

❹ isNumber() 메서드는 문자열을 매개변수로 받아 숫자인지 판단하는 정적 메서드입니다. 문자열에 숫자 이외의 문자가 하나라도 포함된다면 false를 반환합니다. 즉, 전체가 숫자일 때만 true를 반환합니다.

❺ 매개변수로 전달된 정수만큼의 구구단을 출력하는 정적 메서드입니다. 5가 전달되면 5단까지 출력합니다.

이상으로 일반 메서드 1개와 정적 메서드 2개를 작성했습니다. 일반 메서드를 호출하는 방법부터 알아보고, 이어서 정적 메서드 호출법을 알아보겠습니다.

10.5.2 메서드 호출하기

EL은 영역에 저장된 값을 가져오는 기법이므로, 호출하려면 먼저 객체를 만들어 영역에 저장해야 합니다. 그러고 나면 저장된 속성명을 통해 메서드를 호출할 수 있습니다.

예제 10-12 EL에서 메서드 호출하기　　　　　　　　　　　webapp/10EL/ELCallMethod.jsp

```
<%@ page import="el.MyELClass"%>
<%@ page language="java" contentType="text/html; charset=UTF-8"
    pageEncoding="UTF-8"%>
<%
MyELClass myClass = new MyELClass();  // 객체 생성 ❶
pageContext.setAttribute("myClass", myClass);  // page 영역에 저장 ❷
%>
<html>
<head><title>표현 언어(EL) - 메서드 호출</title></head>
<body>
    <h3>영역에 저장 후 메서드 호출하기</h3>
```

```
    001225-3000000 => ${ myClass.getGender("001225-3000000") } <br />
    001225-2000000 => ${ myClass.getGender("001225-2000000") }                 ──┐── ❸
</body>
</html>
```

❶ 앞서 만든 클래스로 객체를 생성해 ❷ page 영역에 "myClass"라는 이름으로 저장했습니다. 이제 EL로 이 객체의 메서드를 호출할 수 있게 됩니다.

❸ 영역에 저장된 속성명으로 객체를 지칭해 메서드를 호출했습니다. 주민번호 뒷자리가 1이나 3으로 시작하면 '남자', 2나 4로 시작하면 '여자'를 출력할 것입니다.

실행한 결과는 다음과 같습니다.

영역에 저장 후 메서드 호출하기

001225-3000000 => 남자
001225-2000000 => 여자

10.6 정적 메서드 호출

이번 절에서는 정적 메서드^{static method}를 호출하는 방법을 알아보겠습니다. EL에서 자바 클래스에 정의된 정적 메서드를 호출하는 방법은 크게 클래스명을 통해 호출하는 방법과 TLD를 이용하는 방법이 있습니다. 차례로 설명하겠습니다.

10.6.1 클래스명을 통한 정적 메서드 호출

EL에서 정적 메서드를 호출하는 첫 번째 방법인 클래스명을 통한 호출을 알아보겠습니다. 자바에서 정적 메서드는 객체 생성 없이 클래스명으로 직접 호출하는 게 가능합니다. EL에서도 동일하게 사용할 수 있습니다. ELCallMethod.jsp에 다음 코드를 추가하겠습니다.

```jsp
<%@ page import="el.MyELClass"%>
<%@ page language="java" contentType="text/html; charset=UTF-8"
    pageEncoding="UTF-8"%>
<%
MyELClass myClass = new MyELClass();  // 객체 생성
pageContext.setAttribute("myClass", myClass);  // page 영역에 저장
%>
<html>
<head><title>표현 언어(EL) - 메서드 호출</title></head>
<body>
    <h3>영역에 저장 후 메서드 호출하기</h3>
    001225-3000000 => ${ myClass.getGender("001225-3000000") } <br />
    001225-2000000 => ${ myClass.getGender("001225-2000000") }

    <h3>클래스명을 통해 정적 메서드 호출하기</h3>
    ${ MyELClass.showGugudan(7) }  ❶
</body>
</html>
</body>
</html>
```

❶ 이처럼 클래스명을 통해 정적 메서드를 바로 호출할 수 있습니다.

예제를 실행하고 새로 추가한 ${ MyELClass.showGugudan(7) }의 실행 결과만 확인해보겠습니다.

클래스명을 통해 정적 메서드 호출하기

2*1=2	2*2=4	2*3=6	2*4=8	2*5=10	2*6=12	2*7=14	2*8=16	2*9=18
3*1=3	3*2=6	3*3=9	3*4=12	3*5=15	3*6=18	3*7=21	3*8=24	3*9=27
4*1=4	4*2=8	4*3=12	4*4=16	4*5=20	4*6=24	4*7=28	4*8=32	4*9=36
5*1=5	5*2=10	5*3=15	5*4=20	5*5=25	5*6=30	5*7=35	5*8=40	5*9=45
6*1=6	6*2=12	6*3=18	6*4=24	6*5=30	6*6=36	6*7=42	6*8=48	6*9=54
7*1=7	7*2=14	7*3=21	7*4=28	7*5=35	7*6=42	7*7=49	7*8=56	7*9=63

인수로 7을 넘겼으므로 구구단 7단까지 출력했습니다.

10.6.2 TLD를 이용한 정적 메서드 호출

EL에서 자바 클래스의 정적 메서드를 호출하는 두 번째 방법은 바로 TLD입니다. TLD^{Tag Library} ^{Descriptor}는 사용자 정의 태그나 JSTL 태그들을 설정하기 위한 XML 파일입니다. 파일 확장자는 xml 대신 tld를 사용하며, WEB-INF 폴더에 작성합니다.

> **Note** TLD는 JSP 2.0(톰캣 5.5)부터 사용하던 방식입니다. 현재는 바로 앞에서 살펴본 더 간단한 방법이 있지만, 실무에서는 예전 코드를 이어받아 관리해야 할 일도 많기 때문에 아직은 이 방식도 알고 있는 것이 좋다고 판단되어 추가하였습니다.

EL에서 정적 메서드를 호출하는 과정은 다음과 같습니다.

1 호출할 메서드를 담은 자바 클래스를 작성합니다(public로 선언한 정적 메서드만 호출할 수 있습니다).
2 TLD 파일을 생성한 후 클래스와 메서드를 등록합니다.
3 JSP 파일에서 taglib 지시어로 tld 파일의 경로와 이 tld를 지칭할 접두어를 설정합니다.
4 접두어를 통해 EL에서 메서드를 호출합니다.

이번에 호출해볼 정적 메서드는 [예제 10-11]에서 작성한 isNumber()입니다. 클래스 파일은 이미 작성했으므로 tld 파일부터 생성해보겠습니다.

TLD 파일 생성

01 ❶ webapp/WEB-INF에서 마우스 우클릭 → ❷ [New] → ❸ [Other]를 선택합니다.

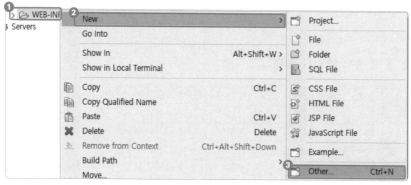

02 ① [Wizards:] 부분에 "xml"이라고 입력하면 ② XML File이 보일 것입니다. 선택 후
③ [Next] 버튼을 클릭합니다.

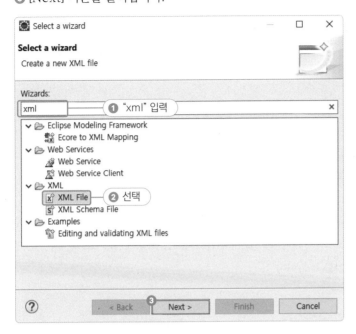

03 다음 화면에서 ① 파일명을 "MyTagLib.tld"라고 입력 후 ② [Next] 버튼을 클릭합니다.

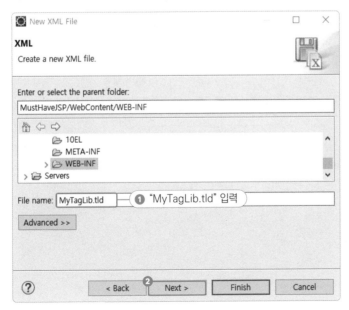

04 ❶ "Create file using a DTD or XML Schema file"을 체크한 후 ❷ [Next]를 누릅니다.

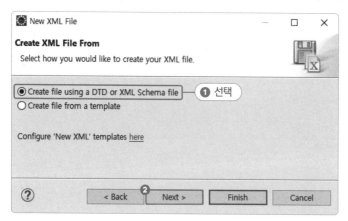

05 ❶ "Select XML Catalog entry"를 선택한 다음 ❷ "web-jsptaglibrary_2_0"을 입력하면 해당하는 엔트리만 표시됩니다. ❸ 그중 "http://java.sun.com.."으로 시작하는 엔트리를 선택한 후 ❹ [Next]를 누릅니다.

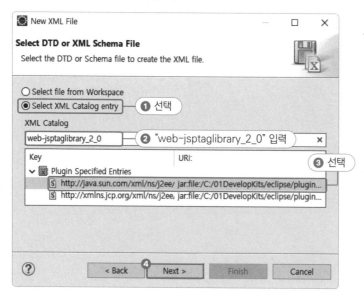

06 ❶ [Namespace Information] 영역에서 첫 번째 항목을 선택한 후 ❷ [Edit]를 누릅니다.

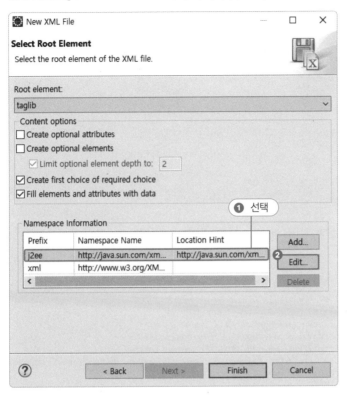

07 ❶ [Prefix:]의 텍스트를 삭제해서 공백으로 만든 후 ❷ [OK]를 눌러 적용합니다.

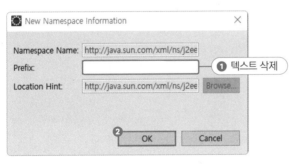

08 ❶ Prefix 열이 〈no prefix〉로 변경된 것을 확인한 후 ❷ [Finish]를 눌러 tld 파일을 생성합니다.

그러면 tld 파일이 다음과 같이 생성됩니다(보기 편하게 살짝 줄바꿈과 들여쓰기를 적용한 모습입니다).

```
X *MyTagLib.tld ⊠
 1  <?xml version="1.0" encoding="UTF-8"?>
 2  <taglib version="2.0"
 3      xmlns="http://java.sun.com/xml/ns/j2ee"
 4      xmlns:xml="http://www.w3.org/XML/1998/namespace"
 5      xmlns:xsi="http://www.w3.org/2001/XMLSchema-instance"
 6      xsi:schemaLocation="http://java.sun.com/xml/ns/j2ee http://java.sun.com/xml
 7    <tlib-version>0.0</tlib-version>
 8    <short-name>NMTOKEN</short-name>
 9  </taglib>
```

이렇게 만든 tld 파일에 호출할 정적 메서드를 등록해보겠습니다.

TLD 파일에 메서드 등록

tld 파일을 다음과 같이 수정합니다. 수정할 부분에 음영을 칠해뒀습니다.

예제 10-14 TLD 파일에 정적 메서드 등록　　　　　　　　　　webapp/**WEB-INF/MyTagLib.tld**

```
<?xml version="1.0" encoding="UTF-8"?>
<taglib version="2.0"
    xmlns="http://java.sun.com/xml/ns/j2ee"
    xmlns:xml="http://www.w3.org/XML/1998/namespace"
    xmlns:xsi="http://www.w3.org/2001/XMLSchema-instance"
    xsi:schemaLocation="http://java.sun.com/xml/ns/j2ee
        http://java.sun.com/xml/ns/j2ee/web-jsptaglibrary_2_0.xsd ">
```

```
    <tlib-version>1.0</tlib-version>
    <short-name>mytag</short-name>
    <function>   ②
        <name>isNumber</name>   ③
        <function-class>el.MyELClass</function-class>   ④
        <function-signature>boolean isNumber(java.lang.String)</function-signature>   ⑤
    </function>
</taglib>
```

① 버전과 짧은 이름을 간단히 지정해줍니다. 처음 만들었으므로 버전은 1.0으로, 이름은 "mytag"로 하겠습니다.

②는 메서드를 등록하기 위한 태그입니다. 이 태그 안에 ③ 메서드 이름, ④ (패키지명을 포함한) 클래스 이름, ⑤ (반환 타입과 매개변수를 포함한) 메서드 시그니처를 채워 넣습니다.

메서드 시그니처를 작성할 때는 주의할 점이 있습니다. 기본 자료형이 아니라면 패키지를 포함한 전체 경로를 써야 한다는 것입니다. 규칙은 다음과 같습니다.

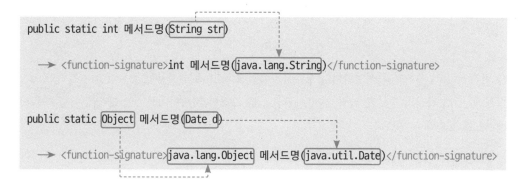

또한 어차피 public static 메서드만 등록할 수 있으므로 "public static"은 적지 않으며, 매개 변수는 변수 이름 없이 타입만 기술해주면 됩니다.

tld 파일까지 작성하였으니 이제는 JSP에서 호출해보겠습니다.

JSP에서 호출

다시 한번 ELCallMethod.jsp 파일에 코드를 추가하겠습니다.

```jsp
<%@ page import="el.MyELClass"%>
<%@ page language="java" contentType="text/html; charset=UTF-8"
    pageEncoding="UTF-8"%>
<%@ taglib prefix="mytag" uri="/WEB-INF/MyTagLib.tld" %>   ❶
<%
MyELClass myClass = new MyELClass(); // 객체 생성
pageContext.setAttribute("myClass", myClass); // page 영역에 저장
%>
<html>
<head><title>표현 언어(EL) - 메서드 호출</title></head>
<body>
    ... 생략 ...


    <h3>TLD 파일 등록 후 정적 메서드 호출하기</h3>
    <ul>
        <li>mytag:isNumber("100") => ${ mytag:isNumber("100") }</li>
        <li>mytag:isNumber("이백") => ${ mytag:isNumber("이백") }</li>
    </ul>
</body>
</html>
```
❷

❶ 먼저 taglib 지시어를 선언합니다. prefix 속성에는 EL에서 사용할 접두어를 지정하고, uri 속성에는 tld 파일의 경로를 작성해주면 됩니다. ❷ 그러면 지시어에서 선언한 접두어를 이용해 메서드를 호출할 수 있습니다.

실행 결과는 다음과 같습니다.

TLD 파일 등록 후 정적 메서드 호출하기

- mytag:isNumber("100") => true
- mytag:isNumber("이백") => false

"100"은 정수 형태이므로 true를 반환했고, "이백"은 문자열이므로 false를 반환했습니다.

학습 마무리

이번 장에서는 EL의 문법을 알아보았습니다. EL은 JSP의 문법을 보완하는 역할을 하며, 주로 4가지 영역에 저장된 속성값을 읽을 때 사용합니다. JSP에서 선언한 변수를 EL에서 즉시 사용할 수는 없고, 항상 영역에 저장한 후 사용해야 합니다. 이 점 때문에 '편하다'보다는 '번거롭다'고 느껴질 수도 있습니다. 사실 JSP만 사용한다면 EL이 편하지 않은 것은 사실입니다. 하지만 서블릿과 혼용해 개발해야 한다면 문제가 다릅니다. 서블릿에서 처리한 결과는 항상 영역을 통해 JSP로 전달되기 때문입니다. EL은 다음 장에서 학습할 JSTL과 함께 모델2 방식(MVC)에서 매우 많이 사용되므로, 본격적인 활용법은 이후에 알아보겠습니다.

핵심 요약

- EL은 내장 객체를 통해 4가지 영역에 저장된 속성값을 읽을 수 있습니다.
- 전송된 폼값이나 객체를 EL을 통해 읽을 수 있습니다.
- 컬렉션을 보다 쉽게 사용할 수 있습니다.
- 자바에서 제공하는 연산자와 함께 문자 형태의 연산자를 추가로 사용할 수 있습니다.
- JSP 코드를 직접 사용할 수는 없지만, 메서드를 호출할 수 있는 기능을 제공합니다.

JSP 표준 태그 라이브러리(JSTL)

☐ **학습 목표**	JSP의 표준 태그 라이브러리인 JSTL을 사용하면 스크립틀릿을 사용하지 않고도 제어문, 반복문 등을 사용할 수 있습니다. 이번 장에서는 JSTL이 제공하는 다양한 태그의 사용법을 학습합니다.
☐ **학습 순서**	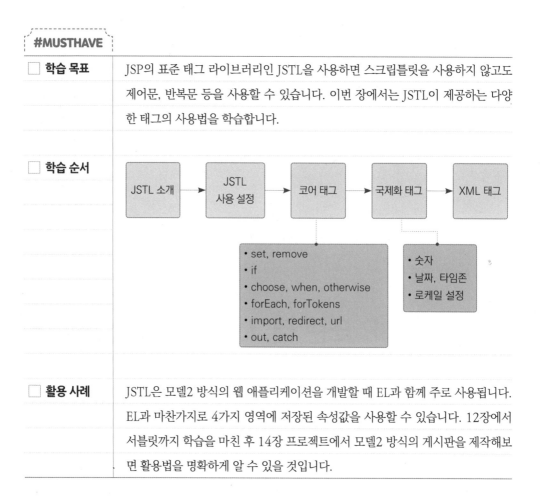
☐ **활용 사례**	JSTL은 모델2 방식의 웹 애플리케이션을 개발할 때 EL과 함께 주로 사용됩니다. EL과 마찬가지로 4가지 영역에 저장된 속성값을 사용할 수 있습니다. 12장에서 서블릿까지 학습을 마친 후 14장 프로젝트에서 모델2 방식의 게시판을 제작해보면 활용법을 명확하게 알 수 있을 것입니다.

11.1 JSTL이란?

JSTL^{JSP Standard Tag Library}은 JSP에서 빈번하게 사용되는 조건문, 반복문 등을 처리해주는 태그를 모아 표준으로 만들어 놓은 라이브러리입니다. JSTL을 사용하면 스크립틀릿 없이 태그만으로 작성할 수 있기 때문에 코드가 간결해지고 읽기 편해집니다.

어떻게 달라지는지 먼저 맛을 보고 시작할까요?

JSP로 구현한 구구단	JSTL로 구현한 구구단

```
<table border="1">
  <%for (int dan = 2; dan <= 9; dan++) {%>
  <tr>
    <%for (int su = 1; su <= 9; su++) {%>
    <td>
      <%=dan%> * <%=su%> = <%=dan * su%>
    </td>
    <%}%>
  </tr>
  <%}%>
</table>
```

```
<table border="1">
  <c:forEach begin="2" end="9" var="dan">
  <tr>
    <c:forEach begin="1" end="9" var="su">
    <td>
      ${dan} * ${su} = ${dan * su}
    </td>
    </c:forEach>
  </tr>
  </c:forEach>
</table>
```

먼저 JSP로 구현한 코드를 보면 HTML 태그 사이에 스크립틀릿과 표현식이 삽입되어 코드가 복잡해지고 가독성이 떨어집니다. 하지만 JSTL로 구현한 코드는 HTML 태그와 비슷한 태그를 사용하기 때문에 코드가 일관되고 가독성도 좋습니다. 또한 10장에서 학습한 EL과 함께 사용할 수 있다는 장점이 있습니다.

JSTL은 모두 5가지 종류의 태그를 제공합니다.

표 11-1 JSTL에서 제공하는 태그 종류

종류	기능	접두어	URI
Core 태그	변수 선언, 조건문/반복문, URL 처리	c	jakarta.tags.core
Formatting 태그	숫자, 날짜, 시간 포맷 지정	fmt	jakarta.tags.fmt
XML 태그	XML 파싱	x	jakarta.tags.xml
Function 태그	컬렉션, 문자열 처리	fn	jakarta.tags.functions
SQL 태그	데이터베이스 연결 및 쿼리 실행	sql	jakarta.tags.sql

이중 Function 태그는 EL에서 사용할 수 있는 메서드를 제공합니다. 하지만 EL에서 개발자가 정의한 메서드를 호출할 수 있으므로 최근에는 활용 빈도가 적어졌습니다. 그리고 SQL 태그는 이름에서 보듯이 데이터베이스 관련 기능을 제공합니다. 하지만 JSP에서는 JDBC API를 주로 사용하기 때문에 SQL 태그는 거의 사용하지 않습니다. 따라서 이 책에서는 5가지의 태그 중 Core, Formatting, XML 태그만 알아보겠습니다.

JSTL을 사용하려는 JSP 파일에서는 taglib 지시어를 추가해야 하는데, 이때 접두어와 URI가 사용됩니다. 다음은 Core 태그를 사용하기 위한 지시어 예시입니다.

JSTL 사용 시 태그 앞에 붙일 접두어입니다.
〈c:태그명 /〉형태로 사용합니다.

```
<%@ taglib prefix="c" uri="jakarta.tags.core"%>
```

태그 라이브러리 URI 식별자입니다.

[표 11-1]을 참고해 사용하길 원하는 태그 종류에 맞게 속성값은 변경해주면 됩니다.

11.2 JSTL 사용 설정

JSTL은 확장 태그입니다. JSP의 기본 태그가 아니므로 사용하기 위해서는 별도 라이브러리가 필요합니다. 라이브러리를 내려받아 JSTL을 사용할 수 있는 환경을 갖춰봅시다.

To Do **01** 다운로드를 위해 메이븐 저장소에 접속합니다.

• https://mvnrepository.com/

02 jakarta.servlet.jsp.jstl로 검색합니다. 그러면 다음과 같은 검색 결과가 표시됩니다.

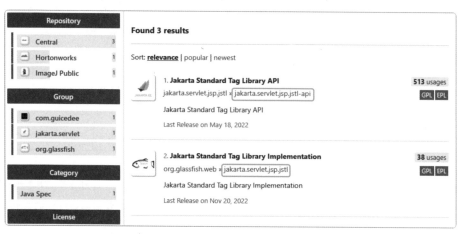

03 첫 번째 링크를 클릭한 후 버전을 3.0.0으로 선택합니다.

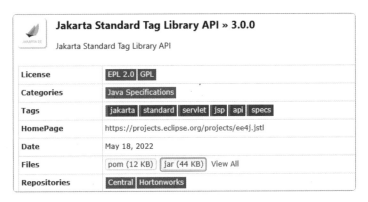

Central (7) | Redhat EA (1)

	Version	Vulnerabilities	Repository	Usages	Date
3.0.x	3.0.0		Central	446	May 18, 2022
2.0.x	2.0.0		Central	42	Nov 21, 2020
	2.0.0-RC1		Central	16	Mar 04, 2020

04 jar로 표시된 링크를 클릭하여 다음의 라이브러리를 다운로드합니다.

- 파일명 : jakarta.servlet.jsp.jstl-api-3.0.0.jar

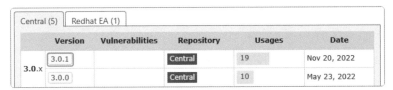

Jakarta Standard Tag Library API » 3.0.0

Jakarta Standard Tag Library API

License	EPL 2.0 GPL
Categories	Java Specifications
Tags	jakarta standard servlet jsp api specs
HomePage	https://projects.eclipse.org/projects/ee4j.jstl
Date	May 18, 2022
Files	pom (12 KB) jar (44 KB) View All
Repositories	Central Hortonworks

05 검색 결과의 두 번째 링크를 클릭한 후 버전을 3.0.1로 선택합니다.

Central (5) | Redhat EA (1)

	Version	Vulnerabilities	Repository	Usages	Date
3.0.x	3.0.1		Central	19	Nov 20, 2022
	3.0.0		Central	10	May 23, 2022

06 jar로 표시된 링크를 클릭하여 라이브러리를 다운로드합니다.

- 파일명 : jakarta.servlet.jsp.jstl-3.0.1.jar

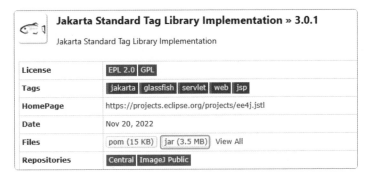

Jakarta Standard Tag Library Implementation » 3.0.1

Jakarta Standard Tag Library Implementation

License	EPL 2.0 GPL
Tags	jakarta glassfish servlet web jsp
HomePage	https://projects.eclipse.org/projects/ee4j.jstl
Date	Nov 20, 2022
Files	pom (15 KB) jar (3.5 MB) View All
Repositories	Central Image3 Public

07 다운로드한 jar 파일을 webapp/WEB-INF/lib 폴더로 복사합니다.

설정은 이것으로 끝입니다. 이제 JSP 파일에서 적절한 taglib 지시어를 추가하기만 하면 JSTL 태그들을 사용할 수 있습니다.

11.3 코어(Core) 태그

JSTL의 Core 태그는 프로그래밍 언어에서 가장 기본이 되는 변수 선언, 조건문, 반복문 등을 대체하는 태그를 제공합니다. 코어 태그의 종류는 다음과 같습니다.

표 11-2 코어 태그의 종류

태그명	기능
set	EL에서 사용할 변수를 설정합니다. setAttribute( ) 메서드와 동일한 기능입니다.
remove	설정한 변수를 제거합니다. removeAttribute( ) 메서드와 동일한 기능입니다.
if	단일 조건문을 주로 처리합니다. else문이 없다는 단점이 있습니다.
choose	다중 조건을 처리할 때 사용합니다. 하위에 when~otherwise 태그가 있습니다.
forEach	반복문을 처리할 때 사용합니다. 일반 for문과 향상된 for문 두 가지 형태로 사용할 수 있습니다.
forTokens	구분자로 분리된 각각의 토큰을 처리할 때 사용합니다. StringTokenizer 클래스와 동일한 기능입니다.
import	외부 페이지를 삽입할 때 사용합니다.
redirect	지정한 경로로 이동합니다. sendRedirect( ) 메서드 동일한 기능입니다.
url	경로를 설정할 때 사용합니다.
out	내용을 출력할 때 사용합니다.
catch	예외 처리에 사용합니다.

그럼 본격적으로 〈c:set〉 태그부터 알아보겠습니다.

11.3.1 〈c:set〉 태그

〈c:set〉 태그는 EL에서 사용할 변수나 자바빈즈를 생성할 때 사용합니다. JSP에서 영역에 속성을
저장할 때 사용하는 setAttribute() 메서드와 같은 역할입니다. 일반적인 변수를 생성하는 형식
은 다음과 같습니다.

```
<c:set var="변수명" value="값" scope="영역" />
```

또는

```
<c:set var="변수명" scope="영역">
  value 속성에 들어갈 값
</c:set>
```

〈c:set〉 태그에서 사용하는 속성은 다음과 같습니다.

표 11-3 〈c:set〉 태그의 속성

속성명	기능
var	변수명을 설정합니다.
value	변수에 할당할 값입니다.
scope	변수를 생성할 영역을 지정합니다. page가 기본값입니다.
target	자바빈즈를 설정합니다.
property	자바빈즈의 속성, 즉 멤버 변수의 값을 지정합니다.

자바빈즈나 컬렉션을 생성할 때는 target과 property 속성을 사용합니다.

```
<c:set var="변수명" value="저장할 객체 혹은 컬렉션" scope="영역" />
<c:set target="var로 설정한 변수명" property="객체의 속성명" value="속성값" />
```

예제를 통해 더 자세히 알아보겠습니다. 먼저 변수와 자바빈즈를 사용하는 예입니다.

예제 11-1 〈c:set〉 태그로 변수와 자바빈즈 사용하기　　　　　　　　　　webapp/11JSTL/core/Set1.jsp

```
<%@ page import="java.util.Date"%>
<%@ page import="common.Person"%>
```

```jsp
<%@ page language="java" contentType="text/html; charset=UTF-8"
    pageEncoding="UTF-8"%>
<%@ taglib prefix="c" uri="jakarta.tags.core" %>  ❶
<html>
<head><title>JSTL - set 1</title></head>
<body>
    <!-- 변수 선언 -->  ❷
    <c:set var="directVar" value="100" />  ❸
    <c:set var="elVar" value="${ directVar mod 5}" />  ❹
    <c:set var="expVar" value="<%= new Date() %>" />  ❺
    <c:set var="betweenVar">변수값 요렇게 설정</c:set>  ❻

    <h4>EL을 이용해 변수 출력</h4>  ❼
    <ul>
        <li>directVar : ${ pageScope.directVar }</li>
        <li>elVar : ${ elVar }</li>
        <li>expVar : ${ expVar }</li>
        <li>betweenVar : ${ betweenVar }</li>
    </ul>

    <h4>자바빈즈 생성 1 - 생성자 사용</h4>
    <c:set var="personVar1" value='<%= new Person("박문수", 50) %>'
        scope="request" />  ❽
    <ul>
        <li>이름 : ${ requestScope.personVar1.name }</li>  ❾
        <li>나이 : ${ personVar1.age}</li>
    </ul>

    <h4>자바빈즈 생성 2 - target, property 사용</h4>
    <c:set var="personVar2" value="<%= new Person() %>" scope="request" />  ❿
    <c:set target="${personVar2 }" property="name" value="정약용" />  ⓫
    <c:set target="${personVar2 }" property="age" value="60" />
    <ul>
        <li>이름 : ${ personVar2.name }</li>
        <li>나이 : ${ requestScope.personVar2.age }</li>
    </ul>
</body>
</html>
```

❶ core 태그를 사용하기 위해 taglib 지시어를 선언합니다.

❷ 먼저 사용할 변수들을 선언합니다. value 속성에는 ❸ 값을 직접 입력할 수도, ❹ EL이나 ❺ 표현식을 사용할 수도 있습니다. 또한 ❻ 태그 사이에 값을 지정할 수도 있습니다. scope 속성을 사용하지 않았으므로 모든 변수는 page 영역에 저장됩니다.

그리고 ❼에서는 ❷에서 설정한 값을 출력합니다.

자바빈즈도 변수로 선언할 수 있습니다. ❽ 자바빈즈 생성 시 생성자를 통해 초깃값을 설정하고, request 영역에 변수를 저장한 다음, ❾ 다시 request 영역에 저장된 자바빈즈를 출력합니다.

❿ 자바빈즈를 생성한 후 ⓫ 값을 나중에 설정하려면 target과 property 속성을 사용합니다. target에는 변수를 지정하고, property에는 멤버 변수명을 지정하면 됩니다.

실행 결과는 다음과 같습니다.

EL을 이용해 변수 출력

- directVar : 100
- elVar : 0
- expVar : Mon Aug 02 20:17:34 KST 2021
- betweenVar : 변수값 요렇게 설정

자바빈즈 생성 1 - 생성자 사용

- 이름 : 박문수
- 나이 : 50

자바빈즈 생성 2 - target, property 사용

- 이름 : 정약용
- 나이 : 60

이어서 컬렉션을 변수로 설정해보겠습니다.

예제 11-2 〈c:set〉 태그로 컬렉션 사용하기   webapp/11JSTL/core/Set2.jsp

```
<%@ page import="common.Person"%>
<%@ page import="java.util.ArrayList"%>
<%@ page import="java.util.HashMap"%>
<%@ page import="java.util.Map"%>
<%@ page import="java.util.Vector"%>
```

```jsp
<%@ page import="java.util.List"%>
<%@ page language="java" contentType="text/html; charset=UTF-8"
    pageEncoding="UTF-8"%>
<%@ taglib prefix="c" uri="jakarta.tags.core" %>
<html>
<head><title>JSTL - set 2</title></head>
<body>
    <h4>List 컬렉션 이용하기</h4>
    <%
    ArrayList<Person> pList = new ArrayList<Person>();  ❶
    pList.add(new Person("성삼문", 55));  ┐
    pList.add(new Person("박팽년", 60));  ┘─❷
    %>
    <c:set var="personList" value="<%= pList %>" scope="request" />  ❸
    <ul>
        <li>이름 : ${ requestScope.personList[0].name }</li>  ❹
        <li>나이 : ${ personList[0].age }</li>  ❺
    </ul>

    <h4>Map 컬렉션 이용하기</h4>
    <%
    Map<String, Person> pMap = new HashMap<String, Person>();  ❻
    pMap.put("personArgs1", new Person("하위지", 65));
    pMap.put("personArgs2", new Person("이개", 67));
    %>
    <c:set var="personMap" value="<%= pMap %>" scope="request" />  ❼
    <ul>
        <li>이름 : ${ requestScope.personMap.personArgs2.name }</li> ┐
        <li>나이 : ${ personMap.personArgs2.age }</li>              ┘─❽
    </ul>
</body>
</html>
```

❶ List 컬렉션을 생성하고 ❷ Person 객체를 추가합니다.

그리고 ❸ 이 컬렉션을 request 영역에 "personList"라는 변수명으로 저장한 다음, ❹ 다시 불러와 출력합니다. ❺ 다른 영역에 똑같은 이름으로 저장한 속성이 없으므로 "requestScope"는 생략할 수 있습니다.

이어서 ❻ Map 컬렉션을 생성하고, 역시 Person 객체를 저장합니다.

❼ 그리고 request 영역에 변수명 "personMap"으로 저장하고, ❽ 키를 통해 접근하여 출력합니다. 이번에도 같은 이유로 "requestScope"는 생략할 수 있습니다.

실행 결과는 다음과 같습니다.

List 컬렉션 이용하기

- 이름 : 성삼문
- 나이 : 55

Map 컬렉션 이용하기

- 이름 : 이개
- 나이 : 67

11.3.2 〈c:remove〉 태그

〈c:remove〉 태그는 〈c:set〉 태그로 설정한 변수를 제거할 때 사용합니다. JSP에서 영역의 속성을 제거할 때 사용하는 removeAttribute() 메서드와 같은 역할입니다. 형식은 다음과 같습니다.

```
<c:remove var="변수명" scope ="영역" />
```

〈c:remove〉 태그에서 사용하는 속성은 다음과 같습니다.

표 11-4 〈c:remove〉 태그의 속성

속성명	기능
var	삭제할 변수명을 설정합니다.
scope	삭제할 변수의 영역을 지정합니다. 지정하지 않으면 모든 영역의 변수가 삭제됩니다.

영역을 지정하지 않을 경우 동일한 이름의 변수가 있다면 한꺼번에 삭제되니 사용에 주의해야 합니다. 즉, 이름이 같은 변수를 사용해야 한다면 영역을 지정한 후 삭제해야 안전합니다.

```
<%@ page language="java" contentType="text/html; charset=UTF-8"
    pageEncoding="UTF-8"%>
<%@ taglib prefix="c" uri="jakarta.tags.core" %>
<!-- 변수 선언 -->
<c:set var="scopeVar" value="Page Value" />  ❷
<c:set var="scopeVar" value="Request Value" scope="request" />
<c:set var="scopeVar" value="Session Value" scope="session" />
<c:set var="scopeVar" value="Application Value" scope="application" />
<html>
<head><title>JSTL - remove</title></head>
<body>
    <h4>출력하기</h4>
    <ul>
        <li>scopeVar : ${ scopeVar }</li>  ❹
        <li>requestScope.scopeVar : ${ requestScope.scopeVar }</li>
        <li>sessionScope.scopeVar : ${ sessionScope.scopeVar }</li>
        <li>applicationScope.scopeVar : ${ applicationScope.scopeVar }</li>
    </ul>

    <h4>session 영역에서 삭제하기</h4>
    <c:remove var="scopeVar" scope="session" />  ❺
    <ul>
        <li>sessionScope.scopeVar : ${ sessionScope.scopeVar }</li>  ❻
    </ul>

    <h4>scope 지정 없이 삭제하기</h4>
    <c:remove var="scopeVar" />  ❼
    <ul>
        <li>scopeVar : ${ scopeVar }</li>
        <li>requestScope.scopeVar : ${ requestScope.scopeVar }</li>
        <li>applicationScope.scopeVar : ${ applicationScope.scopeVar }</li>
    </ul>
</body>
</html>
```

❶ 4가지 영역 모두에 똑같은 이름의 변수로 값을 저장한 다음 ❸ 그대로 출력했습니다. 이때 ❷
와 ❹처럼 영역을 지정하지 않으면 가장 좁은 영역인 page 영역이 지정됩니다. ❺ scope 속성을

session으로 지정하여 session 영역에 저장된 변수만 삭제하고 ❻ 출력해봅니다. 변수가 삭제되었으니 당연히 아무 값도 출력되지 않을 것입니다. 이어서 ❼ scope 속성을 지정하지 않고 삭제합니다. 그러면 4가지 영역 전체에서 scopeVar를 삭제하여 ❽에서도 당연히 출력 결과는 없습니다.

실행 결과는 다음과 같습니다.

출력하기

- scopeVar : Page Value
- requestScope.scopeVar : Request Value
- sessionScope.scopeVar : Session Value
- applicationScope.scopeVar : Application Value

session 영역에서 삭제하기

- sessionScope.scopeVar :

scope 지정 없이 삭제하기

- scopeVar :
- requestScope.scopeVar :
- applicationScope.scopeVar :

11.3.3 〈c:if〉 태그

〈c:if〉 태그는 자바의 if와 동일하게 제어 구문을 작성할 때 사용합니다. 하지만 else가 별도로 없기 때문에 일련의 여러 조건을 나열하는 형태로 작성하기에는 어려움이 있습니다. 형식은 다음과 같습니다.

```
<c:if test="조건" var="변수명" scope="영역">
    조건이 true일 때 출력할 문장
</c:if>
```

〈c:if〉 태그에서 사용하는 속성은 다음과 같습니다.

표 11-5 〈c:if〉 태그의 속성

속성명	기능
test	if문에서 사용할 조건을 지정합니다.
var	조건의 결과를 저장할 변수명을 지정합니다.
scope	변수가 저장될 영역을 지정합니다.

표에서와 같이 test 속성의 조건식의 결과가 var 속성에 저장됩니다. 〈c:if〉 태그에는 별도의 else 구문이 없지만, var 속성에 저장된 결괏값을 이용해서 else와 비슷한 형태의 구문을 작성할 수 있습니다. 예제를 통해 확인해보겠습니다.

예제 11-4 〈c:if〉 태그 사용하기   webapp/11JSTL/core/If.jsp

```jsp
<%@ page language="java" contentType="text/html; charset=UTF-8"
    pageEncoding="UTF-8"%>
<%@ taglib prefix="c" uri="jakarta.tags.core" %>
<html>
<head><title>JSTL - if</title></head>
<body>
    <!-- 변수 선언 -->
    <c:set var="number" value="100" />
    <c:set var="string" value="JSP" />            ─┐─❶

    <h4>JSTL의 if 태그로 짝수/홀수 판단하기</h4>
    <c:if test="${ number mod 2 eq 0 }" var="result">  ❷
        ${ number }는 짝수입니다. <br />
    </c:if>
    result : ${ result } <br />  ❸

    <h4>문자열 비교와 else 구문 흉내내기</h4>
    <c:if test="${ string eq 'Java' }" var="result2">  ❹
        문자열은 Java입니다. <br />
    </c:if>
    <c:if test="${ not result2 }">  ❺
        'Java'가 아닙니다. <br />
    </c:if>

    <h4>조건식 주의사항</h4>
```

```
    <c:if test="100" var="result3">  ❻
        EL이 아닌 정수를 지정하면 false
    </c:if>
    result3 : ${ result3 } <br />
    <c:if test="tRuE" var="result4">  ❼
        대소문자 구분 없이 "tRuE"인 경우 true <br />
    </c:if>
    result4 : ${ result4 } <br />
    <c:if test=" ${ true } " var="result5">  ❽
        EL 양쪽에 빈 공백이 있는 경우 false<br />
    </c:if>
    result5 : ${ result5 } <br />
</body>
</html>
```

❶ 정수 100과 문자열 "JSP"를 담은 변수를 설정합니다.

❷ 〈c:if〉 태그로 number 변수를 2로 나눈 나머지가 0인지를 판단하는, 즉 짝수인지 판단하여 결과를 result에 저장합니다. number의 값이 100으로 짝수이므로 result에는 true가 저장되어 ❸에서 true가 출력됩니다.

❹ string 변수에 저장된 문자열과 'Java'를 비교해 결과는 result2에 저장합니다. 그리고 ❺는 이 result2의 값을 이용해 else 구문을 흉내 낸 모습입니다. 이처럼 2개의 〈c:if〉 태그를 통해 if/else 로직을 구현할 수 있습니다.

그 아래는 몇 가지 주의점을 보여주고 있습니다.

❻ 주의사항 1 : EL이 아닌 일반 값이 오면 무조건 false를 반환합니다. 하지만 일반 값으로 true가 사용되는 것은 예외입니다.

❼ 주의사항 2 : 문자열 'tRuE'는 대소문자에 상관없이 항상 true를 반환합니다.

❽ 주의사항 3 : test 속성에 EL을 통해 조건식을 쓸 때 공백이 삽입되면 무조건 false를 반환합니다. 다음 그림을 참조해주세요.

```
형식 1 : <c:if test="${_true_}" var="result5"> : 정상 출력
형식 2 : <c:if test="_${true}_" var="result5"> : 에러 발생
```

여기서의 공백^{space}은 형식2와 같이 조건식이 기술되는 큰따옴표와 EL식 사이를 말합니다. 형식 1과 같은 중괄호 사이에는 여러 개의 공백이 들어가도 정상 출력됩니다.

실행 결과는 다음과 같습니다.

JSTL의 if 태그로 짝수/홀수 판단하기

는 짝수입니다.
result : true

문자열 비교와 else 구문 흉내내기

'Java'가 아닙니다.

조건식 주의사항

result3 : false
대소문자 구분 없이 "tRuE"인 경우 true
result4 : true
result5 : false

이와 같이 〈c:if〉 태그는 단순한 조건문에 사용할 수 있습니다. else문을 흉내 낼 수는 있지만 여전히 불편합니다. 그래서 다중 조건을 사용해야 할 때는 다음 절에서 설명할 〈c:choose〉를 주로 이용합니다.

11.3.4 〈c:choose〉, 〈c:when〉, 〈c:otherwise〉 태그

〈c:choose〉 태그는 다중 조건을 통해 판단해야 할 때 사용합니다. 하위 태그로 〈c:when〉, 〈c:otherwise〉 태그를 함께 사용합니다. 형식은 다음과 같습니다.

```
<c:choose>                                           // 대응하는 자바 코드
    <c:when test="조건1">조건1을 만족하는 경우</c:when> ——— if (조건1) { ...
    <c:when test="조건2">조건2을 만족하는 경우</c:when> ——— } else if (조건2) {...
    <c:otherwise>아무 조건도 만족하지 않는 경우</c:otherwise> — } else { ... }
</c:choose>
```

얼핏 보면 switch/case/default와 비슷하지만 각각의 〈c:when〉에서 조건을 비교한다는 점에서 if/else if/else와 같은 구조입니다. 〈c:when〉 태그의 조건식에는 〈c:if〉와 동일하게 test 속성을 사용합니다. 그리고 나열한 모든 조건에 만족하지 않을 경우 〈c:otherwise〉를 사용합니다.

예제 11-5 〈c:choose〉 태그 사용하기   webapp/11JSTL/core/Choose.jsp

```jsp
<%@ page language="java" contentType="text/html; charset=UTF-8"
    pageEncoding="UTF-8"%>
<%@ taglib prefix="c" uri="jakarta.tags.core" %>
<html>
<head><title>JSTL - choose/when/otherwise</title></head>
<body>
    <!-- 변수 선언 -->
    <c:set var="number" value="100" />  ❶


    <h4>choose 태그로 홀짝 판단하기</h4>
    <c:choose>  ❷
        <c:when test="${ number mod 2 eq 0 }">
            ${ number }는 짝수입니다.
        </c:when>
        <c:otherwise>
            ${ number }는 홀수입니다.
        </c:otherwise>
    </c:choose>

    <h4>국,영,수 점수를 입력하면 평균을 내어 학점 출력</h4>
    <form>  <!-- 점수 입력 폼 -->  ❸
        국어 : <input type="text" name="kor" /> <br />
        영어 : <input type="text" name="eng" /> <br />
        수학 : <input type="text" name="math" /> <br />
        <input type="submit" value="학점 구하기" />
    </form>
    <!-- 모든 과목의 점수가 입력되었는지 확인 -->  ❹
    <c:if test="${ not (empty param.kor or empty param.eng or empty param.math) }">
        <!-- 평균 계산 -->  ❺
        <c:set var="avg" value="${ (param.kor + param.eng + param.math) / 3}" />
        평균 점수는 ${avg }으로  ❻
        <!-- 학점 출력 -->  ❼
        <c:choose>
            <c:when test="${ avg >= 90 }">A 학점</c:when>
```

```
            <c:when test="${ avg >= 80 }">B 학점</c:when>  ⑧
            <c:when test="${ avg ge 70 }">C 학점</c:when>  ⑨
            <c:when test="${ avg ge 60 }">D 학점</c:when>
            <c:otherwise>F 학점</c:otherwise>
        </c:choose>
        입니다.
    </c:if>
</body>
</html>
```

❶ 사용할 변수를 설정합니다.

❷는 if/else 정도의 간단한 조건문을 〈c:choose〉로 표현한 예입니다. 첫 번째 〈c:when〉 태그에서 변수 number가 짝수인지 판단하기 위한 조건식을 작성하였습니다. 만약 조건식이 false를 반환한다면 〈c:otherwise〉 부분이 출력됩니다.

다음은 국/영/수 점수를 폼에 입력해 전송하면 평균을 내어 학점을 알려주는 예입니다.

❸ 먼저 폼값을 전송하기 위해 〈form〉 태그를 사용합니다. 전송 방식과 URL을 입력하지 않았으므로 폼값은 현재 페이지로 쿼리스트링을 통해 전송됩니다.

현재 페이지에 첫 진입 시에는 전송된 폼값이 없습니다. ❹ 그래서 매개변수로 전달된 값이 없다면 결과가 출력되지 않도록 하기 위해 〈c:if〉 태그를 사용하였습니다. 국, 영, 수 점수 중 하나라도 입력하지 않았다면 결과는 출력되지 않습니다.

모든 과목의 점수가 전송되었다면 ❺ EL을 사용해 평균을 내어 avg에 저장한 후 ❻에서 출력합니다.

❼ 〈c:choose〉를 이용해 평균 점수별 학점을 출력합니다. 하위 태그인 〈c:when〉에서 조건식을 작성합니다. 참고로 ⑧의 〉=와 ⑨의 ge은 동일한 비교 연산자입니다.

실행 결과는 다음과 같습니다.

처음 실행하면 ❶ 부분만 출력됩니다. 그리고 국어, 영어, 수학 점수를 각각 72, 88, 92로 입력해 [학점 구하기] 버튼을 클릭하면 그림처럼 ❷ 쿼리스트링으로 점수들이 전달되고 ❸ 평균과 학점을 계산해 보여줄 것입니다. 만약 세 점수 중 하나라도 입력하지 않았다면 ❸의 결과는 출력되지 않습니다.

11.3.5 〈c:forEach〉 태그

〈c:forEach〉 태그는 반복을 위해 사용됩니다. 자바는 두 가지 형태의 for문을 제공합니다. 시작과 종료를 지정하는 일반 for문과, 배열이나 컬렉션을 순회할 때 사용하는 향상된 for문^{enhanced for} ^{loop}이 있습니다. 〈c:forEach〉 태그도 이와 같이 두 가지 형태로 사용할 수 있습니다.

형식은 다음과 같습니다. 이해를 돕기 위해 상응하는 자바 코드 예시도 함께 실었습니다.

▼ 일반 for문 형태

```
<c:forEach var="변수명" begin="시작값" end="마지막값" step="증가값" />

        for ( int i = 0 ; i < 100 ;   i += 2 ) { ... }
```

▼ 향상된 for문 형태

```
<c:forEach var="변수명" items="컬렉션 혹은 배열" />

for ( int number : numbers ) { ... }
```

⟨c:forEach⟩ 태그에서 사용하는 속성은 다음과 같습니다.

표 11-6 ⟨c:forEach⟩ 태그의 속성

속성명	기능
var	변수명을 지정합니다.
items	반복을 위한 객체를 지정합니다. 배열, 컬렉션 등을 지정할 수 있습니다.
begin	시작값을 지정합니다.
end	종료값을 지정합니다.
step	증가할 값을 지정합니다.
varStatus	루프의 현재 상태를 알려주는 변수의 이름을 지정합니다.

표를 보면 앞의 형태에서는 생략한 속성이 하나 있는데, 바로 varStatus입니다. varStatus 속성을 지정하면 var 속성과 별개로 ⟨c:forEach⟩ 루프의 자세한 상태 정보를 확인할 수 있습니다. [표 11-7]에서 보듯 for문의 형태에 따라 확인할 수 있는 값이 약간 다릅니다.

표 11-7 varStatus 속성을 통해 얻을 수 있는 정보

속성명	일반 for문	향상된 for문
current	var에 지정한 현재 루프의 변숫값 반환	현재 루프의 실제 요소를 반환
index	var에 지정한 현재 루프의 변숫값 반환	현재 루프의 인덱스를 표시(0~마지막)
count	실제 반복 횟수(1~마지막)	일반 for문과 동일함
first	루프의 처음일 때 true 반환	일반 for문과 동일함
last	루프의 마지막일 때 true 반환	일반 for문과 동일함

속성이 많아서 헷갈릴 텐데, 코드 예제를 보면 어렵지 않게 이해될 것입니다. 먼저 일반 for문 형태의 사용법을 알아본 후 향상된 for문 형태를 설명하겠습니다.

일반 for문 형태로 사용하기

다음은 ⟨c:forEach⟩ 태그를 자바의 일반 for문 형태로 사용하는 예입니다.

```jsp
<%@ page language="java" contentType="text/html; charset=UTF-8"
    pageEncoding="UTF-8"%>
<%@ taglib prefix="c" uri="jakarta.tags.core" %>
<html>
<head><title>JSTL - forEach 1</title></head>
<body>
    <h4>일반 for문 형태의 forEach 태그</h4>
    <c:forEach begin="1" end="3" step="1" var="i">  ❶
        <p>반복 ${ i }입니다</p>  ❷
    </c:forEach>

    <h4>varStatus 속성 살펴보기</h4>
    <table border="1">
    <c:forEach begin="3" end="5" var="i" varStatus="loop">  ❸
        <tr>
            <td>count : ${ loop.count }</td>
            <td>index : ${ loop.index }</td>
❹          <td>current : ${ loop.current }</td>  ❺
            <td>first : ${ loop.first }</td>
            <td>last : ${ loop.last }</td>
        </tr>
    </c:forEach>
    </table>

    <h4>1에서 100까지 정수 중 홀수의 합</h4>
    <c:forEach begin="1" end="100" var="j">  ❻
        <c:if test="${ j mod 2 ne 0}">  ❼
            <c:set var="sum" value="${ sum + j }" />  ❽
        </c:if>
    </c:forEach>
    1~100 사이의 정수 중 홀수의 합은? ${ sum }
</body>
</html>
```

❶ 일반 for문 형태로 1부터 3까지 반복하며 1씩 증가합니다. 이때 증가하는 값은 변수 i에 저장됩니다. ❷는 이 변수 i의 값을 출력하는 모습입니다.

❸ 다음으로 varStatus 속성을 활용하는 방법이 나옵니다. 속성값, 즉 상태를 알려줄 변수명을 "loop"로 지정하였습니다. 루프를 3부터 5까지 반복하면서 ❹ loop 변수를 통해 varStatus가 제공하는 모든 하위 속성값을 출력해보았습니다. ❺ 일반 for문에서는 index와 current의 값이 동일합니다.

❻ 다음은 1에서 100까지 반복하며 홀수의 값을 구해봤습니다. ❼ 〈c:if〉 태그로 홀수인지 판단하여 ❽ 홀수인 경우에만 변수 sum에 더합니다.

실행 결과는 다음과 같습니다.

일반 for문 형태의 forEach 태그

반복 1입니다

반복 2입니다

반복 3입니다

varStatus 속성 살펴보기

count : 1	index : 3	current : 3	first : true	last : false
count : 2	index : 4	current : 4	first : false	last : false
count : 3	index : 5	current : 5	first : false	last : true

1에서 100까지 정수 중 홀수의 합

1~100 사이의 정수 중 홀수의 합은? 2500

향상된 for문 형태로 사용하기

이번에는 향상된 for문을 알아보겠습니다. 두 번에 나눠 살펴보죠.

예제 11-7 향상된 for문 형태로 사용하기 1   webapp/11JSTL/core/ForEachExtend1.jsp

```
<%@ page language="java" contentType="text/html; charset=UTF-8"
    pageEncoding="UTF-8"%>
<%@ taglib prefix="c" uri="jakarta.tags.core" %>
<html>
<head><title>JSTL - forEach2</title></head>
<body>
    <h4>향상된 for문 형태의 forEach 태그</h4>
```

```
<%
    String[] rgba = {"Red", "Green", "Blue", "Black"};   ❶
%>
<c:forEach items="<%= rgba %>" var="c">   ❷
    <span style="color:${ c };">${ c }</span>
</c:forEach>

<h4>varStatus 속성 살펴보기</h4>
<table border="1">
<c:forEach items="<%= rgba %>" var="c" varStatus="loop">   ❸
    <tr>
        <td>count : ${ loop.count }</td>   ┐
        <td>index : ${ loop.index }</td>   │
        <td>current : ${ loop.current }</td>   ├── ❹
        <td>first : ${ loop.first }</td>   │
        <td>last : ${ loop.last }</td>   ┘
    </tr>
</c:forEach>
    </table>
</body>
</html>
```

❶ 루프에서 순회할 String 배열을 선언합니다. 색상 이름들의 배열입니다.

❷ 〈c:forEach〉 태그에서 items 속성에 배열을 지정하고 변수 이름은 "c"로 지었습니다. 그러면 루프가 배열의 크기만큼 자동으로 반복되며 c에 할당된 색상 이름을 〈span〉 태그와 함께 출력합니다.

다음으로 향상된 for문 형태로 쓰일 때의 varStatus를 살펴보겠습니다. ❸ 〈c:forEach〉 태그에 varStatus 속성을 지정하고 ❹ 모든 하위 속성들을 출력했습니다. 일반 for문과 비슷하지만 current와 index의 속성값이 다른 것을 확인할 수 있을 겁니다.

실행 결과는 다음과 같습니다.

향상된 for문 형태의 forEach 태그

Red Green Blue Black

varStatus 속성 살펴보기

count : 1	index : 0	current : Red	first : true	last : false
count : 2	index : 1	current : Green	first : false	last : false
count : 3	index : 2	current : Blue	first : false	last : false
count : 4	index : 3	current : Black	first : false	last : true

예상대로 index와 current가 다릅니다. 향상된 for문에서는 시작과 종료가 items에 지정된 객체에 따라 결정되므로 index는 0부터 시작합니다. 한편 current는 현재 루프의 객체가 반환됩니다.

이어서 두 번째 예에서는 컬렉션을 반복하는 방법을 알아보겠습니다.

예제 11-8 향상된 for문 형태로 사용하기 2   webapp/11JSTL/core/ForEachExtend2.jsp

```jsp
<%@ page import="java.util.HashMap"%>
<%@ page import="java.util.Map"%>
<%@ page import="common.Person"%>
<%@ page import="java.util.LinkedList"%>
<%@ page language="java" contentType="text/html; charset=UTF-8"
    pageEncoding="UTF-8"%>
<%@ taglib prefix="c" uri="jakarta.tags.core" %>
<html>
<head><title>JSTL - forEach 2</title></head>
<body>
    <h4>List 컬렉션 사용하기</h4>
    <%
    LinkedList<Person> lists = new LinkedList<Person>();   ①
    lists.add(new Person("맹사성", 34));
    lists.add(new Person("장영실", 44));
    lists.add(new Person("신숙주", 54));
    %>
    <c:set var="lists" value="<%= lists %>"/>   ②
    <c:forEach items="${ lists }" var="list">   ③
    <li>
```

```
            이름 : ${ list.name }, 나이 : ${ list.age }  ❹
    </li>
    </c:forEach>


    <h4>Map 컬렉션 사용하기</h4>
    <%
    Map<String,Person> maps = new HashMap<String,Person>();  ❺
    maps.put("1st", new Person("맹사성", 34));
    maps.put("2nd", new Person("장영실", 44));
    maps.put("3rd", new Person("신숙주", 54));
    %>
    <c:set var="maps" value="<%= maps %>" />  ❻
    <c:forEach items="${ maps }" var="map">  ❼
        <li>Key => ${ map.key }  <br />        ❽
            Value => 이름 : ${ map.value.name }, 나이 : ${ map.value.age }</li>  ❾
    </c:forEach>
</body>
</html>
```

❶ Person 객체를 담은 리스트 컬렉션을 준비하고 ❷ JSTL에서 사용하기 위해 〈c:set〉 태그를 이용해 변수로 설정합니다.

❸ 리스트 컬렉션을 출력하기 위해 〈c:forEach〉 태그의 items 속성에 설정합니다. ❹ 그런 다음 루프 내에서 각 객체의 이름과 나이를 출력했습니다(Person 객체는 자바빈즈이므로 멤버 변수명을 적으면 게터를 호출해 값을 읽어옵니다).

맵 컬렉션도 비슷합니다 ❺ 맵 컬렉션을 생성한 후 키와 함께 객체 세 개를 저장하고 ❻ 변수로 설정합니다. ❼ 그리고 리스트 때와 마찬가지로 컬렉션을 순회하면서 ❽ 키와 ❾ 값을 출력합니다. 맵에 저장된 값이 Person 객체이므로 ${map.value.멤버변수명} 형태로 출력할 수 있습니다.

실행 결과는 다음과 같습니다.

> **List 컬렉션 사용하기**
>
> - 이름 : 맹사성, 나이 : 34
> - 이름 : 장영실, 나이 : 44
> - 이름 : 신숙주, 나이 : 54
>
> **Map 컬렉션 사용하기**
>
> - Key => 1st
> Value => 이름 : 맹사성, 나이 : 34
> - Key => 3rd
> Value => 이름 : 신숙주, 나이 : 54
> - Key => 2nd
> Value => 이름 : 장영실, 나이 : 44

이번 절에서 살펴본 두 형태의 for문은 자바의 for문과 크게 다르지 않습니다. 단, varStatus 속성을 통해 현재 루프에서의 상태를 좀 더 자세히 알 수 있습니다. 만약 자바에서 반복문으로 배열을 순회하면서 반복의 시작과 끝을 알고 싶다면 별도의 변수를 생성하여 카운트해야 하겠지만, JSTL에서는 first와 last를 통해 즉시 값을 얻어낼 수 있습니다.

11.3.6 〈c:forTokens〉 태그

〈c:forTokens〉 태그는 마치 자바의 StringTokenizer 클래스처럼 구분자를 기준으로 문자열을 나눠 토큰의 개수만큼 반복해줍니다. 형식은 다음과 같습니다.

```
<c:forTokens items="문자열" delims="문자열 구분자" var="변수명" />
```

> **토큰이란?**
>
> 일반적으로 토큰은 '문법적으로 의미있는 최소 단위'를 말합니다. 여기서는 문자열을 구분할 구분자delimiter로 분리되는 문자열의 구성 요소를 의미합니다. 전화번호를 예로 든다면 "010-1234-5678"을 구분자 -(하이픈)으로 분리하면 "010", "1234", "5678"이 각각 토큰이 됩니다.

```jsp
<%@ page language="java" contentType="text/html; charset=UTF-8"
    pageEncoding="UTF-8"%>
<%@ taglib prefix="c" uri="jakarta.tags.core" %>
<html>
<meta charset="UTF-8">
<head><title>JSTL - forTokens</title></head>
<body>
    <%
    String rgba = "Red,Green,Blue,Black";   ❶
    %>
    <h4>JSTL의 forTokens 태그 사용</h4>
    <c:forTokens items="<%= rgba %>" delims="," var="color">   ❷
        <span style="color:${ color };">${ color }</span> <br />   ❸
    </c:forTokens>
</body>
</html>
```

❶ 콤마로 구분된 문자열을 준비합니다. 구분자는 다른 특수기호를 사용해도 됩니다.

❷ 〈c:forTokens〉 태그의 items 속성에는 문자열만 사용할 수 있습니다. 배열이나 컬렉션은 사용할 수 없습니다. delims 속성에는 구분자를 입력합니다. 구분자를 기준으로 분리된 토큰은 var 속성에 지정한 color 변수에 저장됩니다.

❸ 구분된 토큰의 개수만큼 반복합니다.

실행 결과는 다음과 같습니다.

JSTL의 forTokens 태그 사용

Red
Green
Blue
Black

11.3.7 〈c:import〉 태그

〈c:import〉 태그는 〈jsp:include〉 액션 태그와 같이 외부 파일을 현재 위치에 삽입할 때 사용합니다. 또한 같은 웹 애플리케이션에 속하지 않은 외부의 페이지도 삽입할 수 있습니다. 형식은 다음과 같습니다.

```
<c:import url="페이지 경로 혹은 URL" scope="영역" />
```

이렇게 하면 현재 위치에 외부 페이지를 삽입합니다. 그리고 다음처럼 사용할 수도 있습니다.

```
<c:import url="페이지 경로 혹은 URL" var="변수명" scope="영역" />
${ 변수명 }
```

이처럼 var 속성을 사용하면 외부 페이지가 지정한 변수에 저장되고, 나중에 이 변수명을 통해 원하는 위치에 삽입할 수 있습니다. 즉, 선언과 삽입을 분리할 수 있습니다.

```
<c:import url="페이지 경로 혹은 URL?매개변수1=값1" >
    <c:param name="매개변수2" value="값2" />
</c:import>
```

매개변수로 전달할 값이 있다면 url에 쿼리스트링으로 직접 추가하거나 〈c:param〉 태그를 사용하면 됩니다.

예제를 만들어보기 위해 포함시킬 파일 두 개를 inc 폴더에 먼저 준비하겠습니다.

예제 11-10 포함시킬 파일 1 – 같은 웹 애플리케이션의 다른 파일　　　　webapp/11JSTL/inc/OtherPage.jsp

```
<%@ page language="java" contentType="text/html; charset=UTF-8"
    pageEncoding="UTF-8"%>
<h4>OtherPage.jsp</h4>
<ul>
    <li>저장된 값 : ${ requestVar }</li>  ❶
    <li>매개변수 1 : ${ param.user_param1 }</li>
    <li>매개변수 2 : ${ param.user_param2 }</li>
</ul>
```

임포트 처리할 첫 번째 페이지로, 동일한 웹 애플리케이션에 속한 JSP 파일입니다. ❶ 영역에 저장된 값과 매개변수로 전달된 값을 출력하고 있습니다.

예제 11-11 포함시킬 파일 2 – 외부 파일   webapp/11JSTL/inc/GoldPage.jsp

```jsp
<%@ page language="java" contentType="text/html; charset=UTF-8"
    pageEncoding="UTF-8"%>
<%@ taglib prefix="c" uri="jakarta.tags.core" %>
<c:import url="https://goldenrabbit.co.kr/" />  ❶
```

❶ 이번에는 〈c:import〉 태그를 사용해 외부 페이지인 골든래빗 출판사의 웹 사이트를 삽입합니다.

준비된 두 파일을 임포트해봅시다.

예제 11-12 〈c:import〉 태그 사용하기   webapp/11JSTL/core/Import.jsp

```jsp
<%@ page language="java" contentType="text/html; charset=UTF-8"
    pageEncoding="UTF-8"%>
<%@ taglib prefix="c" uri="jakarta.tags.core" %>
<html>
<head><title>JSTL - import</title></head>
<body>
    <c:set var="requestVar" value="MustHave" scope="request" />  ❶
    <c:import url="/11JSTL/inc/OtherPage.jsp" var="contents">  ❷
        <c:param name="user_param1" value="JSP" />  ❸
        <c:param name="user_param2" value="기본서" />
    </c:import>

    <h4>다른 문서 삽입하기</h4>
    ${ contents }  ❹

    <h4>외부 자원 삽입하기</h4>
    <iframe src="../inc/GoldPage.jsp" style="width:100%;height:600px;"></iframe>  ❺
</body>
</html>
```

❶ 포함될 파일인 inc/OtherPage.jsp에 전달할 변수를 request 영역에 저장합니다.

❷ url 속성에 내부 JSP 파일 경로를 지정하고, var 속성도 추가합니다. var 속성을 지정했으므로 페이지의 내용이 즉시 삽입되지 않고 변수 contents에 저장됩니다.

❸ 이번에는 포함될 페이지로 전달할 매개변수를 ⟨c:param⟩ 태그를 써서 추가합니다(❶에서는 request 영역을 이용했습니다).

이렇게 준비한 외부 페이지 ❷를 ❹ 위치에 삽입합니다. 보다시피 선언과 삽입을 구분해 수행했습니다.

마지막으로 ❺에서는 iframe 내에 골든래빗 웹 사이트를 통째로 삽입했습니다.

실행 결과는 다음과 같습니다.

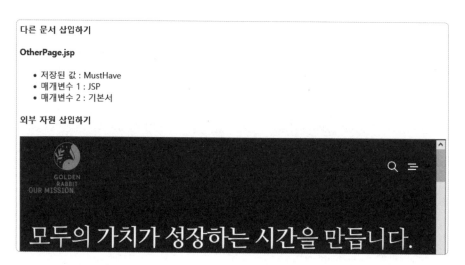

Note 그림에서 삽입된 페이지의 모습은 원본 웹 사이트 디자인이 바뀌면 달라질 수 있습니다.

11.3.8 ⟨c:redirect⟩ 태그

⟨c:redirect⟩ 태그는 response 내장 객체의 sendRedirect()와 동일하게 페이지 이동을 처리합니다. 형식은 다음과 같습니다.

```
<c:redirect url="이동할 경로 및 URL" />
```

매개변수를 전달하고 싶다면 ⟨c:import⟩ 태그와 동일하게 ⟨c:param⟩ 태그를 사용하면 됩니다. 물론 request 영역을 이용해도 됩니다. 바로 사용 예를 보시죠.

```jsp
<%@ page language="java" contentType="text/html; charset=UTF-8"
    pageEncoding="UTF-8"%>
<%@ taglib prefix="c" uri="jakarta.tags.core" %>
<html>
<head><title>JSTL - redirect</title></head>
<body>
    <c:set var="requestVar" value="MustHave" scope="request" />   ❶
    <c:redirect url="/11JSTL/inc/OtherPage.jsp">   ❷
        <c:param name="user_param1" value="출판사" />   ❸
        <c:param name="user_param2" value="골든래빗" />
    </c:redirect>
</body>
</html>
```

❶ request 영역에 변수를 저장합니다.

❷ 앞에서 만든 OtherPage.jsp로 리다이렉트합니다.

❸ 2개의 매개변수를 〈c:param〉을 이용해 전달합니다.

실행 결과는 다음과 같습니다.

실행하면 즉시 OtherPage.jsp로 이동합니다. ❶ 리다이렉트는 포워드와 달리 request 영역
은 공유되지 않습니다. ❷ 따라서 이동한 페이지에는 〈c:param〉으로 전달한 매개변수만 출력됩
니다.

11.3.9 〈c:url〉 태그

〈c:url〉 태그는 지정한 경로와 매개변수를 이용해서 컨텍스트 루트를 포함한 URL을 생성합니다. 생성된 URL은 〈a〉 태그의 href 속성이나, 〈form〉 태그의 action 속성에 사용할 수 있습니다. 형식은 다음과 같습니다.

```
<c:url value="설정한 경로" scope="영역" />
```

이와 같이 하면 생성된 URL이 즉시 출력됩니다. 하지만 var 속성을 이용하면 미리 선언해둔 URL을 원하는 위치에 출력할 수 있습니다.

```
<c:url value="설정한 경로" scope="영역" var="변수명" />
... 생략(JSP 코드) ...
${ 변수명 }   <!-- 원하는 위치에 URL 삽입 -->
```

예제 11-14 〈c:url〉 사용하기   webapp/11JSTL/core/Url.jsp

```
<%@ page language="java" contentType="text/html; charset=UTF-8"
    pageEncoding="UTF-8"%>
<%@ taglib prefix="c" uri="jakarta.tags.core" %>
<html>
<head><title>JSTL - url</title></head>
<body>
    <h4>url 태그로 링크 걸기</h4>
    <c:url value="/11JSTL/inc/OtherPage.jsp" var="url">  ❶
        <c:param name="user_param1" value="Must" />  ❷
        <c:param name="user_param2">Have</c:param>   ❸
    </c:url>
    <a href="${url }">OtherPage.jsp 바로가기</a>  ❹
</body>
</html>
```

❶ 〈c:url〉 태그를 사용하여 URL을 생성합니다. var 속성을 지정해 변수로 저장했으므로 원하는 위치에 출력할 수 있습니다.

❷ ❸ 〈c:param〉 태그로 매개변수를 추가합니다. 매개변수의 값은 ❷처럼 value 속성으로 지정할 수도 있고, ❸처럼 여는 태그와 닫는 태그 사이의 콘텐츠로 지정할 수도 있습니다.

❹ ❶에서 생성한 URL을 〈a〉 태그의 href 속성에 링크로 삽입합니다. var 속성을 사용하면 이와 같이 필요한 위치에 삽입할 수 있습니다.

실행 결과는 다음과 같습니다.

---

url 태그로 링크 걸기

OtherPage.jsp 바로가기

링크를 클릭하면 OtherPage.jsp로 이동합니다.

11.3.10 〈c:out〉 태그

〈c:out〉 태그는 JSP의 표현식처럼 변수를 출력할 때 사용합니다. 형식은 다음과 같습니다.

```
<c:out value="출력할 변수" default="기본값" escapeXml="특수문자 처리 유무" />
```

표현식과 다른 점은 출력할 변수가 null일 때 default 속성에 지정한 기본값이 출력된다는 것입니다. 또한 escapeXml 속성을 true로 설정하면 HTML 태그를 자유롭게 표현할 수 있습니다.

〈c:out〉 태그에서 사용하는 속성은 다음과 같습니다.

표 11-8 〈c:out〉 태그의 속성

속성명	기능
value	출력할 변수를 지정합니다.
escapeXml	특수 문자를 변환할지 여부를 결정합니다. 기본값은 true로 특수 기호를 그대로 출력합니다.
default	value 속성에 값을 지정하지 않을 경우 출력할 값을 지정합니다.

```jsp
<%@ page language="java" contentType="text/html; charset=UTF-8"
    pageEncoding="UTF-8"%>
<%@ taglib prefix="c" uri="jakarta.tags.core" %>
<html>
<head><title>JSTL - out</title></head>
<body>
    <c:set var="iTag">  ❶
        i 태그는 <i>기울임</i>을 표현합니다.
    </c:set>

    <h4>기본 사용</h4>
    <c:out value="${ iTag }" />  ❷

    <h4>escapeXml 속성</h4>
    <c:out value="${ iTag }" escapeXml="false" />  ❸

    <h4>default 속성</h4>
    <c:out value="${ param.name }" default="이름 없음" />  ❹
    <c:out value="" default="빈 문자열도 값입니다." />  ❺
</body>
</html>
```

❶ 〈c:set〉 태그로 변수를 생성합니다.

❷ 변수를 출력합니다. 이때는 〈i〉 태그는 HTML 태그로 인식되지 않고, 텍스트 상태 그대로 화면에 출력합니다.

❸ escapeXml 속성을 false로 지정하면 HTML 태그를 해석하여 마크업이 적용된 상태로 출력합니다.

❹ default 속성으로는 변숫값이 null인 경우 출력할 값을 지정할 수 있습니다. 처음 실행할 경우에는 매개변수가 없으므로 "이름 없음"이 출력됩니다.

❺ 빈 문자열도 하나의 값이므로(null이 아니므로) default에 지정한 값이 출력되지 않습니다.

실행 결과는 다음과 같습니다.

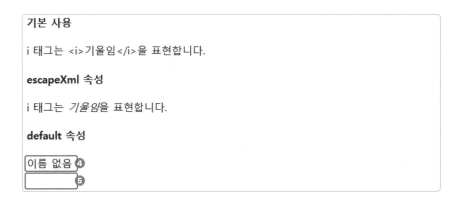

기본 사용

i 태그는 <i>기울임</i>을 표현합니다.

escapeXml 속성

i 태그는 *기울임*을 표현합니다.

default 속성

이름 없음 ❹

❺

❹의 결과는 "이름 없음"으로 출력되었지만, ❺의 결과는 아무것도 출력되지 않았습니다. 즉 value 속성이 null일 때만 default 값이 출력됩니다.

11.3.11 〈c:catch〉 태그

〈c:catch〉 태그는 발생한 예외를 잡아 처리하는 역할을 합니다. 예외가 발생하면 지정한 변수에 에러 메시지가 저장되어 전달됩니다. 형식은 다음과 같습니다.

```
<c:catch var="변수명">
    실행 코드
</c:catch>
```

일부러 예외를 발생시켜 〈c:catch〉의 용법을 보여드리겠습니다.

예제 11-16 〈c:catch〉 태그 사용하기　　　　　　　　　　　　　　webapp/11JSTL/core/Catch.jsp

```
<%@ page language="java" contentType="text/html; charset=UTF-8"
    pageEncoding="UTF-8"%>
<%@ taglib prefix="c" uri="jakarta.tags.core" %>
<html>
<head><title>JSTL - catch</title></head>
<body>
    <h4>자바 코드에서의 예외</h4>
    <%
    int num1 = 100;  ❶
    %>
    <c:catch var="eMessage">  ❷
```

```
        <%
        int result = num1 / 0;  ❸
        %>
    </c:catch>
    예외 내용 : ${ eMessage }  ❹

    <h4>EL에서의 예외</h4>
    <c:set var="num2" value="200" />  ❺

    <c:catch var="eMessage">  ❻
        ${"일" + num2 }  ❼
    </c:catch>
    예외 내용 : ${ eMessage }  ❽
</body>
</html>
```

먼저 자바 코드에서의 예외를 〈c:catch〉 태그로 처리해보겠습니다.

❶ 자바 코드로 변수를 선언합니다. ❸ 그리고 〈c:catch〉 태그 블록 안의 스크립틀릿에서 예외를 일으켰습니다(숫자를 0으로 나눌 수 없습니다). ❷ 이때 발생한 예외를 〈c:catch〉 태그가 잡아 eMessage에 저장합니다. ❹는 ❷에서 eMessage에 저장한 예외 메시지를 출력해본 것입니다. ArithmeticException이 출력될 것입니다.

다음은 EL에서의 예외를 비슷한 방식으로 처리해보겠습니다.

❺ 먼저 〈c:set〉 태그를 이용해 각각 변수를 선언합니다. ❼ 역시 일부러 예외를 일으키고(EL에서는 + 연산자를 덧셈에만 사용할 수 있음) ❻ 〈c:catch〉 블록에서 잡아 eMessage에 예외 메시지를 저장합니다. ❽ 마지막으로 이 예외 메시지를 출력해봅니다. NumberFormatException이 출력될 것입니다.

실행 결과는 다음과 같습니다.

자바 코드에서의 예외

예외 내용 : java.lang.ArithmeticException: / by zero

EL에서의 예외

예외 내용 : java.lang.NumberFormatException: For input string: "일"

EL은 null이나 예외에 관대한 편이므로 〈c:catch〉 태그는 EL보다는 JSP에서 발생되는 예외를 처리할 때 주로 사용됩니다.

이상으로 Core 태그에 대해 모두 알아보았습니다.

11.4 국제화(Formatting) 태그

JSTL의 Formatting 태그는 국제화 태그로, 국가별로 다양한 언어, 날짜, 시간, 숫자 형식을 설정할 때 사용됩니다. 국제화 태그를 사용하려면 먼저 다음의 지시어를 선언해야 합니다. 접두어로는 "fmt"를 이용합니다.

```
<%@ taglib prefix="fmt" uri="jakarta.tags.fmt" %>
```

국제화 태그의 종류는 다음과 같습니다.

표 11-9 국제화 태그의 종류

분류	태그명	기능
숫자 포맷	formatNumber	숫자 포맷을 설정합니다.
	parseNumber	문자열을 숫자 포맷으로 변환합니다.
날짜 포맷	formatDate	날짜나 시간의 포맷을 설정합니다.
	parseDate	문자열을 날짜 포맷으로 변환합니다.
타임존 설정	setTimeZone	시간대 설정 정보를 변수에 저장합니다.
	timeZone	시간대를 설정합니다.
로케일 설정	setLocale	통화 기호나 시간대를 설정한 지역에 맞게 표시합니다.
	requestEncoding	요청 매개변수의 문자셋을 설정합니다.

각 분류를 차례로 자세히 알아보겠습니다.

11.4.1 숫자 포맷팅 및 파싱

숫자 포맷과 관련한 태그는 〈fmt:formatNumber〉와 〈fmt:parseNumber〉가 있습니다. 차례대로 알아보겠습니다.

〈fmt:formatNumber〉 태그의 사용 형식은 다음과 같습니다.

```
<fmt:formatNumber value="출력할 숫자" type="문자열 양식 패턴" var="변수 설정"
    groupingUsed="구분 기호 사용 여부" pattern="숫자 패턴" scope="영역" />
```

〈fmt:formatNumber〉 태그에서 사용하는 속성은 다음과 같습니다.

표 11-10 〈fmt:formatNumber〉 태그의 속성

속성명	기능
value	출력할 숫자를 설정합니다.
type	출력 양식을 설정합니다. percent(퍼센트), currency(통화), number(일반 숫자, 기본값) 등을 지원합니다.
var	출력할 숫자를 변수에 저장합니다. 해당 속성 사용 시 즉시 출력되지 않고, 원하는 위치에 출력할 수 있습니다.
groupingUsed	세 자리마다 콤마를 출력할지 여부를 결정합니다. 기본값은 true입니다.
pattern	출력할 숫자의 양식을 패턴으로 지정합니다.
scope	변수를 저장할 영역을 지정합니다.

〈fmt:parseNumber〉 태그의 사용 형식과 지원 속성은 다음과 같습니다.

```
<fmt:parseNumber value="파싱할 문자열" type="출력 양식" var="변수 설정"
    integerOnly="정수만 파싱" pattern="패턴" scope="영역" />
```

표 11-11 〈fmt:parseNumber〉 태그의 속성

속성명	기능
value	변환할 문자열을 설정합니다.
type	문자열의 타입을 설정합니다. 기본값은 number(숫자)입니다.
var	출력할 값을 변수에 저장합니다.

pattern	문자열의 양식을 패턴으로 지정합니다.
scope	변수를 저장할 영역을 지정합니다.
integerOnly	정수 부분만 표시할지 여부를 결정합니다. 기본값은 false입니다.

예제를 보며 확실히 익혀봅시다.

예제 11-17 숫자 포맷팅 및 파싱 태그 사용하기   webapp/11JSTL/etc/Fmt1.jsp

```jsp
<%@ page language="java" contentType="text/html; charset=UTF-8"
    pageEncoding="UTF-8"%>
<%@ taglib prefix="c" uri="jakarta.tags.core" %>
<%@ taglib prefix="fmt" uri="jakarta.tags.fmt" %>
<html>
<head><title>JSTL - fmt 1</title></head>
<body>
    <h4>숫자 포맷 설정</h4>
    <c:set var="number1" value="12345" /> ❶
    콤마 O : <fmt:formatNumber value="${ number1 }" /><br /> ❷
    콤마 X : <fmt:formatNumber value="${ number1 }" groupingUsed="false" /><br /> ❸
    <fmt:formatNumber value="${number1 }" type="currency" var="printNum1" /> ❹
    통화기호 : ${ printNum1 } <br /> ❺
    <fmt:formatNumber value="0.03" type="percent" var="printNum2" /> ❻
    퍼센트 : ${ printNum2 } ❼

    <h4>문자열을 숫자로 변경</h4>
    <c:set var="number2" value="6,789.01" /> ❽
    <fmt:parseNumber value="${ number2 }" pattern="00,000.00" var="printNum3" /> ❾
    소수점까지 : ${ printNum3 } <br />
    <fmt:parseNumber value="${ number2 }" integerOnly="true" var="printNum4" /> ❿
    정수 부분만 : ${ printNum4 }
</body>
</html>
```

예제 코드도 숫자 포맷 설정이 먼저 나오고, 이어서 문자열 파싱 부분이 나옵니다.

❶ 숫자를 값으로 갖는 변수를 선언합니다. 이 숫자를 다양한 포맷으로 표현해볼 것입니다.

❷ ⟨fmt:formatNumber⟩ 태그를 사용하면 기본적으로 큰 수는 세 자리마다 콤마를 출력합니다.

❸ 반면 groupingUsed="false"로 설정하면 콤마로 구분하지 않고 출력합니다. type 속성을 쓰면 ❹ 통화기호를 달거나 ❻ 백분율(%)로 표현할 수 있습니다. 또한 var 속성을 사용하였으므로 즉시 출력하지 않고 지정한 위치(❺와 ❼)에 출력할 수 있습니다.

다음은 문자열을 숫자로 파싱하는 예입니다.

❽ 먼저 콤마와 점이 포함된 문자열을 준비합니다. 그리고 ❾에서는 00,000.00과 같은 패턴의 문자열을 파싱하여 소수점까지 출력하고, ❿에서는 integerOnly="true"로 설정해 정수부만 파싱하여 출력합니다.

실행 결과는 다음과 같습니다.

숫자 포맷 설정

콤마 O : 12,345
콤마 X : 12345
통화기호 : ₩12,345
퍼센트 : 3%

문자열을 숫자로 변경

소수점까지 : 6789.01
정수 부분만 : 6789

11.4.2 날짜 포맷 및 타임존

이번에는 날짜와 시간에 관련된 〈fmt:formatDate〉 태그와 〈fmt:timeZone〉 태그를 알아보겠습니다.

〈fmt:formatDate〉 태그는 날짜와 시간 포맷을 지정하는 태그입니다. 사용 형식과 지원 속성은 다음과 같습니다.

```
<fmt:formatDate value="출력할 날짜" type="출력 양식" var="변수 설정"
    dateStyle="날짜 스타일" timeStyle="시간 스타일" pattern="날짜 패턴" scope="영역"
/>
```

표 11-12 〈fmt:formatDate〉 태그의 속성

속성명	기능
value	출력할 값을 설정합니다.
type	출력 시 날짜(date), 시간(time), 날짜 및 시간(both) 세 가지 중 선택할 수 있습니다.
var	출력할 숫자를 변수에 저장합니다.
dateStyle	날짜 스타일을 지정합니다. default, short, medium, long, full 중 선택할 수 있습니다.
timeStyle	시간 스타일을 지정합니다. default, short, medium, long, full 중 선택할 수 있습니다.
pattern	출력할 날짜 및 시간의 양식을 패턴으로 직접 지정합니다.
scope	변수를 저장할 영역을 지정합니다.

다음으로 〈fmt:timeZone〉 태그는 출력할 시간의 시간대^{time zone}를 설정할 수 있습니다. 즉, 먼저 설명한 〈fmt:formatDate〉 태그를 〈fmt:timeZone〉 태그의 하위에 사용하면, 설정한 시간대에 따라 다른 시간을 출력합니다. 예제를 보겠습니다.

예제 11-18 날짜 포맷 및 타임존 태그 사용하기　　　　　　　　　　　　webapp/11JSTL/etc/Fmt2.jsp

```
<%@ page language="java" contentType="text/html; charset=UTF-8"
    pageEncoding="UTF-8"%>
<%@ taglib prefix="c" uri="jakarta.tags.core" %>
<%@ taglib prefix="fmt" uri="jakarta.tags.fmt" %>
<html>
<head><title>JSTL - fmt 2</title></head>
<body>
    <c:set var="today" value="<%= new java.util.Date() %>" />  ❶

    <h4>날짜 포맷</h4>
    full : <fmt:formatDate value="${ today }" type="date" dateStyle="full"/> <br />
    short : <fmt:formatDate value="${ today }" type="date" dateStyle="short"/> <br />
❷  long : <fmt:formatDate value="${ today }" type="date" dateStyle="long"/> <br />
    default : <fmt:formatDate value="${ today }" type="date" dateStyle="default"/>

    <h4>시간 포맷</h4>
    full : <fmt:formatDate value="${ today }" type="time" timeStyle="full"/> <br />
    short : <fmt:formatDate value="${ today }" type="time" timeStyle="short"/> <br />
❸  long : <fmt:formatDate value="${ today }" type="time" timeStyle="long"/> <br />
    default : <fmt:formatDate value="${ today }" type="time" timeStyle="default"/>
```

```
      <h4>날짜/시간 표시</h4>
      <fmt:formatDate value="${ today }" type="both" dateStyle="full" timeStyle="full"/> ❹
      <br />
      <fmt:formatDate value="${ today }" type="both" pattern="yyyy-MM-dd hh:mm:ss"/> ❺

      <h4>타임존 설정</h4>
      <fmt:timeZone value="GMT">  ❻
          <fmt:formatDate value="${ today }" type="both" dateStyle="full"
          timeStyle="full"/>
          <br />
      </fmt:timeZone>
      <fmt:timeZone value="America/Chicago">  ❼
          <fmt:formatDate value="${ today }" type="both" dateStyle="full"
          timeStyle="full"/>
      </fmt:timeZone>
</body>
</html>
```

❶ java.util 패키지의 Date 클래스의 객체를 변수로 설정합니다. Date를 기본 생성자로 만들면 생성한 날짜와 시간을 값으로 갖는 객체가 만들어집니다.

❷ 날짜 포맷을 출력하기 위해 type="date"로 설정합니다. 날짜 스타일은 dateStyle 속성에 각각 지정합니다.

❸ 시간 포맷을 출력하기 위해 type="time"으로 설정합니다. 시간 스타일은 timeStyle 속성에 각각 지정합니다.

❹ 날짜와 시간을 동시에 출력합니다. ❺ 스타일 대신 pattern 속성을 직접 지정할 수도 있습니다.

다음으로 시간대를 설정해보겠습니다. 지금까지처럼 시간대를 별도로 설정하지 않으면 시스템의 시간대가 반영됩니다. 반면 ❻처럼 시간대를 세계협정시 (GMT, 대한민국보다 9시간 빠름)로 변경하거나 ❼처럼 특정 지역명으로 설정할 수 있습니다.

> **Note** 지역명 목록은 java.util.TimeZone 클래스에서 확인할 수 있습니다.

실행 결과는 다음과 같습니다.

날짜 포맷

full : 2022년 12월 22일 목요일
short : 22. 12. 22.
long : 2022년 12월 22일
default : 2022. 12. 22.

시간 포맷

full : 오후 6시 25분 49초 대한민국 표준시
short : 오후 6:25
long : 오후 6시 25분 49초 KST
default : 오후 6:25:49

날짜/시간 표시

2022년 12월 22일 목요일 오후 6시 25분 49초 대한민국 표준시
2022-12-22 06:25:49

타임존 설정

2022년 12월 22일 목요일 오전 9시 25분 49초 그리니치 표준시
2022년 12월 22일 목요일 오전 3시 25분 49초 미 중부 표준시

11.4.3 로케일 설정

〈fmt:setLocale〉 태그는 국가별로 다른 통화 기호나 날짜를 표현할 때 사용합니다. 바로 예제를 보겠습니다.

예제 11-19 로케일 태그 사용하기   webapp/11JSTL/etc/Fmt3.jsp

```
<%@ page language="java" contentType="text/html; charset=UTF-8"
    pageEncoding="UTF-8"%>
<%@ taglib prefix="c" uri="jakarta.tags.core" %>
<%@ taglib prefix="fmt" uri="jakarta.tags.fmt" %>
<html>
<head><title>JSTL - fmt 3</title></head>
<body>
    <h4>로케일 설정</h4>
    <c:set var="today" value="<%= new java.util.Date() %>"/> ❶

    한글로 설정 : <fmt:setLocale value="ko_kr" /> ❷
    <fmt:formatNumber value="10000" type="currency" /> /
    <fmt:formatDate value="${ today }" /><br />
```

```
    일어로 설정 : <fmt:setLocale value="ja_JP" /> ❸
    <fmt:formatNumber value="10000" type="currency" /> /
    <fmt:formatDate value="${ today }" /><br />

    영어로 설정 : <fmt:setLocale value="en_US" /> ❹
    <fmt:formatNumber value="10000" type="currency" /> /
    <fmt:formatDate value="${ today }" /><br />
</body>
</html>
```

❶ Date 타입의 변수를 준비한 다음, 로케일을 ❷ 한글, ❸ 일어, ❹ 영어로 각각 설정합니다. 설정에 따라 통화와 날짜가 다르게 출력됩니다.

실행 결과는 다음과 같습니다.

로케일 설정

한글로 설정 : ₩10,000 / 2022. 12. 22.
일어로 설정 : ¥ 10,000 / 2022/12/22
영어로 설정 : $10,000.00 / Dec 22, 2022

11.5 XML 태그

JSTL의 xml 태그는 XML 문서를 처리하기 위한 것으로, XML 파싱 및 출력, 흐름 제어 등의 기능을 제공합니다. XML 태그를 사용하려면 다음의 지시어가 선언되어야 합니다. 접두어는 "x"를 사용합니다.

```
<%@ taglib prefix="x" uri="jakarta.tags.xml"%>
```

Note XML(eXtensible Markup Language)이란 확장이 가능한 마크업 언어입니다. HTML과 비슷하게 태그로 데이터를 표현하지만, XML은 태그를 개발자가 직접 정의할 수 있고 데이터를 기술할 수 있는 언어입니다. 또한 데이터를 보여주는 게 목적인 HTML과 달리, XML은 데이터를 저장하고 전달할 목적으로 만들어졌습니다. 그래서 웹 애플리케이션 사이에서 데이터를 전달하는 역할을 합니다.

XML 태그의 종류는 다음과 같습니다.

표 11-13 xml 태그의 종류

태그명	기능
out	select 속성에 지정한 XPath 표현식의 결과를 출력합니다.
parse	XML을 파싱할 때 사용합니다.
forEach	select 속성에 지정한 반복되는 노드를 파싱합니다.
if	select 속성에 지정한 XPath 표현식의 값을 하나의 조건으로 결정합니다.
choose	select 속성에 지정한 XPath 표현식의 값을 다중 조건으로 결정합니다. 하위에 when, otherwise 태그를 사용합니다.

Note 파싱(parsing), 즉 구문 분석은 주어진 데이터를 분석하여 원하는 데이터를 특정 패턴이나 순서로 추출해 가공하는 것을 말합니다. 쉽게 말해서 XML이나 HTML 등으로 구성된 데이터를 분석해서 내가 원하는 부분만 추출하는 것입니다.

XML 태그는 XML 문서의 요소element에 접근하기 위해 XPath를 사용합니다. XPath는 XML 문서의 노드를 식별하고 탐색하는 역할을 합니다. 그런데 JSTL에서 XPath 사용을 위해서는 Xalan.jar 라이브러리를 하나 더 추가해야 합니다.

To Do Xalan.jar 라이브러리 추가

01 다음 URL에 접속합니다.

- https://mvnrepository.com/

02 ❶ 검색 창에서 "Xalan"으로 검색하여 ❷ [Xalan Java] 링크를 클릭합니다.

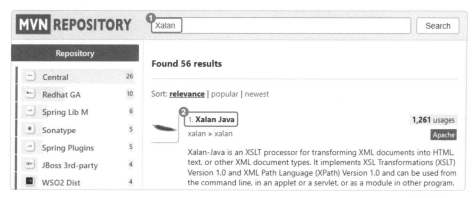

03 이 책에서는 2.7.2 버전을 사용하겠습니다. [2.7.2] 버튼을 클릭합니다.

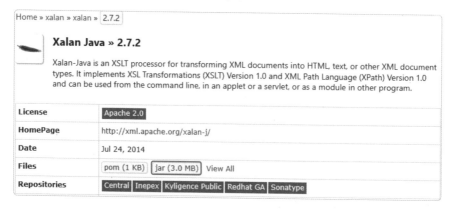

04 [jar] 버튼을 클릭하면 파일이 다운로드됩니다.

Home » xalan » xalan » 2.7.2

Xalan Java » 2.7.2

Xalan-Java is an XSLT processor for transforming XML documents into HTML, text, or other XML document types. It implements XSL Transformations (XSLT) Version 1.0 and XML Path Language (XPath) Version 1.0 and can be used from the command line, in an applet or a servlet, or as a module in other program.

License	Apache 2.0
HomePage	http://xml.apache.org/xalan-j/
Date	Jul 24, 2014
Files	pom (1 KB) jar (3.0 MB) View All
Repositories	Central Inepex Kyligence Public Redhat GA Sonatype

05 받은 파일을 webapp/WEB-INF/lib 폴더에 복사합니다.

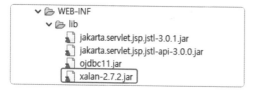

XPath의 사용법은 간단하므로 예제를 보며 설명하겠습니다. 먼저 XML 문서를 만듭니다.

예제 11-20 분석 대상이 될 XML 문서   webapp/11JSTL/inc/BookList.xml

```
<?xml version="1.0" encoding="UTF-8"?>
<booklist>
    <book>
        <name>사피엔스</name>
```

```
        <author>유발 하라리</author>
        <price>19800</price>
    </book>
    <book>
        <name>총,균,쇠</name>
        <author>제러드 다이아몬드</author>
        <price>25200</price>
    </book>
</booklist>
```

책 두 권에 관한 정보를 담은 간단한 형태의 XML 파일입니다. 이 파일을 다음 예제에서 총 3가지 형태로 파싱한 후 내용을 출력해보겠습니다. 코드가 조금 길지만 이번 장의 마지막 예제이니 한 번에 훑어보겠습니다.

예제 11-21 XML 태그 사용하기   webapp/11JSTL/etc/Xml.jsp

```
<%@ page language="java" contentType="text/html; charset=UTF-8"
    pageEncoding="UTF-8"%>
<%@ taglib prefix="c" uri="jakarta.tags.core"%>
<%@ taglib prefix="x" uri="jakarta.tags.xml"%>
<html>
<head><title>JSTL - xml</title></head>
<body>
    <c:set var="booklist">  ❶
        <c:import url="/11JSTL/inc/BookList.xml" charEncoding="UTF-8" />  ❷
    </c:set>
    <x:parse xml="${booklist}" var="blist" />  ❸

    <h4>파싱 1</h4>
    제목 : <x:out select="$blist/booklist/book[1]/name" /> <br />  ─┐
    저자 : <x:out select="$blist/booklist/book[1]/author" /> <br /> ─┼── ❹
    가격 : <x:out select="$blist/booklist/book[1]/price" /> <br />  ─┘

    <h4>파싱 2</h4>
    <table border="1">
        <tr>
            <th>제목</th><th>저자</th><th>가격</th>
        </tr>
        <x:forEach select="$blist/booklist/book" var="item">  ❺
```

```
    <tr>
        <td><x:out select="$item/name" /></td> ──────┐
        <td><x:out select="$item/author" /></td> ─────┤
        <td>                                          ├─ ❻
            <x:choose>  ❼                             │
                <x:when select="$item/price >= 20000"> ─┘
                    2만 원 이상 <br />
                </x:when>
                <x:otherwise>
                    2만 원 미만 <br />
                </x:otherwise>
            </x:choose>
        </td>
    </tr>
    </x:forEach>
</table>

<h4>파싱 3</h4>
<table border="1">
    <x:forEach select="$blist/booklist/book" var="item">  ❽
    <tr>
        <td><x:out select="$item/name" /></td>
        <td><x:out select="$item/author" /></td>
        <td><x:out select="$item/price" /></td>
        <td><x:if select="$item/name = '총,균,쇠'">구매함</x:if></td>  ❾
    </tr>
    </x:forEach>
</table>
</body>
</html>
```

❶ 〈c:set〉 태그로 변수를 생성합니다. 이때 외부의 xml 문서를 사용하기 위해 ❷처럼 〈c:import〉 태그를 사용합니다.

> **Note** 외부 문서를 파싱할 때는 〈c:import〉의 charEncoding 속성으로 인코딩 방식을 정확히 지정해야 한글이 깨지지 않습니다.

❸ 방금 선언한 변수를 파싱해줄 〈x:parse〉 태그를 선언합니다.

❹ 〈x:out〉 태그를 이용해 파싱된 내용을 출력합니다. select 속성의 값이 바로 XPath입니다.

XPath는 EL과는 다르게 { }(중괄호)를 사용하지 않습니다. 일반적인 경로를 기술할 때와 마찬가지로 /(슬래시)로 노드를 타고 들어가면 됩니다.

❺ 반복되는 노드가 있을 때는 〈x:forEach〉 태그를 사용하면 편합니다. 여기서 반복되는 노드는 〈book〉이므로 select 속성에 지정한 후 그 개수만큼 반복합니다. ❻ 선택된 요소는 var 속성에 지정한 item을 사용해 출력하면 됩니다. ❼에서는 〈x:choose〉 태그를 이용해 가격이 20,000원 이상인지 판단하고 있습니다.

❽에서는 ❺와 동일하게 〈book〉의 개수만큼 반복하여 출력합니다. ❾ 마지막으로 〈x:if〉 태그를 사용하여 문자열을 비교했습니다. 이때 XML 태그에서는 비교 연산자로 == 대신 =을 사용하니 주의해야 합니다.

Xml.jsp를 실행한 결과는 다음과 같습니다.

파싱 1

제목 : 사피엔스
저자 : 유발 하라리
가격 : 19800

파싱 2

제목	저자	가격
사피엔스	유발 하라리	2만 원 미만
총,균,쇠	제러드 다이아몬드	2만 원 이상

파싱 3

사피엔스	유발 하라리	19800	
총,균,쇠	제러드 다이아몬드	25200	구매함

몇 가지 기억해둘 점을 정리해보겠습니다.

• XML 데이터를 내부에서 처리할 때는 변수로 선언하여 파싱하면 되지만, 외부 파일을 가져올 때는 한글 깨짐 현상 때문에 charEncoding 속성을 사용해야 합니다.

• XPath는 EL과 달리 { }(중괄호)를 사용하지 않고, 마치 경로 표시처럼 /(슬래시)로 노드를 찾아 들어가는 형태로 작성합니다.

- core 태그와 마찬가지로 〈x:if〉, 〈x:choose〉, 〈x:forEach〉 태그가 있어, XML 파싱에 조건문이나 반복문을 사용할 수 있습니다.

학습 마무리

이번 장에서는 JSP의 표준 태그 라이브러리인 JSTL을 학습하였습니다. JSTL은 EL과 함께 모델2 방식인 MVC 패턴에서 주로 사용됩니다. 차후 13장에서 서블릿을 학습하고 14장에서 모델2 방식의 자료실형 게시판을 제작해보며 좀 더 확실한 활용법을 익히게 될 것입니다.

핵심 요약

- **Core 태그** : 프로그래밍 언어에서 가장 기본이 되는 변수 선언, 조건문, 반복문 등을 대체하는 태그를 제공합니다.
- **Formatting 태그** : 국가별로 다양한 언어, 날짜와 시간, 숫자 형식을 설정할 때 사용합니다.
- **XML 태그** : XML 문서를 처리하기 위한 태그들로 XML 파싱, 출력, 흐름 제어 등의 기능을 제공합니다.

12

서블릿(Servlet)

☐ **학습 목표**	다음 장에서 MVC 패턴을 적용한 모델2 방식의 게시판을 제작하기 위해 필요한 기술인 서블릿을 학습합니다. 서블릿의 개념과 동작 방식을 이해하고, 작성 규칙에 따라 URL 요청명과 서블릿 클래스를 매핑한 후 클라이언트의 요청을 처리해볼 것입니다.

☐ **학습 순서**

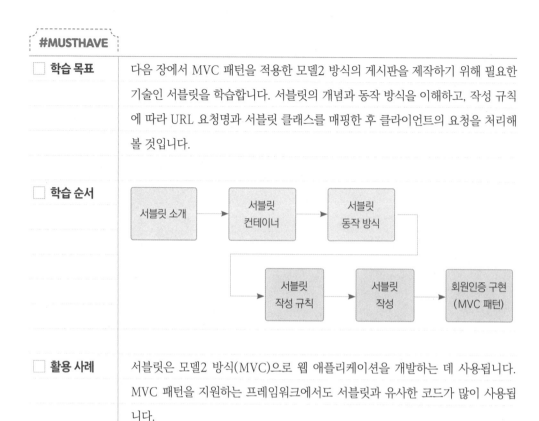

☐ **활용 사례**	서블릿은 모델2 방식(MVC)으로 웹 애플리케이션을 개발하는 데 사용됩니다. MVC 패턴을 지원하는 프레임워크에서도 서블릿과 유사한 코드가 많이 사용됩니다.

12.1 서블릿이란?

서블릿^{Servlet}은 JSP가 나오기 전, 자바로 웹 애플리케이션을 개발할 수 있도록 만든 기술입니다. 서블릿은 서버 단에서 클라이언트의 요청을 받아 처리한 후 응답하는 역할을 합니다. 다음은 서블릿의 특징입니다.

- 클라이언트의 요청에 대해 동적으로 작동하는 웹 애플리케이션 컴포넌트입니다.
- MVC 모델에서 컨트롤러^{Controller} 역할을 합니다.
- 모든 메서드는 스레드로 동작됩니다.
- jakarta.servlet.http 패키지의 HttpServlet 클래스를 상속받습니다.

12.2 서블릿 컨테이너

우리가 서블릿을 만들었다고 해서 스스로 작동하는 것은 아닙니다. 서블릿을 관리하는 컨테이너가 필요한데요, 그것이 바로 서블릿 컨테이너입니다.

▼ 서블릿과 서블릿 컨테이너

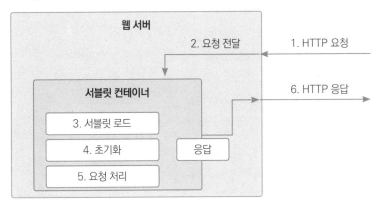

우리는 서블릿 컨테이너로 톰캣Tomcat을 사용할 것입니다. 서블릿의 수명주기를 관리하고, 요청이 오면 스레드를 생성해 처리해줍니다. 또한 클라이언트의 요청을 받아서 응답을 보낼 수 있도록 통신을 지원해줍니다. 자세한 역할은 다음과 같습니다.

- **통신 지원** : 클라이언트와 통신하려면 서버는 특정 포트port로 소켓Socket을 열고 I/O 스트림을 생성하는 등 복잡한 과정이 필요합니다. 서블릿 컨테이너는 이 과정을 간단히 해주는 API를 제공합니다.
- **수명주기 관리** : 서블릿을 인스턴스화한 후 초기화하고, 요청에 맞는 적절한 메서드를 호출합니다. 응답한 후에는 가비지 컬렉션을 통해 객체를 소멸시킵니다.
- **멀티스레딩 관리** : 서블릿 요청들은 스레드를 생성해 처리합니다. 즉, 멀티스레드 방식으로 여러 요청을 동시에 처리할 수 있습니다.
- **선언적인 보안 관리 및 JSP 지원** : 서블릿 컨테이너는 보안 기능을 지원하므로 별도로 구현하지 않아도 됩니다.

12.3 서블릿의 동작 방식

서블릿은 MVC 패턴에서 컨트롤러^Controller 역할을 합니다. ❶ 클라이언트의 요청을 받아서 ❷ 분석 후 요청을 처리할 서블릿을 찾습니다. 서블릿을 통해 ❸ 비즈니스 서비스 로직을 호출하고 ❹ 모델^Model로부터 그 결괏값을 받아서 ❺ request나 session 영역에 저장한 후 결괏값을 출력할 적절한 뷰^View를 선택합니다. 최종적으로 선택된 ❻ 뷰(jsp 페이지)에 결괏값을 출력한 후 요청한 클라이언트에 응답하게 됩니다.

▼ 서블릿 동작 방식

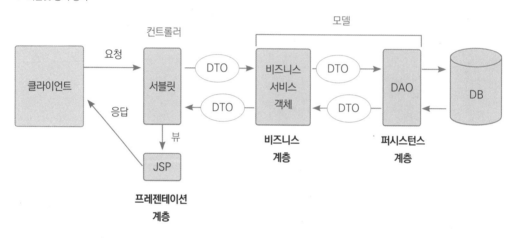

설명드린 서블릿의 동작 방식은 8장에서 설명한 MVC 패턴을 그대로 따릅니다. MVC 패턴을 따라 웹 애플리케이션을 개발하는 방법을 모델2 방식이라고 합니다.

그림에서 보면 컨트롤러와 DAO 사이에 비즈니스 서비스 객체가 있습니다. 서비스 객체는 컨트롤러가 요청을 분석한 후 호출되어 실제 비즈니스 로직을 처리하는 역할을 합니다. 하지만 이를 프로그램으로 구현하면 코드가 너무 어려워집니다. 따라서 이 책에서는 서블릿이 컨트롤러와 서비스 객체의 역할을 동시에 할 수 있도록 구현할 것입니다.

12.4 서블릿 작성 규칙

서블릿은 다음 규칙에 따라 작성합니다.

1 기본적으로 jakarta.servlet, jakarta.servlet.http, java.io 패키지를 임포트합니다.

2 서블릿 클래스는 반드시 public으로 선언해야 하고, HttpServlet을 상속받아야 합니다.

3 사용자의 요청을 처리하기 위해 doGet( ) 메서드나 doPost( ) 메서드를 반드시 오버라이딩해야 합니다.

4 doGet() 또는 doPost() 메서드는 ServletException과 IOException 예외를 던지도록 (throws) 선언합니다.

5 doGet() 또는 doPost() 메서드를 호출할 때의 매개변수는 HttpServletRequest와 HttpServletResponse를 사용합니다.

이 규칙에 따라 작성한 서블릿 클래스의 예를 보겠습니다.

```
package 패키지명;

import java.io.IOException;

import jakarta.servlet.ServletException;           기본적으로 필요한
import jakarta.servlet.http.HttpServlet;           패키지(클래스)
import jakarta.servlet.http.HttpServletRequest;
import jakarta.servlet.http.HttpServletResponse;

public class 서블릿클래스명 extends HttpServlet {  // HttpServlet 상속
    @Override  // doGet() 오버라이딩
    protected void doGet(HttpServletRequest req, HttpServletResponse resp)
            throws ServletException, IOException {
        // 메서드의 실행부
    }
}
```

doGet()과 doPost()는 매개변수로 HttpServletRequest와 HttpServletResponse를 받는데, 이 두 클래스는 내장 객체에서 학습한 request와 response 객체의 자료형입니다. 즉, 클라이언트의 요청을 전달하고 응답하기 위한 클래스들입니다. 그리고 ServletException과 IOException 예외를 던지도록 정의되어 있습니다.

서블릿에 대해 알아보았으니 다음 절부터는 본격적으로 서블릿을 활용한 프로그램을 작성해보겠습니다.

12.5 서블릿 작성

서블릿 작성은 클라이언트의 요청을 전달할 '요청명'을 결정하는 일부터 시작합니다. JSP에서는 클라이언트의 요청을 JSP가 직접 받아 처리하지만, 서블릿은 요청명을 기준으로 이를 처리할 서블릿을 선택하게 됩니다. 요청명과 서블릿을 연결해주는 작업을 '매핑mapping'이라고 하며, 다음의 두 가지 방식이 있습니다.

 1 web.xml에 기술하는 방법
 2 @WebServlet 애너테이션을 사용하여 코드에 직접 명시하는 방법

하나씩 살펴보겠습니다.

12.5.1 web.xml에서 매핑

요청명으로 서블릿을 선택하는 첫 번째 방법으로 web.xml을 사용해보겠습니다. 형식은 다음과 같습니다.

```
<servlet> <!-- 서블릿 등록 -->
    <servlet-name>서블릿명</servlet-name>
    <servlet-class>패키지를 포함한 서블릿 클래스명</servlet-class>
</servlet>
<servlet-mapping> <!-- 서블릿과 요청명(요청 URL) 매핑 -->
    <servlet-name>서블릿명</servlet-name>
    <url-pattern>클라이언트 요청 URL</url-pattern>
</servlet-mapping>
```

이런 식으로 서블릿을 등록한 후, 등록한 서블릿과 요청 URL을 매핑해줍니다.

- 〈servlet〉: 서블릿 클래스를 등록합니다.
  ◦ 〈servlet-name〉: 서블릿을 참조할 때 사용할 이름을 입력합니다.
  ◦ 〈servlet-class〉: 패키지를 포함한 서블릿 클래스명을 입력합니다.
- 〈servlet-mapping〉: 매핑 정보를 등록합니다.
  ◦ 〈servlet-name〉: 〈servlet〉에서 사용한 〈servlet-name〉과 동일한 이름을 입력합니다.
  ◦ 〈url-pattern〉: 요청명으로 사용할 경로를 입력합니다. 컨텍스트 루트를 제외한, '/'로 시작하는 경로를 사용해야 합니다.

다음 그림을 보겠습니다.

현재 접속한 페이지의 URL이 그림과 같다면 요청명은 컨텍스트 루트를 제외한 슬래시(/)로 시작하는 "/12Servlet/HelloServlet.do"가 됩니다.

예제를 작성해보겠습니다. webapp 하위에 12Servlet 폴더를 생성한 후 작성해주세요.

예제 12-1 web.xml을 이용한 매핑   webapp/**12Servlet/HelloServlet.jsp**

```
<%@ page language="java" contentType="text/html; charset=UTF-8"
    pageEncoding="UTF-8"%>
<!DOCTYPE html>
<html>
<head>
<meta charset="UTF-8">
<title>HelloServlet.jsp</title>
</head>
<body>
    <h2>web.xml에서 매핑 후 JSP에서 출력하기</h2>
    <p>
        <strong><%= request.getAttribute("message") %></strong>  ❶
        <br />
        <a href="./HelloServlet.do">바로가기</a>  ❷
    </p>
</body>
</html>
```

❶ request 영역에 저장된 message 속성을 출력합니다. 이 속성의 값은 뒤에서 작성할 서블릿에서 저장할 것입니다.

❷는 바로가기 링크로, 목표 URL을 서블릿 요청명으로 지정했습니다.

다음은 web.xml에서 요청명을 서블릿으로 매핑해보겠습니다. 파일 위치는 〈web-app〉 요소 하위라면 어디든 상관없습니다.

예제 12-2 web.xml에 매칭 정보 추가   webapp/WEB-INF/web.xml

```xml
<?xml version="1.0" encoding="UTF-8"?>
<web-app xmlns:xsi=... 생략 ...>
    ... 생략 ...


  <servlet> <!-- 서블릿 등록 -->
    <servlet-name>HelloServlet</servlet-name> ❶
    <servlet-class>servlet.HelloServlet</servlet-class> ❷
  </servlet>
  <servlet-mapping> <!-- 서블릿과 요청명 매핑 -->
    <servlet-name>HelloServlet</servlet-name> ❸
    <url-pattern>/12Servlet/HelloServlet.do</url-pattern> ❹
  </servlet-mapping>
</web-app>
```

❶ 서블릿을 매핑하기 위한 서블릿명을 작성합니다.

❷ 해당 요청을 처리할 서블릿을 패키지를 포함하여 명시합니다.

❸ ❶과 동일한 서블릿명입니다.

❹ 컨텍스트 루트를 제외한 요청명을 적습니다. 요청명은 보통 .do로 끝나는 형태를 사용하지만, 다른 형태도 가능합니다.

클라이언트가 "/12Servlet/HelloServlet.do"로 접속하면 매핑된 서블릿명으로 등록된 클래스를 찾는 구조입니다.

Warning web.xml 파일에서 〈servlet〉과 〈servlet-mapping〉 요소의 순서가 바뀌면 에러가 나니 주의해야 합니다.

이번에는 실제 요청을 처리할 서블릿 클래스를 작성해보겠습니다.

예제 12-3 요청을 처리할 서블릿 클래스   Java Resources/src/main/java/servlet/HelloServlet.java

```java
package servlet;

import java.io.IOException;
```

```
import jakarta.servlet.ServletException;
import jakarta.servlet.http.HttpServlet;
import jakarta.servlet.http.HttpServletRequest;
import jakarta.servlet.http.HttpServletResponse;

public class HelloServlet extends HttpServlet {  ❶
    private static final long serialVersionUID = 1L;  ❷
    @Override
    protected void doGet(HttpServletRequest req, HttpServletResponse resp)
            throws ServletException, IOException {  ❸
        req.setAttribute("message", "Hello Servlet..!!");  ❹
        req.getRequestDispatcher("/12Servlet/HelloServlet.jsp")
            .forward(req, resp);  ❺
    }
}
```

❶ HelloServlet 클래스를 servlet 패키지에 생성한 후 HttpServlet 클래스를 상속합니다.

❷ serialVersionUID는 직렬화된 클래스의 버전 관리에 사용되는 식별자입니다. 선언하지 않더라도 실행에는 문제가 없지만, Warning(경고)으로 표시되므로 명시적으로 선언해주는 것이 좋습니다. 자동완성 기능을 사용하도록 합니다. ❸ doGet() 메서드를 오버라이딩합니다. 이때 이클립스의 자동완성 기능을 사용하면 필요한 모든 import가 자동으로 생성되니 간단히 작성하실 수 있습니다.

❹ request 영역에 message라는 속성으로 데이터를 저장하고 ❺ HelloServlet.jsp로 포워드합니다. req는 doGet() 메서드의 매개변수로 전달받은 request 내장 객체입니다. request 영역에 저장된 데이터는 포워드된 페이지까지 공유되므로 해당 속성을 출력할 수 있습니다.

Note ❸ 에서 자동완성을 사용하면 편리하게 입력할 수 있다고 했는데, HttpServlet을 상속한 상태에서 doget까지만 입력한 후 Ctrl + Space 를 눌러보면 다음과 같이 오버라이딩 항목이 표시됩니다.

```
public class HelloServlet extends HttpServlet {
    doget
}
          ○ doGet(HttpServletRequest req, HttpServletResponse resp) : void - Overri
          ■ doget() : void - Method stub
```

이중 doGet() 메서드를 선택하면 코드가 완성됩니다. doPost()도 동일하게 입력할 수 있습니다.

작성을 마쳤으니 HelloServlet.jsp를 실행해보겠습니다. 서블릿은 클래스이므로 새롭게 작성하거나 수정을 했다면 반드시 서버를 재시작해야 합니다. 재시작하지 않으면 변경 내용이 적용되지 않습니다.

결과를 보면 request 영역에 저장된 데이터가 null이라고 출력됩니다. 단순히 JSP만 실행했으므로 request 영역에는 아직 아무런 데이터도 저장되지 않았기 때문입니다. [바로가기] 링크를 클릭해보겠습니다.

주소표시줄을 보면 web.xml에서 매핑한 요청명으로 변경된 것을 알 수 있고, "Hello Servlet..!!"이라는 문자열이 출력되었습니다. 이와 같이 서블릿은 요청명을 통해 서블릿이 직접 요청을 처리한 후 → 데이터를 영역에 저장하고 → 결과를 출력할 JSP를 선택하여 → 영역을 통해 공유된 데이터를 출력하는 형식으로 클라이언트에게 응답합니다.

12.5.2 @WebServlet 애너테이션으로 매핑

요청명으로 서블릿을 선택하는 두 번째 방법으로 @WebServlet 애너테이션을 사용해보겠습니다. 요청명을 통한 바로가기 링크가 있는 JSP를 먼저 작성하겠습니다.

예제 12-4 애너테이션을 이용한 매핑　　　　　　　　　　　　　　webapp/**12Servlet/AnnoMapping.jsp**

```
<%@ page language="java" contentType="text/html; charset=UTF-8"
    pageEncoding="UTF-8"%>
<!DOCTYPE html>
```

```
<html>
<head>
<meta charset="UTF-8">
<title>AnnoMapping.jsp</title>
</head>
<body>
    <h2>애너테이션으로 매핑하기</h2>
    <p>
        <strong>${ message }</strong>  ①
        <br />
        <a href="<%= request.getContextPath() %>/12Servlet/AnnoMapping.do">바로
가기</a> ②
    </p>
</body>
</html>
```

① EL을 이용해 request 영역에 저장된 데이터를 출력합니다.

② request.getContextPath()는 컨텍스트 루트 경로를 반환합니다. 그러면 프로젝트명인 "/
MustHaveJSP"가 반환되며, 여기에 요청명을 합쳐 바로가기 링크를 완성했습니다.

AnnoMapping.jsp를 실행한 결과는 다음과 같습니다.

앞서 HelloServlet.jsp에서는 〈%=request.getAttribute("message") %〉를 사용했으므로 첫
번째 실행에서 null이 출력되었습니다. 하지만 EL을 사용하면 값이 없을 때 아무것도 출력되지
않습니다.

다음은 서블릿을 작성해보겠습니다.

```java
package servlet;

import java.io.IOException;

import jakarta.servlet.ServletException;
import jakarta.servlet.annotation.WebServlet;
import jakarta.servlet.http.HttpServlet;
import jakarta.servlet.http.HttpServletRequest;
import jakarta.servlet.http.HttpServletResponse;

@WebServlet("/12Servlet/AnnoMapping.do")  ❶
public class AnnoMapping extends HttpServlet {  ❷
    private static final long serialVersionUID = 1L;
    @Override
    protected void doGet(HttpServletRequest req, HttpServletResponse resp)  ❸
            throws ServletException, IOException {
        req.setAttribute("message", "@WebServlet으로 매핑");  ❹
        req.getRequestDispatcher("/12Servlet/AnnoMapping.jsp")
            .forward(req, resp);  ❺
    }
}
```

❶ @WebServlet 애너테이션을 이용해 이 서블릿이 요청명 "/12Servlet/AnnoMapping.do"를 처리할 것임을 선언합니다. 요청명은 web.xml에서 〈url-pattern〉에 입력한 값과 똑같이, 컨텍스트 루트를 제외한 경로를 입력하면 됩니다.

❷ 이 클래스는 서블릿이므로 HttpServlet을 상속하고 ❸ doGet() 메서드를 오버라이딩합니다. doGet() 메서드에서는 ❹ request 영역에 데이터를 저장한 후 ❺ AnnoMapping.jsp로 포워드합니다.

이제 [예제 12-4]의 AnnoMapping.jsp를 다시 실행한 다음 [바로가기] 링크를 클릭합니다.

보다시피 @WebServlet 애너테이션을 통한 매핑은 web.xml에 비해 편리하지만 단점도 있습니다. 요청명(url-pattern)이 변경된다면 해당 서블릿 클래스를 수정한 후 다시 컴파일해야 합니다. 또한 서블릿 개수가 많아지면 특정 요청명을 처리하는 클래스를 찾기가 어려워집니다. web.xml을 사용하면 요청명만으로 클래스를 쉽게 찾을 수 있지만, @WebServlet 방식에서는 검색할 방법이 마땅히 없습니다. 그래서 요청명과 클래스명을 매핑해주는 일정한 패턴이 없다면 유지보수하기가 더 어려울 수 있습니다. 예를 들어보겠습니다.

요청명과 서블릿명이 각각 다음과 같다고 해보죠.

- 요청명 : /study.do
- 서블릿명 : jsp.Chapter01

이 둘을 매핑하는 방법은 다음과 같이 2가지입니다.

- 방법 1 : web.xml

```
<servlet>
    <servlet-name>study01</servlet-name>
    <servlet-class>jsp.Chapter01</servlet-class>
</servlet>
<servlet-mapping>
    <servlet-name>study01</servlet-name>
    <url-pattern>/study.do</url-pattern>
</servlet-mapping>
```

- 방법 2 : @WebServlet 애너테이션

```
package jsp;

@WebServlet("/study.do")
public class Chapter01 extends HttpServlet {
    @Override
    protected void doGet(HttpServletRequest req, HttpServletResponse resp)
            throws ServletException, IOException {
        // 실행부;
    }
}
```

서비스를 개편하면서 이 요청명에 해당하는 동작을 수정해야 한다고 가정해보죠. 그러면 '방법 1'에서는 간단히 web.xml 파일을 열고 편집기의 검색 기능(‿Ctrl + F‿)으로 요청명을 입력하면 즉시 찾을 수 있습니다. 하지만 '방법 2'의 경우는 요청명 "study.do"만으로는 담당 클래스가 "Chapter01"이라는 사실을 찾기가 쉽지 않습니다. 클래스를 일일이 열어서 확인해야 하기 때문입니다. 따라서 @WebServlet을 사용할 때는 요청명만으로 서블릿 클래스명을 바로 알 수 있도록 둘 사이에 명확한 이름 규칙^{naming rule}을 정해두는 것이 좋습니다.

12.5.3 JSP 없이 서블릿에서 바로 응답 출력

앞에서는 매핑하는 방식은 달랐지만 공통적으로 JSP를 사용하여 응답 내용을 출력했습니다. 이번에는 JSP를 사용하지 않고 서블릿에서 내용을 즉시 출력하는 방법을 알아보겠습니다. 또한 요청 방식도 get 대신 post를 사용해볼 것입니다.

예제 12-6 서블릿에서 직접 응답 출력하기   webapp/12Servlet/DirectServletPrint.jsp

```
<%@ page language="java" contentType="text/html; charset=UTF-8"
    pageEncoding="UTF-8"%>
<!DOCTYPE html>
<html>
<head>
<meta charset="UTF-8">
<title>DirectServletPrint.jsp</title>
</head>
<body>
    <h2>web.xml에서 매핑 후 Servlet에서 직접 출력하기</h2>
    <form method="post" action="../12Servlet/DirectServletPrint.do">  ❶
        <input type="submit" value="바로가기" />
    </form>
</body>
</html>
```

❶ post 방식으로 전송하기 위해 〈form〉 태그를 사용합니다. 요청명은 action 속성에 지정하였습니다.

다음으로 web.xml에 요청명과 서블릿을 매핑합니다.

```xml
<?xml version="1.0" encoding="UTF-8"?>
<web-app xmlns:xsi=... 생략 ...>
  ... 생략 ...

  <servlet>
    <servlet-name>DirectServletPrint</servlet-name>
    <servlet-class>servlet.DirectServletPrint</servlet-class>  ❶
  </servlet>
  <servlet-mapping>
    <servlet-name>DirectServletPrint</servlet-name>
    <url-pattern>/12Servlet/DirectServletPrint.do</url-pattern>  ❷
  </servlet-mapping>
</web-app>
```

❷ 요청명은 "/12Servlet/DirectServletPrint.do"이고, ❶ 이 요청을 담당할 서블릿은 servlet 패키지의 DirectServletPrint 클래스입니다.

매핑한 정보에서 기술한 서블릿을 작성하겠습니다.

예제 12-8 응답을 직접 출력하는 서블릿　　　　　　　Java Resources/src/main/java/**servlet/DirectServletPrint.java**

```java
package servlet;

import java.io.IOException;
import java.io.PrintWriter;

import jakarta.servlet.ServletException;
import jakarta.servlet.http.HttpServlet;
import jakarta.servlet.http.HttpServletRequest;
import jakarta.servlet.http.HttpServletResponse;

public class DirectServletPrint extends HttpServlet {
    private static final long serialVersionUID = 1L;
    @Override
    protected void doPost(HttpServletRequest req, HttpServletResponse resp)  ❶
            throws ServletException, IOException {
        resp.setContentType("text/html;charset=UTF-8");  ❷
        PrintWriter writer = resp.getWriter();  ❸
```

```
        writer.println("<html>");
        writer.println("<head><title>DirectServletPrint</title></head>");
        writer.println("<body>");
 ❹      writer.println("<h2>서블릿에서 직접 출력합니다.</h2>");
        writer.println("<p>jsp로 포워드하지 않습니다.</p>");
        writer.println("</body>");
        writer.println("</html>");
        writer.close();  ❺
    }
}
```

❶ post 방식의 요청이므로 doPost() 메서드를 오버라이딩했습니다.

❷ 클라이언트에 응답하기 위해 response 내장 객체에 응답 콘텐츠 타입을 지정합니다. 콘텐츠 타입은 "text/html"으로, 캐릭터셋은 "UTF-8"로 지정했습니다.

❸ 웹 브라우저에 전송할 응답 결과를 쓰기 위해 response 내장 객체에서 PrintWriter 객체를 얻어옵니다. ❹ PrintWriter는 println() 메서드를 제공합니다. 이 메서드를 이용해 응답 내용을 출력했습니다. 출력 내용은 간단한 태그들로 구성된 기본적인 HTML 문서입니다. ❺ 마지막으로 PrintWriter 객체를 닫아줍니다.

필요한 코드를 모두 작성했습니다. [예제 12-6]의 DirectServletPrint.jsp를 실행해보세요.

[바로가기] 버튼을 클릭하면 서블릿이 실행되면서 화면이 다음처럼 변합니다.

Warning 서블릿에서 doPost()를 오버라이딩하지 않으면 405 에러가 발생합니다. post 방식으로 전송하였지만 이를 처리할 메서드가 없다는 뜻입니다.

이번 예제에서 보았다시피 JSP 없이 서블릿에서 응답을 직접 출력하면 코드가 굉장히 지저분해지기 쉽습니다(응답 내용이 화려한 웹 페이지였다고 생각해보세요). 그렇다면 무조건 JSP를 통해서만 출력하는 것이 좋을까요? 아니면 어떤 경우에 서블릿에서 직접 출력하는 것일까요? 대부분의 경우에는 JSP를 통해 출력하는 쪽이 편리합니다. 하지만 비동기 방식으로 통신할 때 XML이나 JSON을 사용하는 경우가 있으며, 이와 같이 순수 데이터만 출력해야 하는 경우에는 서블릿에서 직접 출력하는 게 편합니다.

12.5.4 한 번의 매핑으로 여러 가지 요청 처리

앞에서 서블릿 사용법을 학습했습니다. 그런데 조금 불편한 점이 있습니다. 요청명이 추가되면 이에 따른 매핑도 함께 추가해야 한다는 것입니다. 그래서 이번에는 한 번의 매핑으로 여러 가지 요청을 처리하는 법을 알아보겠습니다.

예제 12-9 한 번의 매핑으로 여러 가지 요청 처리　　　　　webapp/**12Servlet/FrontController.jsp**

```jsp
<%@ page language="java" contentType="text/html; charset=UTF-8"
    pageEncoding="UTF-8"%>
<!DOCTYPE html>
<html>
<head>
<meta charset="UTF-8">
<title>FrontController.jsp</title>
</head>
<body>
    <h3>한 번의 매핑으로 여러 가지 요청 처리하기</h3>
    ${ resultValue } ❶
    <ol>
        <li>URI : ${ uri }</li> ❷
        <li>요청명 : ${ commandStr }</li> ❸
    </ol>
    <ul>
        <li><a href="../12Servlet/regist.one">회원가입</a></li>
        <li><a href="../12Servlet/login.one">로그인</a></li> ❹
        <li><a href="../12Servlet/freeboard.one">자유게시판</a></li>
    </ul>
</body>
</html>
```

❶ 서블릿에서 request 영역에 저장할 결괏값입니다.

❷ 클라이언트가 요청한 전체 경로를 표시합니다.

❸ 전체 경로에서 마지막의 xxx.one 부분을 추출한 문자열입니다. 바로 이어지는 서블릿 코드에서 자세히 설명하겠습니다.

❹ 각 페이지로의 바로가기 링크입니다.

바로 이어서 서블릿을 작성하겠습니다.

예제 12-10 여러 가지 요청을 처리하는 서블릿　　　　　Java Resources/src/main/java/**servlet/FrontController.java**

```java
package servlet;

import java.io.IOException;

import jakarta.servlet.ServletException;
import jakarta.servlet.annotation.WebServlet;
import jakarta.servlet.http.HttpServlet;
import jakarta.servlet.http.HttpServletRequest;
import jakarta.servlet.http.HttpServletResponse;

@WebServlet("*.one")  ❶
public class FrontController extends HttpServlet {
    private static final long serialVersionUID = 1L;
    @Override
    protected void doGet(HttpServletRequest req, HttpServletResponse resp)
            throws ServletException, IOException {
        String uri = req.getRequestURI();  ❷
        int lastSlash = uri.lastIndexOf("/");  ❸
        String commandStr = uri.substring(lastSlash);  ❹

        if (commandStr.equals("/regist.one"))
            registFunc(req);
        else if (commandStr.equals("/login.one"))           ❺
            loginFunc(req);
        else if (commandStr.equals("/freeboard.one"))
            freeboardFunc(req);
```

```
        req.setAttribute("uri", uri);
        req.setAttribute("commandStr", commandStr);      ┐─ ⑥
        req.getRequestDispatcher("/12Servlet/FrontController.jsp")
            .forward(req, resp);  ⑦
    }

    // 페이지별 처리 메서드
    void registFunc(HttpServletRequest req) {                    ┐
        req.setAttribute("resultValue", "<h4>회원가입</h4>");
    }

    void loginFunc(HttpServletRequest req) {
        req.setAttribute("resultValue", "<h4>로그인</h4>");        ├─ ⑧
    }

    void freeboardFunc(HttpServletRequest req) {
        req.setAttribute("resultValue", "<h4>자유게시판</h4>");
    }                                                            ┘
}
```

❶ 와일드카드(*)를 사용하여 URL 패턴이 "*.one"에 해당하는 요청을 모두 이 서블릿과 매핑했습니다. 그러면 ".one"으로 끝나는 모든 요청명이 매핑됩니다.

❷ request 내장 객체로부터 현재 경로에서 호스트명을 제외한 나머지 부분을 알아낸 다음 ❸ 마지막 슬래시(/)의 인덱스를 구합니다. ❹ 그리고 이 인덱스로 경로의 마지막 부분의 문자열을 얻어옵니다. ❺ 이 문자열을 통해 페이지를 구분하여, 각 페이지를 처리할 수 있는 메서드를 호출합니다.

❻ uri와 페이지 구분을 위한 문자열(commandStr)을 request 영역에 저장하고 ❼ FrontController.jsp로 포워드합니다.

❽은 각 페이지를 처리할 수 있는 메서드들로, 각 페이지에 출력할 데이터를 request 영역에 저장하고 있습니다.

FrontController.jsp를 먼저 실행해보죠.

[회원가입]과 [자유게시판] 링크만 클릭해보겠습니다.

이와 같이 ".one"으로 끝나는 모든 요청을 서블릿 하나로 처리할 수 있었습니다. 이를 위해 서블릿을 요청명 "*.one"와 매핑한 후, 마지막 슬래시로 경로명을 구분하여 담당 메서드를 호출했습니다. 이렇게 하면 요청명마다 매번 서블릿을 하나씩 만들지 않아도 되니 편리합니다. 단, 서블릿 클래스의 내용이 방대해질 수 있으므로 카테고리별로 구분하여 작성하는 것이 좋습니다.

12.5.5 서블릿의 수명주기 메서드

서블릿은 클라이언트의 요청이 들어오면 가장 먼저 서블릿 객체를 생성하고, 서블릿을 초기화한 후, 요청을 처리합니다. 마지막으로 서버를 종료할 때 서블릿 객체를 소멸시킵니다. 이것이 서블릿의 수명주기^{lifecycle}입니다.

서블릿의 수명주기 관리는 서블릿 컨테이너가 담당합니다. 즉, 서블릿 컨테이너는 서블릿 객체를 생성하고 각 단계마다 자동으로 특정 메서드를 호출하여 해당 단계에 필요한 기능을 수행합니다. 이때 호출되는 콜백 메서드들을 수명주기 메서드라고 합니다. 종류와 순서는 다음 그림과 같습니다.

▼ 서블릿 수명주기 메서드

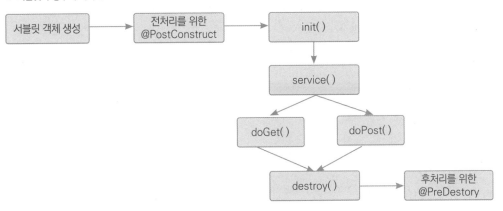

각각의 메서드를 간단히 소개하겠습니다.

- **@PostConstruct**
  - 객체 생성 직후, init( ) 메서드를 호출하기 전에 호출됩니다.
  - 애너테이션을 사용하므로 메서드명은 개발자가 정하면 됩니다.
- **init()**
  - 서블릿의 초기화 작업을 수행하기 위해 호출됩니다.
  - 최초 요청 시 딱 한 번만 호출됩니다.
- **service()**
  - 클라이언트의 요청을 처리하기 위해 호출됩니다.
  - 전송 방식이 get이면 doGet( ) 메서드를, post면 doPost( ) 메서드를 호출합니다.

- 따라서 service( ) 메서드는 두 가지 전송 방식 모두를 처리할 수 있습니다.
- **destroy()**
  - 서블릿이 새롭게 컴파일되거나, 서버가 종료될 때 호출됩니다.
- **@PreDestroy**
  - destroy( ) 메서드가 실행되고 난 후, 컨테이너가 이 서블릿 객체를 제거하는 과정에서 호출됩니다.
  - @PostConstruct와 동일하게 메서드명은 개발자가 정하면 됩니다.

수명주기 메서드들이 이상의 설명처럼 동작하는지 확인해볼 수 있는 예제를 준비했습니다.

예제 12-11 수명주기 메서드 동작 확인   webapp/12Servlet/LifeCycle.jsp

```
<%@ page language="java" contentType="text/html; charset=UTF-8"
    pageEncoding="UTF-8"%>
<!DOCTYPE html>
<html>
<head>
<meta charset="UTF-8">
<title>LifeCycle.jsp</title>
</head>
<body>
    <script>
    function requestAction(frm, met) {  ❶
        if (met == 1) {  ❷
            frm.method = 'get';
        }
        else {
            frm.method = 'post';
        }
        frm.submit();  ❸
    }
    </script>

    <h2>서블릿 수명주기(Life Cycle) 메서드</h2>
    <form action="./LifeCycle.do">  ❹
        <input type="button" value="Get 방식 요청하기"
                onclick="requestAction(this.form, 1);" />
        <input type="button" value="Post 방식 요청하기"
                onclick="requestAction(this.form, 2);" />
```

```
        </form>
    </body>
</html>
```

❶ 폼값을 전송해주는 자바스크립트 코드입니다. 첫 번째 인수는 〈form〉 태그의 DOM 객체이고, 두 번째 인수는 전송 방식입니다. ❷ 두 번째 인수를 보고 전송 방식을 결정한 후 ❸ 폼값을 전송합니다.

❹ 〈form〉 태그를 정의합니다. action 속성을 제외한 나머지는 클릭 시 자바스크립트에서 설정하도록 했습니다.

이번 예제의 매핑은 애너테이션을 사용할 것이므로, 바로 서블릿 클래스를 작성하겠습니다. 상위 클래스인 HttpServlet에서 정의한 라이프라이클 메서드들을 오버라이딩하여 호출 여부를 출력하도록 한 간단한 클래스입니다. @PostConstruct와 @PreDestory 애너테이션은 원하는 메서드에 붙여주면 됩니다.

예제 12-12 수명주기 메서드 동작 확인용 서블릿　　　　Java Resources/src/main/java/**servlet/LifeCycle.java**

```java
package servlet;

import java.io.IOException;

import jakarta.annotation.PostConstruct;
import jakarta.annotation.PreDestroy;
import jakarta.servlet.ServletException;
import jakarta.servlet.annotation.WebServlet;
import jakarta.servlet.http.HttpServlet;
import jakarta.servlet.http.HttpServletRequest;
import jakarta.servlet.http.HttpServletResponse;

@WebServlet("/12Servlet/LifeCycle.do")
public class LifeCycle extends HttpServlet {
    private static final long serialVersionUID = 1L;

    @PostConstruct
    public void myPostConstruct() {
        System.out.println("myPostConstruct() 호출");
    }
```

```java
    @Override
    public void init() throws ServletException {
        System.out.println("init() 호출");
    }

    @Override
    protected void service(HttpServletRequest req, HttpServletResponse resp)
            throws ServletException, IOException {
        System.out.println("service() 호출");
        // 전송 방식을 확인해 doGet() 또는 doPost() 호출
        super.service(req, resp);
    }

    @Override
    protected void doGet(HttpServletRequest req, HttpServletResponse resp)
            throws ServletException, IOException {
        System.out.println("doGet() 호출");
        req.getRequestDispatcher("/12Servlet/LifeCycle.jsp").forward(req, resp);
    }

    @Override
    protected void doPost(HttpServletRequest req, HttpServletResponse resp)
            throws ServletException, IOException {
        System.out.println("doPost() 호출");
        req.getRequestDispatcher("/12Servlet/LifeCycle.jsp").forward(req, resp);
    }

    @Override
    public void destroy() {
        System.out.println("destroy() 호출");
    }

    @PreDestroy
    public void myPreDestroy() {
        System.out.println("myPreDestroy() 호출");
    }
}
```

수명주기 메서드들은 이클립스에서 자동완성을 지원하니 참고하세요.

LifeCycle.jsp를 실행해보겠습니다.

[Get 방식 요청하기]와 [Post 방식 요청하기] 버튼을 순서대로 눌러보죠. 그러면 이클립스의 [Console] 뷰에 다음과 같이 출력됩니다.

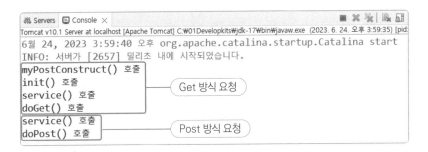

실행 후 처음 [Get 방식 요청하기]를 눌렀을 때는 myPostConstruct() → init() → service() 순서로 호출된 것을 알 수 있습니다. 하지만 이어서 [Post 방식 요청하기]를 누르는 앞의 두 메서드는 호출되지 않고 곧바로 service()부터 호출됩니다.

이것이 서블릿의 특징이자 장점입니다. 처음 요청이 들어왔을 때 서블릿 객체를 생성하면 두 번째부터는 기존 객체를 재사용하여 처리 속도를 높여주는 것입니다.

이번에는 톰캣을 종료해보겠습니다. [Servers] 뷰에서 [Stop the server] 버튼을 클릭합니다.

완전히 종료되면 [Console] 뷰에서 로그를 확인해봅니다.

```
6월 24, 2023 8:06:08 오후 org.apache.catalina.core.StandardService stopInte
INFO: 서비스 [Catalina]을(를) 중지시킵니다.
destroy() 호출
6월 24, 2023 8:06:08 오후 org.apache.coyote.AbstractProtocol stop
INFO: 프로토콜 핸들러 ["http-nio-8081"]을(를) 중지시킵니다.
myPreDestroy() 호출
6월 24, 2023 8:06:08 오후 org.apache.coyote.AbstractProtocol destroy
INFO: 프로토콜 핸들러 ["http-nio-8081"]을(를) 소멸시킵니다.
```

destroy() 메서드와 myPreDestroy() 메서드가 차례대로 실행된 것을 알 수 있습니다. 이때 서블릿 객체는 메모리에서 완전히 소멸됩니다.

STEP 2 12.6 MVC 패턴을 적용한 회원인증 구현

이번에는 MVC 패턴을 적용한 회원인증 프로그램을 작성해보겠습니다. 앞 절에서 알아본 서블릿의 수명주기 메서드들도 활용해보겠습니다. 다음과 같은 간단한 형태의 예제입니다.

▼ MVC 패턴 회원인증 구성도

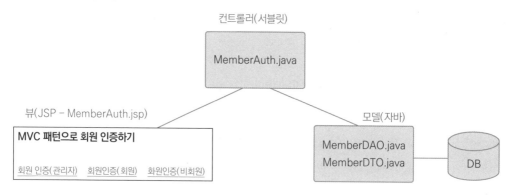

모델에 해당하는 MemberDAO와 MemberDTO는 6장에서 구현한 것을 그대로 가져와 사용했습니다. 데이터베이스 설정 역시 5장에서 이미 완료했습니다.

12.6.1 뷰(JSP)

먼저 아이디와 패스워드를 받아 인증 요청을 할 JSP를 만들어보겠습니다. 관리자, 회원, 비회원이라는 세 가지 아이디로 인증 요청을 시도해볼 수 있게 구성했습니다.

```jsp
<%@ page language="java" contentType="text/html; charset=UTF-8"
    pageEncoding="UTF-8"%>
<!DOCTYPE html>
<html>
<head>
<meta charset="UTF-8">
<title>MemberAuth.jsp</title>
</head>
<body>
    <h2>MVC 패턴으로 회원인증하기</h2>
    <p>
        <strong>${ authMessage }</strong>　❶
        <br />
        <a href="./MemberAuth.mvc?id=nakja&pass=1234">회원인증(관리자)</a>　❷
          
        <a href="./MemberAuth.mvc?id=musthave&pass=1234">회원인증(회원)</a>　❸
          
        <a href="./MemberAuth.mvc?id=stranger&pass=1234">회원인증(비회원)</a>　❹
    </p>
</body>
</html>
```

❶ 서블릿에서 회원인증 처리 후 결과 메시지를 출력합니다.

❷, ❸, ❹의 링크는 차례로 관리자 ID, 회원 ID, 비회원 ID로 인증을 요청하는 기능을 합니다. 회원 여부는 member 테이블에 존재하는 아이디인지 여부로 판단하며, 관리자 아이디는 web.xml에서 서블릿 초기화 매개변수로 설정됩니다. 매핑 부분에서 다시 설명하겠습니다.

12.6.2 컨트롤러(서블릿)

[예제 12-13]이 작성된 폴더명이 "12Servlet"이므로, 회원인증의 요청명은 "/12Servlet/MemberAuth.mvc"로 하겠습니다. web.xml에서 서블릿으로 매핑해보죠.

```xml
<?xml version="1.0" encoding="UTF-8"?>
<web-app xmlns:xsi=... 생략 ...>
  ... 생략 ...


  <servlet>
    <servlet-name>MemberAuth</servlet-name>  ❶
    <servlet-class>servlet.MemberAuth</servlet-class>  ❷
    <init-param>  ❸
      <param-name>admin_id</param-name>
      <param-value>nakja</param-value>
    </init-param>
  </servlet>
  <servlet-mapping>
    <servlet-name>MemberAuth</servlet-name>
    <url-pattern>/12Servlet/MemberAuth.mvc</url-pattern>  ❹
  </servlet-mapping>
</web-app>
```

❶ 서블릿명은 "MemberAuth"로 지정하고, ❷ 요청을 처리할 서블릿 클래스는 servlet 패키지의 MemberAuth 클래스로 지정합니다. ❸ 그리고 서블릿에서 사용할 초기화 매개변수를 지정합니다. 관리자 아이디가 "nakja"임을 전달한 것입니다. 앞에서 선언한 〈context-param〉과 비슷한 설정값이지만 해당 서블릿에서만 쓸 수 있는 것이 차이점입니다.

❹ 요청명은 "/12Servlet/MemberAuth.mvc"입니다.

서블릿 매핑과 서블릿에서 사용할 초기화 매개변수까지 지정했습니다. 이어서 서블릿으로 사용할 클래스를 작성하겠습니다.

예제 12-15 회원인증 서블릿　　　　　　Java Resources/src/main/java/servlet/MemberAuth.java

```java
package servlet;

import java.io.IOException;

import jakarta.servlet.ServletContext;
import jakarta.servlet.ServletException;
import jakarta.servlet.http.HttpServlet;
```

```java
import jakarta.servlet.http.HttpServletRequest;
import jakarta.servlet.http.HttpServletResponse;

import membership.MemberDAO;
import membership.MemberDTO;

public class MemberAuth extends HttpServlet {
    private static final long serialVersionUID = 1L;
    MemberDAO dao;  ❶

    @Override
    public void init() throws ServletException {  ❷
        // application 내장 객체 얻기 ❸
        ServletContext application = this.getServletContext();

        // web.xml에서 DB 연결 정보 얻기 ❹
        String driver = application.getInitParameter("OracleDriver");
        String connectUrl = application.getInitParameter("OracleURL");
        String oId = application.getInitParameter("OracleId");
        String oPass = application.getInitParameter("OraclePwd");

        // DAO 생성 ❺
        dao = new MemberDAO(driver, connectUrl, oId, oPass);
    }

    @Override
    protected void service(HttpServletRequest req, HttpServletResponse resp)
            throws ServletException, IOException {  ❻
        // 서블릿 초기화 매개변수에서 관리자 ID 받기 ❼
        String admin_id = this.getInitParameter("admin_id");

        // 인증을 요청한 ID/패스워드 ❽
        String id = req.getParameter("id");
        String pass = req.getParameter("pass");

        // 회원 테이블에서 인증 요청한 ID/패스워드에 해당하는 회원 찾기 ❾
        MemberDTO memberDTO = dao.getMemberDTO(id, pass);

        // 찾은 회원의 이름에 따른 처리
```

```
        String memberName = memberDTO.getName();
        if (memberName != null) {  // 일치하는 회원 찾음 ❿
            req.setAttribute("authMessage", memberName + " 회원님 방가방가^^*");
        }
        else {  // 일치하는 회원 없음
            if (admin_id.equals(id))  // 관리자 ⓫
                req.setAttribute("authMessage", admin_id + "는 최고 관리자입니다.");
            else  // 비회원 ⓬
                req.setAttribute("authMessage", "귀하는 회원이 아닙니다.");
        }
        req.getRequestDispatcher("/12Servlet/MemberAuth.jsp").forward(req, resp); ⓭
    }


    @Override
    public void destroy() {  ⓮
        dao.close();
    }
}
```

❶ JDBC 프로그래밍을 위해 6장에서 작성한 MemberDAO 타입의 DAO 객체를 멤버 변수로 선언합니다.

❷ 서블릿을 초기화해줄 init() 메서드를 정의합니다. 우리는 init() 메서드에서 DB 연결을 위한 DAO 객체를 생성할 것입니다. ❸ 먼저 application 내장 객체를 가져와서 ❹ web.xml에 등록한 컨텍스트 초기화 매개변수 중 DB 연결 정보들을 읽습니다. ❺ 그리고 이 정보를 인수로 건네 MemberDAO 객체를 생성합니다.

❻ 클라이언트의 요청을 처리할 service() 메서드를 정의합니다. ❼ [예제 12-14]에서 추가한 서블릿 초기화 매개변수를 얻어옵니다. 관리자 아이디로 설정한 값입니다.

❽ JSP에서 매개변수로 전달한 id와 pass를 받아서 ❾ member 테이블에서 일치하는 회원(레코드)을 찾습니다.

Note getMemberDTO()는 6장의 [예제 6-5]에서 작성한 메서드이니, 기억이 나지 않는다면 확인해보세요.

찾은 회원 정보를 기준으로 ❿ 일치하는 정보가 없을 때, ⓫ 관리자 아이디와 일치할 때, ⓬ 회원 정보와 일치할 때를 구분하여 반환할 메시지를 request 영역에 저장합니다. ⓭ 그리고 나서

MemberAuth.jsp로 포워드합니다.

마지막으로 ⑭에서는 서블릿 객체 소멸 시 DAO 객체의 close() 메서드를 호출하여 JDBC에서 사용하던 객체를 메모리에서 소멸시킵니다.

이제 MemberAuth.jsp를 실행해서 회원인증 링크들을 클릭해보면서 기대한 대로 동작하는지 확인해보세요.

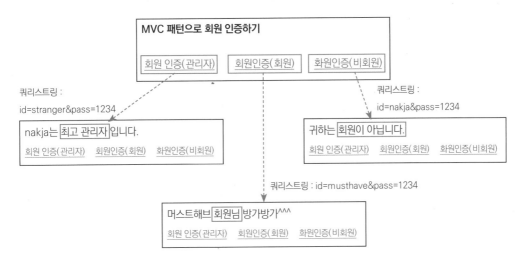

학습 마무리

MVC 패턴은 서비스를 모델, 뷰, 컨트롤러로 역할을 나눠 개발하는 방법입니다. 이번 장에서는 모델(DB)을 담당하는 DAO/DTO, 뷰를 담당하는 JSP, 컨트롤러 역할을 하는 서블릿을 제작해보았습니다. 다음 장에서는 MVC 패턴을 적용하여 자료실형 게시판을 만들어보겠습니다.

핵심 요약

- 서블릿을 사용하면 MVC 패턴을 적용한 모델2 방식으로 웹 애플리케이션을 개발할 수 있습니다.
- 요청명(요청 URL)과 이를 처리할 파일(서블릿)이 분리되어 있어서 둘을 매핑해줘야 합니다 (JSP는 요청 URL이 곧 담당 JSP 파일이었습니다).

- 요청명과의 매핑은 web.xml을 이용하는 방식과 @WebServlet 애너테이션을 이용하는 방식을 제공합니다.
- 서블릿은 HttpServlet 클래스를 상속받은 후 요청을 처리할 doGet( ) 혹은 doPost( ) 메서드를 오버라이딩하여 제작합니다.
- 와일드카드(*)를 사용하여 여러 가지 요청을 하나의 서블릿에서 처리하도록 매핑할 수 있습니다.
- 수명주기 메서드에서 확인했듯이 두 번째 요청부터는 첫 번째 요청 때 만들어둔 객체를 재사용하므로 처리 속도가 빨라집니다.

파일 업로드 및 다운로드

학습 목표	파일을 첨부할 수 있는 자료실형 게시판을 만들기 위해 파일을 업로드하고 다운로드하는 기능을 구현해보겠습니다. 파일 업로드를 위한 확장 라이브러리 설치, 〈form〉 태그를 통한 전송 방식 및 인코딩 방식, 파일이 저장될 폴더의 물리적 경로 설정 등을 학습합니다. 파일 다운로드를 위한 I/O 및 응답 헤더 설정 등도 학습합니다.
학습 순서	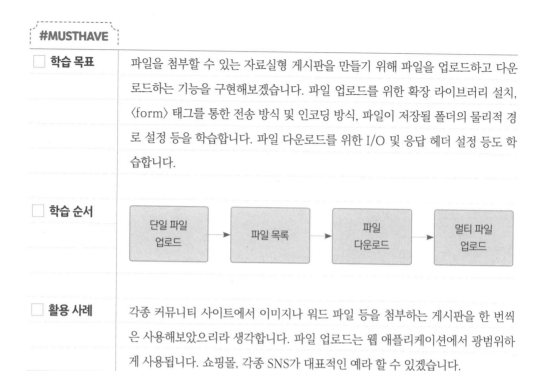
활용 사례	각종 커뮤니티 사이트에서 이미지나 워드 파일 등을 첨부하는 게시판을 한 번씩은 사용해보았으리라 생각합니다. 파일 업로드는 웹 애플리케이션에서 광범위하게 사용됩니다. 쇼핑몰, 각종 SNS가 대표적인 예라 할 수 있겠습니다.

STEP 1 ## 13.1 파일 업로드

톰캣 9 버전까지는 파일을 업로드하려면 cos.jar, commons-fileupload.jar, commons-io.jar 같은 라이브러리를 설치해야 했습니다.

- cos.jar : http://servlets.com/cos/
- commons-fileupload.jar, commons-io.jar : https://commons.apache.org/

하지만 톰캣 10 버전부터는 기존에 사용하던 javax.* 패키지가 jakarta.*로 변경되면서 해당 라이브러리를 사용할 수 없게 되었습니다. 따라서 톰캣에서 제공하는 Part API를 사용해 파일 업로드를 구현해야 합니다.

Note 2023년 6월 현시점에는 지원되지 않지만 차후에 jakarta.* 패키지가 적용된 라이브러리가 출시될 수도 있는 점 감안해주세요.

다음과 같은 순서로 진행하겠습니다.

1 화면(폼) 작성
2 데이터베이스 테이블 준비
3 DTO와 DAO 작성
4 모두를 연동해 파일 업로드 완성

13.1.1 작성폼

파일 업로드용 작성폼은 일반적인 폼과는 조금 다르게 설정해야 합니다. 먼저 method 속성은
반드시 post로, enctype 속성은 multipart/form-data로 지정해야 합니다. enctype은 폼값
을 서버로 전송할 때의 인코딩 방식을 지정하는 속성으로, 다음 표와 같이 모두 3가지 방식이 있
습니다.

표 13-1 〈form〉 태그의 enctype 속성

속성값	설명
application/x-www-form-urlencoded	모든 문자를 서버로 전송하기 전에 인코딩합니다. enctype의 기본값입니다.
multipart/form-data	모든 문자를 인코딩하지 않습니다. 〈form〉 태그를 통해 파일을 서버로 전송할 때 주로 사용합니다.
text/plain	공백 문자(space)만 "+" 기호로 변환하고, 나머지 문자는 인코딩하지 않습니다.

마지막으로 〈input〉 태그의 type 속성을 file로 지정합니다. 이상을 종합하면 파일 업로드용
〈form〉 태그의 기본 구성은 다음과 같습니다.

```
<form method="post" enctype="multipart/form-data" action="업로드 처리 파일 경로">
    <input type="file" name="input 이름" />
</form>
```

그럼 업로드를 위해 다음 그림처럼 생긴 작성폼을 만들어보겠습니다.

파일 업로드

제목 : _____

카테고리(선택사항) : ☑사진 ☐과제 ☐워드 ☐음원

첨부파일 : [파일 선택] 선택된 파일 없음

[전송하기]

코드는 다음과 같습니다.

예제 13-1 업로드용 폼 화면

webapp/13FileUpload/FileUploadMain.jsp

```jsp
<%@ page language="java" contentType="text/html; charset=UTF-8"
    pageEncoding="UTF-8"%>
<html>
<head><title>FileUpload</title></head>
<script>
    function validateForm(form) {   ❶
        if (form.title.value == "") {
            alert("제목을 입력하세요.");
            form.title.focus();
            return false;
        }
        if (form.ofile.value == "") {
            alert("첨부 파일은 필수 입력입니다.");
            return false;
        }
    }
</script>
<body>
    <h3>파일 업로드</h3>
    <span style="color: red;">${errorMessage }</span>
    <form name="fileForm" method="post" enctype="multipart/form-data"
        action="UploadProcess.do" onsubmit="return validateForm(this);">   ❷
        제목 : <input type="text" name="title" /><br />   ❸
        카테고리(선택사항) :
            <input type="checkbox" name="cate" value="사진" checked />사진
            <input type="checkbox" name="cate" value="과제" />과제
            <input type="checkbox" name="cate" value="워드" />워드
            <input type="checkbox" name="cate" value="음원" />음원 <br />   ❹
        첨부파일 : <input type="file" name="ofile" /> <br />   ❺
```

```
        <input type="submit" value="전송하기" />  ❻
    </form>
</body>
</html>
```

❶ 작성폼의 입력값을 검증하기 위한 자바스크립트 함수입니다. 작성자 이름, 제목, 첨부 파일이 입력되었는지 확인하여, 만약 입력되지 않았다면 경고창을 띄우고 해당 입력란으로 포커스를 이동시킵니다. 그리고 전송을 취소하기 위해 false를 반환합니다.

❷ ⟨form⟩ 태그는 앞에서 설명한 바와 같이 method는 post로, enctype은 multipart/form-data로 설정하였습니다. 또한 입력값 검증을 위해 onsubmit 이벤트 핸들러에서 ❶의 함수를 호출합니다.

❸ 제목을 입력하기 위한 input 상자입니다. 필수 입력 사항입니다.

❹ 카테고리를 선택하기 위한 input 상자입니다. type은 checkbox로 지정하여 여러 개의 값을 동시에 전송할 수 있습니다. 카테고리는 선택사항이므로 폼값을 검증하지 않습니다.

❺ 첨부 파일을 선택하기 위한 input 상자입니다. type을 file로 지정하여 버튼을 누르면 파일을 선택할 수 있는 창을 띄워줍니다.

❻ type이 submit이므로 클릭하면 폼값을 전송해주는 버튼을 만들어줍니다.

FileUploadMain.jsp를 실행하고, 모든 필수 입력값을 입력한 후 [전송하기] 버튼을 누르면 action 속성에 지정한 UploadProcess.do로 폼값이 전송됩니다. 우리는 이렇게 전송된 파일을 서버에 업로드하고, 입력값은 DB에 저장할 것입니다. 이어서 DB 처리를 위해 테이블을 생성해보겠습니다.

13.1.2 데이터베이스에 테이블 생성

다음 표는 우리가 만들 테이블의 정의서입니다.

표 13-2 myfile 테이블 정의서

컬럼명	데이터 타입	null 허용	키	기본값	설명
idx	number	N	기본키		일련번호. 기본키
title	varchar2(200)	N			제목
cate	varchar2(30)				카테고리
ofile	varchar2(100)	N			원본 파일명(original filename)
sfile	varchar2(30)	N			저장된 파일명(saved filename)
postdate	date	N		sysdate	등록한 날짜

모든 컬럼이 not null로 지정되었지만, 카테고리 입력용 cate 컬럼은 null을 허용합니다. 그래서 앞 절에서 작성한 FileUploadMain.jsp에서도 카테고리 입력값은 검증하지 않았습니다.

먼저 테이블을 생성하겠습니다.

To Do **01** SQL Developer를 실행합니다.

02 접속창에서 [MustHave계정]을 더블클릭하면 새로운 워크시트를 생성합니다.

03 워크시트에 다음 쿼리문을 입력해 테이블을 생성합니다. [표 13-2]의 테이블 정의서를 쿼리문으로 옮긴 것입니다. 쿼리 실행은 `Ctrl + Enter` 입니다.

webapp/13FileUpload/테이블생성.sql

```
create table myfile (
    idx number primary key,
    title varchar2(200) not null,
    cate varchar2(30),
    ofile varchar2(100) not null,
    sfile varchar2(30) not null,
    postdate date default sysdate not null
);
```

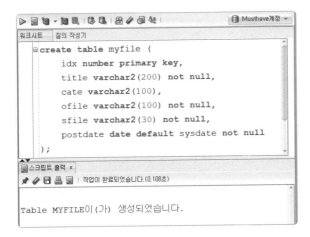

04 desc 명령으로 테이블이 정상적으로 생성되었는지 확인합니다.

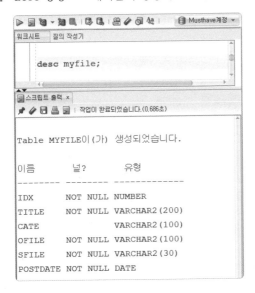

05 SQL Developer 좌측 접속창에서도 생성된 테이블을 확인할 수 있습니다. ❶ [Musthave 계정] → [테이블]을 선택한 다음 ❷ [새로고침]을 실행합니다. 그러면 ❸ 방금 생성한 MYFILE 테이블이 보일 것입니다.

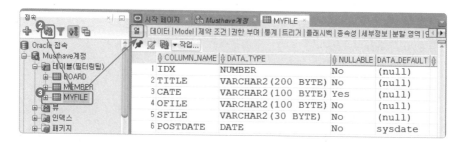

Note 생성한 테이블이 접속창에서 보이지 않는다면 위쪽의 [새로고침] 버튼을 클릭하면 됩니다. 단, 이때 [테이블(필더링됨)]을 선택한 상태에서 새로 고쳐야 합니다.

13.1.3 DTO 및 DAO 클래스 생성

myfile 테이블에 해당하는 DTO 클래스를 만들어보겠습니다. 클래스는 {프로젝트 루트}/Java Resources/src/main/java에 fileupload 패키지를 생성한 후 그 안에 작성하면 됩니다.

예제 13-2 myfile 테이블용 DTO 클래스   Java Resources/src/main/java/**fileupload/MyFileDTO.java**

```java
package fileupload;

public class MyFileDTO {
    // 멤버 변수 ❶
    private String idx;
    private String title;      // 제목
    private String cate;       // 카테고리
    private String ofile;      // 원본 파일명
    private String sfile;      // 저장된 파일명
    private String postdate;   // 등록 날짜

    // 게터/세터 ❷
    public String getIdx() {
        return idx;
    }
    public void setIdx(String idx) {
        this.idx = idx;
    }
    ... 나머지 게터/세터는 지면 관계상 생략 ...
}
```

❶ myfile 테이블에 생성된 컬럼과 동일하게 멤버 변수를 생성합니다. 특별한 이유가 없다면 타입은 String으로 설정하면 됩니다.

❷ 각 멤버 변수에 값을 설정 및 반환하는 게터/세터를 생성합니다. 이클립스의 [Source] → [Generate Getters and Setters] 메뉴를 이용해 자동 생성하면 편합니다.

이어서 DAO 클래스도 생성하겠습니다. 새로운 게시물을 입력할 수 있는 insertFile() 메서드를 먼저 작성하겠습니다(추후 파일 목록을 반환하는 메서드도 추가할 것입니다).

예제 13-3 파일 업로드용 DAO 클래스　　　　　　　　Java Resources/src/main/java/**fileupload/MyFileDAO.java**

```java
package fileupload;

import java.util.List;
import java.util.Vector;

import common.DBConnPool;

public class MyFileDAO extends DBConnPool {  ❶
    // 새로운 게시물을 입력합니다.
    public int insertFile(MyFileDTO dto) {  ❷
        int applyResult = 0;  ❸
        try {
            String query = "INSERT INTO myfile ( "
                + " idx, title, cate, ofile, sfile) "
                + " VALUES ( "
                + " seq_board_num.nextval, ?, ?, ?, ?, ?)";  ❹

            psmt = con.prepareStatement(query);  ❺
            psmt.setString(1, dto.getTitle());  ❻
            psmt.setString(2, dto.getCate());
            psmt.setString(3, dto.getOfile());
            psmt.setString(4, dto.getSfile());

            applyResult = psmt.executeUpdate();  ❼
        }
        catch (Exception e) {
            System.out.println("INSERT 중 예외 발생");
            e.printStackTrace();
        }
```

```
        return applyResult;
    }
}
```

❶ 커넥션 풀을 사용하기 위해 DBConnPool을 상속합니다.

❷ 새로운 게시물을 입력하기 위한 메서드입니다. 매개변수로 DTO 객체를 받습니다. 작성폼을 통해 전송된 값이 DTO 객체에 저장한 후 이 insertFile() 메서드의 인수로 전달됩니다.

❸ INSERT 쿼리문을 실행한 후 적용된 행의 개수를 저장하기 위한 변수를 생성합니다. 이 변수의 값은 ❼에서 할당됩니다.

❹ INSERT 쿼리문을 작성합니다. 시퀀스는 5장에서 생성한 seq_board_num을 그대로 사용합니다.

❺ PreparedStatement 객체를 생성하고, ❻ ?로 지정된 인파라미터를 설정합니다. DTO 객체의 게터 메서드를 사용합니다.

❼ 쿼리문을 실행하면 적용된 행의 개수가 정수로 반환됩니다. 반환값이 1이라면 성공, 0이라면 실패입니다.

이상으로 테이블과 DTO/DAO까지, 데이터베이스쪽 준비는 모두 끝났습니다.

13.1.4 파일 업로드 및 폼값 처리

작성폼을 만들 때 〈form〉 태그의 enctype을 multipart/form-data로 지정했으므로 일반적인 폼값은 request 내장 객체의 getParameter() 메서드로 값을 받을 수 있습니다. 하지만 type이 file일 때는 Part라는 별도의 클래스를 사용해야 합니다. 일반적인 폼값은 String(문자) 형식이지만, 파일의 경우에는 바이너리(2진) 형식이므로 전송 방식이 다르기 때문입니다.

> **Note** 바이너리(binary) 파일이란?
> 데이터를 0과 1로 표현한 파일을 말합니다. 대표적으로 이미지나 MP3 파일이 있습니다. 이런 파일들은 별도의 애플리케이션이 있어야만 실행할 수 있습니다.

먼저 파일이 저장될 폴더를 프로젝트에 생성하겠습니다.

To Do **01** 프로젝트의 webapp 하위에 Uploads라는 폴더를 생성합니다.

02 Uploads 폴더에서 마우스 우클릭 → [New] → [File] 메뉴를 선택해 "업로드폴더"라는 빈 파일을 하나 생성합니다. 이클립스는 빈 폴더를 종종 인식하지 못하는 버그가 있으므로 이처럼 더미 파일을 생성해두는 것이 좋습니다.

파일 업로드를 처리하는 흐름은 다음과 같습니다.

1 Part 객체 생성 및 파일 저장

2 새로운 파일명 생성("업로드일시.확장자")

3 파일명 변경

4 다른 폼값 처리

5 DTO 생성

6 DAO를 통해 데이터베이스에 반영

7 파일 목록 JSP로 리다이렉션

먼저 파일 업로드를 위한 유틸리티 클래스를 작성해보겠습니다. 이 클래스는 13장뿐만 아니라, 14장 모델2 방식의 게시판에서도 사용할 예정입니다.

예제 13-4 파일 업로드를 유틸리티 클래스　　　　　　　　Java Resources/src/main/java/**fileupload/FileUtil.java**

```java
package fileupload;

... 임포트문 생략 ...

public class FileUtil {
    // 파일 업로드
    public static String uploadFile(HttpServletRequest req, String sDirectory)
                    throws ServletException, IOException { ❶
        Part part = req.getPart("ofile"); ❷
        String partHeader = part.getHeader("content-disposition"); ❸
```

```
        String[] phArr = partHeader.split("filename="); ❹
        String originalFileName = phArr[1].trim().replace("\"", "");
        if (!originalFileName.isEmpty()) { ❺
            part.write(sDirectory+ File.separator +originalFileName);
        }

        return originalFileName; ❻
    }
    // 파일명 변경
    public static String renameFile(String sDirectory, String fileName) {
        String ext = fileName.substring(fileName.lastIndexOf(".")); ❼
        String now = new SimpleDateFormat("yyyyMMdd_HmsS").format(new Date()); ❽
        String newFileName = now + ext; ❾
        File oldFile = new File(sDirectory + File.separator + fileName);
        File newFile = new File(sDirectory + File.separator + newFileName);
        oldFile.renameTo(newFile); ❿

        return newFileName; ⓫
    }
}
```

❶ getPart()와 write() 메서드는 각각 ServletException, IOException에 대한 예외 처리를 해야 합니다. 해당 메서드에서는 예외를 무시하고 호출된 지점으로 던지는 데 throws를 사용합니다.

❷ request 내장 객체의 getPart() 메서드로 file 타입으로 전송된 폼값을 받아 Part 객체에 저장합니다.

❸ Part 객체에서 "content-disposition"라는 헤더값을 읽어옵니다. 내용은 다음과 같이 〈input〉 태그의 name 속성과 파일명이 포함되어 있습니다.

```
partHeader=form-data; name="ofile"; filename="성유겸-요리사.jpeg"
                      └─〈input〉의 name속성값            └─원본파일명
```

❹ 헤더의 내용에서 파일명을 추출하기 위해 split() 메서드로 분리한 후 더블쿼테이션을 제거합니다.

❺ 파일명이 빈 값이 아니라면 디렉터리에 파일을 저장합니다.

❻ 저장된 원본파일명을 반환합니다.

❼ ❻에서 저장된 파일명을 변경하기 위해 원본파일명에서 확장자를 잘라냅니다.

❽ "현재날짜_시간" 형식의 문자열을 생성합니다.

❾ ❼의 확장자와 ❽의 파일명을 연결하여 새로운 파일명을 생성합니다.

❿ 원본파일과 새로운파일에 대한 File객체를 생성한 후 파일명을 변경합니다.

⓫ 변경된 파일명을 반환합니다.

이번에는 앞서 작성한 유틸리티 클래스를 이용해서 사용자의 요청을 처리하는 서블릿 클래스를 작성해 보겠습니다.

예제 13-5 파일 업로드 서블릿 클래스   Java Resources/src/main/java/**fileupload/UploadProcess.java**

```java
package fileupload;

... 임포트문 생략 ...

@WebServlet("/13FileUpload/UploadProcess.do") ❶
@MultipartConfig( ❷
    maxFileSize = 1024 * 1024 * 1,
    maxRequestSize = 1024 * 1024 * 10
)
public class UploadProcess extends HttpServlet {
    private static final long serialVersionUID = 1L;

    @Override
    protected void doPost(HttpServletRequest req, HttpServletResponse resp)
            throws ServletException, IOException {
      try { ❸
        String saveDirectory = getServletContext().getRealPath("/Uploads"); ❹
        String originalFileName = FileUtil.uploadFile(req, saveDirectory); ❺
        String savedFileName = FileUtil.renameFile(saveDirectory, originalFileName);
        insertMyFile(req, originalFileName, savedFileName); ❻
        resp.sendRedirect("FileList.jsp");
      }
```

```
        catch (Exception e) { ❸
          e.printStackTrace();
          req.setAttribute("errorMessage", "파일 업로드 오류");
          req.getRequestDispatcher("FileUploadMain.jsp").forward(req, resp);
        }
    }

    private void insertMyFile(HttpServletRequest req, String oFileName, String
sFileName) { ❼
        String title = req.getParameter("title"); ❽
        String[] cateArray = req.getParameterValues("cate");
        StringBuffer cateBuf = new StringBuffer();
        if (cateArray == null) {
            cateBuf.append("선택한 항목 없음");
        }
        else {
            for (String s : cateArray) {
                cateBuf.append(s + ", ");
            }
        }

        MyFileDTO dto = new MyFileDTO(); ❾
        dto.setTitle(title);
        dto.setCate(cateBuf.toString());
        dto.setOfile(oFileName);
        dto.setSfile(sFileName);

        MyFileDAO dao = new MyFileDAO(); ❿
        dao.insertFile(dto);
        dao.close();
    }
}
```

❶ 애너테이션을 통해 요청명에 대한 매핑을 합니다.

❷ 파일업로드를 처리하기 위한 서블릿 구성 애너테이션입니다. 이를 통해 멀티파트 요청을 처리
할 수 있고 Part 객체를 사용하여 업로드된 파일의 정보에 접근할 수 있습니다.

- maxFileSize : 업로드 할 개별 파일의 최대 크기로 1MB로 지정합니다.

- maxRequestSize : 멀티파트 요청에 포함된 전체 파일의 크기로 10MB로 지정합니다.

❸ 파일업로드 시 오류가 발생할 것을 대비하여 예외 처리를 합니다. 개별 파일의 크기가 1MB를 초과한다면 예외가 발생하게 되므로, catch절에서는 reqeust 영역에 메시지를 저장한 후 FileUploadMain.jsp로 포워드합니다.

❹ Uploads 폴더의 '물리적 경로'를 얻어옵니다. 물리적 경로란 웹 서버의 절대경로를 의미합니다.

❺ [예제 13-4]에서 만든 FileUtil 클래스의 uploadFile() 메서드를 호출하여 파일을 업로드합니다. renameFile() 메서드를 호출하여 서버에 저장된 파일명을 변경합니다.

❻ request 내장 객체와 파일명을 인수로 전달하여 데이터베이스에 데이터를 저장합니다. ❼에서 이어서 설명하겠습니다. 저장을 마쳤다면 파일리스트로 이동합니다.

❼ 매개변수로 정의된 reuqest 내장 객체를 통해 서버로 전송된 폼값을 받을 수 있습니다. 또한 원본파일명과 변경된파일명도 전달받습니다.

❽ 파일을 제외한 나머지 폼값을 getParameter() 메서드를 통해 받습니다.

❾ DTO 객체를 생성하여 전송된 폼값을 담습니다.

❿ DAO 객체를 생성하고, 앞서 만든 insertFile() 메서드를 호출해 데이터베이스에 데이터를 저장합니다.

이번 코드는 보충 설명이 몇 가지 필요해보입니다.

첫째, 파일을 저장하기 위해 우리는 Uploads 폴더를 만들었습니다. 그런데 ❹에서 물리적 경로는 왜 필요한 것일까요? 그 이유는 운영체제에 따라 드라이브나 경로를 표현하는 방법이 다르기 때문입니다.

둘째, 파일의 확장자를 구하기 위해 lastIndexOf() 메서드를 사용한 이유는 다음과 같이 파일명에 점(.)이 2개 이상 포함될 수 있기 때문입니다.

파일명.indexOf(".")

2021년.가을하늘.jpg

파일명.lastIndexOf(".")

즉, 점이 여러 개더라도 가장 마지막 점부터 끝까지를 잘라내면 해당 파일의 확장자를 구할 수 있습니다.

셋째, 파일 업로드 시 파일명을 변경하는 이유는 무엇일까요? 업로드한 파일명이 "김치찌개.jpg"라고 가정하면, 이를 웹 브라우저에 표시하기 위해 〈img src='김치찌개.jpg'〉와 같이 써야 할 것입니다. 하지만 이 방식으로는 웹 서버의 인코딩 방식에 따라 한글이 깨지는 경우가 발생할 수 있어서 권장하지 않습니다. 인코딩 방식에 상관없이 제대로 표시하려면 영문과 파일명을 숫자의 조합으로 해주는 게 가장 안전합니다.

13.1.5 동작 확인

To Do **01** FileUploadMain.jsp를 실행합니다.

02 '제목'과 '카테고리'를 입력하고 [파일 선택] 버튼을 클릭해 업로드할 파일도 선택합니다.

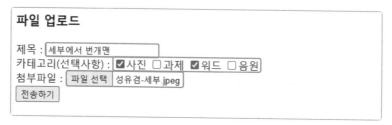

- 파일의 용량이 1MB 미만인지 확인합니다.
- 파일명은 한글로 수정한 후 테스트하길 권장합니다.

03 [전송하기] 버튼을 클릭합니다.

정상적으로 입력했더라도 404 에러(파일을 찾을 수 없음)가 발생할 것입니다. 아직 FileList.jsp를 만들지 않았기 때문입니다. 이 파일은 바로 다음 절에서 작성합니다.

04 이클립스에서 Uploads 폴더에 파일이 저장되어 있는지 확인해봅니다.

처음 상태 그대로입니다. 그 이유는 이클립스의 독특한 동작 방식 때문입니다. 이클립스에서 작성된 파일은 별도의 공간에서 컴파일되고 실행되는데, 업로드된 파일도 마찬가지입니다.

05 일단 ⊞ + E 를 눌러 윈도우 탐색기를 실행한 후 다음 경로로 이동해보겠습니다.

- C:\02Workspaces\.metadata\.plugins\org.eclipse.wst.server.core\tmp0\ wtpwebapps\MustHaveJSP\Uploads

wtpwebapps 밑에는 프로젝트와 동일한 폴더들이 보일 텐데, 이곳이 바로 이클립스 환경에서 Uploads 폴더의 물리적 경로입니다. 따라서 방금 업로드한 파일은 이곳에 저장되어 있습니다.

06 이번에는 용량이 1MB를 '초과'하는 파일을 업로드해봅니다.

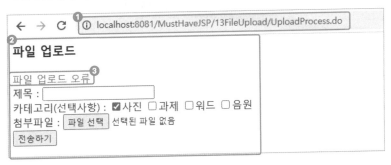

업로드 용량을 초과하여 오류가 발생하면 FileUploadMain.jsp로 포워드됩니다. ➊ 따라서 주소표시줄에는 UploadProcess.do가 표시되지만, ➋ FileUploadMain.jsp의 내용이 표시됩니다. ➌ 그리고 request 영역은 포워드된 페이지와도 공유되므로 "파일 업로드 오류" 메시지가 보입니다.

07 이클립스의 콘솔을 확인해봅니다. 예외 처리를 했으므로 웹 브라우저에는 자세한 오류 정보가 표시되지 않지만, 이클립스의 콘솔을 보면 다음과 같이 출력되는 것을 알 수 있습니다.

```
Servers  Console ×                                                                ■ ✕ ✕ | ⇲ ⊟ ⎘ ⌕ ⌷ ⊟
Tomcat v10.1 Server at localhost [Apache Tomcat] C:\01Developkits\jdk-17\bin\javaw.exe  (2023. 6. 23 오전 12:16:37) [pid: 8460]
FileSizeLimitExceededException: The field ofile exceeds its maximum permitted size of 1048576 bytes
FileItemStreamImpl$1.raiseError(FileItemStreamImpl.java:117)
LimitedInputStream.checkLimit(LimitedInputStream.java:76)
LimitedInputStream.read(LimitedInputStream.java:135)
terInputStream.java:106)
Streams.copy(Streams.java:96)
ploadBase.parseRequest(FileUploadBase.java:292)
arts(Request.java:2799)
```

업로드 제한 용량이 1,048,576바이트(1MB)인데, 파일 용량이 초과되어 예외가 발생한 것입니다. 화살표로 표시한 'ofile'은 〈input〉 태그의 name 속성값입니다. 예외를 처리할 때는 printStackTrace() 메서드를 이용해서 어떤 예외가 발생하였는지 자세히 확인할 수 있도록 하는 것이 좋습니다.

08 SQL Developer에서 다음 쿼리를 실행해 테이블에도 잘 입력되었는지 확인해봅니다.

```
select * from myfile;
```

그러면 다음과 같이 정상적으로 입력되었음을 확인할 수 있습니다.

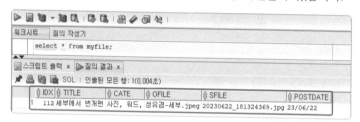

이상으로 파일 업로드 처리 자체는 끝났습니다. 다음 절에서는 업로드된 파일들의 목록을 보여주는 기능을 구현하겠습니다.

STEP 2 # 13.2 파일 목록 보기

myfile 테이블에 저장된 레코드를 기반으로 파일 목록을 출력해보겠습니다. 먼저 DAO에 목록을 가져오기 위한 메서드를 추가하겠습니다. 앞에서 작성했던 MyFileDAO.java에 메서드를 추가하면 됩니다.

예제 13-6 DAO에 목록 반환 메서드 추가 　　　　　Java Resources/src/main/java/**fileupload/MyFileDAO.java**

```
... 생략 ...

public class MyFileDAO extends DBConnPool {
    ... 생략 ...

    // 파일 목록을 반환합니다.
    public List<MyFileDTO> myFileList() {
        List<MyFileDTO> fileList = new Vector<MyFileDTO>();  ❶
```

```java
        // 쿼리문 작성
        String query = "SELECT * FROM myfile ORDER BY idx DESC";  ❷
        try {
            stmt = con.createStatement();  // statement 객체 생성 ❸
            rs = stmt.executeQuery(query);  // 쿼리 실행 ❹

            while (rs.next()) {  // 목록 안의 파일 수만큼 반복 ❺
                // DTO에 저장
                MyFileDTO dto = new MyFileDTO();  ❻
                dto.setIdx(rs.getString(1));
                dto.setTitle(rs.getString(2));
                dto.setCate(rs.getString(3));
                dto.setOfile(rs.getString(4));
                dto.setSfile(rs.getString(5));
                dto.setPostdate(rs.getString(6));

                fileList.add(dto);  // 목록에 추가 ❼
            }
        }
        catch (Exception e) {
            System.out.println("SELECT 시 예외 발생");
            e.printStackTrace();
        }

        return fileList;  // 목록 반환 ❽
    }
}
```

❶ List 컬렉션을 생성합니다. List 컬렉션에는 ArrayList, LinkedList, Vector 등이 있는데 내부 구조만 다를 뿐 사용법은 모두 같습니다.

❷ SELECT 쿼리문을 작성합니다. 일련번호(idx)를 내림차순(DESC)으로 정렬하여 최신 게시물이 먼저 출력됩니다.

❸ 정적 쿼리문을 실행할 것이므로 Statement 객체를 생성합니다.

❹ 쿼리문을 실행합니다. 이때 반환 타입은 ResultSet입니다.

❺ ResultSet에 포함된 레코드 수만큼 반복합니다. next() 메서드는 출력할 레코드가 있는지 확인하여 커서를 이동시킵니다.

❻ DTO 객체를 생성하고 각 컬럼의 값을 추출하여 저장합니다. 이때 컬럼의 순서대로 인덱스를 이용하여 추출합니다.

❼ 레코드의 내용이 담긴 DTO 객체를 List 컬렉션에 저장하고, ❽ 결과 레코드를 모두 저장한 List 객체를 반환합니다.

DAO에 메서드를 추가했으니, 목록 페이지를 작성하겠습니다. 다음 그림과 같이 단순한 형태로 출력되도록 하겠습니다.

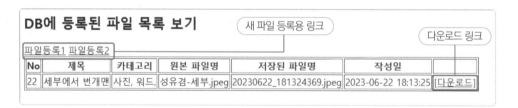

예제 13-7 파일 목록 출력 JSP · webapp/13FileUpload/FileList.jsp

```jsp
<%@ page import="java.net.URLEncoder"%>
<%@ page import="java.util.List"%>
<%@ page import="fileupload.MyFileDAO"%>
<%@ page import="fileupload.MyFileDTO"%>
<%@ page language="java" contentType="text/html; charset=UTF-8"
    pageEncoding="UTF-8"%>
<html>
<head><title>FileUpload</title></head>
<body>
    <h2>DB에 등록된 파일 목록 보기</h2>
    <a href="FileUploadMain.jsp">파일등록1</a>
    <a href="MultiUploadMain.jsp">파일등록2</a>   ❶
    <%
    MyFileDAO dao = new MyFileDAO();   ❷
    List<MyFileDTO> fileLists = dao.myFileList();   ❸
    dao.close();
    %>
    <table border="1">
```

```
                <tr>
                    <th>No</th><th>작성자</th><th>제목</th><th>카테고리</th>
                    <th>원본 파일명</th><th>저장된 파일명</th><th>작성일</th><th></th>
                </tr>
        <% for (MyFileDTO f : fileLists) { %> ④
                <tr>
                    <td><%= f.getIdx() %></td>
                    <td><%= f.getTitle() %></td>
                    <td><%= f.getCate() %></td>
                    <td><%= f.getOfile() %></td>
                    <td><%= f.getSfile() %></td>
                    <td><%= f.getPostdate() %></td>
                    <td><a href="Download.jsp?oName=<%= URLEncoder.encode(f.getOfile(),
"UTF-8") %>&sName=<%= URLEncoder.encode(f.getSfile(),"UTF-8") %>">[다운로드]
</a></td> ⑤
                </tr>
        <% } %>
        </table>
</body>
</html>
```

❶ 작성폼(FileUploadMain.jsp)으로 바로가기 링크입니다. 두 번째 링크는 13.4절에서 사용합니다.

❷ DAO 객체를 생성해 ❸ 파일 목록을 얻어옵니다.

❹ ❸에서 반환받은 값을 이용해서 목록을 반복 출력합니다. 이때 DTO 객체의 게터를 사용합니다.

❺ 파일을 다운로드하기 위한 링크입니다. 원본 파일명과 저장된 파일명을 Download.jsp에 전달합니다(다운로드 기능은 다음 절에서 작성합니다). 그런데 이때 URLEncoder를 이용해 원본 파일명을 "UTF-8"로 인코딩해 전달했습니다. 파일을 업로드할 때와 마찬가지로 한글을 깨지지 않게 처리하기 위함입니다.

FileList.jsp를 실행하면 앞서 보여드린 결과 화면이 나타날 것입니다.

13.3 파일 다운로드

마지막으로 서버에 저장된 파일을 다운로드하는 코드를 작성해보겠습니다.

앞에서 파일 저장 시 업로드 날짜와 시간 정보를 기준으로 파일명을 변경하였습니다. 하지만 다운로드했을 때 파일명이 이런 상태라면 무척이나 난감한 상황이 연출될 것입니다. DB 테이블에 원본 파일명도 함께 저장한 이유가 바로 여기 있습니다. 이 정보를 이용해 다운로드 시에는 다시 원래 이름으로 받도록 하겠습니다.

예제 13-8 파일 내려받기   webapp/13FileUpload/Download.jsp

```jsp
<%@ page import="utils.JSFunction"%>
<%@ page import="java.io.FileNotFoundException"%>
<%@ page import="java.io.FileInputStream"%>
<%@ page import="java.io.File"%>
<%@ page import="java.io.OutputStream"%>
<%@ page import="java.io.InputStream"%>
<%@ page language="java" contentType="text/html; charset=UTF-8"
    pageEncoding="UTF-8"%>
<%
String saveDirectory = application.getRealPath("/Uploads");  ❶
String saveFilename = request.getParameter("sName");     ┐
String originalFilename = request.getParameter("oName");  ┘─❷

try {
    // 파일을 찾아 입력 스트림 생성 ❸
    File file = new File(saveDirectory, saveFilename);
    InputStream inStream = new FileInputStream(file);

    // 한글 파일명 깨짐 방지
    String client = request.getHeader("User-Agent");  ❹
    if (client.indexOf("WOW64") == -1) {  ❺
        originalFilename = new String(originalFilename.getBytes("UTF-8"),
                                "ISO-8859-1");
    }
    else {
        originalFilename = new String(originalFilename.getBytes("KSC5601"),
                                "ISO-8859-1");
    }
```

```
// 파일 다운로드용 응답 헤더 설정
response.reset();  ❻
response.setContentType("application/octet-stream");  ❼
response.setHeader("Content-Disposition",
                   "attachment; filename=\"" + originalFilename + "\"");  ❽
response.setHeader("Content-Length", "" + file.length() );

// 출력 스트림 초기화 ❾
out.clear();

// response 내장 객체로부터 새로운 출력 스트림 생성 ❿
OutputStream outStream = response.getOutputStream();

// 출력 스트림에 파일 내용 출력 ⓫
byte b[] = new byte[(int)file.length()];
int readBuffer = 0;
while ( (readBuffer = inStream.read(b)) > 0 ) {
    outStream.write(b, 0, readBuffer);
}

// 입/출력 스트림 닫음 ⓬
inStream.close();
outStream.close();
}
catch (FileNotFoundException e) {
    JSFunction.alertBack("파일을 찾을 수 없습니다.", out);
}
catch (Exception e) {
    JSFunction.alertBack("예외가 발생하였습니다.", out);
}
%>
```

❶ Uploads 폴더의 물리적 경로를 얻어오고 ❷ 저장된 파일명과 원본 파일명을 매개변수로 받아 변수에 저장합니다. ❸ 그런 다음 해당 파일을 찾아 입력 스트림을 만들어둡니다.

다음은 파일명 깨짐을 방지하기 위한 처리입니다. ❹ request 내장 객체를 통해 요청 헤더 중 User-Agent를 읽어옵니다. 이 값으로 요청을 보낸 웹 브라우저의 종류를 알 수 있습니다. ❺ 파일명이 한글인 경우 깨짐 방지를 위한 처리를 합니다. 웹 브라우저가 인터넷 익스플로러가 아닌 경우에는 getBytes("UTF-8")로 원본 파일명을 바이트 배열로 변환 후, ISO-8859-1 캐릭터셋의 문자열로 재생성합니다. 인터넷 익스플로러인 경우 getBytes("KSC5601")을 이용하여 바이트 배열로 변환 후, 문자열을 재생성합니다. 이는 웹 브라우저에 따라 한글 처리 방식이 다르기 때문입니다.

파일을 다운로드하기 위한 응답 헤더를 설정합니다. ❻ 응답 헤더를 초기화한 후 ❼ 파일 다운로드 창을 띄우기 위한 콘텐츠 타입을 지정합니다. octet-stream은 8비트 단위의 바이너리 데이터를 의미하는데요, 응답 헤더로 설정하게 되면 파일의 종류에 상관없이 웹 브라우저는 다운로드 창을 띄우게 됩니다. ❽ 웹 브라우저에서 파일 다운로드 창이 뜰 때 원본 파일명이 기본으로 입력되어 있도록 설정합니다.

❾ 새로운 출력 스트림을 생성하기 위해 초기화합니다. JSP가 열린 상태에서 다운로드를 위해 또 다른 JSP를 열면 출력 스트림이 중복으로 생성되기 때문에 이 부분이 없으면 예외가 발생합니다.

❿ 새로운 출력 스트림을 생성해서 ⓫ 읽어온 내용을 파일로 출력하고, ⓬ 입/출력 스트림을 닫아줍니다.

User-Agent로 웹 브라우저 종류 알아내기

방금 예제에서 ❹를 보면 User-Agent를 통해 웹 브라우저의 종류를 알 수 있다고 했는데, 이해를 돕기 위해 간단한 예제를 하나 만들어서 확인해보겠습니다.

예제 13-9 User-Agent로 웹 브라우저 종류 알아내기   webapp/13FileUpload/UserAgent.jsp

```
<%@ page language="java" contentType="text/html; charset=UTF-8"
    pageEncoding="UTF-8"%>
<!DOCTYPE html>
<html>
<head>
<meta charset="UTF-8">
<title>User-Agent 확인하기</title>
</head>
<body>
<%
```

```
String client = request.getHeader("User-Agent");  ❶
out.println(client);
%>
</body>
</html>
```

❶ request 내장 객체를 통해 요청 헤더 중 User-Agent를 출력합니다.

이제 3가지의 웹 브라우저에서 이 JSP 페이지에 접속했을 때의 결과를 보겠습니다.

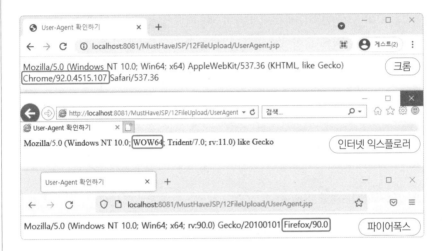

인터넷 익스플로러의 실행 결과에서 출력되는 "WOW64"는 "Windows on Windows 64-bit"라는 뜻으로, 64비트 버전의 윈도우에서 32비트 응용프로그램을 실행할 수 있다는 의미를 가지고 있습니다. 인터넷 익스플로러는 2021년 현재 과거에 비해 사용 빈도가 많이 줄긴 하였지만, 국내에서는 아직도 많이 사용되고 있으므로 인터넷 익스플로러에 대한 처리도 해주는 것이 좋습니다. 이번 예제를 테스트한 환경은 Windows 10이고, 인터넷 익스플로러 버전은 11입니다.

이상으로 파일 업로드와 다운로드 기능을 모두 구현하였습니다. 한번 테스트해봅시다. FileList.jsp를 실행하여 오른쪽의 [다운로드] 링크를 클릭해보세요.

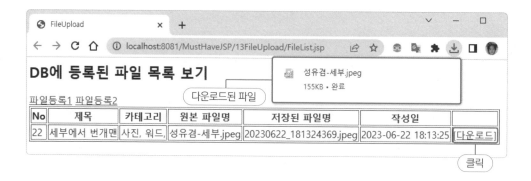

서버에 저장된 파일명은 "20230622_181324369.png"지만, 다운로드 시에는 원본 파일명으로 변경되어 저장됩니다. 이런 식으로 서버 측에서도 인코딩 문제가 사라지고, 로컬에서도 원본 파일명을 유지할 수 있습니다.

> **Note** 웹 브라우저나 버전마다 다운로드했을 때의 모습이 다를 수 있습니다.

파일을 다운로드한 후 로컬 컴퓨터에 정상적으로 저장되었는지 확인해보기 바랍니다.

참고로, 파일명에 [ ]와 같은 특수 기호가 포함되어 있다면 파일 다운로드 시 다음과 같은 오류가 발생합니다.

> **java.lang.IllegalArgumentException:**
> **요청 타겟에서 유효하지 않은 문자가 발견되었습니다.**
> **유효한 문자들은 RFC 7230과 RFC 3986에 정의되어 있습니다.**

이 문제를 피하고 싶다면 server.xml에 다음 내용을 추가해주세요.

```
<Connector connectionTimeout="20000" port="8081" protocol="HTTP/1.1"
        redirectPort="8443" relaxedQueryChars="[]()^|&quot;" />
```

STEP 1 13.4 멀티 파일 업로드

지금까지 파일 하나를 업로드하는 방법을 알아보았습니다. 이번에는 두 개 이상의 파일을 한 번에 등록하는 방법을 알아보겠습니다.

예를 들어 앞에서 사용한 방법으로 파일 10개를 첨부하려면 다음과 같이 작성폼을 구성해야 할
겁니다.

보기만 해도 벌써부터 손가락이 아프지 않으세요? 하지만 걱정하지 마세요. 다행스럽게도
〈input〉 태그는 multiple 속성을 제공합니다. 이 속성을 이용하면 하나의 〈input〉 태그에서 여
러 개의 파일을 선택할 수 있습니다.

앞에서 작성한 내용과 크게 다르지 않으므로, 기존 소스를 복사한 후 조금만 수정하면 기능을 구
현할 수 있습니다.

13.4.1 작성폼

우선 [예제 13-1]에서 만든 작성폼인 FileUploadMain.jsp 파일을 복사한 후 파일명을
MultiUploadMain.jsp로 변경해주세요.

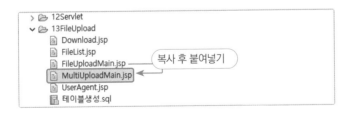

예제 13-10 다중 파일 업로드용 작성폼   webapp/13FileUpload/MultiFileUploadMain.jsp

```jsp
<%@ page language="java" contentType="text/html; charset=UTF-8"
    pageEncoding="UTF-8"%>
<html>
<head><title>MultiFileUpload</title></head>
<script>
```

```
    function validateForm(form) {
        if (form.title.value == "") {
            alert("제목을 입력하세요.");
            form.title.focus();
            return false;
        }
        if (form.ofile.value == "") {
            alert("첨부 파일은 필수 입력입니다.");
            return false;
        }
    }
</script>
<body>
    <h3>멀티 파일 업로드(multiple 속성 추가)</h3>  ❶
    <span style="color: red;">${errorMessage }</span>
    <form name="fileForm" method="post" enctype="multipart/form-data"
        action="MultipleProcess.do" onsubmit="return validateForm(this);">  ❷
        제목 : <input type="text" name="title" /><br />
        카테고리(선택사항) :
            <input type="checkbox" name="cate" value="사진" checked />사진
            <input type="checkbox" name="cate" value="과제" />과제
            <input type="checkbox" name="cate" value="워드" />워드
            <input type="checkbox" name="cate" value="음원" />음원 <br />
        첨부파일 : <input type="file" name="ofile" multiple /> <br /> ❸
<br />
        <input type="submit" value="전송하기" />
    </form>
</body>
</html>
```

❶ 앞의 예제와 구분하기 위해 타이틀을 "멀티 파일 업로드(multiple 속성 추가)"로 변경합니다.

❷ 〈form〉 태그의 action 속성을 "MultipleProcess.do"로 변경합니다.

❸ 첨부 파일 선택을 위한 〈input〉 태그에 multiple 속성을 추가합니다. 이 속성은 `Ctrl` 키를 누르거나, 마우스를 드래그하여 여러 파일을 선택할 수 있게 해줍니다.

13.4.2 파일 업로드 및 폼값 처리

다음은 멀티 파일 업로드를 실행하는 코드를 작성하겠습니다. 먼저 유틸리티 클래스에는 메서드를 하나 추가하겠습니다.

예제 13-11 파일 업로드를 유틸리티 클래스　　　　　Java Resources/src/main/java/**fileupload/FileUtil**.java

```java
package fileupload;

... 생략 ...

public class FileUtil {
    ... 생략 ...
    // multiple 속성 추가로 2개 이상의 파일 업로드
    public static ArrayList<String> multipleFile(HttpServletRequest req, String
sDirectory)
            throws ServletException, IOException {

        ArrayList<String> listFileName = new ArrayList<>();     ❶
        Collection<Part> parts = req.getParts();     ❷
        for(Part part : parts) {
            if(!part.getName().equals("ofile"))     ❸
                continue;

            String partHeader = part.getHeader("content-disposition");     ❹
            String[] phArr = partHeader.split("filename=");
            String originalFileName = phArr[1].trim().replace("\"", "");
            if (!originalFileName.isEmpty()) {
                part.write(sDirectory+ File.separator +originalFileName);
            }
            listFileName.add(originalFileName);     ❺
        }
        return listFileName;     ❻
    }
}
```

[예제 13-4]에서 작성한 uploadFile() 메서드와 거의 유사하므로 변경된 부분에 대해서만 설명하겠습니다.

❶ 2개 이상의 파일을 첨부하므로 원본 파일명을 저장하는 ArrayList 컬렉션을 생성합니다.

❷ getParts() 메서드로 전송된 폼값을 받습니다. 이때 전송되는 폼값들은 Collection〈Part〉 타입으로 반환되므로 for문으로 개수만큼 반복할 수 있습니다.

❸ 파일을 첨부하는 데 사용할 〈input〉 태그의 name 속성값은 ofile입니다. 따라서 나머지 폼값은 저장의 대상이 아니므로, 파일을 저장하는 용도가 아닌 코드는 continue문을 사용해 실행을 건너뛰었습니다.

❹ 헤더값에서 파일명을 추출하고, 디렉터리에 저장하는 코드는 uploadFile() 메서드와 동일하므로 설명은 생략하겠습니다.

❺ 원본파일명을 ArrayList 컬렉션에 추가합니다.

❻ 파일명이 담겨 있는 컬렉션을 반환합니다.

다음으로 폼값을 처리하는 서블릿 클래스를 작성하겠습니다. 작성폼과 마찬가지로 앞에서 작성했던 소스를 복사한 후 조금만 수정하면 됩니다. UploadProcess.java를 복사한 후 MultipleProcess.java로 파일명을 변경해주세요.

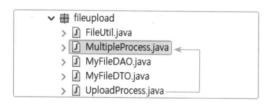

예제 13-12 멀티 파일 업로드용 서블릿 클래스　　　　　Java Resources/src/main/java/**fileupload/MultipleProcess.java**

```java
package fileupload;
... 생략 ...
@WebServlet("/13FileUpload/MultipleProcess.do")  ❶
@MultipartConfig(
    maxFileSize = 1024 * 1024 * 1,
    maxRequestSize = 1024 * 1024 * 10
)
public class MultipleProcess extends HttpServlet {
    private static final long serialVersionUID = 1L;

    @Override
    protected void doPost(HttpServletRequest req, HttpServletResponse resp)
            throws ServletException, IOException {
```

```
        try {
            String saveDirectory = getServletContext().getRealPath("/Uploads");
            ArrayList<String> listFileName = FileUtil.multipleFile(req,
                    saveDirectory);  ❶
            for(String originalFileName : listFileName) {  ❷
                String savedFileName = FileUtil.renameFile(saveDirectory,
                        originalFileName);
                insertMyFile(req, originalFileName, savedFileName);
            }
            resp.sendRedirect("FileList.jsp");  ❸
        }
        catch (Exception e) {  ❹
            e.printStackTrace();
            req.setAttribute("errorMessage", "파일 업로드 오류");
            req.getRequestDispatcher("MultiUploadMain.jsp").forward(req, resp);
        }
    }

    private void insertMyFile(HttpServletRequest req, String oFileName, String
sFileName) {  ❺
        ... 생략 ...
    }
}
```

❶ 유틸리티 클래스의 multipleFile() 메서드를 호출하여 파일을 업로드합니다. 2개 이상의 파일이므로 ArrayList〈String〉 타입으로 반환받습니다.

❷ ❶에서 반환받은 컬렉션의 크기, 즉 첨부한 파일의 개수만큼 반복해서 저장된 파일명을 변경하고, 테이블에 입력합니다.

❸ 입력이 완료되었다면 파일 목록으로 이동합니다.

❹ 첨부한 개별 파일의 크기가 1MB를 초과하면 예외를 발생합니다. 이때 request 영역에 메시지를 저장한 후 작성폼으로 포워드합니다.

❺ DB 처리를 위한 insertMyFile() 메서드는 동일한 코드이므로 설명을 생략합니다.

13.4.3 동작 확인

코드 작성을 마쳤으니 멀티 파일 업로드가 정상적으로 동작하는지 확인해볼 차례입니다. 파일 목록과 다운로드는 이미 앞에서 작성한 내용이므로 그대로 사용하면 됩니다.

To Do **01** MultiUploadMain.jsp를 실행합니다.

02 [파일 선택] 버튼을 누른 후 파일 5개를 선택합니다. 여러 파일 선택은 마우스를 클릭한 상태로 드래그하거나, `Ctrl` 키를 누른 상태로 선택하면 됩니다.

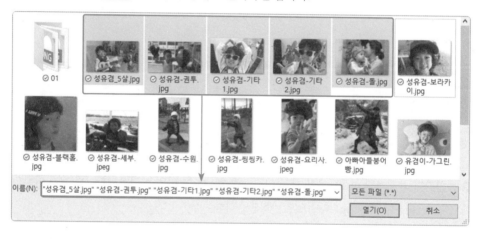

03 앞의 화면에서 [열기] 버튼을 누르면 다음과 같이 파일 5개가 선택되었다고 표시됩니다.

04 [전송하기]를 눌러 파일을 업로드해보겠습니다. 정상적으로 처리되었다면 아래와 같이 파일 목록 페이지로 이동하게 됩니다.

DB에 등록된 파일 목록 보기

파일등록1 파일등록2

No	제목	카테고리	원본 파일명	저장된 파일명	작성일	
28	2개 이상 선택하세요	사진,	성유겸-돌.jpg	20230623_15536657.jpg	2023-06-23 15:53:06	[다운로드]
27	2개 이상 선택하세요	사진,	성유겸-기타2.jpg	20230623_15536653.jpg	2023-06-23 15:53:06	[다운로드]
26	2개 이상 선택하세요	사진,	성유겸-기타1.jpg	20230623_15536646.jpg	2023-06-23 15:53:06	[다운로드]
25	2개 이상 선택하세요	사진,	성유겸-권투.jpg	20230623_15536642.jpg	2023-06-23 15:53:06	[다운로드]
24	2개 이상 선택하세요	사진,	성유겸_5살.jpg	20230623_15535503.jpg	2023-06-23 15:53:06	[다운로드]
22	세부에서 번개맨	사진, 워드,	성유겸-세부.jpeg	20230622_181324369.jpeg	2023-06-22 18:13:25	[다운로드]

(2개 이상 선택하세요)

C:\02Workspaces 하위의 물리적 경로인 Uploads 폴더에서도 첨부된 파일을 확인할 수 있습니다.

파일 목록에서 다운로드도 잘되는지 확인해보시기 바랍니다.

학습 마무리

이번 장에서는 파일 업로드와 다운로드를 학습했습니다. 톰캣에서 제공하는 Part 클래스의 API를 통해 단일 파일 및 멀티 파일 업로드를 구현해보았습니다. 파일 업로드는 이미지뿐만 아니라 워드 파일, 미디어 파일 등 여러 포맷의 파일에 활용할 수 있습니다.

핵심 요약

- 내용 입력을 위한 〈form〉 태그를 작성할 때에는 반드시 다음 2가지 속성을 지정해야 합니다.
  - method="post"
  - enctype="multipart/form-data"
- 폼값을 받을 때는 type이 file인 항목과 아닌 것을 구분해야 합니다.
  - type='file'인 경우 : getPart() 메서드를 통해 Parts 객체로 받음
  - 그외의 경우 : getParameter() 메서드를 통해 String 객체로 받음
- 파일명이 한글인 경우 웹 브라우저에 출력할 때 문제가 될 수 있으므로 파일명은 영문과 숫자의 조합으로 변경하는 것이 좋습니다.
- 파일 다운로드 시에는 응답 헤더 설정을 통해 원본 파일명으로 변경한 후 저장합니다. 이때 DB에 저장된 원본 파일명을 사용합니다.

모델2 방식(MVC 패턴)의 자료실형 게시판 만들기

모델2 방식(MVC 패턴)의 자료실형 게시판 만들기

파일 첨부형 게시판 - 목록 보기(List)

난이도	★★★★
이름	자료실형 게시판 – 모델2
예제 위치	• webapp/14MVCBoard/ • src/model2/mvcboard/
미션	모델2 방식의 게시판을 구현하자.
기능	• 목록 보기 • 글쓰기(파일 업로드) • 상세 보기 • 파일 다운로드 • 수정하기 • 삭제하기
활용 기술	• 표현 언어(EL) • JSP 표준 태그 라이브러리(JSTL) • 파일 업로드/다운로드 • 서블릿 • 자바스크립트

이번 단계(10~13장)에서 학습한 내용을 기반으로 MVC 패턴을 적용한 모델2 방식의 게시판을 제작해보겠습니다. 회원인증 없이 누구나 사용할 수 있고, 파일 첨부와 다운로드 기능도 제공합니다.

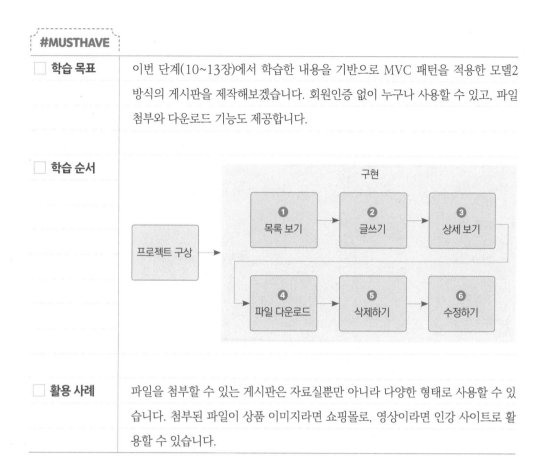

파일을 첨부할 수 있는 게시판은 자료실뿐만 아니라 다양한 형태로 사용할 수 있습니다. 첨부된 파일이 상품 이미지라면 쇼핑몰로, 영상이라면 인강 사이트로 활용할 수 있습니다.

14.1 프로젝트 구상

이번 장에서는 앞에서 학습한 EL, JSTL, 파일 업로드, 서블릿을 종합적으로 활용하여 자료실형 게시판을 제작해보겠습니다. 우리가 만들 자료실형 게시판은 다음과 같은 기능을 제공합니다.

- 비회원제
  - 회원인증 없이 누구나 글을 작성할 수 있습니다.
  - 대신 글쓰기 시 비밀번호 입력이 필수입니다.
  - 비밀번호를 통해 수정이나 삭제를 할 수 있습니다.

- 자료실
  - 글쓰기 시 파일을 첨부할 수 있습니다.
  - 파일 첨부 시 정해진 용량 이상은 업로드할 수 없습니다.
  - 첨부된 파일을 다운로드할 수 있습니다.

14.1.1 자료실형 게시판의 프로세스

8장에서 모델2는 다음 그림과 같이 모델-뷰-컨트롤러 구성이 핵심이라고 설명하였습니다.

▼ 모델2의 구조

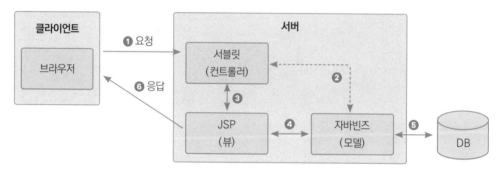

따라서 이번 장에서 구현할 게시판의 각 기능에는 컨트롤러와 뷰가 나뉘어 있습니다. 이 점을 기억해두고 다음의 게시판 프로세스 다이어그램을 살펴보시기 바랍니다.

▼ 자료실형 게시판 프로세스

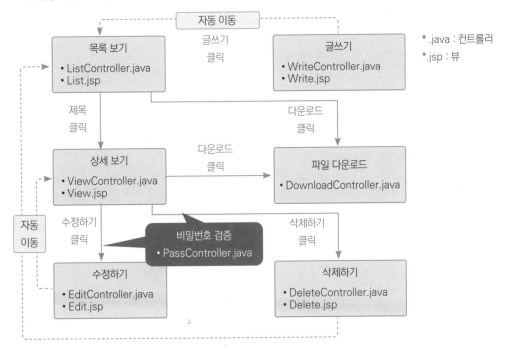

일반적인 게시판의 흐름입니다. 별도 화면이 필요 없는 '파일 다운로드'와 '비밀번호 검증' 기능에 만 뷰(jsp 파일)가 보이지 않음을 확인할 수 있습니다.

14.1.2 기능별 요청명 정의

서블릿으로 개발할 때는 기능별로 요청명과 서블릿 클래스명을 먼저 정의하는 것이 좋습니다. 우리는 다음 표와 같이 정의하겠습니다.

표 14-1 게시판 기능별 요청명 패턴

기능	매핑 방법	요청명	컨트롤러(서블릿)	뷰(JSP) 경로
목록 보기	web.xml	/mvcboard/list.do	ListController	/14MVCBoard/List.jsp
글쓰기	web.xml	/mvcboard/write.do	WriteController	/14MVCBoard/Write.jsp
상세 보기	애너테이션	/mvcboard/view.do	ViewController	/14MVCBoard/View.jsp
비밀번호 검증	애너테이션	/mvcboard/pass.do	PassController	/14MVCBoard/Pass.jsp

수정	애너테이션	/mvcboard/edit.do	EditController	/14MVCBoard/Edit.jsp
삭제	애너테이션	필요 없음	PassController	필요 없음
다운로드	애너테이션	/mvcboard/download.do	DownloadController	필요 없음

짚어볼 점이 두 가지 있습니다.

첫째, 우리는 학습이 목적이므로 매핑은 web.xml과 애너테이션을 혼합해서 사용하겠습니다. 실전에서는 보통 한 가지만 이용합니다.

둘째, 대부분 기능의 패턴이 비슷하지만, 삭제와 다운로드만 조금 다른 것을 볼 수 있습니다. 삭제의 경우는 비밀번호가 일치하면 그 즉시 게시물을 삭제하면 되므로 요청명과 뷰가 필요 없습니다. 다운로드의 경우에는 요청했을 때 파일이 즉시 다운로드되므로 역시 뷰가 필요 없습니다.

STEP 1 14.2 목록 보기

이번 절에서 구현할 목록 보기 관련 처리 프로세스와 모듈들을 그림으로 정리해봤습니다.

▼ 목록 보기 처리 프로세스와 담당 모듈(파일)

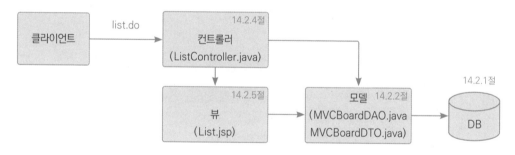

데이터베이스부터 준비하여 모델 → 컨트롤러 → 뷰 순서로 구현하겠습니다.

14.2.1 테이블 생성

게시판에서 사용할 테이블을 생성하겠습니다. 테이블 정의서는 다음과 같습니다.

표 14-2 mvcboard 테이블 정의서

컬럼명	데이터 타입	null 허용	키	기본값	설명
idx	number	N	기본키		일련번호. 기본키
name	varchar2(50)	N			작성자 이름
title	varchar2(200)	N			제목
content	varchar2(2000)	N			내용
postdate	date	N		sysdate	작성일
ofile	varchar2(200)	Y			원본 파일명
sfile	varchar2(30)	Y			저장된 파일명
downcount	number	N		0	다운로드 횟수
pass	varchar2(50)	N			비밀번호
visitcount	number	N		0	조회수

회원제 게시판이라면 회원 테이블과 조인하기 위한 아이디가 필요하겠지만, 비회원제 게시판이므로 작성자 이름과 비밀번호 컬럼으로 대체됩니다.

첨부 파일의 이름에 한글이 섞여 있으면 웹 서버에서 한글 깨짐 등의 문제가 발생할 수 있으므로 파일명을 변경해서 저장하는 게 좋습니다. 그래서 원본 파일명(ofile)과 저장된 파일명(sfile)을 구분해서 저장합니다. 자세한 내용은 12장 '파일 업로드 및 다운로드'에서 이미 설명했습니다.

자료실형 게시판이지만 첨부 파일 없이도 게시물을 작성할 수 있어야 하므로 ofile과 sfile 컬럼은 null을 허용하도록 정의하였습니다. 또한 다운로드 횟수를 카운트하기 위한 downcount 컬럼이 추가되었습니다.

이상의 테이블 정의서를 쿼리문으로 옮기면 다음과 같습니다.

webapp/14MVCBoard/테이블생성.sql

```
create table mvcboard (
    idx number primary key,
    name varchar2(50) not null,
    title varchar2(200) not null,
    content varchar2(2000) not null,
```

```
    postdate date default sysdate not null,
    ofile varchar2(200),
    sfile varchar2(30),
    downcount number(5) default 0 not null,
    pass varchar2(50) not null,
    visitcount number default 0 not null
);
```

데이터베이스에 테이블을 생성하고 테스트용 데이터를 추가해보겠습니다.

To Do **01** SQL Developer를 실행합니다.

02 왼쪽 접속창에서 [Musthave계정]을 더블클릭하여 워크시트를 엽니다.

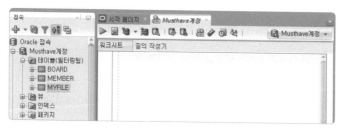

03 워크시트에 테이블 생성 쿼리문을 입력한 후 실행합니다.

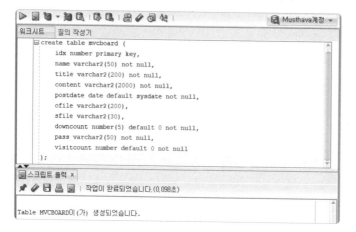

04 접속창을 [새로고침]하여 테이블이 잘 생성되었는지 확인합니다.

새로운 테이블을 생성하였으니, 시퀀스도 새롭게 생성하는 것이 일반적입니다. 하지만 우리는 학습이 목적이므로 새로 만들지 않고 5장에서 생성한 seq_board_num 시퀀스를 그대로 사용하겠습니다. 시퀀스를 사용하는 목적은 기본키로 지정된 컬럼에 중복되지 않는 순차적인 일련번호를 생성하기 위함입니다. 그래서 오라클에서는 하나의 시퀀스를 둘 이상의 테이블에서 사용할 수 있습니다.

05 게시판에서 처음으로 작성할 부분은 목록입니다. 목록에 레코드가 문제없이 출력되는지 확인해야 하므로 더미 데이터를 입력하겠습니다.

webapp/14MVCBoard/더미데이터입력.sql

```
insert into mvcboard (idx, name, title, content, pass)
    values (seq_board_num.nextval, '김유신', '자료실 제목1 입니다.','내용','1234');
insert into mvcboard (idx, name, title, content, pass)
    values (seq_board_num.nextval, '장보고', '자료실 제목2 입니다.','내용','1234');
insert into mvcboard (idx, name, title, content, pass)
    values (seq_board_num.nextval, '이순신', '자료실 제목3 입니다.','내용','1234');
insert into mvcboard (idx, name, title, content, pass)
    values (seq_board_num.nextval, '강감찬', '자료실 제목4 입니다.','내용','1234');
insert into mvcboard (idx, name, title, content, pass)
    values (seq_board_num.nextval, '대조영', '자료실 제목5 입니다.','내용','1234');
```

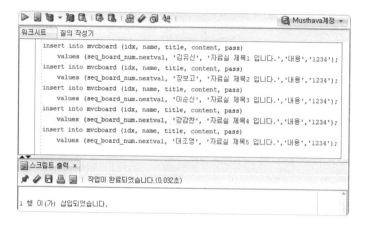

더미 데이터는 총 5개입니다.

06 마지막에는 commit을 실행해 변경사항을 데이터베이스에 반영합니다.

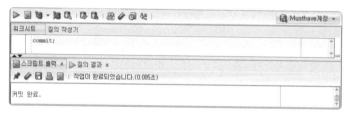

14.2.2 DTO 및 DAO 클래스 생성

mvcboard 테이블에 해당하는 DTO 클래스와 DAO 클래스를 차례로 만들어보겠습니다. 클래스는 {프로젝트 루트}/Java Resources/src/main/java에 model2.mvcboard 패키지를 생성한 후 작성하겠습니다.

먼저 DTO 클래스입니다.

예제 14-1 게시판용 DTO　　　　　　　　　Java Resources/src/main/java/**model2/mvcboard/MVCBoardDTO.java**

```java
package model2.mvcboard;

public class MVCBoardDTO {
    // 멤버 변수 선언 ❶
    private String idx;
    private String name;
    private String title;
```

```
        private String content;
        private java.sql.Date postdate;
        private String ofile;
        private String sfile;
        private int downcount;
        private String pass;
        private int visitcount;

        // 게터/세터 ❷
        public String getIdx() {
            return idx;
        }
        public void setIdx(String idx) {
            this.idx = idx;
        }
        ... 생략 ...
}
```

❶ 멤버 변수는 컬럼명과 동일하게 정의하고, ❷ 각 멤버 변수에 해당하는 게터/세터 메서드를 정의합니다. 이클립스의 자동생성 메뉴를 사용하면 되므로 아래 부분은 생략하였습니다.

이어서 DAO 클래스도 생성하겠습니다. 처음으로 구현할 기능이 목록이므로 게시물 수를 세어주는 selectCount() 메서드와 게시물 목록을 반환해주는 selectListPage() 메서드가 필요합니다. 코드가 길지만 지금까지 보아온 DAO 메서드들과 같은 패턴으로 구현하여 읽고 이해하는 데 큰 어려움은 없을 것입니다.

예제 14-2 게시판용 DAO   Java Resources/src/main/java/**model2/mvcboard/MVCBoardDAO.java**

```
package model2.mvcboard;

import java.util.List;
import java.util.Map;
import java.util.Vector;
import common.DBConnPool;

public class MVCBoardDAO extends DBConnPool {  // 커넥션 풀 상속
    public MVCBoardDAO() {
        super();
```

```java
    }

    // 검색 조건에 맞는 게시물의 개수를 반환합니다.
    public int selectCount(Map<String, Object> map) {
        int totalCount = 0;
        // 쿼리문 준비
        String query = "SELECT COUNT(*) FROM mvcboard";
        // 검색 조건이 있다면 WHERE절로 추가
        if (map.get("searchWord") != null) {
            query += " WHERE " + map.get("searchField") + " "
                    + " LIKE '%" + map.get("searchWord") + "%'";
        }
        try {
            stmt = con.createStatement();    // 쿼리문 생성
            rs = stmt.executeQuery(query);   // 쿼리문 실행
            rs.next();
            totalCount = rs.getInt(1);   // 검색된 게시물 개수 저장
        }
        catch (Exception e) {
            System.out.println("게시물 카운트 중 예외 발생");
            e.printStackTrace();
        }

        return totalCount;   // 게시물 개수를 서블릿으로 반환
    }

    // 검색 조건에 맞는 게시물 목록을 반환합니다(페이징 기능 지원).
    public List<MVCBoardDTO> selectListPage(Map<String,Object> map) {
        List<MVCBoardDTO> board = new Vector<MVCBoardDTO>();
        // 쿼리문 준비
        String query = " "
                    + "SELECT * FROM ( "
                    + "    SELECT Tb.*, ROWNUM rNum FROM ( "
                    + "        SELECT * FROM mvcboard ";
        // 검색 조건이 있다면 WHERE절로 추가
        if (map.get("searchWord") != null)
        {
            query += " WHERE " + map.get("searchField")
                    + " LIKE '%" + map.get("searchWord") + "%' ";
```

```
        }

        query += "           ORDER BY idx DESC "
            + "      ) Tb "
            + " ) "
            + " WHERE rNum BETWEEN ? AND ?";   // 게시물 구간은 인파라미터로..

        try {
            psmt = con.prepareStatement(query);   // 동적 쿼리문 생성
            psmt.setString(1, map.get("start").toString());   // 인파라미터 설정
            psmt.setString(2, map.get("end").toString());
            rs = psmt.executeQuery();   // 쿼리문 실행

            // 반환된 게시물 목록을 List 컬렉션에 추가
            while (rs.next()) {
                MVCBoardDTO dto = new MVCBoardDTO();

                dto.setIdx(rs.getString(1));
                dto.setName(rs.getString(2));
                dto.setTitle(rs.getString(3));
                dto.setContent(rs.getString(4));
                dto.setPostdate(rs.getDate(5));
                dto.setOfile(rs.getString(6));
                dto.setSfile(rs.getString(7));
                dto.setDowncount(rs.getInt(8));
                dto.setPass(rs.getString(9));
                dto.setVisitcount(rs.getInt(10));

                board.add(dto);
            }
        }
        catch (Exception e) {
            System.out.println("게시물 조회 중 예외 발생");
            e.printStackTrace();
        }
        return board;   // 목록 반환
    }
}
```

참고로 selectListPage()에서 작성한 쿼리문은 8장에서 페이징 처리를 위해 작성했던 쿼리문에서 테이블명만 변경한 것입니다. 이처럼 페이징 처리가 필요하다면 해당 쿼리문을 활용하면 됩니다.

그럼 본격적으로 게시판을 제작해보겠습니다.

14.2.3 진입 화면 작성

서블릿은 JSP와 달리 이클립스에서 바로 실행할 수 없습니다. 서블릿 파일이 아닌, 개발자가 정한 요청명으로 요청을 보내야 이에 매핑된 서블릿이 실행되는 구조이기 때문입니다. 그래서 편의를 위해 게시판 목록 바로가기 링크를 포함하는 진입 페이지를 만들어 사용하겠습니다.

예제 14-3 게시판 목록 바로가기 페이지   webapp/14MVCBoard/Default.jsp

```jsp
<%@ page language="java" contentType="text/html; charset=UTF-8"
    pageEncoding="UTF-8"%>
<!DOCTYPE html>
<html>
<head>
<meta charset="UTF-8">
<title>파일 첨부형 게시판</title>
</head>
<body>
    <h2>파일 첨부형 게시판</h2>
    <a href="../mvcboard/list.do">게시판 목록 바로가기</a>  ❶
</body>
</html>
```

❶ 서블릿 게시판 목록으로 바로가기 링크입니다. 앞으로 게시판을 실행할 때 이 파일을 거쳐 진입하겠습니다.

실행 결과는 다음과 같습니다.

파일 첨부형 게시판

게시판 목록 바로가기

다음은 목록에 대한 매핑을 하겠습니다. [표 14-1]에서 게시판 기능별 요청명과 서블릿 클래스를 미리 정해 정리해뒀으니 그대로 작성하면 됩니다. web.xml에 다음 내용을 추가합니다.

예제 14-4 요청명과 서블릿 매핑 webapp/WEB-INF/web.xml

```xml
<?xml version="1.0" encoding="UTF-8"?>
<web-app xmlns:xsi=... 생략 ...>
    ... 생략 ...

  <servlet>
    <servlet-name>MVCBoardList</servlet-name>        ← 서블릿 이름
    <servlet-class>model2.mvcboard.ListController</servlet-class>   ← 서블릿 클래스
  </servlet>
  <servlet-mapping>
    <servlet-name>MVCBoardList</servlet-name>        ← 서블릿 이름
    <url-pattern>/mvcboard/list.do</url-pattern>     ← 요청명
  </servlet-mapping>
</web-app>
</>
```

14.2.4 컨트롤러(서블릿) 작성

다음은 서블릿 클래스를 작성합니다.

예제 14-5 서블릿 클래스(컨트롤러) Java Resources/src/main/java/model2/mvcboard/ListController.java

```java
package model2.mvcboard;

... 임포트문 생략 ...

public class ListController extends HttpServlet {  ❶
    @Override
    protected void doGet(HttpServletRequest req, HttpServletResponse resp)
            throws ServletException, IOException {  ❷
        // DAO 생성 ❸
        MVCBoardDAO dao = new MVCBoardDAO();

        // 뷰에 전달할 매개변수 저장용 맵 생성 ❹
        Map<String, Object> map = new HashMap<String, Object>();
```

```java
        String searchField = req.getParameter("searchField");
        String searchWord = req.getParameter("searchWord");
        if (searchWord != null) {  ❺
            // 쿼리스트링으로 전달받은 매개변수 중 검색어가 있다면 map에 저장
            map.put("searchField", searchField);
            map.put("searchWord", searchWord);
        }
        int totalCount = dao.selectCount(map);  // 게시물 개수 ❻

        /* 페이지 처리 start */
        ServletContext application = getServletContext();
        int pageSize = Integer.parseInt(application.getInitParameter(
"POSTS_PER_PAGE"));
        int blockPage = Integer.parseInt(application.getInitParameter(
"PAGES_PER_BLOCK"));

        // 현재 페이지 확인 ❽
        int pageNum = 1;  // 기본값
        String pageTemp = req.getParameter("pageNum");
        if (pageTemp != null && !pageTemp.equals(""))
            pageNum = Integer.parseInt(pageTemp); // 요청받은 페이지로 수정

        // 목록에 출력할 게시물 범위 계산 ❾
        int start = (pageNum - 1) * pageSize + 1;  // 첫 게시물 번호
        int end = pageNum * pageSize; // 마지막 게시물 번호
        map.put("start", start);
        map.put("end", end);
        /* 페이지 처리 end */

        List<MVCBoardDTO> boardLists = dao.selectListPage(map);
        // 게시물 목록 받기 ❿
        dao.close(); // DB 연결 닫기

        // 뷰에 전달할 매개변수 추가
        String pagingImg = BoardPage.pagingStr(totalCount, pageSize,
                blockPage, pageNum, "../mvcboard/list.do");
                // 바로가기 영역 HTML 문자열
        map.put("pagingImg", pagingImg);
```

❼

⓫

```
        map.put("totalCount", totalCount);
        map.put("pageSize", pageSize);
        map.put("pageNum", pageNum);

        // 전달할 데이터를 request 영역에 저장 후 List.jsp로 포워드 ⑫
        req.setAttribute("boardLists", boardLists);   ⑬
        req.setAttribute("map", map);
        req.getRequestDispatcher("/14MVCBoard/List.jsp").forward(req, resp);
    }
}
```

❶ HttpServlet을 상속하고, ❷ doGet() 메서드를 오버라이딩했습니다.

❸ DAO 객체를 생성합니다.

❹ 모델로 전달할 검색 매개변수 및 뷰로 전달할 페이징 관련 값을 저장하기 위해 Map 컬렉션을
생성하고, ❺ 매개변수로 전달된 검색어가 있다면 Map 컬렉션에 저장합니다.

❻ 데이터베이스로부터 게시물의 개수를 가져옵니다.

페이지 처리는 9장에서의 코드와 똑같습니다. ❼ 페이징 설정값 상수를 가져와 페이지당 게시물
수와 블록당 페이지 수를 구하고, ❽ 현재 페이지를 확인합니다. ❾ 그런 다음 목록에 출력할 게시
물 범위를 계산해 매개변수 컬렉션(map)에 추가하면 끝입니다.

❿ 그리고 검색어와 게시물 범위를 담은 map을 건네 게시물 목록을 받습니다.

⓫ 뷰로 전달할 매개변수를 Map 컬렉션에 추가합니다. 페이지 바로가기 영역의 HTML 코드 문
자열(9장의 [예제 9-5] 참고), 게시물 개수, 페이지당 게시물 수, 페이지 번호를 추가했습니다.

⓬ 뷰로 전달할 데이터를 request 영역에 저장한 후 List.jsp로 포워드합니다. ⓭의 boardLists
는 ❿에서 가져온 게시물 목록입니다.

이상으로 목록을 출력하기 위한 서블릿을 작성했습니다. 구현 방식은 JSP에서 서블릿으로 달라졌
지만, 모델1 방식 게시판에서 작성한 내용과 거의 같음을 알 수 있습니다. 9장의 [예제 9-4]와 비
교해보시기 바랍니다.

14.2.5 뷰(JSP) 만들기

이어서 컨트롤러(서블릿)에서 처리한 내용을 출력할 뷰(JSP)를 작성하겠습니다. 다음 그림과 같은 모습의 뷰입니다.

그림처럼 화면은 크게 검색 폼, 목록, 하단 메뉴로 구성됩니다. 하단 메뉴는 다시 바로가기 링크와 글쓰기 버튼으로 구성됩니다.

그럼 코드를 보겠습니다.

예제 14-6 뷰(JSP) 코드　　　　　　　　　　　　　　　　　　　　　　webapp/14MVCBoard/List.jsp

```jsp
<%@ page language="java" contentType="text/html; charset=UTF-8"
    pageEncoding="UTF-8"%>
<%@ taglib prefix="c" uri="jakarta.tags.core" %>
<!DOCTYPE html>
<html>
<head>
<meta charset="UTF-8">
<title>파일 첨부형 게시판</title>
<style>a{text-decoration:none;}</style>  ❶
</head>
<body>
    <h2>파일 첨부형 게시판 - 목록 보기(List)</h2>

    <!-- 검색 폼 -->  ❷
    <form method="get">
    <table border="1" width="90%">
    <tr>
```

```html
            <td align="center">
                <select name="searchField">
                    <option value="title">제목</option>
                    <option value="content">내용</option>
                </select>
                <input type="text" name="searchWord" />
                <input type="submit" value="검색하기" />
            </td>
        </tr>
    </table>
</form>


<!-- 목록 테이블 -->
<table border="1" width="90%">
    <tr>
        <th width="10%">번호</th>
        <th width="*">제목</th>
        <th width="15%">작성자</th>
        <th width="10%">조회수</th>
        <th width="15%">작성일</th>
        <th width="8%">첨부</th>
    </tr>
<c:choose>
    <c:when test="${ empty boardLists }">  <!-- 게시물이 없을 때 --> ❸
        <tr>
            <td colspan="6" align="center">
                등록된 게시물이 없습니다^^*
            </td>
        </tr>
    </c:when>
    <c:otherwise>  <!-- 게시물이 있을 때 --> ❹
        <c:forEach items="${ boardLists }" var="row" varStatus="loop">
        <tr align="center">
            <td>  <!-- 번호 --> ❺
                ${ map.totalCount - (((map.pageNum-1) * map.pageSize) + loop.
index)}
            </td>
            <td align="left">  <!-- 제목(링크) --> ❻
                <a href="../mvcboard/view.do?idx=${ row.idx }">${ row.title }</a>
```

```
        </td>
        <td>${ row.name }</td>  <!-- 작성자 -->
        <td>${ row.visitcount }</td>  <!-- 조회수 -->
        <td>${ row.postdate }</td>  <!-- 작성일 -->
        <td>  <!-- 첨부 파일 -->
        <c:if test="${ not empty row.ofile }">
            <a href="../mvcboard/download.do?ofile=${ row.ofile }&sfile=${
row.sfile }&idx=${ row.idx }">[Down]</a>  ❼
        </c:if>
        </td>
    </tr>
    </c:forEach>
    </c:otherwise>
</c:choose>
    </table>


    <!-- 하단 메뉴(바로가기, 글쓰기) -->
    <table border="1" width="90%">
        <tr align="center">
            <td>
                ${ map.pagingImg }  ❽
            </td>
            <td width="100"><button type="button"
                onclick="location.href='../mvcboard/write.do';">글쓰기</button>
</td>  ❾
        </tr>
    </table>
</body>
</html>
```

❶ 〈a〉 태그를 사용하면 기본적으로 생기는 밑줄을 제거합니다.

❷ 검색폼을 정의합니다. 여기서 입력된 검색어는 [예제 14-5] ListController 서블릿으로 전송된 후, [예제 14-2] MVCBoardDAO 클래스의 selectCount()와 selectListPage() 메서드의 인수로 전달됩니다.

다음으로 게시글 목록을 보여주는 테이블이 나옵니다. ❸ EL의 empty 연산자로 출력할 게시물이 없는지 확인합니다. boardLists는 ListController에서 request 영역에 저장한 값입니다([예제 14-5]의 ⑬).

❹ 출력할 게시물이 있다면 〈c:forEach〉 태그를 통해 반복 출력합니다. ❺ 〈c:forEach〉 태그의 varStatus 속성을 이용해서 목록에 출력할 가상번호를 계산합니다. 계산 로직은 다음과 같습니다.

```
${ 전체 게시물 수 - (((현재 페이지 번호 - 1) * 페이지 사이즈) + varStatus의 index값) }
```

- 첫 번째 게시물 : 5 - (((1-1) * 10) + 0) = 5
- 두 번째 게시물 : 5 - (((1-1) * 10) + 1) = 4

이어서 ❻은 상세보기 페이지로 바로가기 링크입니다. 게시물의 일련번호를 매개변수로 사용합니다. ❼은 첨부된 파일을 다운로드하기 위한 링크입니다. 원본 파일명과 저장된 파일명 및 일련번호를 매개변수로 사용합니다. 파일 다운로드는 14.5절에서 설명하겠습니다.

마지막으로 하단 메뉴가 나옵니다. ❽ 페이지 번호 바로가기 링크와 ❾ [글쓰기] 버튼을 제공합니다. 글쓰기는 14.3절에서 설명합니다.

그럼 목록 보기 기능을 확인을 위해 진입 화면인 Default.jsp를 실행해보겠습니다. List.jsp가 아닌 Default.jsp를 실행한 후 [게시판 목록 바로가기] 링크를 클릭합니다.

Note 서블릿과 같은 자바 파일을 새로 작성했거나, 변경했다면 실행 시 이클립스는 다음과 같이 "Restart server" 팝업 창을 띄웁니다. 만약 팝업창이 뜨지 않는다면 반드시 서버를 재시작한 후 실행해야 합니다.

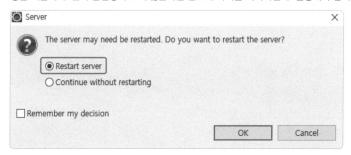

실행 화면은 코드보다 앞서 보여드렸습니다. 검색 기능이 동작하는지 확인해보기 바랍니다. 다음은 "제목3"으로 검색한 결과입니다.

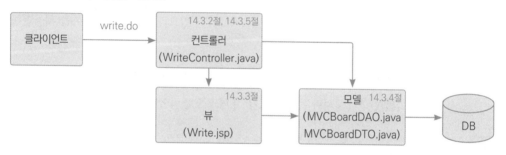

파일 첨부형 게시판 - 목록 보기(List)					
제목 ∨			검색하기		
번호	제목	작성자	조회수	작성일	첨부
1	자료실 제목3 입니다.	이순신	0	2021-08-21	
1					글쓰기

STEP 2 # 14.3 글쓰기

자료실 글쓰기에는 파일 업로드 기능도 구현해야 합니다. 13장에서 학습한 파일 업로드를 글쓰기에 추가해야 하는데, 별도의 유틸리티 클래스를 만들어서 구현하겠습니다.

▼ 글쓰기 처리 프로세스와 담당 모듈(파일)

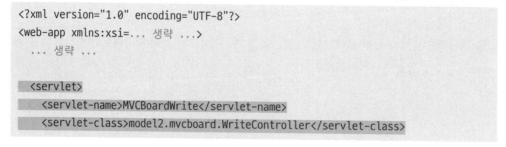

14.3.1 요청명/서블릿 매핑

먼저 요청명 매핑부터 진행하겠습니다(이번 절까지는 web.xml에서 사용하고, 다음 절부터는 애너테이션을 사용하겠습니다).

예제 14-7 요청명/서블릿 매핑   webapp/WEB-INF/web.xml

```xml
<?xml version="1.0" encoding="UTF-8"?>
<web-app xmlns:xsi=... 생략 ...>
    ... 생략 ...


    <servlet>
     <servlet-name>MVCBoardWrite</servlet-name>
     <servlet-class>model2.mvcboard.WriteController</servlet-class>
```

```
        <multipart-config>❶
            <max-file-size>1048576</max-file-size> <!-- 1MB -->
            <max-request-size>10485760</max-request-size> <!-- 10MB -->
        </multipart-config>
    </servlet>
    <servlet-mapping>
        <servlet-name>MVCBoardWrite</servlet-name>
        <url-pattern>/mvcboard/write.do</url-pattern>
    </servlet-mapping>
</web-app>
```

❶ 파일 업로드에 사용할 Multipart 설정을 해줍니다. 13장에서는 @MultipartConfig 애너테이션을 사용해 설정했지만, web.xml에서 서블릿 매핑을 하는 경우에는 이와 같이 하면 됩니다.

- 〈max-file-size〉 : 개별 파일의 최대 크기를 지정합니다.
- 〈max-request-size〉 : 전체 파일의 최대 크기를 지정합니다.

아래 그림을 보면 애너테이션과 동일한 설정인 것을 알 수 있습니다.

```
@MultipartConfig {        ◀── 〈multipart-config〉
    maxFileSize = 1024 * 1024 * 1,        ◀── 〈max-file-size〉
    maxRequestSize = 1024 * 1024 * 10  ◀── 〈max-request-size〉
}
```

13장과 동일한 크기인 1MB, 10MB로 설정하였습니다.

14.3.2 컨트롤러 작성 1 - 작성 폼으로 진입

컨텍스트 초기화 매개변수까지 추가했다면 서블릿을 작성하겠습니다. 글쓰기 폼으로 진입하기 위한 부분과 폼값을 받아 DB 처리를 하는 부분으로 나뉩니다. 전자는 doGet() 메서드를, 후자는 doPost() 메서드를 사용합니다. 먼저 작성폼으로 진입하기 위한 부분을 작성하겠습니다.

예제 14-8 작성폼으로 진입하기   Java Resources/src/main/java/**model2/mvcboard/WriteController.java**

```
package model2.mvcboard;

... 임포트문 생략 ...
```

```
public class WriteController extends HttpServlet {
    @Override
    protected void doGet(HttpServletRequest req, HttpServletResponse resp)
            throws ServletException, IOException {  ①
        req.getRequestDispatcher("/14MVCBoard/Write.jsp").forward(req, resp);
    }
}
```

① 작성폼으로 진입하기 위해 doGet() 메서드를 사용합니다. 단순히 글쓰기 페이지(Write.jsp)
로 포워드만 해주면 됩니다.

14.3.3 뷰 작성

서블릿에서 포워드할 JSP를 작성해보겠습니다. 다음과 같이 필수 기능만 갖춘 간단한 페이지입
니다.

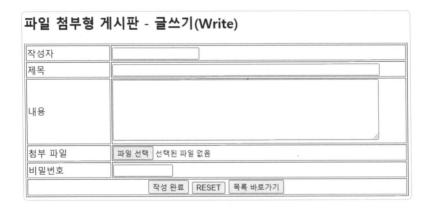

예제 14-9 글쓰기 폼 JSP   webapp/14MVCBoard/Write.jsp

```
<%@ page language="java" contentType="text/html; charset=UTF-8"
    pageEncoding="UTF-8"%>
<%@ taglib prefix="c" uri="jakarta.tags.core" %>
<!DOCTYPE html>
<html>
<head>
<meta charset="UTF-8">
```

```
<title>파일 첨부형 게시판</title>
<script type="text/javascript">
    function validateForm(form) {  // 필수 항목 입력 확인 ❶
        if (form.name.value == "") {
            alert("작성자를 입력하세요.");
            form.name.focus();
            return false;
        }
        if (form.title.value == "") {
            alert("제목을 입력하세요.");
            form.title.focus();
            return false;
        }
        if (form.content.value == "") {
            alert("내용을 입력하세요.");
            form.content.focus();
            return false;
        }
        if (form.pass.value == "") {
            alert("비밀번호를 입력하세요.");
            form.pass.focus();
            return false;
        }
    }
</script>
</head>
<h2>파일 첨부형 게시판 - 글쓰기(Write)</h2>
<form name="writeFrm" method="post" enctype="multipart/form-data"
      action="../mvcboard/write.do" onsubmit="return validateForm(this);"> ❷
<table border="1" width="90%">
    <tr>
        <td>작성자</td>
        <td>
            <input type="text" name="name" style="width:150px;" />
        </td>
    </tr>
    <tr>
        <td>제목</td>
        <td>
```

```
            <input type="text" name="title" style="width:90%;" />
        </td>
    </tr>
    <tr>
        <td>내용</td>
        <td>
            <textarea name="content" style="width:90%;height:100px;"></textarea>
        </td>
    </tr>
    <tr>
        <td>첨부 파일</td>
        <td>
            <input type="file" name="ofile" />  ❸
        </td>
    </tr>
    <tr>
        <td>비밀번호</td>
        <td>
            <input type="password" name="pass" style="width:100px;" />
        </td>
    </tr>
    <tr>
        <td colspan="2" align="center">
            <button type="submit">작성 완료</button>  ❹
            <button type="reset">RESET</button>
            <button type="button" onclick="location.href='../mvcboard/list.do';">
                목록 바로가기
            </button>
        </td>
    </tr>
</table>
</form>
</body>
</html>
```

❶ 폼값을 서버로 전송하기 전에 필수 항목 중 빈 값이 있는지를 확인하기 위한 자바스크립트 함
수입니다.

② 파일을 첨부하기 위한 작성폼이므로 반드시 method="post" enctype="multipart/form-data"로 설정해야 합니다.

③ 파일 선택을 위한 입력 상자입니다. type 속성이 "file"입니다.

④ 폼값을 전송하기 위한 버튼입니다.

목록 보기 화면에서 [글쓰기] 버튼을 클릭해보세요. 앞서 보여드린 글쓰기 화면이 나타나면 됩니다.

14.3.4 모델 작성(DAO에 기능 추가)

이어서 글쓰기 폼에서 입력한 내용과 첨부 파일을 처리해주는 메서드를 DAO 클래스에 추가하겠습니다.

예제 14-10 글쓰기 처리 메서드 추가　　　Java Resources/src/main/java/**model2/mvcboard/MVCBoardDAO.java**

```
package model2.mvcboard;

... 임포트문 생략 ...

public class MVCBoardDAO extends DBConnPool {
    ... 생략 ...

    // 게시글 데이터를 받아 DB에 추가합니다(파일 업로드 지원).
    public int insertWrite(MVCBoardDTO dto) {  ❶
        int result = 0;
        try {
            String query = "INSERT INTO mvcboard ( "
                        + " idx, name, title, content, ofile, sfile, pass) "
                        + " VALUES ( "
                        + " seq_board_num.NEXTVAL,?,?,?,?,?,?)";  ❷
            psmt = con.prepareStatement(query);  ❸
            psmt.setString(1, dto.getName());
            psmt.setString(2, dto.getTitle());
            psmt.setString(3, dto.getContent());
            psmt.setString(4, dto.getOfile());
            psmt.setString(5, dto.getSfile());
            psmt.setString(6, dto.getPass());
```

```
            result = psmt.executeUpdate();  ❹
        }
        catch (Exception e) {
            System.out.println("게시물 입력 중 예외 발생");
            e.printStackTrace();
        }
        return result;  ❺
    }
}
```

❶ 웹 페이지(Write.jsp)에서 전송한 폼값을 서블릿(WriteController)이 받아 DTO에 저장 후이 DAO로 전달해줄 것입니다. 해당 서블릿 코드는 잠시 후에 추가하겠습니다.

❷ INSERT 쿼리문을 작성합니다. 데이터베이스 테이블 스키마에서 downcount와 visitcount는 기본값을 0으로 설정했으므로 입력에서는 생략했습니다. ❸ 이어서 쿼리문을 인수로 PreparedStatement 객체를 생성한 후 인파라미터를 설정하고 ❹ 쿼리문을 실행하여 테이블에 입력합니다.

❺ 입력된 결과를 서블릿으로 반환합니다.

14.3.5 컨트롤러 작성 2 - 폼값 처리

이번에는 폼값을 처리할 서블릿을 작성해보겠습니다. 13장에서 작성했던 유틸리티 클래스를 사용해 업로드를 처리할 것입니다.

앞서 작성했던 WriteController에 doPost() 메서드를 추가하면 됩니다. 파일 업로드를 먼저 처리한 후 나머지 작업을 진행하는 형태로 작성했습니다.

예제 14-11 WriteController에 글쓰기 메서드 추가

Java Resources/src/main/java/**model2/mvcboard/WriteController.java**

```
package model2.mvcboard;

... 임포트문 생략 ...

public class WriteController extends HttpServlet {
    ... 생략 ...
```

```java
@Override
protected void doPost(HttpServletRequest req, HttpServletResponse resp)
        throws ServletException, IOException {

    // 1. 파일 업로드 처리 =============================
    // 업로드 디렉터리의 물리적 경로 확인 ❶
    String saveDirectory = req.getServletContext().getRealPath("/Uploads");

    // 파일 업로드 ❷
    String originalFileName = "";
    try {
        originalFileName = FileUtil.uploadFile(req, saveDirectory);
    }
    catch (Exception e) {
        // 파일 업로드 실패 ❸
        JSFunction.alertLocation(resp, "파일 업로드 오류입니다.",
                "../mvcboard/write.do");
        return;
    }

    // 2. 파일 업로드 외 처리 =============================
    // 폼값을 DTO에 저장 ❹
    MVCBoardDTO dto = new MVCBoardDTO();
    dto.setName(req.getParameter("name"));
    dto.setTitle(req.getParameter("title"));
    dto.setContent(req.getParameter("content"));
    dto.setPass(req.getParameter("pass"));

    // 원본 파일명과 저장된 파일 이름 설정
    if (originalFileName != "") { ❺
        // 첨부 파일이 있을 경우 파일명 변경 ❻
        String savedFileName = FileUtil.renameFile(saveDirectory,
originalFileName);

        dto.setOfile(originalFileName);  // 원래 파일 이름
        dto.setSfile(savedFileName);  // 서버에 저장된 파일 이름
    }
```

```
        // DAO를 통해 DB에 게시 내용 저장 ❽
        MVCBoardDAO dao = new MVCBoardDAO();
        int result = dao.insertWrite(dto);
        dao.close();

        // 성공 or 실패? ❾
        if (result == 1) {  // 글쓰기 성공
            resp.sendRedirect("../mvcboard/list.do");
        }
        else {  // 글쓰기 실패
            JSFunction.alertLocation(resp, "글쓰기에 실패했습니다.",
                    "../mvcboard/write.do");
        }
    }
}
```

먼저 파일 업로드부터 처리합니다. ❶파일이 업로드될 Uploads 디렉터리의 물리적 경로를 얻어온 후, ❷13장에서 만든 FileUtil.uploadFile() 메서드를 호출합니다. ❸ 만약 파일 업로드에 실패하면 경고창을 띄워주고 작성 페이지(../mvcboard/write.do)로 다시 이동합니다.

❹ 파일 업로드에 성공했다면 파일을 제외한 나머지 폼값을 DTO에 저장합니다.

❺ 조건문을 통해 업로드 된 파일이 있는지 확인합니다. ❻ 첨부된 파일이 있는 경우에는 파일명을 변경한 후 ❼ 원본 파일명과 변경된 파일명을 따로 기록하기 위해 DTO에 저장합니다. 만약 파일 첨부를 하지 않았다면 이 부분은 실행되지 않습니다.

Note 파일명을 따로 기록하는 이유는 13.1.4절에서 설명했습니다.

❽ DAO를 통해 데이터베이스에 기록합니다.

❾ 모든 작업이 오류 없이 완료되었다면 목록으로 이동하고, 실패했다면 경고창을 띄우고 글쓰기 페이지로 다시 돌아갑니다.

마지막으로 ❸에서 사용한 alertLocation() 메서드와 이와 유사한 alertBack() 메서드를 JSFunction 클래스에 추가하겠습니다. 서블릿에서 경고창을 띄운 후 다른 페이지로 이동하게 해주는 메서드들입니다.

```java
package utils;

... 임포트문 생략 ...

public class JSFunction {
    ... 생략 ...

    // 메시지 알림창을 띄운 후 명시한 URL로 이동합니다.
    public static void alertLocation(HttpServletResponse resp, String msg,
String url) {❶
        try {
            resp.setContentType("text/html;charset=UTF-8"); ❷
            PrintWriter writer = resp.getWriter(); ❸
            String script = ""
                        + "<script>"
                        + "   alert('" + msg + "');"
                        + "   location.href='" + url + "';"
                        + "</script>";
            writer.print(script); ❹
        }
        catch (Exception e) {}
    }

    // 메시지 알림창을 띄운 후 이전 페이지로 돌아갑니다.
    public static void alertBack(HttpServletResponse resp, String msg) { ❺
        try {
            resp.setContentType("text/html;charset=UTF-8");
            PrintWriter writer = resp.getWriter();
            String script = ""
                        + "<script>"
                        + "   alert('" + msg + "');"
                        + "   history.back();"
                        + "</script>";
            writer.print(script);
        }
        catch (Exception e) {}
    }
}
```

❶ 기존에 정의된 메서드를 오버로딩하여 추가합니다.

❷ 서블릿에서 즉시 내용을 출력하려면 response 내장 객체의 setContentType() 메서드로 콘텐츠 타입을 지정해야 합니다. ❸ 또한 PrintWriter 객체가 필요하므로 getWriter() 메서드를 통해 얻어옵니다.

❹ 우리에게 필요한 것은 자바스크립트 코드이므로, 하나의 문자열로 만든 후 서블릿에서 즉시 출력합니다. 경고창^{alert}을 띄운 후 페이지 이동^{location}합니다.

❺ alertBack() 메서드는 경고창을 띄워준 후 뒤로 이동합니다. alertLocation() 메서드와 같은 방식으로 구현하면 됩니다.

14.3.6 동작 확인

코드가 모두 준비되었니 예제를 실행해 글을 작성해봅시다.

To Do 01 Write.jsp를 실행합니다.

02 첨부 파일을 포함해 내용을 입력합니다. 비밀번호는 "1234"로 하고, 첨부할 파일은 반드시 1MB 이하로 선택해야 합니다.

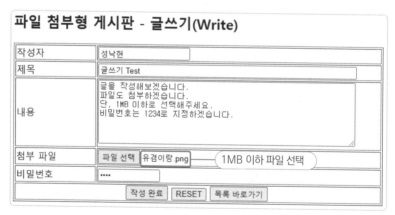

03 [작성 완료] 버튼을 클릭합니다. 그러면 다음과 같이 새로운 게시물이 등록됩니다.

파일 첨부형 게시판 - 목록 보기(List)

	제목 ∨		검색하기		
번호	제목	작성자	조회수	작성일	첨부
6	글쓰기 Test	성낙현	1	2021-08-04	[Down]
5	자료실 제목5입니다.	대조영	2	2021-08-04	
4	자료실 제목4입니다.	강감찬	0	2021-08-04	

만약 파일의 용량이 1MB를 초과한다면 다음과 같은 경고창이 뜬 후 글쓰기 화면으로 돌아갈 것입니다.

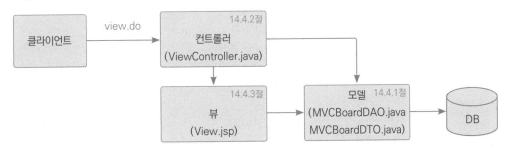

14.4 상세 보기

상세 보기부터는 서블릿 매핑에 web.xml이 아닌 애너테이션을 이용하겠습니다. 다시 말하지만, 학습을 위해 두 가지 모두 사용해보는 것이니, 실전에서는 한 가지로 통일해 사용하길 권해드립니다.

▼ 상세 보기 처리 프로세스와 담당 모듈(파일)

```
클라이언트  ──view.do──▶  컨트롤러              14.4.2절
                         (ViewController.java)
                              │
                              ▼
                         뷰        14.4.3절    ──▶   모델       14.4.1절    ──▶   DB
                         (View.jsp)                (MVCBoardDAO.java
                                                    MVCBoardDTO.java)
```

14.4.1 모델 작성

주어진 일련번호에 해당하는 게시물을 DTO로 반환하는 메서드와 조회수를 증가시키는 메서드를 먼저 작성하겠습니다.

예제 14-13 일련번호로 게시물 조회　　　Java Resources/src/main/java/**model2/mvcboard/MVCBoardDAO.java**

```java
package model2.mvcboard;

... 임포트문 생략 ...

public class MVCBoardDAO extends DBConnPool {
    ... 생략 ...

    // 주어진 일련번호에 해당하는 게시물을 DTO에 담아 반환합니다. ❶
    public MVCBoardDTO selectView(String idx) {
        MVCBoardDTO dto = new MVCBoardDTO();  // DTO 객체 생성
        String query = "SELECT * FROM mvcboard WHERE idx=?";  // 쿼리문 템플릿 준비
        try {
            psmt = con.prepareStatement(query);  // 쿼리문 준비
            psmt.setString(1, idx);  // 인파라미터 설정
            rs = psmt.executeQuery();  // 쿼리문 실행

            if (rs.next()) {  // 결과를 DTO 객체에 저장
                dto.setIdx(rs.getString(1));
                dto.setName(rs.getString(2));
                dto.setTitle(rs.getString(3));
                dto.setContent(rs.getString(4));
                dto.setPostdate(rs.getDate(5));
                dto.setOfile(rs.getString(6));
                dto.setSfile(rs.getString(7));
                dto.setDowncount(rs.getInt(8));
                dto.setPass(rs.getString(9));
                dto.setVisitcount(rs.getInt(10));
            }
        }
        catch (Exception e) {
            System.out.println("게시물 상세보기 중 예외 발생");
            e.printStackTrace();
        }
```

```
        return dto;  // 결과 반환
    }

    // 주어진 일련번호에 해당하는 게시물의 조회수를 1 증가시킵니다. ❷
    public void updateVisitCount(String idx) {
        String query = "UPDATE mvcboard SET "  ❸
                    + " visitcount=visitcount+1 "
                    + " WHERE idx=?";
        try {
            psmt = con.prepareStatement(query);
            psmt.setString(1, idx);
            psmt.executeQuery();
        }
        catch (Exception e) {
            System.out.println("게시물 조회수 증가 중 예외 발생");
            e.printStackTrace();
        }
    }
}
```

❶ selectView() 메서드는 게시물의 일련번호를 인수로 받아 조회합니다. 코드 흐름은 지금까지 많이 보아온 패턴 그대로입니다.

❷ updateVisitCount() 메서드는 게시물의 일련번호를 인수로 받아 조회수를 증가시킵니다. 반환할 DTO가 없다는 점만 빼면 역시 같은 흐름입니다. ❸ 조회수를 1 증가시켜주는 쿼리문만 주의해주시면 되겠습니다.

14.4.2 컨트롤러 작성

상세 보기를 위한 서블릿을 작성하겠습니다. 매핑은 애너테이션을 사용합니다.

예제 14-14 상세 보기 서블릿   Java Resources/src/main/java/**model2/mvcboard/ViewController.java**

```
package model2.mvcboard;

... 임포트문 생략 ...
```

```java
@WebServlet("/mvcboard/view.do")  ❶
public class ViewController extends HttpServlet {
    @Override
    protected void service(HttpServletRequest req, HttpServletResponse resp)
        throws ServletException, IOException {
        // 게시물 불러오기
        MVCBoardDAO dao = new MVCBoardDAO();    ❷
        String idx = req.getParameter("idx");  ❸
        dao.updateVisitCount(idx);  // 조회수 1 증가 ❹
        MVCBoardDTO dto = dao.selectView(idx);  ❺
        dao.close();

        // 줄바꿈 처리 ❻
        dto.setContent(dto.getContent().replaceAll("\r\n", "<br/>"));

        // 첨부 파일 확장자 추출 및 이미지 타입 확인 ❼
        String ext = null, fileName = dto.getSfile();
        if(fileName!=null) {
            ext = fileName.substring(fileName.lastIndexOf(".")+1);
        }
        String[] mimeStr = {"png","jpg","gif"}; ❽
        List<String> mimeList = Arrays.asList(mimeStr); ❾
        boolean isImage = false;
        if(mimeList.contains(ext)) { ❿
            isImage = true;
        }

        // 게시물(dto) 저장 후 뷰로 포워드
        req.setAttribute("dto", dto);  ⓫
        req.setAttribute("isImage", isImage);
        req.getRequestDispatcher("/14MVCBoard/View.jsp").forward(req, resp);  ⓬
    }
}
```

❶ @WebServlet 애너테이션으로 요청명과 서블릿을 매핑했습니다. 보다시피 web.xml에 비해 간단히 처리할 수 있는 장점이 있습니다.

게시물 조회 요청이 오면 이 서블릿은 ❷ DAO 객체를 생성한 후, ❸ 게시물의 일련번호를 매개변수로 받아 ❹ 조회수를 먼저 증가시킨 다음 ❺ 게시물 내용을 가져옵니다.

그리고 게시물 내용을 ❻ 줄바꿈 처리를 해주는데, HTML 문서는 일반 텍스트 문서의 줄바꿈 문자(\r\n)를 무시하기 때문에 HTML이 인식하는 줄바꿈 태그(⟨br/⟩)로 바꿔주는 것입니다.

❼ 첨부 파일이 있는 경우 파일의 확장자를 추출합니다. 이를 통해 첨부 파일이 이미지라면 ⟨img⟩ 태그로 상세보기 화면에 보여줄 것입니다. ❽ String 타입 배열에 이미지 확장자들을 저장한 후 ❾ Arrays.asList()를 이용해 List 컬렉션으로 변환합니다. ❿ conatins() 메서드로 컬렉션에 포함된 확장자인지 확인하여, 포함되어 있다면 isImage 변수의 값을 true로 변경해줍니다.

마지막으로 ⓫ DTO 객체와 isImage를 request 영역에 저장하고 ⓬ 뷰(View.jsp)로 포워드합니다.

14.4.3 뷰 작성

게시물 내용을 출력해줄 뷰를 작성하겠습니다. 다음 그림과 같은 모습의 화면을 만들어주는 JSP입니다.

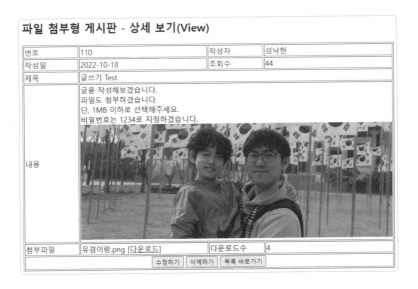

보다시피 게시물 관련 정보를 보여주고, 첨부 파일을 다운로드할 수 있는 링크와 현 게시물을 수정/삭제할 수 있는 버튼을 제공합니다. 또한 첨부 파일이 이미지라면 이미지도 함께 보여줍니다.

```jsp
<%@ page language="java" contentType="text/html; charset=UTF-8"
    pageEncoding="UTF-8"%>
<%@ taglib prefix="c" uri="jakarta.tags.core" %>
<!DOCTYPE html>
<html>
<head>
<meta charset="UTF-8">
<title>파일 첨부형 게시판</title>
</head>
<body>
<h2>파일 첨부형 게시판 - 상세 보기(View)</h2>

<table border="1" width="90%">
    <colgroup>
        <col width="15%"/> <col width="35%"/>
        <col width="15%"/> <col width="*"/>
    </colgroup>

    <!-- 게시글 정보 -->
    <tr>
        <td>번호</td> <td>${ dto.idx }</td>
        <td>작성자</td> <td>${ dto.name }</td>
    </tr>
    <tr>
        <td>작성일</td> <td>${ dto.postdate }</td>
        <td>조회수</td> <td>${ dto.visitcount }</td>
    </tr>
    <tr>
        <td>제목</td>
        <td colspan="3">${ dto.title }</td>
    </tr>
    <tr>
        <td>내용</td>
        <td colspan="3" height="100">${ dto.content }
            <c:if test="${ not empty dto.ofile and isImage eq true }">
                <br><img src="../Uploads/${ dto.sfile }" style=
"max-width:100%;"/>
            </c:if>
```

❶

❷

```
            </td>
        </tr>

        <!-- 첨부 파일 -->
        <tr>
            <td>첨부 파일</td>
            <td>
                <c:if test="${ not empty dto.ofile }"> ❸
                ${ dto.ofile }
                <a href="../mvcboard/download.do?ofile=${ dto.ofile }&sfile=${ dto.s
file }&idx=${ dto.idx }">
                    [다운로드]
                </a> ❹
                </c:if>
            </td>
             <td>다운로드수</td>
            <td>${ dto.downcount }</td>
        </tr>

        <!-- 하단 메뉴(버튼) --> ❺
        <tr>
            <td colspan="4" align="center">
                <button type="button" onclick="location.href='../mvcboard/pass.
do?mode=edit&idx=${ param.idx }';">
                    수정하기
                </button>
                <button type="button" onclick="location.href='../mvcboard/pass.
do?mode=delete&idx=${ param.idx }';">
                    삭제하기
                </button>
                <button type="button" onclick="location.href='../mvcboard/list.do';">
                    목록 바로가기
                </button>
            </td>
        </tr>
</table>
</body>
</html>
```

❻

❶ 서블릿에서 request 영역에 저장한 DTO 객체의 내용을 EL로 출력합니다. ${속성명.멤버 변수} 형식입니다.

❷ 특히 내용 부분에서는 첨부 파일이 있고, 이미지라면 〈img〉 태그를 이용해 이미지를 출력합니다. style의 max-width 속성은 이미지가 출력될 영역보다 작으면 원본 크기로, 더 크다면 해당 영역만큼만 출력해주는 유용한 속성입니다.

❸ 첨부 파일은 필수 입력사항이 아니므로, JSTL인 〈c:if〉를 이용해 파일이 있을 때만 파일 이름과 다운로드 링크를 출력합니다.

❹ 다운로드 링크의 형태는 목록 보기(List.jsp) 코드와 동일합니다.

마지막으로 ❺ 수정, 삭제, 목록 바로가기 버튼을 추가합니다. ❻ [수정하기]와 [삭제하기]의 경우 비밀번호 검증 페이지인 ../mvcboard/pass.do로 먼저 이동하게 됩니다. 이 부분은 14.6절에서 설명하겠습니다.

14.4.4 동작 확인

To Do 01 Default.jsp를 실행합니다.

02 [게시판 목록 바로가기] 링크를 클릭합니다.

03 화면의 목록 중 원하는 글의 제목을 클릭하면 내용이 출력될 것입니다.

다운로드 기능은 바로 다음 절에서 구현합니다. 따라서 [다운로드] 링크를 클릭해도 아직은 동작하지 않습니다.

STEP 4 14.5 파일 다운로드

파일 다운로드는 목록 보기나 상세 보기 화면에서 첨부 파일의 [다운로드] 링크를 클릭하면 수행됩니다.

▼ 파일 다운로드 처리 프로세스와 담당 모듈(파일)

14.5.1 모델 작성

다운로드 횟수를 증가시키는 메서드를 DAO에 추가하겠습니다. [다운로드] 링크 클릭 시 전달되는 일련번호를 사용하여 업데이트하며, 방식은 조회수 증가와 동일합니다.

예제 14-16 DAO에 메서드 추가　　　　　Java Resources/src/main/java/**model2/mvcboard/MVCBoardDAO.java**

```java
package model2.mvcboard;

public class MVCBoardDAO extends DBConnPool {
    ... 생략 ...

    // 다운로드 횟수를 1 증가시킵니다.
    public void downCountPlus(String idx) {  ❶
        String sql = "UPDATE mvcboard SET "
                + " downcount=downcount+1 "  ❷
                + " WHERE idx=? ";
        try {
            psmt = con.prepareStatement(sql);
            psmt.setString(1, idx);
            psmt.executeUpdate();
        }
        catch (Exception e) {}
    }
}
```

❶ 일련번호를 인수로 받아 ❷ downcount를 1 증가시킵니다.

14.5.2 컨트롤러 작성

다음은 서블릿을 작성할 차례이나, 서블릿에서 사용할 유틸리티 메서드를 먼저 작성하겠습니다. 실제로 파일을 다운로드해주는 메서드입니다.

예제 14-17 파일 다운로드 유틸리티 메서드　　　　　Java Resources/src/main/java/**fileupload/FileUtil.java**

```java
package fileupload;

... 임포트문 생략 ...
```

```java
public class FileUtil {
    ... 생략 ...

    // 명시한 파일을 찾아 다운로드합니다.
    public static void download(HttpServletRequest req, HttpServletResponse resp,
            String directory, String sfileName, String ofileName) {  ❶
        String sDirectory = req.getServletContext().getRealPath(directory);  ❷
        try {
            // 파일을 찾아 입력 스트림 생성 ❸
            File file = new File(sDirectory, sfileName);
            InputStream iStream = new FileInputStream(file);

            // 한글 파일명 깨짐 방지
            String client = req.getHeader("User-Agent");  ❹
            if (client.indexOf("WOW64") == -1) {  ❺
                ofileName = new String(ofileName.getBytes("UTF-8"), "ISO-8859-1");
            }
            else {
                ofileName = new String(ofileName.getBytes("KSC5601"), "ISO-8859-1");
            }

            // 파일 다운로드용 응답 헤더 설정 ❻
            resp.reset();
            resp.setContentType("application/octet-stream");
            resp.setHeader("Content-Disposition",
                        "attachment; filename=\"" + ofileName + "\"");
            resp.setHeader("Content-Length", "" + file.length() );

            // out.clear();  // 출력 스트림 초기화 ❼

            // response 내장 객체로부터 새로운 출력 스트림 생성 ❽
            OutputStream oStream = resp.getOutputStream();

            // 출력 스트림에 파일 내용 출력 ❾
            byte b[] = new byte[(int)file.length()];
            int readBuffer = 0;
            while ( (readBuffer = iStream.read(b)) > 0 ) {
                oStream.write(b, 0, readBuffer);
            }
```

```
        // 입/출력 스트림 닫음 ❿
        iStream.close();
        oStream.close();
    }
    catch (FileNotFoundException e) {
        System.out.println("파일을 찾을 수 없습니다.");
        e.printStackTrace();
    }
    catch (Exception e) {
        System.out.println("예외가 발생하였습니다.");
        e.printStackTrace();
    }
  }
}
```

13장의 Download.jsp 파일(예제 13-8)과 거의 같으니 짧게 설명하겠습니다.

❶ download() 메서드는 request, response 내장 객체와 디렉터리명, 저장된 파일명, 원본 파일명을 매개변수로 전달받습니다. ❷는 서블릿에서 디렉터리의 물리적 경로를 얻어오는 방법입니다.

다음은 파일명 깨짐을 방지하기 위한 처리입니다. ❹ User-Agent를 통해 클라이언트의 웹 브라우저의 종류를 알아온 후 ❺ 인터넷 익스플로러일 때와 그 외의 경우를 구분하여 케릭터셋을 설정합니다.

❻ 파일 다운로드를 위한 응답 헤더를 설정합니다.

❼은 13장의 Download.jsp에는 있는 코드이나 여기서는 주석으로 처리했습니다. JSP에서는 이 코드가 없으면 예외가 발생하지만 서블릿에서는 발생하지 않습니다. JSP에서 예외가 발생하는 이유가 궁금하다면 13장의 [예제 13-8]을 참고하시기 바랍니다.

❽ 새로운 출력 스트림을 생성해서 ❾ 읽어온 내용을 파일로 출력한 다음 ❿ 입력 스트림과 출력 스트림을 닫아줍니다.

마지막으로 지금까지 만든 코드들을 이용해 파일을 다운로드해주는 서블릿을 작성하겠습니다.

```java
package model2.mvcboard;

... 임포트문 생략 ...

@WebServlet("/mvcboard/download.do")
public class DownloadController extends HttpServlet{
    @Override
    protected void doGet(HttpServletRequest req, HttpServletResponse resp)
        throws ServletException, IOException {
        // 매개변수 받기 ❶
        String ofile = req.getParameter("ofile");   // 원본 파일명
        String sfile = req.getParameter("sfile");   // 저장된 파일명
        String idx = req.getParameter("idx");       // 게시물 일련번호

        // 파일 다운로드
        FileUtil.download(req, resp, "/Uploads", sfile, ofile);   ❷

        // 해당 게시물의 다운로드 수 1 증가
        MVCBoardDAO dao = new MVCBoardDAO();
        dao.downCountPlus(idx);   ❸
        dao.close();
    }
}
```

❶ 다운로드 링크 클릭 시 전달하는 매개변수를 받아와서 ❷ 파일을 다운로드한 후 ❸ 다운로드 횟수를 증가시킵니다. ❷와 ❸에서 이번 절에서 앞서 작성한 메서드들을 이용했습니다.

14.5.3 동작 확인

To Do **01** Default.jsp를 실행합니다.

02 [게시판 목록 바로가기] 링크를 클릭합니다.

03 화면의 목록 중 첨부 파일이 있는 글의 제목을 클릭합니다.

파일 첨부형 게시판 - 목록 보기(List)

번호	제목	작성자	조회수	작성일	첨부
	제목 ∨			검색하기	
6	글쓰기 Test	성낙현	0	2021-08-04	[Down]
5	자료실 제목5입니다.	대조영	0	2021-08-04	
4	자료실 제목4입니다.	강감찬	0	2021-08-04	

04 [다운로드] 링크를 클릭합니다.

파일 다운로드 시 원본 파일명으로 저장되는 것을 알 수 있습니다.

05 [목록 바로가기] 버튼을 클릭해 목록 보기 화면으로 이동합니다.

06 '첨부' 열의 [Down] 링크를 클릭합니다.

같은 파일을 반복해 다운로드하면 "동해 (1).png"와 같이 파일명 뒤에 번호를 붙여서 기존 파일이 덮어써지는 일을 방지해줍니다. 이는 JSP의 기능이 아닌, 웹 브라우저의 기능입니다.

07 다시 글 제목을 클릭해 '다운로드수' 값이 증가했는지 확인해봅니다.

STEP 5 ## 14.6 삭제하기

먼저 View.jsp의 수정, 삭제 버튼의 링크를 다시 살펴보겠습니다.

```
... 생략 ...
        <button type="button" onclick="location.href='../mvcboard/pass.do?
```

```
mode=edit&idx=${ param.idx }';">
                수정하기
        </button>
        <button type="button" onclick="location.href='../mvcboard/pass.do?
mode=delete&idx=${ param.idx }';">
                삭제하기
        </button>
... 생략 ...
```

보다시피 수정과 삭제 모두 pass.do를 사용하며, 매개변수 중 mode의 값만 다릅니다. 이 pass.do는 비밀번호를 확인하는 서블릿으로 연결될 것입니다(비회원제 게시판은 회원인증 절차 없이 글을 작성할 수 있기 때문에 비밀번호로 작성자인지를 판단합니다).

수정의 경우에는 비밀번호 확인 후 수정하기 페이지로 이동하며, 삭제의 경우에는 비밀번호 확인이 완료되면 별도의 이동 없이 게시물을 즉시 삭제합니다.

▼ 삭제하기 처리 프로세스와 담당 모듈(파일)

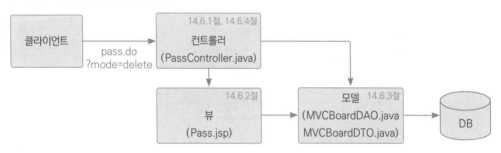

14.6.1 요청명/서블릿 매핑

먼저 비밀번호 입력 페이지로 이동하기 위한 서블릿을 작성하겠습니다.

예제 14-19 페이지 이동 서블릿   Java Resources/src/main/java/**model2/mvcboard/PassController.java**

```
package model2.mvcboard;

... 임포트문 생략 ...

@WebServlet("/mvcboard/pass.do")  ❶
```

```
public class PassController extends HttpServlet {
    @Override
    protected void doGet(HttpServletRequest req, HttpServletResponse resp)
        throws ServletException, IOException {
        req.setAttribute("mode", req.getParameter("mode"));  ❷
        req.getRequestDispatcher("/14MVCBoard/Pass.jsp").forward(req, resp);  ❸
    }
}
```

❶ 애너테이션으로 요청명과 매핑해줍니다.

❷ mode 매개변수의 값을 request 영역에 저장한 다음 ❸ Pass.jsp로 포워드합니다.

14.6.2 뷰 작성

곧바로 Pass.jsp를 작성합니다. 비밀번호 입력용 뷰로, 다음과 같이 간단한 화면입니다.

예제 14-20 비밀번호 입력 화면   webapp/14MVCBoard/Pass.jsp

```
<%@ page language="java" contentType="text/html; charset=UTF-8"
    pageEncoding="UTF-8"%>
<%@ taglib prefix="c" uri="jakarta.tags.core" %>
<!DOCTYPE html>
<html>
<head>
<meta charset="UTF-8">
<title>파일 첨부형 게시판</title>
<script type="text/javascript">
    function validateForm(form) {  ❶
        if (form.pass.value == "") {
            alert("비밀번호를 입력하세요.");
            form.pass.focus();
            return false;
```

```
            }
        }
</script>
</head>
<body>
<h2>파일 첨부형 게시판 - 비밀번호 검증(Pass)</h2>
<form name="writeFrm" method="post" action="../mvcboard/pass.do" onsubmit=
"return validateForm(this);">  ❷
<input type="hidden" name="idx" value="${ param.idx }" />  ─┐
<input type="hidden" name="mode" value="${ param.mode }" />  ─┴─ ❸
<table border="1" width="90%">
    <tr>
        <td>비밀번호</td>
        <td>
            <input type="password" name="pass" style="width:100px;" />
        </td>
    </tr>
    <tr>
        <td colspan="2" align="center">
            <button type="submit">검증하기</button>
            <button type="reset">RESET</button>
            <button type="button" onclick="location.href='../mvcboard/list.do';">
                목록 바로가기
            </button>
        </td>
    </tr>
</table>
</form>
</body>
</html>
```

❶ 비밀번호를 입력했는지 확인해주는 자바스크립트 함수를 정의합니다.

❷ 이번 폼에서는 파일을 첨부하지 않으므로 enctype 속성은 필요하지 않습니다.

❸ 삭제 혹은 수정할 게시물의 일련번호(idx)와 모드(mode)를 hidden 타입 입력상자에 저장합
니다.

14.6.3 모델 작성

삭제하기는 비밀번호가 확인되면 즉시 게시물을 삭제하면 됩니다. DAO 클래스에 비밀번호 확인과 삭제하기 메서드를 작성해 넣겠습니다.

예제 14-21 DAO에 메서드 추가　　　　Java Resources/src/main/java/**model2/mvcboard/MVCBoardDAO.java**

```java
package model2.mvcboard;

... 임포트문 생략 ...

public class MVCBoardDAO extends DBConnPool {
    ... 생략 ...

    // 입력한 비밀번호가 지정한 일련번호의 게시물의 비밀번호와 일치하는지 확인합니다.
    public boolean confirmPassword(String pass, String idx) {
        boolean isCorr = true;
        try {
            String sql = "SELECT COUNT(*) FROM mvcboard WHERE pass=? AND idx=?";  ❶
            psmt = con.prepareStatement(sql);
            psmt.setString(1, pass);
            psmt.setString(2, idx);
            rs = psmt.executeQuery();
            rs.next();
            if (rs.getInt(1) == 0) {
                isCorr = false;
            }
        }                                                     ❷
        catch (Exception e) {
            isCorr = false;
            e.printStackTrace();
        }
        return isCorr;
    }

    // 지정한 일련번호의 게시물을 삭제합니다.
    public int deletePost(String idx) {
        int result = 0;
        try {
            String query = "DELETE FROM mvcboard WHERE idx=?";
```

```
            psmt = con.prepareStatement(query);
            psmt.setString(1, idx);
            result = psmt.executeUpdate();  ❸
        }
        catch (Exception e) {
            System.out.println("게시물 삭제 중 예외 발생");
            e.printStackTrace();
        }
        return result;
    }
}
```

confirmPassword() 메서드는 ❶ 비밀번호와 일련번호가 일치하는 게시물의 개수를 세어 비밀 번호 일치 여부를 확인합니다. ❷ 일치하는 게시물이 없다면(실행 결과가 0이면) false를 반환합 니다. 또한 예외가 발생할 때도 false를 반환합니다.

deletePost() 메서드는 건네받은 일련번호의 게시물을 삭제합니다. ❸ 정상적으로 삭제되었다면 executeUpdate() 메서드가 1을 반환합니다.

14.6.4 컨트롤러 작성

서블릿을 작성하기 앞서 서블릿에서 사용할 유틸리티 메서드를 만들어보겠습니다. 파일 첨부 형 게시판이므로 글 삭제 시 첨부한 파일도 같이 삭제해야 합니다. 파일 업로드를 위해 작성했던 FileUtil 클래스에 파일 삭제 메서드를 추가하겠습니다.

예제 14-22 파일 삭제하기   Java Resources/src/main/java/**fileupload/FileUtil.java**

```
package fileupload;

... 임포트문 생략 ...

public class FileUtil {
    ... 생략 ...

    // 지정한 위치의 파일을 삭제합니다.
    public static void deleteFile(HttpServletRequest req,
            String directory, String filename) {
```

```
        String sDirectory = req.getServletContext().getRealPath(directory);  ❶
        File file = new File(sDirectory + File.separator + filename);  ❷
        if (file.exists()) {  ❸
            file.delete();  ❹
        }
    }
}
```

❶ 파일이 저장된 디렉터리의 물리적 경로를 얻어온 다음 ❷ 경로와 파일명을 결합하여 파일 객체를 생성합니다. 그리고 ❸ 경로에 파일이 존재하면 ❹ 삭제합니다.

이번에는 전송된 비밀번호를 확인한 후 삭제 혹은 수정을 하기 위한 서블릿을 작성하겠습니다.

예제 14-23 파일 삭제/수정 서블릿　　　Java Resources/src/main/java/**model2/mvcboard/PassController.java**

```
package model2.mvcboard;

... 임포트문 생략 ...

@WebServlet("/mvcboard/pass.do")
public class PassController extends HttpServlet {
    ... 생략 ...

    @Override
    protected void doPost(HttpServletRequest req, HttpServletResponse resp)
            throws ServletException, IOException {  ❶
        // 매개변수 저장 ❷
        String idx = req.getParameter("idx");
        String mode = req.getParameter("mode");
        String pass = req.getParameter("pass");

        // 비밀번호 확인
        MVCBoardDAO dao = new MVCBoardDAO();
        boolean confirmed = dao.confirmPassword(pass, idx);  ❸
        dao.close();

        if (confirmed) {  // 비밀번호 일치 ❹
            if (mode.equals("edit")) {  // 수정 모드 ❺
                HttpSession session = req.getSession();  ❻
```

```
            session.setAttribute("pass", pass);          ❼
            resp.sendRedirect("../mvcboard/edit.do?idx=" + idx);   ❽
        }
        else if (mode.equals("delete")) {  // 삭제 모드 ❾
            dao = new MVCBoardDAO();
            MVCBoardDTO dto = dao.selectView(idx);   ❿
            int result = dao.deletePost(idx);  // 게시물 삭제 ⓫
            dao.close();
            if (result == 1) {  // 게시물 삭제 성공 시 첨부 파일도 삭제 ⓬
                String saveFileName = dto.getSfile();
                FileUtil.deleteFile(req, "/Uploads", saveFileName);
            }
            JSFunction.alertLocation(resp, "삭제되었습니다.",
                                     "../mvcboard/list.do");  ⓭
        }
    }
    else {  // 비밀번호 불일치 ⓮
        JSFunction.alertBack(resp, "비밀번호 검증에 실패했습니다.");
    }
    }
}
```

❶ 비밀번호 입력폼에서 전송한 값을 받아 처리하므로 doPost() 메서드에서 작성합니다.

❷ 매개변수를 받아 변수에 저장하고, ❸ DAO를 통해 비밀번호가 맞는지 확인합니다.

❹ 비밀번호가 일치하고 ❺ 현재 요청이 수정이라면, ❻ session 영역에 ❼ 비밀번호를 저장한 후 ❽ 수정하기 페이지로 이동합니다.

> **Note** 서블릿에서는 getSession() 메서드로 session 내장 객체를 얻어올 수 있습니다.

❾ 현재 요청이 삭제라면 게시물에 첨부된 파일도 같이 삭제해야 합니다. 그래서 게시물을 삭제하기 전에 ❿ 기존 정보를 보관해뒀다가 ⓫ 삭제 후에 ⓬ 보관해둔 정보에서 파일 이름을 찾아 첨부 파일까지 마저 삭제합니다. 다 마무리되었다면 마지막으로 ⓭ 목록 페이지로 이동합니다.

⓮ 만약 비밀번호가 일치하지 않는다면 경고창을 띄우고 이전 페이지로 이동합니다.

14.6.5 동작 확인

게시물 삭제를 해보겠습니다.

To Do 01 Default.jsp를 실행합니다.

02 [게시판 목록 바로가기] 링크를 클릭합니다.

03 화면의 목록 중 원하는 글의 제목을 클릭하면 내용이 출력될 것입니다.

04 화면 아래의 [삭제하기] 버튼을 클릭합니다. 그러면 비밀번호 검증 페이지가 나타날 것입니다.

05 비밀번호를 입력한 후 [검증하기] 버튼을 클릭합니다. 비밀번호가 틀렸다면 검증 실패 경고
창이 뜬 후 다시 검증 페이지로 이동합니다.

비밀번호를 정확히 입력했다면 삭제됐다는 창이 뜨고, 바로 게시물을 삭제한 후 목록 페이지로 이동합니다.

게시물이 정상적으로 삭제되었는지 확인해보세요.

STEP 6 14.7 수정하기

마지막으로 수정하기를 작성해보겠습니다. 수정하기도 삭제하기와 마찬가지로 먼저 비밀번호를 검증합니다. 비밀번호 검증은 14.6.1절에서 구현하였으므로 이번 절에서는 검증 통과 후의 로직을 이어서 구현하겠습니다.

▼ 수정하기 처리 프로세스와 담당 모듈(파일)

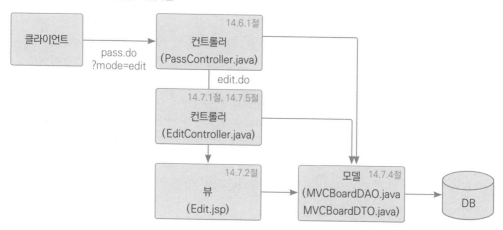

14.7.1 요청명/서블릿 매핑

수정하기 페이지는 기존 내용을 가져와 글쓰기 페이지의 입력상자에 미리 입력해두면 됩니다. 따라서 상세 보기에서 사용했던 selectView() 메서드를 그대로 사용하고, 뷰는 글쓰기에서 사용한

Write.jsp를 조금만 수정해 사용하겠습니다.

예제 14-24 요청명/서블릿 매핑   Java Resources/src/main/java/**model2/mvcboard/EditController.java**

```java
package model2.mvcboard;

... 임포트문 생략 ...

@WebServlet("/mvcboard/edit.do")
@MultipartConfig(❶
    maxFileSize = 1024 * 1024 * 1,
    maxRequestSize = 1024 * 1024 * 10
)
public class EditController extends HttpServlet {
    @Override
    protected void doGet(HttpServletRequest req, HttpServletResponse resp)
            throws ServletException, IOException {
        String idx = req.getParameter("idx");  ❷
        MVCBoardDAO dao = new MVCBoardDAO();
        MVCBoardDTO dto = dao.selectView(idx);  ❸
        req.setAttribute("dto", dto);  ❹
        req.getRequestDispatcher("/14MVCBoard/Edit.jsp").forward(req, resp);  ❺
    }
}
```

❶ 애너테이션으로 파일 업로드를 위한 Multipart 설정을 해줍니다. 13장에서 했던 설정과 동일한 크기인 1MB, 10MB로 설정합니다.

❷ 수정할 게시물의 일련번호를 받아서 ❸ 기존 게시물 내용을 담은 DTO 객체의 ❹ request 영역에 저장한 다음 ❺ Edit.jsp로 포워드합니다.

14.7.2 뷰 작성

서블릿에서 게시물 내용을 request 영역에 저장했으니, 뷰에서는 그 내용을 입력상자에 미리 입력해두면 됩니다.

```jsp
<%@ page language="java" contentType="text/html; charset=UTF-8"
    pageEncoding="UTF-8"%>
<%@ taglib prefix="c" uri="jakarta.tags.core" %>
<!DOCTYPE html>
<html>
<head>
<meta charset="UTF-8">
<title>파일 첨부형 게시판</title>
<script type="text/javascript">
    function validateForm(form) {  ❶
        if (form.name.value == "") {
            alert("작성자를 입력하세요.");
            form.name.focus();
            return false;
        }
        if (form.title.value == "") {
            alert("제목을 입력하세요.");
            form.title.focus();
            return false;
        }
        if (form.content.value == "") {
            alert("내용을 입력하세요.");
            form.content.focus();
            return false;
        }
    }
</script>
</head>
<h2>파일 첨부형 게시판 - 수정하기(Edit)</h2>
<form name="writeFrm" method="post" enctype="multipart/form-data"
        action="../mvcboard/edit.do" onsubmit="return validateForm(this);">  ❷
<input type="hidden" name="idx" value="${ dto.idx }"/>
<input type="hidden" name="prevOfile" value="${ dto.ofile }" />        ❸
<input type="hidden" name="prevSfile" value="${ dto.sfile }" />

<table border="1" width="90%">
    <tr>
        <td>작성자</td>
```

```
        <td>
            <input type="text" name="name"
                    style="width:150px;" value="${dto.name}" />  ❹
        </td>
    </tr>
    <tr>
        <td>제목</td>
        <td>
            <input type="text" name="title"
                    style="width:90%;" value="${ dto.title }" />
        </td>
    </tr>
    <tr>
        <td>내용</td>
        <td>
            <textarea name="content" style="width:90%;height:100px;">${ dto.
content }</textarea>
        </td>
    </tr>
    <tr>
        <td>첨부 파일</td>
        <td>
            <input type="file" name="ofile" />
        </td>
    </tr>
    <tr>
        <td colspan="2" align="center">
            <button type="submit">작성 완료</button>
            <button type="reset">RESET</button>
            <button type="button" onclick="location.href='../mvcboard/list.do';">
                목록 바로가기
            </button>
        </td>
    </tr>
</table>
</form>
</body>
</html>
```

❶ 필수 항목을 모두 입력했는지 확인하기 위한 자바스크립트 함수입니다. 글쓰기 때와 비교하면 비밀번호 확인이 빠졌습니다.

❷ 폼 태그를 정의합니다. action 속성만 edit.do로 바뀌었을 뿐 나머지는 글쓰기 때와 같습니다.

❸ hidden 타입 입력상자로 일련번호, 서버에 저장된 파일명, 원본 파일명을 전달합니다.

❹ DTO에 담긴 기존 게시물의 내용으로 작성자, 제목, 내용 등의 입력상자를 채웁니다. 비밀번호는 이 화면에 진입하기 전에 확인을 거쳤으며, [예제 14-25]의 ❼에서 session 영역에 저장해뒀습니다.

14.7.3 중간 동작 확인

To Do 01 Default.jsp를 실행합니다.

02 [게시판 목록 바로가기] 링크를 클릭합니다.

03 화면의 목록 중 원하는 글의 제목을 클릭하면 내용이 출력될 것입니다.

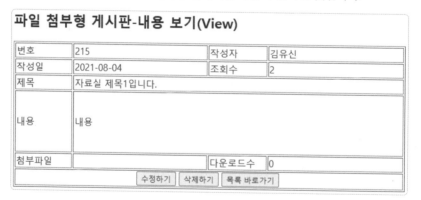

04 화면 아래의 [수정하기] 버튼을 클릭하면 비밀번호 검증 화면이 나타납니다.

05 비밀번호를 입력하고 [검증하기] 버튼을 클릭합니다(더미 게시글의 비밀번호는 모두 '1234' 입니다). 비밀번호가 일치한다면 수정 페이지로 진입합니다.

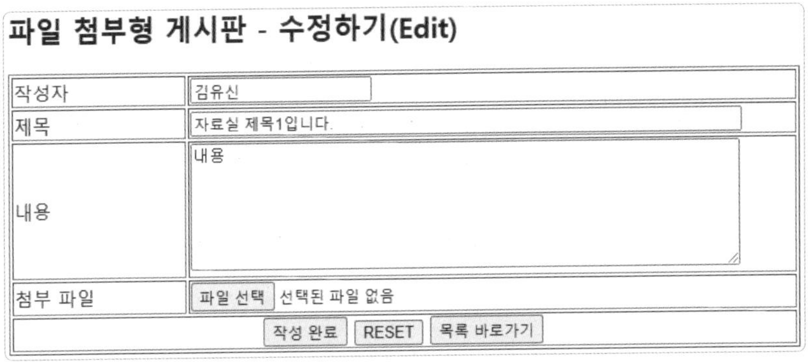

파일 첨부형 게시판 - 수정하기(Edit)

작성자	김유신
제목	자료실 제목1입니다.
내용	내용
첨부 파일	파일 선택 선택된 파일 없음
	작성 완료 RESET 목록 바로가기

그림과 같이 수정하기 화면에는 비밀번호 입력상자가 따로 없습니다. 비밀번호는 바로 앞에서 확인했고 session 영역에 저장되어 있으니, 이 값을 이용하여 데이터베이스에 저장된 내용을 수정하면 됩니다.

14.7.4 모델 작성

수정 처리를 위해 DAO 클래스에 메서드를 추가해보겠습니다.

예제 14-26 수정하기 메서드 추가   Java Resources/src/main/java/**model2/mvcboard/MVCBoardDAO.java**

```java
package model2.mvcboard;

... 임포트문 생략 ...

public class MVCBoardDAO extends DBConnPool {
    ... 생략 ...

    // 게시글 데이터를 받아 DB에 저장되어 있던 내용을 갱신합니다(파일 업로드 지원).
    public int updatePost(MVCBoardDTO dto) {  ❶
        int result = 0;
        try {
            // 쿼리문 템플릿 준비
            String query = "UPDATE mvcboard"
                    + " SET title=?, name=?, content=?, ofile=?, sfile=? "
                    + " WHERE idx=? and pass=?";  ❷

            // 쿼리문 준비
            psmt = con.prepareStatement(query);
```

```
            psmt.setString(1, dto.getTitle());
            psmt.setString(2, dto.getName());
            psmt.setString(3, dto.getContent());
            psmt.setString(4, dto.getOfile());
            psmt.setString(5, dto.getSfile());
            psmt.setString(6, dto.getIdx());
            psmt.setString(7, dto.getPass());

            // 쿼리문 실행
            result = psmt.executeUpdate();  ❸
        }
        catch (Exception e) {
            System.out.println("게시물 수정 중 예외 발생");
            e.printStackTrace();
        }
        return result;
    }
}
```

❶ updatePost() 메서드는 수정된 내용을 담은 DTO 객체를 매개변수로 받습니다.

코드 흐름은 지금까지 많이 봐왔던 패턴을 그대로 따릅니다. ❷ UPDATE 쿼리문의 WHERE절을 보면 idx 컬럼뿐만 아니라 pass 컬럼도 조건으로 사용하여 일련번호와 비밀번호가 모두 일치해야 수정되도록 했습니다.

14.7.5 컨트롤러 작성

마지막으로 수정 처리를 하는 서블릿을 작성하겠습니다. 앞에서 작성한 EditController.java에 doPost()를 추가하면 됩니다.

예제 14-27 수정하기 서블릿   Java Resources/src/main/java/**model2/mvcboard/EditController.java**

```
package model2.mvcboard;

... 임포트문 생략 ...

@WebServlet("/mvcboard/edit.do")
@MultipartConfig(
```

```java
    maxFileSize = 1024 * 1024 * 1,
    maxRequestSize = 1024 * 1024 * 10
)
public class EditController extends HttpServlet {
    private static final long serialVersionUID = 1L;

... 생략 ...

    @Override
    protected void doPost(HttpServletRequest req, HttpServletResponse resp)
        throws ServletException, IOException {
        // 1. 파일 업로드 처리 ===============================
        // 업로드 디렉터리의 물리적 경로 확인 ❶
        String saveDirectory = req.getServletContext().getRealPath("/Uploads");

        // 파일 업로드 ❷
        String originalFileName = "";
        try {
         originalFileName = FileUtil.uploadFile(req, saveDirectory);
        }
        catch (Exception e) {
         JSFunction.alertBack(resp, "파일 업로드 오류입니다.");
         return;
        }

        // 2. 파일 업로드 외 처리 ===============================
        // 수정 내용을 매개변수에서 얻어옴 ❸
        String idx = req.getParameter("idx");
        String prevOfile = req.getParameter("prevOfile");
        String prevSfile = req.getParameter("prevSfile");

        String name = req.getParameter("name");
        String title = req.getParameter("title");
        String content = req.getParameter("content");

        // 비밀번호는 session에서 가져옴 ❹
        HttpSession session = req.getSession();
        String pass = (String)session.getAttribute("pass");
```

```java
// DTO에 저장 ❺
MVCBoardDTO dto = new MVCBoardDTO();
dto.setIdx(idx);
dto.setName(name);
dto.setTitle(title);
dto.setContent(content);
dto.setPass(pass);

// 원본 파일명과 저장된 파일 이름 설정 ❻
if (originalFileName != "") {
    String savedFileName = FileUtil.renameFile(saveDirectory,
    originalFileName);

    dto.setOfile(originalFileName);  // 원래 파일 이름
    dto.setSfile(savedFileName);  // 서버에 저장된 파일 이름

    // 기존 파일 삭제 ❼
    FileUtil.deleteFile(req, "/Uploads", prevSfile);
}
else {
    // 첨부 파일이 없으면 기존 이름 유지 ❽
    dto.setOfile(prevOfile);
    dto.setSfile(prevSfile);
}

// DB에 수정 내용 반영 ❾
MVCBoardDAO dao = new MVCBoardDAO();
int result = dao.updatePost(dto);
dao.close();

// 성공 or 실패?
if (result == 1) {  // 수정 성공 ❿
    session.removeAttribute("pass");
    resp.sendRedirect("../mvcboard/view.do?idx=" + idx);
}
else {  // 수정 실패 ⓫
    JSFunction.alertLocation(resp, "비밀번호 검증을 다시 진행해주세요.",
        "../mvcboard/view.do?idx=" + idx);
}
```

```
    }
}
```

글쓰기([예제 14-11]의 WriteController.java)와 비슷하게 먼저 파일 업로드부터 처리한 후 나머지를 진행합니다.

❶ 파일이 업로드될 디렉터리의 물리적 경로를 얻어온 후 request 내장 객체와 함께 인수로 넣어 ❷ 파일을 업로드합니다. 업로드 중 예외가 발생하면 경고창을 띄우고 글쓰기 페이지로 이동합니다.

파일 업로드에 성공했다면 ❸ 수정 내용을 얻어와야 하는데, ❹ 이때 비밀번호는 서블릿에서 session에 저장한 값을 가져옵니다. ❺ 얻어온 값은 모두 DTO에 저장합니다.

첨부 파일이 있다면 ❻ 앞에서와 같이 파일명 처리를 해주고, ❼ 기존 파일이 있다면 삭제합니다. ❽ 첨부 파일이 없다면 기존의 파일명을 그대로 유지하면 됩니다. 수정하기 뷰 코드(예제 14-25)의 ❸에서 전송된 값입니다.

이상으로 DTO에 필요한 정보가 다 채워졌으니 ❾ updatePost() 메서드를 호출해 게시물을 수정합니다. ❿ 수정이 정상적으로 처리되었다면 session 영역에 저장된 비밀번호는 삭제하고 상세 보기 뷰로 이동해 수정된 내용을 확인시켜줍니다. ⓫ 수정에 실패했다면 비밀번호 검증에 문제가 있는 것이므로 이때도 상세 보기 페이지로 이동시켜 비밀번호 검증을 다시 할 수 있도록 유도합니다.

14.7.6 동작 확인

수정하기 페이지에서 내용을 직접 수정해보겠습니다.

To Do 01 Default.jsp를 실행합니다.

02 [게시판 목록 바로가기] 링크를 클릭합니다.

03 화면의 목록 중 원하는 글의 제목을 클릭하면 내용이 출력될 것입니다.

04 화면 아래의 [수정하기] 버튼을 클릭하면 비밀번호 검증 화면이 나타납니다.

05 비밀번호를 입력하고 [검증하기] 버튼을 클릭합니다. 비밀번호가 일치한다면 수정 페이지로 진입합니다.

06 ❶ 다음 그림과 같이 내용을 수정하고 → ❷ 파일까지 첨부한 다음 → ❸ [작성 완료] 버튼을 클릭합니다(비밀번호는 이미 session 영역에 저장되어 있으니 별도의 매개변수로 넘겨줄 필요가 없습니다).

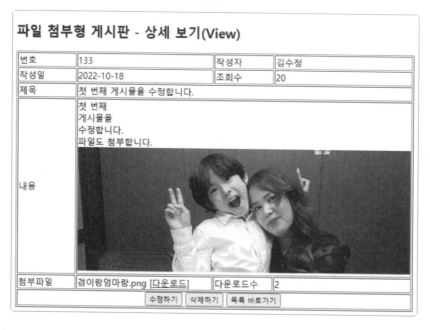

그러면 내용이 수정된 모습을 보실 수 있습니다.

만약 수정 페이지에 너무 오랫동안 머물러 있어 session 영역의 속성이 삭제되었거나, 비밀번호 검증 없이 수정 페이지로 진입하였다면 다음과 같이 경고창이 뜨게 됩니다.

즉, 비밀번호 확인 없이는 수정할 수 없습니다.

검색이나 페이징 처리에 대한 테스트는 모델1 방식 게시판과 똑같아서 생략했습니다. 학습을 겸해 독자 여러분이 직접 테스트해보시기 바랍니다.

학습 마무리

이번 장에서는 서블릿을 이용하여 MVC 패턴의 모델2 방식 게시판을 제작해보았습니다. 모델, 뷰, 컨트롤러를 각각 나눠서 작성해야 하므로 처음 제작할 시에는 어려울 수 있으나, 유지보수에는 훨씬 편리한 장점이 있습니다. 또한 EL과 JSTL을 사용하면 HTML 태그 사이에 스크립틀릿을 끼워 넣지 않아도 되므로 가독성도 높아집니다. 파일 업로드도 적용되어 있으므로 여러 업무에서 활용해보시기 바랍니다.

핵심 요약

- 비회원제 게시판에서는 비밀번호가 식별자 역할을 하게 되므로, 인증이 필요한 모든 곳에서 아이디와 같이 사용됩니다.
- 서블릿을 이용할 때는 기능별 요청명을 미리 정의해두는 것이 좋습니다. 만약 애너테이션으로 매핑을 한다면, 요청명만으로 컨트롤러를 찾을 수 있도록 연관 있는 명칭을 사용해야 합니다.
- 모델1 방식과 모델2 방식을 비교해보면서 본인의 업무에 무엇을 선택하면 좋을지 스스로 판단해보시기 바랍니다.

필터(Filter)와 리스너(Listener)

□ 학습 목표	필터와 리스너를 학습합니다. 필터는 클라이언트의 요청을 가장 먼저 받아 사전 처리하는 역할을 하고, 리스너는 웹 컨테이너에서 발생하는 이벤트를 감지하고 처리합니다.

□ 학습 순서

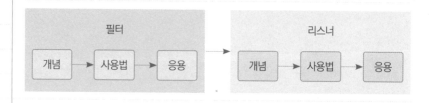

□ 활용 사례

필터와 리스너를 이용하면 JSP와 서블릿 같은 동적 자원에서 개별적으로 처리해야 하던 업무를 일괄로 처리할 수 있습니다. 필터를 활용하는 대표적인 예로는 한글 인코딩 처리가 있습니다. 한글 인코딩을 처리해주는 필터를 하나 설정해두면 모든 요청과 응답에서 한글을 매끄럽게 처리할 수 있습니다. 한편 리스너는 웹 애플리케이션이나 세션의 시작과 종료 이벤트를 먼저 감지하여 최종 리소스(HTML, JSP, 서블릿 등)에서 이벤트별로 특정한 처리를 일괄로 수행할 수 있습니다.

15.1 필터

15.1.1 필터란?

필터는 웹 컨테이너의 '전면'에서 클라이언트와 주고받는 메시지를 처리합니다. 먼저 다음 그림을 보시죠.

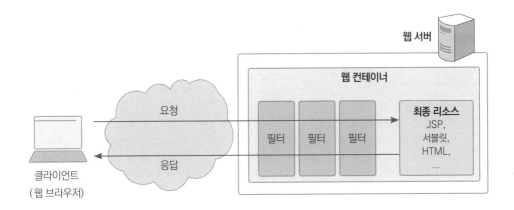

클라이언트가 요청을 보내면 JSP나 서블릿이 받기 전에 필터를 거칩니다. 웹 서버가 응답할 때도 마찬가지로 필터를 거쳐서 클라이언트로 전달됩니다. 다시 말해 요청 정보에 특정한 처리를 미리 적용(전처리)하거나 응답 내용을 변경 혹은 취소(후처리)할 수 있습니다.

우리는 이미 7.4.4절 '한글 인코딩 문제 해결'에서 필터를 사용해봤습니다. [예제7-8]에서 클라이언트가 post 방식으로 전송했을 때 한글이 깨지는 문제가 있는데, 이 문제를 해결하기 위해 [예제 7-9]에서 web.xml에 필터를 추가했습니다. 그러면 전송된 폼값이 필터를 거치면서 UTF-8로 인코딩되어 한글이 정상적으로 표현됩니다. 이를 통해 우리는 필터의 역할과 동작 원리를 알 수 있었습니다.

또한 필터는 2개 이상을 연결할 수 있습니다. 이를 필터 체인^{filter chain}이라고 합니다. 앞의 그림은 필터 3개가 연결된 모습을 보여줍니다.

그럼 지금부터 본격적으로 필터에 대해 알아보겠습니다.

15.1.2 Filter 인터페이스

원하는 필터 기능을 개발하려면 jakarta.servlet.Filter 인터페이스를 구현(implements)해야 합니다. 다음은 Filter 인터페이스에 정의된 메서드들입니다.

표 15-1 Filter 인터페이스의 메서드

메서드명	설명	필수 여부
init()	필터를 초기화할 때 호출	X
doFilter()	필터를 리소스에 적용할 때마다 호출	O
destroy()	필터가 소멸될 때 호출	X

Note [표 15-1]에서 '필수 여부' 열은 구현 클래스에서 오버라이딩을 반드시 해야 하는가를 나타냅니다. init()와 destory()는 Filter 인터페이스에 디폴트 메서드(default method)로 정의되어 있어서 특별히 추가할 로직이 없다면 오버라이딩하지 않아도 됩니다.

하나씩 자세히 알아봅시다.

init() 메서드

웹 컨테이너가 필터를 초기화할 때 딱 한 번 호출됩니다. 디폴트 메서드이므로 만약 필터 생성 시 별도로 초기화할 내용이 없다면 오버라이딩하지 않아도 됩니다. 형식은 다음과 같습니다.

```
public void init(FilterConfig filterConfig)
```

매개변수로 받는 FilterConfig로는 web.xml에 정의한 초기화 매개변수를 읽어올 수 있습니다. 제공하는 메서드는 다음과 같습니다.

표 15-2 FilterConfig 인터페이스의 메서드

메서드명	설명
getFilterName()	필터 매핑 시 지정한 필터명을 반환합니다. 〈filter-name〉 요소로 지정합니다.
getInitParameter()	해당 필터에 지정한 초기화 매개변수의 값을 읽어옵니다. 〈init-param〉 요소로 지정합니다.
getInitParameterNames()	해당 필터에 지정한 모든 초기화 매개변수의 이름을 읽어옵니다. 반환 타입은 Enumeration〈String〉입니다.
getServletContext()	application 내장 객체의 타입인 ServletContext를 반환합니다.

doFilter() 메서드

클라이언트의 요청을 리소스에 적용할 때마다 호출됩니다. 형식은 다음과 같습니다.

```
public void doFilter(ServletRequest req, ServletResponse resp,
                     FilterChain filter)
```

각 매개변수의 역할은 다음과 같습니다.

- **ServletRequest** : 요청 정보를 저장한 객체
- **ServletResponse** : 응답 정보를 저장한 객체
- **FilterChain** : 필터 체인에서 다음 필터를 호출하거나 최종 리소스를 호출할 때 사용

doFilter() 메서드는 일반적으로 다음과 같은 형태로 오버라이딩하여 사용합니다.

```
@Override
public void doFilter(ServletRequest request, ServletResponse response,
FilterChain chain)
    throws IOException, ServletException {
        // 전처리(request 매개변수 이용)

        // 다음 필터(혹은 최종 리소스) 호출
        chain.doFilter(request, response);

        // 후처리(response 매개변수 이용)
}
```

가장 먼저 요청에 대해 원하는 전처리를 해줍니다.

그런 다음 매개변수로 받은 FilterChain 객체의 doFilter( ) 메서드를 호출합니다. 이 메서드는 필터 체인에서 다음 필터를 호출하거나, 지금이 마지막 필터라면 최종 리소스를 호출합니다.

> **Note** chain.doFilter( ) 메서드를 호출하지 않으면 어떻게 될까요? 전처리 결과를 다음 단계로 넘기지 않으므로 요청 처리가 여기서 멈추게 됩니다. 즉, 웹 브라우저에서는 아무런 응답도 받지 못합니다.

마지막으로 다음 필터의 처리 결과 혹은 최종 리소스를 받아 후처리합니다. request와 response 객체는 필터 체인의 모든 필터에 전달되어 공유되므로 전체 처리 과정은 다음 그림과 같은 모습이 됩니다.

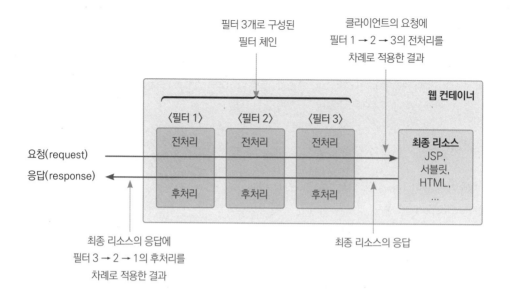

필터 3개로 구성된
필터 체인

클라이언트의 요청에
필터 1 → 2 → 3의 전처리를
차례로 적용한 결과

웹 컨테이너

〈필터 1〉　　〈필터 2〉　　〈필터 3〉

전처리　　　전처리　　　전처리

요청(request)

응답(response)

최종 리소스
JSP,
서블릿,
HTML,
...

후처리　　　후처리　　　후처리

최종 리소스의 응답에
필터 3 → 2 → 1의 후처리를
차례로 적용한 결과

최종 리소스의 응답

destroy() 메서드

필터가 종료될 때 딱 한 번 호출되어 필터를 통해 열었던 리소스를 닫아줍니다. init() 메서드와 마찬가지로 디폴트 메서드므로 필요할 때만 오버라이딩하면 됩니다. 형식은 다음과 같습니다.

```
public void destroy()
```

15.1.3 web.xml에서 필터 매핑하기

필터를 사용하려면 요청명과 해당 필터를 매핑해야 합니다. 이때 web.xml이나 애너테이션을 이용할 수 있는데, 앞서 13장에서 서블릿을 요청명과 매핑한 방식과 거의 같습니다. 애너테이션 방식은 다음 절에서 알아보기로 하고, 이번 절에서는 web.xml을 이용하는 방법을 함께 살펴보겠습니다.

기본 형식

필터 클래스와 이를 요청명에 매핑해주는 web.xml의 기본 형식은 다음과 같습니다.

```
# 필터로 사용할 클래스
public class 필터클래스명 implements Filter {  ❶
```

```
    // 실행할 코드;
}
```

```
# web.xml ❷
<filter>
    <filter-name>필터명</filter-name>  ❸
    <filter-class>패키지를 포함한 필터 클래스명</filter-class>
    <init-param>  ❹
        <param-name>초기화 매개변수명</param-name>
        <param-value>초기화 매개변수값</param-value>
    </init-param>
</filter>

<filter-mapping>
    <filter-name>필터명</filter-name>  ❺
    <url-pattern>필터를 적용할 요청명</url-pattern>  ❻
</filter-mapping>
```

❶ 필터로 사용할 클래스는 Filter 인터페이스를 구현해야 합니다.

❷ 그런 다음 web.xml에서 요청명과 매핑합니다. ❻ 〈url-pattern〉에 지정한 값으로 요청이 들어오면 ❺ 〈filter-name〉으로 지정한 ❸ 〈filter-class〉로 요청을 전달하는 방식입니다. ❹ 〈init-param〉은 해당 필터에서만 사용할 수 있는 초기화 매개변수로, 필요한 경우에만 기술하면 됩니다.

그럼 예제를 통해 실제 동작하는 모습을 살펴보겠습니다.

필터 클래스 작성

다음은 필터 클래스의 코드입니다. 동작 메커니즘을 보여주기 위한 필터이므로 특별히 의미 있는 작업을 처리하지는 않습니다.

예제 15-1 기본적인 필터 클래스　　　　　　　　　　Java Resources/src/main/java/filter/BasicFilter.java

```
package filter;

import java.io.IOException;
```

```java
import jakarta.servlet.Filter;
import jakarta.servlet.FilterChain;
import jakarta.servlet.FilterConfig;
import jakarta.servlet.ServletException;
import jakarta.servlet.ServletRequest;
import jakarta.servlet.ServletResponse;
import jakarta.servlet.http.HttpServletRequest;

public class BasicFilter implements Filter {   ❶
    FilterConfig config;

    @Override
    public void init(FilterConfig filterConfig) throws ServletException {   ❷
        config = filterConfig;   ❸
        String filterName = filterConfig.getFilterName();   ❹

        System.out.println("BasicFilter -> init() 호출됨 : " + filterName);
    }

    @Override
    public void doFilter(ServletRequest request, ServletResponse response,
            FilterChain chain) throws IOException, ServletException {
        String filterInitParam = config.getInitParameter("FILTER_INIT_PARAM");   ❺
        System.out.println("BasicFilter -> 초기화 매개변수 : " + filterInitParam);

//       String method = request.getMethod(); 에러 발생(형변환 후 호출할 수 있음)
        String method = ((HttpServletRequest)request).getMethod();   ❻
        System.out.println("BasicFilter -> 전송 방식 : " + method);

        chain.doFilter(request, response);   ❼
    }

    @Override
    public void destroy() {   ❽
        System.out.println("BasicFilter -> destroy() 호출됨");
    }
}
```

❶ 필터 클래스이므로 Filter 인터페이스를 구현하여 작성합니다.

❷ init() 메서드는 웹 컨테이너가 시작될 때 자동으로 호출되어 필터를 초기화합니다. ❸ 먼저 필터 설정 정보를 멤버 변수에 저장해둡니다. doFilter() 메서드에서 사용하기 위함입니다. ❹ 이어서 web.xml로부터 매핑된 〈filter-name〉을 읽어옵니다.

다음으로 doFilter() 메서드를 보겠습니다. ❺ 먼저 초기화 매개변수를 읽어옵니다. config는 ❸ 앞서 init() 메서드에서 저장해둔 FilterConfig 객체입니다. ❻ 이어서 request 내장 객체의 getMethod()를 호출합니다. 그런데 doFilter() 메서드의 매개변수인 request는 ServletRequest 타입이므로 먼저 HttpServletRequest로 형변환해야 합니다. ❼ 필터에서 할 일을 마쳤다면 동적 자원인 JSP로 제어권을 넘겨줍니다. 이 부분을 빼먹으면 요청이 JSP까지 전달되지 않으므로 웹 브라우저에는 아무것도 출력되지 않습니다.

❽ destory() 메서드는 웹 컨테이너가 중지될 때 자동으로 호출되어 필터를 소멸시킵니다.

web.xml 작성(필터 매핑)

다음은 방금 작성한 필터 클래스를 요청명과 매핑하는 web.xml입니다.

예제 15-2 JSP 파일에 필터를 매핑한 web.xml   webapp/**WEB-INF**/web.xml

```
<filter>
    <filter-name>BasicFilter</filter-name>  ❶
    <filter-class>filter.BasicFilter</filter-class>  ❷
    <init-param>  ❸
        <param-name>FILTER_INIT_PARAM</param-name>
        <param-value>필터 초기화 매개변수</param-value>
    </init-param>
</filter>

<filter-mapping>
    <filter-name>BasicFilter</filter-name>  ❹
    <url-pattern>/15FilterListener/BasicFilter.jsp</url-pattern>  ❺
</filter-mapping>
```

〈filter〉 태그 안에 ❶ 필터명과 ❷ 필터 클래스명을 기입합니다. 이때 필터 클래스명에는 패키지까지 포함해야 합니다. ❸ 초기화 매개변수도 선언합니다. 이 매개변수는 현재 필터에서만 사용할 수 있습니다.

이어서 〈filter-mapping〉 태그에서 ❹ 필터명과 ❺ 필터를 적용할 요청명을 매핑합니다. 필터 명은 ❶에서 작성한 이름과 같아야 합니다. 이렇게 설정해두면 ❺의 URL로 들어온 요청을 처리 할 때 자동으로 ❶의 필터가 적용됩니다.

필터를 적용할 JSP 작성

다음은 필터가 제대로 적용되는지 확인해보기 위한 JSP 코드입니다.

예제 15-3 필터를 적용할 JSP · webapp/15FilterListener/BasicFilter.jsp

```jsp
<%@ page language="java" contentType="text/html; charset=UTF-8"
    pageEncoding="UTF-8"%>
<!DOCTYPE html>
<html>
<head>
<meta charset="UTF-8">
<title>BasicFilter.jsp</title>
</head>
<body>
    <script>
    function formSubmit(form, methodType) {  ❶
        if (methodType == 1) {  ❷
            form.method = "get";
        }
        else if (methodType == 2) {
            form.method = "post";
        }
        form.submit();  ❸
    }
    </script>

    <h2>web.xml에서 매핑하기</h2>
    <form>  ❹
        <input type="button" value="Get 방식 전송" onclick="formSubmit(this.form,
1);" />
        <input type="button" value="Post 방식 전송" onclick="formSubmit(this.form,
2);" />
    </form>
</body>
</html>
```

❶ formSubmit()은 ❹에서 버튼을 누를 때 실행할 함수입니다. 매개변수 form과 methodType 으로는 각각 〈form〉 태그의 DOM과 정수를 전달받습니다. 이 함수는 ❷ 정숫값이 1인지 혹은 2인지에 따라 form의 전송방식인 method 속성을 "get" 또는 "post"로 설정한 후 ❸ 변경된 폼 값을 전송합니다.

❹ 〈form〉 태그 선언 시 action 속성은 별도도 지정하지 않습니다. action 속성이 없으면 폼값 을 '현재 페이지'로 전송합니다.

동작 확인

드디어 모든 작업을 마쳤습니다. 필터의 각 메서드가 호출되는 메커니즘을 보여드리기 위해 다음 과정을 한 단계씩 진행하겠습니다.

1 톰캣 시작(재시작)
2 [예제 15-3] 실행(BasicFilter.jsp)
3 톰캣 종료

`To Do` **01** 먼저 이클립스의 [Servers] 뷰에서 톰캣 서버를 시작시킵니다(이미 시작된 상태라면 '재시 작').

02 콘솔을 확인해봅시다. 아무런 요청도 보내지 않고, 그저 서버를 시작시키기만 했을 뿐인데 이미 init() 메서드가 호출되어 필터명이 출력된 모습을 볼 수 있습니다.

03 [예제 15-3]의 JSP 파일을 실행합니다.

04 콘솔을 보면 doFilter() 메서드가 실행되었음을 확인할 수 있습니다.

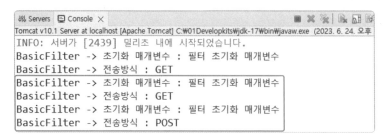

05 웹 브라우저에서 [Get 방식 전송]과 [Post 방식 전송] 버튼을 순서대로 클릭합니다. 각각 자바스크립트 코드에서 지정한 방식으로 전송되는 모습을 확인할 수 있습니다.

```
Servers  Console ✕                                      ■ ✕ ✖ |  ⬚ ⬚ ⬚ ⬚ ⬚
Tomcat v10.1 Server at localhost [Apache Tomcat] C:\01Developkits\jdk-17\bin\javaw.exe  (2023. 6. 24. 오후
INFO: 서버가 [2439] 밀리초 내에 시작되었습니다.
BasicFilter -> 초기화 매개변수 : 필터 초기화 매개변수
BasicFilter -> 전송방식 : GET
BasicFilter -> 초기화 매개변수 : 필터 초기화 매개변수
BasicFilter -> 전송방식 : GET
BasicFilter -> 초기화 매개변수 : 필터 초기화 매개변수
BasicFilter -> 전송방식 : POST
```

이때 init() 메서드는 다시 실행되지 않음도 알 수 있습니다.

06 마지막으로 [Servers] 뷰에서 톰캣 서버를 종료해보겠습니다.

07 다시 콘솔을 보면 톰캣이 중지되면서 destroy() 메서드가 호출되었음을 알 수 있습니다.

```
Servers  Console ✕                                      ■ ✕ ✖ |  ⬚ ⬚ ⬚ ⬚ ⬚
<terminated> Tomcat v10.1 Server at localhost [Apache Tomcat] C:\01Developkits\jdk-17\bin\javaw.exe  (2023. 6. 24.
INFO: 서비스 [Catalina]을(를) 중지시킵니다.
BasicFilter -> destroy() 호출됨
6월 24, 2023 8:15:49 오후 org.apache.coyote.AbstractProtocol stop
INFO: 프로토콜 핸들러 ["http-nio-8081"]을(를) 중지시킵니다.
```

15.1.4 애너테이션으로 필터 매핑하기

필터를 매핑하는 두 번째 선택지인 애너테이션 방식을 알아봅시다.

기본 형식

필터 매핑에는 @WebFilter 애너테이션을 이용하며, 매핑할 요청명의 개수에 따라 다음과 같이 형식이 살짝 달라집니다.

```
# 매핑할 요청명이 1개인 경우
@WebFilter(filterName="필터명", urlPatterns="요청명")
public class 필터클래스명 implements Filter {
```

```
        // 실행할 코드;
}


# 매핑할 요청명이 2개 이상인 경우
@WebFilter(filterName="필터명", urlPatterns={"요청명1", "요청명2"})
public class 필터클래스명 implements Filter {
        // 실행할 코드;
}
```

보다시피 요청할 매핑명이 2개 이상이면 중괄호 안에 콤마로 구분해 나열해줍니다.

이어서 예제를 살펴보겠습니다.

필터 클래스 작성

애너테이션 방식에는 요청명과의 매핑 정보를 필터 클래스에서 직접 지정합니다.

예제 15-4 필터 클래스(@WebFilter 애너테이션 적용)　　　Java Resources/src/main/java/**filter/AnnoFilter.java**

```
package filter;

... 임포트문 생략 ...

@WebFilter(filterName="AnnoFilter", urlPatterns="/15FilterListener/
AnnoFilter.jsp") ❶
public class AnnoFilter implements Filter {

    @Override
    public void init(FilterConfig filterConfig) throws ServletException { ❷
        /* 처리할 내용이 없다면 오버라이딩하지 않아도 됩니다. */
    }

    @Override
    public void doFilter(ServletRequest request, ServletResponse response,
            FilterChain chain) throws IOException, ServletException {
        String searchField = request.getParameter("searchField");
        String searchWord = request.getParameter("searchWord");
        System.out.println("검색 필드 : " + searchField);        ❸
        System.out.println("검색어 : " + searchWord);
```

```
        chain.doFilter(request, response);  ❹
    }

    @Override
    public void destroy() {  ❺
        /* 처리할 내용이 없다면 오버라이딩하지 않아도 됩니다. */
    }
}
```

❶ @WebFilter 애너테이션을 이용해서 urlPatterns에 명시한 요청명과 매핑합니다. 즉,
"/15FilterListener/AnnoFilter.jsp" 주소를 요청받으면 AnnoFilter 필터를 적용합니다.

❷ init()와 ❺ destory() 메서드에서는 특별한 일을 처리하지 않습니다. 따라서 이 두 메서드는
코드에서 삭제해도 됩니다.

doFilter() 메서드는 단순히 ❸ 매개변수로 전달된 값을 읽어와서 콘솔에 출력한 다음 ❹ 필터 체
인의 다음 노드로 제어권을 넘겨줍니다. 이번 예에서는 바로 이어서 작성할 JSP 파일입니다.

> **Note** 혹시 눈치채셨나요? doFilter() 메서드의 매개변수인 request는 HttpServletRequest 타입이 아닌
> ServletRequest 타입입니다. 이 부분은 다음 절의 [예제 15-7]에서 다시 설명하겠습니다.

필터를 적용할 JSP 작성

필터를 적용할 JSP 파일을 작성해봅시다.

예제 15-5 필터를 적용할 JSP   webapp/15FilterListener/AnnoFilter.jsp

```
<%@ page language="java" contentType="text/html; charset=UTF-8"
    pageEncoding="UTF-8"%>
<!DOCTYPE html>
<html>
<head>
<meta charset="UTF-8">
<title>AnnoFilter.jsp</title>
</head>
<body>
    <form>  ❶
```

```
        <select name="searchField">
            <option value="title">제목</option>
            <option value="content">내용</option>
        </select>
        <input type="text" name="searchWord" value="애너테이션" />
        <input type="submit" value="검색하기" />
    </form>
</body>
</html>
```

❶ 검색 폼에서 ❷ 〈select〉와 〈input〉 태그로 검색할 내용을 전송하는 아주 간단한 화면입니다.

동작 확인

[예제 15-5]의 JSP 파일을 실행하면 다음과 같은 검색 UI 화면이 나타납니다.

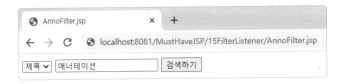

이 화면에서 검색어를 적당히 입력한 후 [검색하기] 버튼을 눌러보며 콘솔을 관찰해보세요.

실행 초기에는 검색어가 없는 상태이므로 검색 필드와 검색어 모두 null이 출력되지만, [검색하기] 버튼을 누르면 폼값이 정상적으로 출력되는 모습을 확인할 수 있습니다.

15.2 필터 응용 - 회원인증 구현

웹 프로그램은 클라이언트의 요청으로부터 시작됩니다. 그리고 모든 요청은 서블릿이나 JSP 같은 최종 리소스에 도달하기 전에 필터를 만나게 됩니다. 필터의 이러한 특성을 잘 활용하면 다양한 응용이 가능합니다.

이번 절에서는 회원인증 기능을 필터를 활용해 구현하겠습니다.

15.2.1 로그인/로그아웃 구현

로그인/로그아웃 기능은 5장과 6장에서 이미 구현한 바 있으므로 해당 코드를 최대한 활용하고, 필터와 관련된 부분만 새롭게 작성하겠습니다.

먼저 로그인 페이지부터 보겠습니다. 단순히 아이디와 패스워드만 물어보는 간단한 화면으로, 6장에서 작성한 LoginForm.jsp와 거의 같습니다.

예제 15-6 로그인 페이지   webapp/15FilterListener/LoginFilter.jsp

```jsp
<%@ page language="java" contentType="text/html; charset=UTF-8"
    pageEncoding="UTF-8"%>
<!DOCTYPE html>
<html>
<head>
<meta charset="UTF-8">
<title>LoginFilter.jsp</title>
</head>
<body>
    <h2>로그인 페이지[Filter]</h2>
    <span style="color: red; font-size: 1.2em;">  ❶
        <%= request.getAttribute("LoginErrMsg") == null ?
            "" : request.getAttribute("LoginErrMsg") %>
    </span>

    <%
    if (session.getAttribute("UserId") == null) {  ❷
    %>
    <script>
    function validateForm(form) {  ❸
```

```
        if (!form.user_id.value) {
            alert("아이디를 입력하세요.");
            return false;
        }
        if (form.user_pw.value == "") {
            alert("패스워드를 입력하세요.");
            return false;
        }
    }
    </script>

    <form method="post" name="loginFrm" onsubmit="return validateForm(this);">  ④
    <input type="hidden" name="backUrl" value="${ param.backUrl }" />  ⑤
        아이디 : <input type="text" name="user_id" /><br />
        패스워드 : <input type="password" name="user_pw" /><br />
        <input type="submit" value="로그인하기" />
    </form>
    <%
    } else {  ⑥
    %>
        <%= session.getAttribute("UserName") %> 회원님, 로그인하셨습니다.<br />
        <a href="?mode=logout">[로그아웃]</a>  ⑦
    <%
    }
    %>
</body>
</html>
```

❶ 에러가 나면 에러 메시지를 화면 상단에 출력합니다. 리퀘스트 영역의 LoginErrMsg 속성에 값이 담겨 있다면 에러가 발생했다는 뜻입니다.

❷ 세션 영역의 UserId 속성에 값이 없다면 로그아웃 상태이므로 로그인 폼을 출력하고, ❻ 값이 있다면 로그인 상태이므로 회원 정보를 출력합니다.

❸ 로그인 필수 정보를 제대로 입력했는지 확인하는 자바스크립트 함수입니다. 입력 후 전송할 때 빈 값이 있는지 확인합니다.

❹는 간단한 로그인 폼입니다. ❺ 로그인 페이지로 진입 시 매개변수로 backUrl이 전달되었다면

hidden 박스에 담아둡니다. 로그인에 성공할 경우 이 경로로 이동하게 됩니다.

❼ 로그아웃은 별도의 JSP를 생성하지 않고 매개변수로 처리했습니다.

이어서 로그인 페이지 진입 및 로그인/로그아웃 처리를 위한 필터 클래스를 작성하겠습니다.

예제 15-7 로그인 처리용 필터 클래스　　　　　　　　Java Resources/src/main/java/**filter**/**LoginFilter.java**

```java
package filter;

... 임포트문 생략 ...

@WebFilter(filterName="LoginFilter",
           urlPatterns="/15FilterListener/LoginFilter.jsp") ❶
public class LoginFilter implements Filter {
    // 회원 정보를 얻어오기 위해 필요한 데이터베이스 접속 정보
    String oracleDriver, oracleURL, oracleId, oraclePwd;

    @Override
    public void init(FilterConfig filterConfig) throws ServletException {
        ServletContext application = filterConfig.getServletContext(); ❷

        oracleDriver = application.getInitParameter("OracleDriver");
        oracleURL = application.getInitParameter("OracleURL");
        oracleId = application.getInitParameter("OracleId");        ❸
        oraclePwd = application.getInitParameter("OraclePwd");
    }

    @Override
    public void doFilter(ServletRequest request, ServletResponse response,
            FilterChain chain) throws IOException, ServletException {
        HttpServletRequest req = (HttpServletRequest)request;
        HttpServletResponse resp = (HttpServletResponse)response;   ❹

        HttpSession session = req.getSession();
        String method = req.getMethod();                            ❺

        if (method.equals("POST")) { // 로그인 처리 ❻
            // 로그인 정보와 일치하는 회원 확인
```

```java
        String user_id = request.getParameter("user_id");
        String user_pw = request.getParameter("user_pw");

        MemberDAO dao = new MemberDAO(oracleDriver, oracleURL, oracleId,
        oraclePwd);
        MemberDTO memberDTO = dao.getMemberDTO(user_id, user_pw);
        dao.close();

        if (memberDTO.getId() != null) {  // 일치하는 회원 존재 ❽
            // 세션에 로그인 정보 저장 ❾
            session.setAttribute("UserId", memberDTO.getId());
            session.setAttribute("UserName", memberDTO.getName());

            // 다음 페이지로 이동 ❿
            String backUrl = request.getParameter("backUrl");
            if (backUrl != null && !backUrl.equals("")) {
                JSFunction.alertLocation(resp, "로그인 전 요청한 페이지로 이동
                    합니다.", backUrl);
                return;
            }
            else {
                resp.sendRedirect("../15FilterListener/LoginFilter.jsp");
            }
        }
        else { // 일치하는 회원 없음 ⓫
            req.setAttribute("LoginErrMsg", "로그인에 실패했습니다.");
            req.getRequestDispatcher("../15FilterListener/LoginFilter.jsp")
                .forward(req, resp);
        }
    }
    else if (method.equals("GET")) { // 로그아웃 처리 ⓬
        String mode = request.getParameter("mode");
        if ("mode != null && mode.equals("logout")) {
            session.invalidate();
        }
    }

    chain.doFilter(request, response);
  }
}
```

❶ @WebFilter 애너테이션으로 요청명과 매핑합니다.

❷ 필터 초기화 시에는 application 내장 객체로부터 ❸ 데이터베이스 접속 정보를 받아 멤버 변수에 저장해둡니다. application 내장 객체는 매개변수인 FilterConfig 객체를 통해 얻어올 수 있습니다. 데이터베이스 접속 정보는 web.xml에 컨텍스트 초기화 매개변수로 지정되어 있으며, 나중에 doFilter() 메서드에서 회원 정보를 확인할 때 사용할 것입니다.

doFilter() 메서드는 제법 길지만 어렵지는 않습니다. 하나씩 살펴보겠습니다.

❹ 먼저 매개변수 request와 response를 다음과 같이 HTTP용 타입으로 형변환합니다.

- ServletRequest → HttpServletRequest
- ServletResponse → HttpServletResponse

HttpServletRequest와 HttpServletResponse는 각각 ServletRequest와 ServletResponse에 HTTP 관련 기능을 추가한 하위 타입입니다. 따라서 ❺ session 내장 객체나 HTTP 전송 방식(메서드) 같은 HTTP 개념을 활용하려면 이렇게 형변환을 해줘야 합니다.

❻ HTTP 메서드가 "POST"라면 로그인 요청입니다.

❼ 먼저 매개변수로 받은 로그인 정보와 일치하는 회원이 데이터베이스에 존재하는지 확인합니다 (DAO는 6장에서 작성한 코드를 그대로 사용했습니다).

❽ 일치하는 회원이 있다면 ❾ 사용자 정보를 세션 영역에 속성으로 저장하여 로그인되었음을 표시해둔 후 ❿ 다음 페이지로 이동합니다. 이때 backUrl이 있다면 해당 경로로 이동하고, 없다면 로그인 페이지로 이동합니다(backUrl 매개변수를 지정하는 코드는 [예제 15-8]에서 작성할 내용이므로 잠시 후 설명하겠습니다).

⓫ 데이터베이스에 일치하는 회원 정보가 없다면 request 영역에 에러 메시지를 저장한 후 로그인 페이지로 포워드합니다.

⓬ HTTP 메서드가 "GET"이라면 mode 매개변수를 확인한 후 로그아웃 처리합니다.

이클립스에서 클래스 상속 구조 확인하기

이클립스에서 특정 클래스의 상속 구조를 보고 싶다면 해당 코드에 커서를 둔 상태에서
Ctrl + t 를 눌러줍니다. 다음 그림은 ServletRequest의 상속 구조를 확인한 결과입니다.
ServletRequest는 HttpServletRequest의 부모 인터페이스임을 알 수 있습니다.

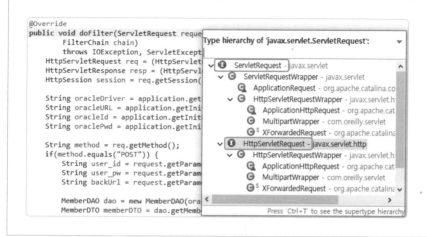

지금까지의 결과를 확인해보죠. LoginFilter.jsp를 실행하면 다음과 같은 화면이 나타날 겁니다
(6장에서 만든 로그인 페이지와 구분하기 위해 제목에 "[Filter]" 문구를 추가했습니다).

로그인 페이지[Filter]

아이디 : [   ]
패스워드 : [   ]
[로그인하기]

로그인에 실패한 경우입니다.

로그인 페이지[Filter]

로그인에 실패했습니다.
아이디 : [   ]
패스워드 : [   ]
[로그인하기]

로그인 페이지를 직접 실행한 후 성공한 경우입니다(직접 실행하지 않은 경우의 페이지 이동 처리는 [예제 15-8] 작성 후 설명하겠습니다).

로그인 페이지[Filter]

머스트해브 회원님, 로그인하셨습니다.
[로그아웃]

여기서 [로그아웃] 링크를 클릭하면 다음과 같이 쿼리스트링에 "?mode=logout"이 덧붙여져서 실행됩니다. 6장에서는 로그아웃용 JSP 파일을 별도로 만들었지만, 이번에는 mode 매개변수의 값이 "logout"일 때 처리하도록 구현했습니다.

15.2.2 모델1 방식 회원제 게시판과 연동

이번에는 필터를 이용한 회원인증을 회원제 게시판에 적용해보겠습니다. 8~9장에서 작성한 회원제 게시판에서는 로그인 확인용 IsLoggedIn.jsp 파일을 로그인이 필요한 모든 페이지 상단에 인클루드했습니다. 만약 파일명이나 경로를 변경해야 한다면 인클루드하는 모든 페이지를 수정하는 대공사를 해야 합니다. 이럴 때 필터를 활용하면 매핑 정보만 변경하면 됩니다.

로그인 여부를 확인해주는 필터 클래스부터 작성하겠습니다.

예제 15-8 로그인 확인용 필터 클래스   Java Resources/src/main/java/**filter/IsSessionFilter.java**

```
package filter;

... 임포트문 생략 ...

@WebFilter(urlPatterns={"/09PagingBoard/Write.jsp",
        "/09PagingBoard/Edit.jsp", "/09PagingBoard/DeleteProcess.jsp"})  ❶
public class IsSessionFilter implements Filter {
    @Override
    public void doFilter(ServletRequest request, ServletResponse response,
```

```
        FilterChain chain) throws IOException, ServletException {  ❷
    HttpServletRequest req = (HttpServletRequest)request;  ❸
    HttpServletResponse resp = (HttpServletResponse)response;

    HttpSession session = req.getSession();
    if (session.getAttribute("UserId") == null) {  ❹
        // 로그아웃 상태
        String backUrl = req.getRequestURI();  ❺
        JSFunction.alertLocation(resp,
            "[Filter] 로그인 후 이용해주십시오.",
            "../15FilterListener/LoginFilter.jsp?backUrl=" + backUrl);
        return;
    }
    else {
        // 로그인 상태
        chain.doFilter(request, response);  ❻
    }
  }
}
```

❶ 요청명과의 매핑에는 애너테이션을 썼습니다. 9장에서 만든 게시판에는 로그인이 필요한 페이지가 여러 개였습니다. 이처럼 둘 이상의 요청명과 매핑할 때는 중괄호 안에 쉼표로 구분해 나열하면 됩니다. 이번에는 filterName 속성은 생략했습니다.

init()와 destroy() 메서드에서는 처리할 내용이 없어 생략하고 ❷ doFilter()만 오버라이딩했습니다. doFilter()에서는 먼저 ❸ 매개변수인 request와 response를 자식 타입으로 형변환합니다. [예제 15-7]에서 설명한 내용입니다.

❹ 그런 다음 로그인 상태를 확인합니다. 세션 영역에 "UserId" 속성값이 null이라면 로그아웃 상태입니다. ❺ request 내장 객체의 getRequestURI() 메서드로 현재 요청된 URL을 읽어옵니다. 만약 로그아웃 상태에서 글쓰기 페이지로 진입했다면 해당 URL이 backUrl에 저장될 것입니다. 게시판을 실행한 후 그림으로 한번 더 설명드리겠습니다.

❻ 로그인이 되어 있는 상태라면 최종 리소스로 제어권을 넘겨 흐름을 유지합니다.

이제 9장에서 완성한 게시판을 실행하여 필터가 제대로 동작하는지 확인해보겠습니다. 09PagingBoard 폴더의 List.jsp 파일을 실행합니다.

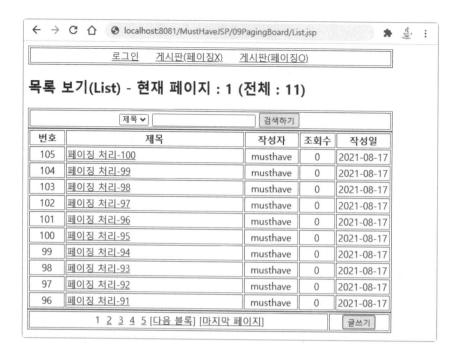

처음에는 로그아웃 상태이므로 [글쓰기] 버튼을 누르면 다음과 같이 경고창이 뜹니다. 메시지를 보면 필터 클래스에서 지정한 것임을 알 수 있습니다. 즉, 최종 리소스인 Write.jsp 파일이 실행되기 전에 필터가 먼저 요청을 확인한 후 경고창을 띄운 것입니다.

[확인] 버튼을 누르면 새롭게 만든 로그인 페이지로 진입합니다. 이때 주소표시줄을 보면 다음과 같이 backUrl이 매개변수로 추가되어 있는 것을 볼 수 있습니다.

로그인에 성공하면 로그인 전에 요청했던 글쓰기 페이지로 이동합니다.

```
MustHaveJSP/15FilterListener/LoginFilter.jsp?backUrl=/MustHaveJSP/09Pagin
```

localhost:8081 내용:

로그인 전 요청한 페이지로 이동합니다.

확인

즉, 로그인 후 페이지 이동은 다음과 같이 처리됩니다.

로그인 페이지를 직접 실행하는 경우

1 backUrl 없음
2 로그인 후 로그인 페이지로 이동

IsSessionFilter 클래스에 의해 로그인 페이지로 이동한 경우

1 getRequestURI( ) 메서드로 최초 요청된 페이지의 URL을 가져옴
2 backUrl 매개변수에 값으로 할당
3 로그인 후 backUrl에 지정된 페이지로 이동

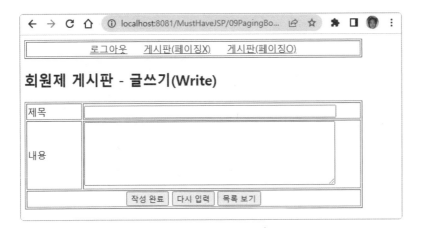

이제 글쓰기와 수정, 삭제까지 테스트해보기 바랍니다. 모두 제대로 동작할 것입니다.

이상으로 기존에 제작한 회원제 게시판에 필터를 통한 회원인증 기능을 추가해보았습니다. 하지만 게시판에 추가된 코드는 단 한 줄도 없습니다. 이처럼 필터를 이용하면 클라이언트의 요청이 최종 리소스에 도달하기 전에 필요한 처리를 추가할 수 있습니다. 이 외에도 리소스 접근 관련

로그 기록, 요청이나 응답 내용 변환 등 여러 가지 공통 기능을 편리하게 적용할 수 있습니다.

15.3 리스너

15.3.1 리스너란?

리스너는 사전적 의미로 청취자, 즉 소리를 듣는 사람을 의미하는데, 웹 애플리케이션에서 발생하는 다양한 이벤트event를 맡아 처리해주는 역할을 합니다. 현실 세계의 소리가 웹 프로그래밍에서는 이벤트라고 보면 됩니다.

웹 브라우저에서는 마우스 클릭click, 키보드 입력keydown 등의 이벤트가 발생하고, 웹 컨테이너에서는 웹 애플리케이션의 시작 및 종료, 세션 객체에 속성 추가 및 변경 등의 이벤트가 발생합니다.

서블릿에서는 이런 다양한 이벤트 발생을 감지하기 위한 인터페이스를 정의하고 있는데, 이를 가리켜 리스너(Listener)라고 합니다.

15.3.2 리스너의 종류

웹 애플리케이션에서 발생하는 이벤트가 다양한 만큼 이를 감지할 수 있는 리스너도 다양합니다. 대표적인 예를 [표 15-3]에 정리했습니다(표에서 '이벤트 소스event source'란 이벤트를 발생시키는 주체, 즉 근원지를 말합니다).

표 15-3 다양한 이벤트 소스와 리스너

이벤트 소스	이벤트 리스너	설명
ServletContext	ServletContextListener	웹 애플리케이션의 시작 및 종료 시 발생하는 이벤트 감지
	ServletContextAttributeListener	application 내장 객체를 통해 속성을 추가, 수정, 삭제할 때 발생하는 이벤트 감지
HttpSession	HttpSessionListener	세션의 시작, 종료 시 발생되는 이벤트 감지
	HttpSessionAttributeListener	session 내장 객체를 통해 속성을 추가, 수정, 삭제할 때 발생하는 이벤트 감지

| ServletRequest | ServletRequestListener | 클라이언트의 요청 및 서버의 응답 시 ServletRequest 객체의 생성 및 제거 이벤트 감지 |
| | ServletRequestAttributeListener | ServletRequest 객체에 속성을 추가, 수정, 제거할 때 발생하는 이벤트 감지 |

이 외에도 리스너가 더 있지만, 사용법은 거의 비슷하므로 몇 가지만 익혀두면 모두 어렵지 않게 활용할 수 있습니다.

15.3.3 web.xml에서 리스너 등록하기

리스너의 설정에도 역시 web.xml과 애너테이션을 이용합니다. web.xml 방식부터 알아보겠습니다.

기본 형식

리스너 클래스와 이를 등록해주는 web.xml의 기본 형식은 다음과 같습니다.

```
# 리스너로 사용할 클래스
public class 리스너클래스명 implements XxxListener {
    // 실행할 코드;
}

# web.xml
<listener>
    <listener-class>패키지를 포함한 리스너 클래스명</listener-class>
</listener>
```

리스너로 사용할 클래스는 Listener 인터페이스를 구현해야 합니다. 앞서 [표 15-3]에서 보았듯 이 모든 리스너 인터페이스는 XxxListener 형태의 이름을 사용합니다.

그리고 web.xml에서 리스너 클래스와 요청명을 매핑합니다. 〈listener-class〉에는 리스너로 사용할 클래스명을 패키지까지 포함해 기술해줍니다.

리스너 클래스 작성

웹 애플리케이션의 시작과 종료 이벤트를 받아 간단한 메시지를 출력하는 리스너를 작성하겠습니다.

예제 15-9 웹 애플리케이션 관련 이벤트를 청취하는 리스너 클래스

Java Resources/src/main/java/listener/ContextListener.java

```java
package listener;

... 임포트문 생략 ...

public class ContextListener implements ServletContextListener {   ❶
    @Override
    public void contextInitialized(ServletContextEvent sce) {   ❷
        Enumeration<String> apps = sce.getServletContext().getInitParameterNames();   ❸
        while (apps.hasMoreElements()) {   ❹
            System.out.println("[리스너] 컨텍스트 초기화 매개변수 생성 : "
                + apps.nextElement());
        }
    }

    @Override
    public void contextDestroyed(ServletContextEvent sce) {   ❺
        Enumeration<String> apps = sce.getServletContext().getInitParameterNames();
        while (apps.hasMoreElements()) {
            System.out.println("[리스너] 컨텍스트 초기화 매개변수 소멸 : "
                + apps.nextElement());
        }
    }
}
```

❶ 웹 애플리케이션의 시작 및 종료 이벤트를 감지하기 위한 리스너 클래스를 선언합니다. ServletContextListener 리스너를 구현하면 됩니다.

❷ contextInitialized() 메서드는 웹 애플리케이션 시작 이벤트를 감지합니다. ServletContextEvent 타입의 매개변수를 통해 web.xml에 접근할 수 있습니다. ❸ getInitParameterNames() 메서드는 web.xml에 정의된 컨텍스트 초기화 매개변수 목록을 Enumeration<String> 타입으로 읽어옵니다. ❹ 읽어온 매개변수들을 while문을 돌며 모두 출력해보았습니다.

❺ contextDestroyed() 메서드는 웹 애플리케이션 종료 이벤트를 감지합니다. 호출 시점만 다를 뿐 매개변수는 contextInitialized() 메서드와 동일합니다.

web.xml 작성(리스너 등록)

리스너는 타입별로 이벤트 소스가 정해져 있기 때문에 단순히 클래스만 등록하면 됩니다.

예제 15-10 리스너 클래스 등록   webapp/WEB-INF/web.xml

```
<listener>
    <listener-class>listener.ContextListener</listener-class> ❶
</listener>
</>
```

❶ 〈listener-class〉 요소에 패키지를 포함한 클래스명을 입력하기만 하면 리스너 등록이 완료됩니다.

동작 확인

방금 만든 리스너는 웹 애플리케이션의 시작과 종료 이벤트를 받으므로, 동작을 확인해보기 위해 서버를 재시작하겠습니다. [Servers] 뷰에서 톰캣을 선택해 재시작해줍니다.

서버가 시작되면 웹 애플리케이션이 실행되면서 콘솔에는 다음과 같은 내용이 출력됩니다.

오라클 접속 정보, 업로드 제한 용량, 게시판 설정 등 web.xml에 등록해둔 컨텍스트 초기화 매개변수 전체가 출력되는 걸 볼 수 있습니다.

이번에는 서버를 종료한 다음 다시 콘솔에 어떻게 출력되었는지 살펴봅시다.

```
🖧 Servers  🖳 Console  ×            ■ ✖ ✖ | 🗐 🔛 🗐 🗐 🗐 | 🗐 🗐
<terminated> Tomcat v10.1 Server at localhost [Apache Tomcat] C:\01Developkits\jdk-17\bin\javaw.exe  (2023. 6. 24. 오후
INFO: 프로토콜 핸들러 ["http-nio-8081"]을(를) 소멸시킵니다.
[리스너]컨텍스트 초기화 매개변수 소멸:INIT_PARAM
[리스너]컨텍스트 초기화 매개변수 소멸:OracleURL
[리스너]컨텍스트 초기화 매개변수 소멸:POSTS_PER_PAGE
[리스너]컨텍스트 초기화 매개변수 소멸:PAGES_PER_BLOCK
[리스너]컨텍스트 초기화 매개변수 소멸:OracleId
[리스너]컨텍스트 초기화 매개변수 소멸:CHAT_ADDR
[리스너]컨텍스트 초기화 매개변수 소멸:OracleDriver
[리스너]컨텍스트 초기화 매개변수 소멸:OraclePwd
```

웹 애플리케이션이 종료되면서 모든 컨텍스트 초기화 매개변수가 소멸되는 것을 볼 수 있습니다.

15.3.4 애너테이션으로 리스너 등록하기

리스너 등록 역시 애너테이션으로 가능합니다.

기본 형식

리스너 등록에는 @WebListener 애너테이션을 이용하며, 형식은 다음과 같습니다.

```
@WebListener
public class 리스너클래스명 implements XxxListener, YyyListener  {
    // 실행할 코드;
}
```

리스너로 사용할 클래스에 @WebListener 애너테이션을 붙여주면 됩니다. 만약 하나의 클래스로 2개 이상의 이벤트 소스를 감지하고 싶다면 단순히 원하는 리스너 인터페이스들을 모두 구현하면 됩니다.

리스너 클래스 작성

세션에 속성이 추가/수정/삭제되는 이벤트를 감지하는 리스너를 작성해보겠습니다.

예제 15-11 세션 속성 이벤트 리스너 클래스   Java Resources/src/main/java/listener/SessionAttrListener.java

```
package listener;

... 임포트문 생략 ...
```

```
@WebListener ❶
public class SessionAttrListener implements HttpSessionAttributeListener { ❷
    @Override
    public void attributeAdded(HttpSessionBindingEvent se) { ❸
        System.out.println("[리스너] 세션 속성 추가 : "
                            + se.getName() + " = " + se.getValue());
    }

    @Override
    public void attributeRemoved(HttpSessionBindingEvent se) { ❹
        System.out.println("[리스너] 세션 속성 제거 : "
                            + se.getName() + " = " + se.getValue());
    }

    @Override
    public void attributeReplaced(HttpSessionBindingEvent se) { ❺
        System.out.println("[리스너] 세션 속성 변경 : "
                            + se.getName() + " = " + se.getValue());
    }
}
```

❶ @WebListener 애너테이션만 붙여주면 리스너 등록은 완료됩니다.

❷ HttpSessionAttributeListener 인터페이스는 세션 영역의 속성이 변경될 때의 이벤트를 감지하는 리스너를 정의합니다.

❸ attributeAdded(), ❹ attributeRemoved(), ❺ attributeReplaced() 메서드는 각각 세션에 속성이 추가, 제거, 변경되는 이벤트를 감지합니다. 단, 같은 값으로 재설정하더라도 변경된 것으로 간주합니다.

리스너 동작 확인용 JSP 작성

등록된 리스너의 동작을 확인하기 위한 JSP 코드를 작성해보겠습니다. 버튼을 눌러 세션에 속성을 추가, 변경, 삭제하는 간단한 UI를 제공합니다.

```jsp
<%@ page language="java" contentType="text/html; charset=UTF-8"
    pageEncoding="UTF-8"%>
<%
String mode = request.getParameter("mode");  ❶
if (mode != null && mode.equals("1")) {  ❷
    session.setAttribute("mySession", "세션 영역");
}
else if (mode != null && mode.equals("2")) {
    session.removeAttribute("mySession");
}
else if (mode != null && mode.equals("3")) {
    session.invalidate();
}
%>
<!DOCTYPE html>
<html>
<head>
<meta charset="UTF-8">
<title>MyListener.jsp</title>
<script>
function formSubmit(form, modeValue) {  ❸
    form.mode.value = modeValue;  ❹
    form.submit();  ❺
}
</script>
</head>
<body>
    <h2>리스너 활용하기</h2>
    <form>
        <input type="hidden" name="mode" />  ❻

        <input type="button" value="세션 속성 저장"
onclick="formSubmit(this.form, 1);"/>
        <input type="button" value="세션 속성 삭제"                ❼
onclick="formSubmit(this.form, 2);"/>
        <input type="button" value="세션 전체 삭제"
onclick="formSubmit(this.form, 3);"/>
    </form>
```

```
</body>
</html>
```

❶ 매개변수로 전송된 mode 값을 받아옵니다. 최초 실행 시에는 매개변수가 없으므로 아래 if문들은 실행되지 않습니다.

❷ mode가 1일 때는 세션에 "mySession" 속성을 추가, 2일 때는 삭제하며, 3일 때는 세션을 무효화하여 모든 속성을 삭제합니다.

❸ 화면에서 버튼을 누르면 실행되는 함수로, ❹ 인수로 전달된 modeValue를 ❻에서 hidden 태그로 정의한 mode의 값으로 저장한 후 ❺ 서브밋합니다.

❼ 버튼 세 개를 준비하고, 누르면 ❸의 formSubmit() 함수를 호출합니다. 이때 매개변수 modeValue의 값으로 각각 1, 2, 3을 전달합니다.

동작 확인

[예제 15-12]의 MyListener.jsp를 실행해보죠. 정확히 테스트하기 위해 모든 웹 브라우저를 닫고 서버도 중지한 다음 새롭게 실행하는 것이 좋습니다. 웹 브라우저가 열리는 순간 새로운 세션이 생성되기 때문입니다.

실행 화면에서 버튼을 ❶ [세션 속성 저장] → ❷ [세션 속성 삭제] → ❸ [세션 속성 저장] → ❹ [세션 전체 삭제] 순서로 눌러보겠습니다.

콘솔의 출력 결과는 다음과 같습니다.

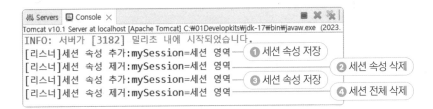

지금은 [세션 속성 삭제]와 [세션 전체 삭제]에서 별다른 점을 찾을 수 없습니다. 둘의 차이는 다음 절에서 세션 카운터까지 추가한 다음 다시 한번 확인해보겠습니다.

응용 # 15.4 리스너 응용 - 세션 카운터

클라이언트가 웹 브라우저를 열어 서버에 접속하면 서버에는 새로운 세션 객체가 생성되고, 종료하면 세션 객체는 소멸됩니다. HttpSessionListener 인터페이스는 세션의 생성과 소멸 이벤트를 감지합니다. 이런 특성을 이용해서 접속자 수를 확인하는 세션 카운터를 제작해보겠습니다.

세션 이벤트를 받아서 접속자 수를 계산하는 간단한 리스너를 클래스를 작성하고, 등록에는 애너테이션을 이용하겠습니다.

예제 15-13 세션 카운터 리스너 클래스　　　　Java Resources/src/main/java/listener/SessionListener.java

```java
package listener;

... 임포트문 생략 ...

@WebListener
public class SessionListener implements HttpSessionListener { ❶
    private int sessionCount; ❷

    @Override
    public void sessionCreated(HttpSessionEvent se) { ❸
        sessionCount++; ❹
        System.out.println("[리스너] 세션 생성 : " + se.getSession().getId()); ❺
        System.out.println("[리스너] 세션 카운트 : " + this.sessionCount);
    }

    @Override
    public void sessionDestroyed(HttpSessionEvent se) {
        sessionCount--; ❻
        System.out.println("[리스너] 세션 소멸 : " + se.getSession().getId());
        System.out.println("[리스너] 세션 카운트 : " + this.sessionCount);
    }
}
```

❶ 세션의 생성과 소멸 이벤트를 감지하는 HttpSessionListener 인터페이스를 구현하고, ❷ 접속자 수를 카운트하기 위한 변수를 선언합니다.

❸ 새로운 세션이 생성되면 ❹ 카운트를 1 증가시킵니다. ❺ getId() 메서드로는 새롭게 생성된 세션의 아이디를 확인할 수 있습니다.

❻ 세션 객체가 소멸되면 카운트를 1 감소시킵니다.

작성을 완료했으면 [예제 15-12]를 다시 실행해보겠습니다. 세션과 관련된 테스트이므로 서버를 중지하고 웹 브라우저도 모두 닫은 후 새로 시작해야 합니다.

실행 화면에서 버튼을 ❶ [세션 속성 저장] → ❷ [세션 속성 저장] → ❸ [세션 속성 삭제] → ❹ [세션 전체 삭제] → ❺ [세션 전체 삭제] 순서로 눌러보며 콘솔의 출력 결과를 확인해보세요.

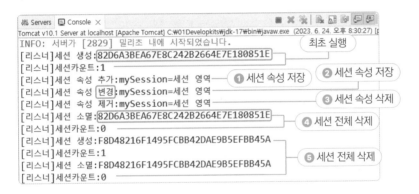

예제를 실행하면 새로운 세션이 생성되면서 세션 카운트는 1로 시작합니다. 이제 화면의 버튼을 하나씩 누르면 다음과 같은 일이 일어납니다.

❶ 처음 [세션 속성 저장] 버튼을 누르면 세션 영역에 속성명 "mySession"으로 "세션 영역"이라는 값을 저장합니다.

❷ [세션 속성 저장] 버튼을 다시 누르면 똑같은 "mySession" 속성에 또 한 번 값을 저장하는데, 기존과 같은 값이라도 '변경'된 것으로 간주합니다.

❸ [세션 속성 삭제] 버튼을 누르면 "mySession" 속성을 세션 영역에서 삭제합니다.

❹ [세션 전체 삭제] 버튼을 누르면 세션의 invalidate() 메서드를 호출하여 세션 자체를 삭제합니다. 콘솔에서도 최초 실행 시 생성된 세션이 소멸되는 것을 볼 수 있습니다(세션 ID로 식별 가능).

❺ [세션 전체 삭제] 버튼을 한 번 더 누르면, 먼저 submit() 함수에 의해 웹 브라우저가 새로고침됩니다. 이때 새로운 세션 객체가 생성되지만, invalidate() 메서드의 효과로 곧바로 삭제되는 것을 볼 수 있습니다. 세션 ID를 보면 이전 세션과 다른 세션임을 알 수 있습니다.

그런데 세션 카운트는 1을 넘지 못합니다. 웹 브라우저에서 새로운 탭을 열어 MyListener.jsp에 접속해봐도 변화가 없습니다. 기본적으로 웹 브라우저는 탭을 여러 개 열어도 세션을 공유하기 때문입니다. 즉, 서버 입장에서는 같은 클라이언트에서 같은 웹 브라우저로 접속하면 탭이나 창을 여러 개 띄우더라도 한 명의 사용자로 인식하여 서비스를 연속성 있게 제공한다는 뜻입니다.

그렇다면 세션을 여러 개 만들어보고 싶다면 어떻게 하면 될까요? 가장 쉬운 방법은 다른 웹 브라우저로 접속하는 것입니다. 첫 실행에서 크롬을 사용했다면 두 번째는 엣지나 파이어폭스를 띄워 접속해주세요. URL을 복사한 후 주소표시줄에 붙여 넣으면 됩니다.

```
🕸 Servers 🖳 Console ×                                 ■ ✖ ✖ | ▣ ▣
Tomcat v10.1 Server at localhost [Apache Tomcat] C:₩01Developkits₩jdk-17₩bin₩javaw.exe  (2023. 6. 24. 오
[리스너]세션 생성:86C1ED6A4CD1B0BE17A8CB4D43AF0ED4
[리스너]세션카운트:1 ─────────( 크롬에서 접속 )
[리스너]세션 생성:043205283D6D8E1D10DDE3CA59ED38EB
[리스너]세션카운트:2 ─────────( 엣지에서 접속 )
```

엣지에서까지 실행하면 세션이 새롭게 생성되어 카운트가 1 증가하는 걸 볼 수 있습니다. 즉, 2명의 사용자가 동시에 접속한 상태라는 것을 알 수 있습니다.

> **Note** 웹 브라우저가 여러 개 설치되어 있지 않더라도 세션을 여러 개 만들 수 있는 방법은 많습니다. 예를 들어 이클립스의 내장 브라우저로 접속하거나([Window] → [Web Browser] → [0 Internal Web Browser] 메뉴 선택 후 MyListener.jsp 다시 실행), 웹 브라우저를 개인정보 보호 모드로 실행할 수 있습니다(시크릿 모드 : 크롬, InPrivate 모드 : 엣지, Private 모드 : 파이어폭스). 단순히 다른 컴퓨터나 핸드폰에서 접속해도 됩니다.

학습 마무리

이번 장에서는 필터와 리스너의 개념과 설정 방법, 대표적인 활용 예를 살펴보았습니다. 두 개념을 잘 활용하면 웹 애플리케이션에서 공통되게 수행되는 기능을 한 곳에서 편리하게 처리하고 관리할 수 있습니다. 필터는 클라이언트의 요청이나 웹 서버의 응답을 먼저 받아 사전 혹은 사후 처리를 할 수 있습니다. 리스너는 웹 애플리케이션에서 발생되는 여러 가지 이벤트를 감지할 수 있습니다.

핵심 요약

- 웹 애플리케이션은 보통 수많은 JSP/서블릿으로 구성됩니다. 이때 필터를 활용하면 한글 인코딩 처리, 로그인, 로깅 등과 같은 공통 처리를 하나의 파일에서 관리할 수 있습니다.
- 필터는 jakarta.servlet.Filter 인터페이스를 구현해 작성하며, web.xml이나 애너테이션으로 요청명과 매핑해 사용합니다.
- 리스너는 웹 컨테이너에서 발생하는 다양한 이벤트를 감지할 수 있습니다. 리스너를 활용하면 웹 애플리케이션에 필요한 데이터 초기화나 속성값 변경 추적 등을 손쉽게 처리할 수 있습니다.
- 리스너는 jakarta.servlet 패키지의 다양한 XxxListener 인터페이스를 구현해 작성하며, web.xml이나 애너테이션으로 등록해 사용합니다.

웹소켓을 활용한 통신과 외부 서비스 연동까지, 실무에 바로 적용할 수 있는 개발 프로젝트 3가지를 진행해봅니다. 마지막에는 전체 프로젝트를 웹 서버에 배포하는 방법까지 알아보겠습니다.

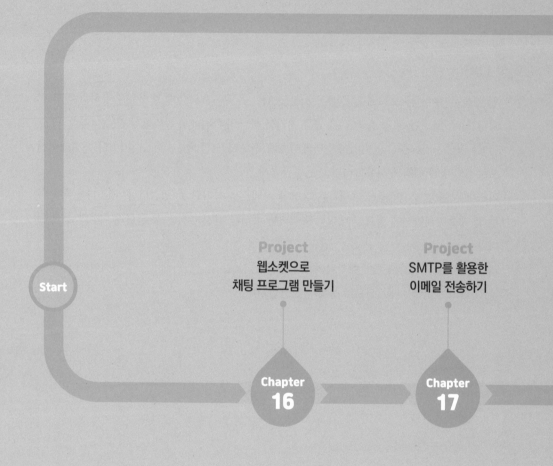

Start

Project
웹소켓으로
채팅 프로그램 만들기

Chapter
16

Project
SMTP를 활용한
이메일 전송하기

Chapter
17

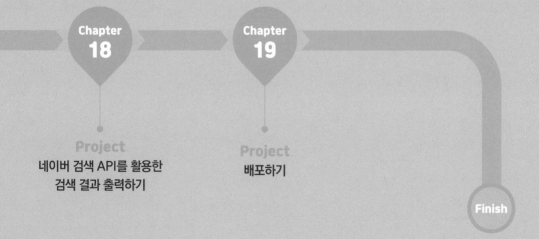

단계 **3**

프로젝트로 익히는 현업 스킬

웹소켓으로 채팅 프로그램 만들기

Project 웹소켓으로 채팅 프로그램 만들기

웹소켓 채팅 - Chrome □ ×	웹소켓 채팅 - Chrome □ ×	웹소켓 채팅 - Chrome □ ×
① localhost:8081/MustHaveJSP/15WebSoc...	① localhost:8081/MustHaveJSP/15WebSoc...	① localhost:8081/MustHaveJSP/15WebSoc...

대화명 : must 채팅 종료	대화명 : have 채팅 종료	대화명 : jsp 채팅 종료
웹소켓 서버에 연결되었습니다.	웹소켓 서버에 연결되었습니다.	웹소켓 서버에 연결되었습니다.
모두 안녕하세요?	must : 모두 안녕하세요?	must : 모두 안녕하세요?
have : must님 하이~~	must님 하이~~	have : must님 하이~~
jsp : 첨 뵙네요... 전 jsp입니다.	jsp : 첨 뵙네요... 전 jsp입니다.	첨 뵙네요... 전 jsp입니다.
/have 집필은 잘 되시나요?	must[귓속말] : 집필은 잘 되시나요?	전송
전송	전송	

난이도	★★☆☆
이름	웹소켓 채팅 프로그램
예제 위치	• webapp/16WebSocket • src/main/java/websocket/
미션	웹소켓을 이용한 멀티 채팅 프로그램을 작성해보자.
기능	• 채팅방 입장 • 채팅(1:N 대화) • 귓속말(1:1 대화)
활용 기술	• 웹소켓 • 자바스크립트

☐ 학습 목표	웹소켓을 이용한 멀티 채팅 프로그램을 작성해봅니다. 채팅 서버에 여러 클라이언트가 접속하여 대화를 나누고, 1:1 귓속말 기능까지 구현해보겠습니다.
☐ 학습 순서	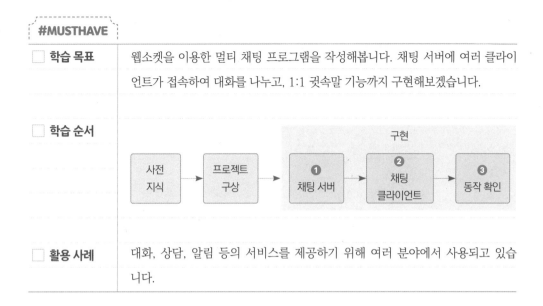
☐ 활용 사례	대화, 상담, 알림 등의 서비스를 제공하기 위해 여러 분야에서 사용되고 있습니다.

16.1 사전 지식

네트워크 프로그램 구현에 필요한 소켓의 개념과 동작 방식을 알아보고, 소켓의 웹 버전인 웹소켓의 개념과 구현 요령을 가볍게 살펴보겠습니다.

16.1.1 소켓이란?

소켓^{Socket}은 네트워크에서 동작하는 프로그램의 종착점^{endpoint}이라고 주로 표현합니다. IP 주소와 포트 번호로 이루어져 있으며, 서버와 클라이언트가 양방향 통신을 할 수 있게 해주는 소프트웨어 장치입니다. 양방향으로 통신하려면 서로를 알아야 하므로 클라이언트와 서버 둘 다 소켓을 생성하여 연결해줘야 합니다.

어린 시절 종이컵에 실을 연결해서 전화기처럼 친구랑 대화를 나눈 기억이 있으실 겁니다. 여기서 실은 네트워크의 역할을 하고, 종이컵이 바로 소켓의 역할이라 생각하면 됩니다.

자바에서는 소켓 기능을 클래스로 만들어 지원합니다. 일반적인 소켓 통신의 절차를 간단히 알아보겠습니다.

▼ 자바에서의 소켓 통신 절차

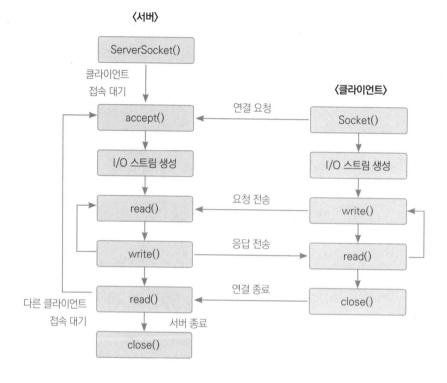

1 서버에서 서버용 소켓(ServerSocket)을 생성하고, 클라이언트가 접속하기를 기다립니다.

2 클라이언트가 소켓(Socket)을 생성하여 서버로 연결을 요청합니다.

3 서버가 접속을 허가(accept)합니다.

4 서버와 클라이언트는 각각 통신을 위한 I/O 스트림을 생성합니다.

5 스트림을 통해 서버와 클라이언트가 통신(write → read)합니다.

6 클라이언트가 모든 작업을 마친 후 소켓을 종료(close)합니다.

7 서버는 새로운 클라이언트의 접속을 위해 대기(accept)하거나, 종료(close)할 수 있습니다.

16.1.2 웹소켓이란?

일반적인 웹 환경은 클라이언트의 요청을 받으면 응답 후 바로 연결을 종료하는 비연결^{connectionless} 동기 소켓 방식을 사용합니다.

하지만 웹소켓^{WebSocket}은 클라이언트의 요청에 응답한 후에도 연결을 그대로 유지하는 연결 지향^{connection oriented} 방식입니다. 따라서 별도의 요청이 없어도 서버는 원하면 언제든 클라이언트로 데이터를 전송할 수 있습니다.

앞 절에서 소켓의 통신 절차가 꽤나 복잡한 것을 알 수 있었는데요, 웹소켓은 이 복잡한 절차를 아주 간단히 구현할 수 있는 장치를 마련해두었습니다. 웹소켓 서버의 구현은 애너테이션을 이용하게 되며, 그 종류는 다음과 같습니다.

- @ServerEndpoint : 웹소켓 서버의 요청명을 설정합니다.
- @OnOpen : 클라이언트가 접속했을 때 요청되는 메서드를 정의합니다.
- @OnMessage : 클라이언트로부터 메시지가 전송되었을 때 실행되는 메서드를 정의합니다.
- @OnClose : 클라이언트의 접속이 종료되면 실행되는 메서드를 정의합니다.
- @OnError : 에러 발생 시 실행되는 메서드를 정의합니다.

이상의 애너테이션을 이용해 서버를 구성해두면 클라이언트의 요청이 있을 때 적절한 메서드가 실행되어 응답하게 됩니다. 응답은 이벤트 객체를 통해 전달되고, 자바스크립트에서 리스너 메서드를 통해 전달받을 수 있습니다.

우리는 톰캣 10.1.x를 사용하므로 웹소켓의 버전은 2.1입니다. 톰캣 버전별 지원 기술 사양은 다음 주소에서 확인할 수 있습니다.

- https://tomcat.apache.org/whichversion.html

그럼 본격적으로 채팅 프로그램을 제작해보겠습니다.

16.2 프로젝트 구상

이번 장에서는 에코 클라이언트/서버 모델을 적용한 채팅 프로그램을 만들어보겠습니다.

에코^{echo}란 메아리를 뜻합니다. 산 정상에서 "야호~"라고 외쳐보신 적 있으시죠? 그럼 똑같이 "야호~"라는 소리가 되돌아옵니다. 이와 마찬가지로 채팅 프로그램은 클라이언트가 서버로 보낸 메시지를 접속해 있는 모든 클라이언트로 그대로 보내줍니다. 다음 그림을 보면 메시지를 보낸 클라이언트에게도 메시지가 에코, 즉 되돌아오는 것을 볼 수 있습니다.

▼ 에코 클라이언트/서버 모델

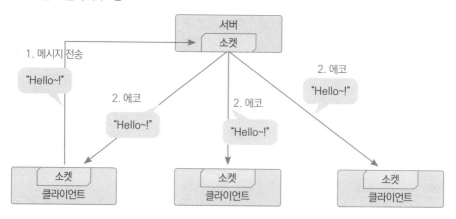

그래서 우리는 웹소켓 서버를 구현할 때 메시지를 보낸 클라이언트(즉, 나)를 제외한 나머지 클라이언트에게만 메시지를 전송할 수 있도록 구현할 것입니다. 일반적인 메시지는 모두에게 전송하고, 특정 클라이언트에게만 전송할 수 있는 귓속말 기능도 추가해보겠습니다.

STEP 1 ## 16.3 채팅 서버 구현

채팅 서버부터 작성하겠습니다. 접속한 클라이언트들을 컬렉션으로 관리하면서 한 클라이언트가 메시지를 보내면 다른 모든 클라이언트에 전달하는 간단한 서버입니다. 앞에서 설명한 애너테이션을 이용하면 어렵지 않게 구현할 수 있습니다. websocket 패키지를 먼저 생성한 후 작성합니다.

예제 16-1 채팅 서버   Java Resources/src/main/java/**websocket/ChatServer.java**

```
package websocket;

... 임포트문 생략 ...

@ServerEndpoint("/ChatingServer")   ❶
public class ChatServer {
    private static Set<Session> clients
            = Collections.synchronizedSet(new HashSet<Session>());   ❷

    @OnOpen   // 클라이언트 접속 시 실행 ❸
    public void onOpen(Session session) {
        clients.add(session);   // 세션 추가
```

```java
        System.out.println("웹소켓 연결:" + session.getId());
    }

    @OnMessage  // 메시지를 받으면 실행 ❹
    public void onMessage(String message, Session session) throws IOException {
        System.out.println("메시지 전송 : " + session.getId() + ":" + message);
        synchronized (clients) {  ❺
            for (Session client : clients) {  // 모든 클라이언트에 메시지 전달 ❻
                if (!client.equals(session)) {
                    // 단, 메시지를 보낸 클라이언트는 제외하고 전달 ❼
                    client.getBasicRemote().sendText(message);
                }
            }
        }
    }

    @OnClose  // 클라이언트와의 연결이 끊기면 실행 ❽
    public void onClose(Session session) {
        clients.remove(session);
        System.out.println("웹소켓 종료 : " + session.getId());
    }

    @OnError  // 에러 발생 시 실행 ❾
    public void onError(Throwable e) {
        System.out.println("에러 발생");
        e.printStackTrace();
    }
}
```

❶ @ServerEndpoint 애너테이션으로 웹소켓 서버의 요청명을 지정하여, 해당 요청명으로 접속하는 클라이언트를 이 클래스가 처리하게 합니다. 요청명이 /ChatingServer이므로 이 웹소켓에 접속하기 위한 전체 URL은 다음과 같습니다.

```
ws://호스트:포트번호/컨텍스트루트/ChatingServer
```

Note 웹소켓은 http가 아닌 ws 프로토콜을 사용합니다.

❷ 새로 접속한 클라이언트의 세션을 저장할 컬렉션을 생성합니다. Collections 클래스의 synchronizedSet() 메서드는 멀티 스레드 환경에서도 안전한^{thread-safe} Set 컬렉션을 생성해줍니다. 즉, 여러 클라이언트가 동시에 접속해도 문제가 생기지 않도록 동기화한 것입니다.

❸ @OnOpen 애너테이션은 클라이언트가 접속했을 때 실행할 메서드를 정의합니다. 이 메서드에서는 단순히 clients 컬렉션에 클라이언트의 세션을 추가합니다.

❹ @OnMessage 애너테이션은 클라이언트로부터 메시지를 받았을 때 실행할 메서드를 정의합니다. 클라이언트가 보낸 메시지와 클라이언트와 연결된 세션이 매개변수로 넘어옵니다. ❺ 동기화 블록 내에서 ❻ 모든 클라이언트에게 메시지를 전송합니다. ❼ 이때 메시지를 보낸 클라이언트를 제외합니다.

❽ @OnClose 애너테이션은 클라이언트가 접속을 종료했을 때 실행할 메서드를 정의합니다. clients에서 해당 클라이언트의 세션을 삭제합니다.

❾ @OnError 애너테이션은 에러가 발생했을 때 실행할 메서드를 정의합니다.

채팅 서버는 접속한 클라이언트의 세션 정보를 관리하면서, 메시지를 보낸 클라이언트를 제외한 나머지에게만 에코하는 형태로 구현했습니다.

STEP 2 16.4 채팅 클라이언트 구현

이번에는 채팅 클라이언트를 작성해보겠습니다. 클라이언트는 채팅 참여 화면과 채팅창으로 이루어져 있습니다.

▼ 채팅 프로그램 구성

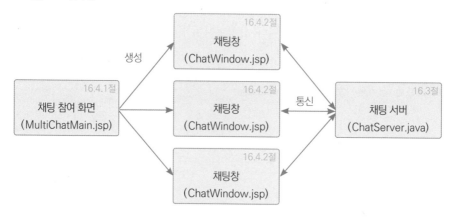

차례로 살펴보죠.

16.4.1 채팅 참여 화면 작성

채팅 참여 화면은 다음과 같이 아주 간단합니다.

웹소켓 채팅 - 대화명 적용해서 채팅창 띄워주기

대화명 : [   ] [채팅 참여]

대화명을 입력하고 [채팅 참여] 버튼을 클릭하면 별도의 채팅창을 띄워주는 역할을 합니다. 코드
를 보시죠.

예제 16-2 채팅 참여 화면   webapp/16WebSocketMultiChatMain.jsp

```jsp
<%@ page language="java" contentType="text/html; charset=UTF-8"
    pageEncoding="UTF-8"%>
<html>
<head><title>웹소켓 채팅</title></head>
<body>
    <script>
    function chatWinOpen() {   ❶
        var id = document.getElementById("chatId");   ❷
        if (id.value == "") {   ❸
            alert("대화명을 입력 후 채팅창을 열어주세요.");
            id.focus();
            return;
        }
        window.open("ChatWindow.jsp?chatId=" + id.value, "",
                "width=320,height=400");   ❹
        id.value = "";   ❺
    }
    </script>
    <h2>웹소켓 채팅 - 대화명 적용해서 채팅창 띄워주기</h2>
    대화명 : <input type="text" id="chatId" />   ❻
    <button onclick="chatWinOpen();">채팅 참여</button>   ❼
</body>
</html>
```

❶ 채팅창을 팝업창으로 열어주는 함수입니다.

❷ 대화명 입력상자의 DOM 객체를 얻어와 ❸ 대화명이 입력되지 않았다면 경고를 띄워줍니다.
❹ 문제가 없다면 대화명을 매개변수로 전달해 채팅창을 띄웁니다. ❺ 마지막으로 새로운 대화명
을 입력할 수 있도록 기존의 내용을 지워줍니다.

❻은 대화명 입력상자이고, ❼ [채팅 참여] 버튼을 누르면 ❶의 chatWinOpen() 함수가 호출되
도록 했습니다.

16.4.2 채팅창 작성

채팅창으로 사용할 JSP를 작성해보겠습니다. 다음과 같이 대화명 표시, 채팅 종료, 채팅 내용, 메
시지 입력 기능을 지원하는 간단한 구성입니다.

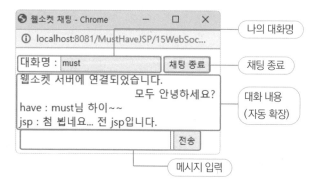

먼저 채팅 서버에 접속하기 위한 요청명을 web.xml에 컨텍스트 초기화 매개변수로 지정하겠습
니다.

예제 16-3 채팅 서버에 접속하기 위한 요청 URL　　　　　　　　　　　　　webapp/WEB-INF/web.xml

```xml
<?xml version="1.0" encoding="UTF-8"?>
<web-app xmlns:xsi=... 생략 ...>
  ... 생략 ...


  <context-param>
    <param-name>CHAT_ADDR</param-name>
    <param-value>ws://localhost:8081/MustHaveJSP</param-value>
  </context-param>
```

```
</web-app>
</>
```

요청명은 서버의 환경에 따라 달라지는 정보이므로 이처럼 컨텍스트 초기화 매개변수로 관리하는 것이 좋습니다. 실제 서비스용으로 배포할 때 web.xml만 수정하면 되기 때문입니다.

본격적으로 채팅창을 구현할 차례입니다. 코드가 제법 길어서 3개 예제로 나눠 살펴보겠습니다.

예제 16-4 채팅창 (1)   webapp/16WebSocketChatWindow.jsp

```jsp
<%@ page language="java" contentType="text/html; charset=UTF-8"
    pageEncoding="UTF-8"%>
<html>
<head>
<title>웹소켓 채팅</title>
<script>
var webSocket = new WebSocket(
        "<%= application.getInitParameter("CHAT_ADDR") %>/ChatingServer");  ❶
var chatWindow, chatMessage, chatId;

// 채팅창이 열리면 대화창, 메시지 입력창, 대화명 표시란으로 사용할 DOM 객체 저장 ┐
window.onload = function() {
    chatWindow = document.getElementById("chatWindow");
    chatMessage = document.getElementById("chatMessage");          ❷
    chatId = document.getElementById('chatId').value;
}                                                                  ┘

// 메시지 전송 ❸
function sendMessage() {
    // 대화창에 표시 ❹
    chatWindow.innerHTML += "<div class='myMsg'>" + chatMessage.value + "</div>"
    webSocket.send(chatId + '¦' + chatMessage.value);  // 서버로 전송 ❺
    chatMessage.value = "";  // 메시지 입력창 내용 지우기 ❻
    chatWindow.scrollTop = chatWindow.scrollHeight;  // 대화창 스크롤 ❼
}

// 서버와의 연결 종료
function disconnect() {  ❽
```

```
        webSocket.close();
    }

    // 엔터 키 입력 처리
    function enterKey() {  ❾
        if (window.event.keyCode == 13) {  // 13은 'Enter' 키의 코드값
            sendMessage();
        }
    }

    ... 계속 ...
```

❶ [예제 16-1]에서 선언해둔 웹소켓 접속 URL 뒤에 요청명을 덧붙여 웹소켓 객체를 생성하고
❷ 채팅창이 열리면 대화창, 메시지, 대화명으로 사용할 DOM 객체를 변수에 저장합니다.

❸ sendMessage()는 클라이언트의 메시지를 전송하는 메서드입니다. 메시지는 ❹ 대화창에 먼저 표시한 후 ❺ '대화명|메시지' 형태로 조립하여 서버로 전송합니다. 전송 후에는 ❻ 편의를 위해 입력상자의 내용을 비우고, ❼ 스크롤바는 항상 아래로 내려줍니다.

❽ disconnect()는 서버와의 연결을 종료하는 메서드입니다.

❾ enterKey() 함수는 enter 키가 눌리면 sendMessage()를 호출합니다. 매번 [전송] 버튼을 클릭하지 않아도 enter 를 누르면 즉시 메시지를 전송해주는 편의 기능입니다.

이어서 웹소켓과 관련한 이벤트가 발생했을 때 호출되는 함수들을 살펴보겠습니다.

예제 16-5 채팅창 (2)   webapp/**16WebSocketChatWindow.jsp**

```
    ... [예제 16-4]에서 이어짐 ...

    // 웹소켓 서버에 연결됐을 때 실행 ❶
    webSocket.onopen = function(event) {
        chatWindow.innerHTML += "웹소켓 서버에 연결되었습니다.<br/>";
    };

    // 웹소켓이 닫혔을 때(서버와의 연결이 끊겼을 때) 실행 ❷
    webSocket.onclose = function(event) {
        chatWindow.innerHTML += "웹소켓 서버가 종료되었습니다.<br/>";
```

```
};

// 에러 발생 시 실행 ❸
webSocket.onerror = function(event) {
    alert(event.data);
    chatWindow.innerHTML += "채팅 중 에러가 발생하였습니다.<br/>";
};

// 메시지를 받았을 때 실행 ❹
webSocket.onmessage = function(event) {
    var message = event.data.split("|");  // 대화명과 메시지 분리 ❺
    var sender = message[0];    // 보낸 사람의 대화명
    var content = message[1];   // 메시지 내용
    if (content != "") {
        if (content.match("/")) {  // 귓속말 ❻
            if (content.match(("/" + chatId))) {  // 나에게 보낸 메시지만 출력
                var temp = content.replace(("/" + chatId), "[귓속말] : ");
                chatWindow.innerHTML += "<div>" + sender + "" + temp + "</div>";
            }
        }
        else {  // 일반 대화 ❼
            chatWindow.innerHTML += "<div>" + sender + " : " + content + "</div>";
        }
    }
    chatWindow.scrollTop = chatWindow.scrollHeight;
};
</script>

... 계속 ...
```

총 4개의 메서드가 나오는데, 순서대로 ❶ 웹소켓 서버에 연결될 때, ❷ 연결이 종료될 때, ❸ 에러가 발생했을 때, ❹ 서버로부터 메시지를 받았을 때의 처리를 합니다. 각 상황은 이벤트로 전달되므로 이벤트별 리스너가 감지하여 이 메서드들을 호출해줄 것입니다. 호출 시 인수로 이벤트 객체가 전달됩니다.

앞서 sendMessage() 함수에서 메시지를 '대화명|메시지' 형태로 가공해 전송했으므로 ❺ 받을 때는 split() 메서드로 다시 분리합니다.

❻ 메시지 내용에 /가 포함되어 있다면 명령어(귓속말)이므로 별
도로 처리하고, ❼ /가 없다면 일반 메시지이므로 그대로 대화창
에 표시합니다.

Note 귓속말 구현은 잠시 뒤에 좀
더 자세히 들여다보겠습니다.

이어서 코드의 마지막은 다음과 같이 대화창의 스타일 지정을 위한 CSS와 대화창의 HTML 코드
입니다. 채팅창 그림과 비교해보세요.

예제 16-6 채팅창 (3)   webapp/16WebSocketChatWindow.jsp

```
... [예제 16-5]에서 이어짐 ...

<style> <!-- 대화창 스타일 지정 -->
#chatWindow{border:1px solid black; width:270px; height:310px; overflow:scroll;
            padding:5px;}
#chatMessage{width:236px; height:30px;}
#sendBtn{height:30px; position:relative; top:2px; left:-2px;}
#closeBtn{margin-bottom:3px; position:relative; top:2px; left:-2px;}
#chatId{width:158px; height:24px; border:1px solid #AAAAAA;
        background-color:#EEEEEE;}
.myMsg{text-align:right;}
</style>
</head>

<body> <!-- 대화창 UI 구조 정의 -->
    대화명 : <input type="text" id="chatId" value="${ param.chatId }" readonly />
    <button id="closeBtn" onclick="disconnect();">채팅 종료</button>
    <div id="chatWindow"></div>
    <div>
        <input type="text" id="chatMessage" onkeyup="enterKey();">
        <button id="sendBtn" onclick="sendMessage();">전송</button>
    </div>
</body>
</html>
```

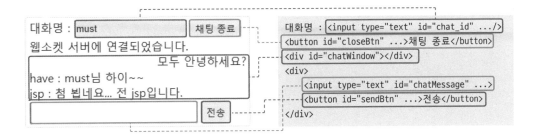

귓속말 구현 더 자세히

3명의 클라이언트가 접속해 있다고 가정해보겠습니다. 각 클라이언트의 대화명은 차례로 must, have, jsp입니다.

▼ 귓속말 동작 모습

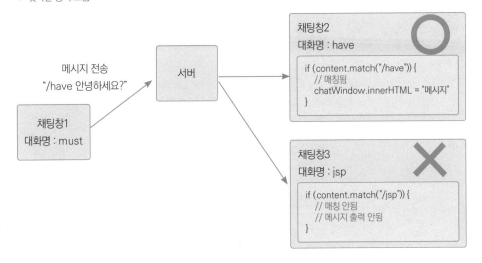

채팅창1의 must가 have에게만 귓속말을 보내려고 합니다. 그래서 대화창에 다음과 같이 입력합니다.

/have 안녕하세요?

클라이언트는 입력된 메시지를 '대화명|메시지' 형태로 조립한 후 서버로 전송합니다. 관련 코드는 다음과 같습니다.

```
webSocket.send(chatId + '¦' + chatMessage.value);
// 조립 결과 ⇒ 'must¦/have 안녕하세요?'
```

서버는 받은 메시지를 must를 제외한 나머지 두 명(have와 jsp)에게 전달됩니다. 클라이언트들은 메시지를 받은 후 split() 함수를 써서 대화명과 메시지 내용을 다시 분리합니다. 그런 다음 메시지 내용에 귓속말 명령이 포함되어 있는지를 확인하는 것이죠. 다음은 해당 부분의 코드입니다.

```
var message = event.data.split("¦");

sender      ← must
content     ← "/have 안녕하세요."

if (content != "") {  // 메시지가 빈 값이 아닌지 확인
    if (content.match("/")) {  // 귓속말인지(/ 포함 여부) 확인
        if (content.match(("/" + chatId))) {  // 자신에게 보낸 것인지 확인
            // 귓속말 명령어 부분을 '[귓속말] : ' 문자열로 대체 후 채팅창에 출력
            var temp = content.replace(("/" + chatId), "[귓속말] : ");
            chatWindow.innerHTML += "<div>" + sender + "" + temp + "</div>";
        }
    }
    else {
        // 일반 메시지일 때의 출력
        chatWindow.innerHTML += "<div>" + sender + " : " + content + "</div>";
    }
}
```

메시지가 귓속말인 경우 대화명이 have인 채팅창2에서만 출력됩니다. 즉, 서버는 모든 클라이언트에게 메시지를 전달하고 클라이언트가 출력 여부를 판단하는 것입니다.

16.5 동작 확인

채팅창 세 개를 띄워 의도대로 잘 작동하는지 확인해보겠습니다.

To Do **01** MultiChatMain.jsp를 실행합니다.

> **웹소켓 채팅 - 대화명 적용해서 채팅창 띄워주기**
>
> 대화명 : [_____] [채팅 참여]

02 총 3개의 채팅창을 엽니다.

- 대화명 란에 "must" 입력 → [채팅 참여] 버튼 클릭
- 대화명 란에 "have" 입력 → [채팅 참여] 버튼 클릭
- 대화명 란에 "jsp" 입력 → [채팅 참여] 버튼 클릭

03 각 창에서 간단한 인사말을 남겨보세요. 메시지 입력 후 [전송] 버튼을 클릭해도 되고 enter 를 눌러도 됩니다.

보낸 메시지는 오른쪽에 출력되고, 받은 메시지는 대화명이 붙어서 왼쪽에 표시됩니다.

04 이번에는 귓속말을 보내보겠습니다. must의 채팅창에서 "/have 집필은 잘 되시나요?"를 입력하고 enter 를 누릅니다.

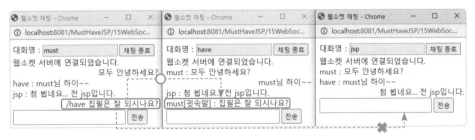

결과에서 보듯이 귓속말은 have에게만 전송된 것을 알 수 있습니다.

> ### 원격 컴퓨터에서 서버 실행하기
>
> 우리는 서버와 클라이언트를 모두 localhost에 두고 테스트했지만, 같은 공유기를 사용
> 하는 환경이라면 내부 IP를 설정하여 다른 컴퓨터에서 접속해 채팅할 수도 있습니다. 본인
> 의 IP 주소는 명령 프롬프트에서
> ipconfig 명령을 실행해 확인할
> 수 있습니다.
>
>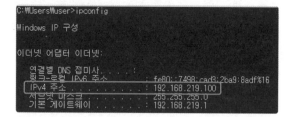
>
> web.xml에서 CHAT_ADDR 컨텍스트 초기화 매개변수를 ipconfig로 확인한 IP 주소
> 로 변경한 다음 웹 서버를 재실행합니다.
>
> ```
> <context-param>
>   <param-name>CHAT_ADDR</param-name>
>   <param-value>ws://192.168.219.100:8081/MustHaveJSP</param-value>
> </context-param>
> ```
>
> 그다음에 이 IP 주소의 컴퓨터에 채팅 서버를 실행해두고, 다른 컴퓨터에서 MultiChat
> Main.jsp를 실행해 테스트해보기 바랍니다.

학습 마무리

이번 장에서는 웹소켓을 활용하여 멀티 채팅 프로그램을 제작해보았습니다. 웹소켓을 활용하면
실시간 쪽지 보내기와 같은 기능도 구현할 수 있습니다. 여러 용도로 활용해보시기 바랍니다.

핵심 요약

- 웹소켓 서버를 구성할 때는 다음 5가지 애너테이션을 사용합니다.
  - @ServerEndpoint, @OnOpen, @OnMessage, @OnClose, @OnError

SMTP를 활용한 이메일 전송하기

이메일 전송하기

보내는 사람 :	[ ]@naver.com
받는 사람 :	[ ]@goldenrabbit.co.kr
제목 :	두 번째 이메일은 HTML 형식으로 발송해봅니다.
형식 :	○ Text ● HTML

```
두 번째 이메일은 HTML 형식으로 발송해봅니다.
입력한 내용은 별도 제작한 HTML 문서에 삽입되어 발송됩니다.
확인해보겠습니다.
```

[전송하기]

난이도	★☆☆☆
이름	SMTP 이메일 전송 프로그램
예제 위치	• webapp/17EmailSend/ • src/main/java/smtp/
미션	네이버 SMTP 서비스를 이용해 이메일을 보내보자.
기능	이메일 보내기
활용 기술	• 자바메일(JavaMail) • 네이버 SMTP 서비스(확장 라이브러리 필요)

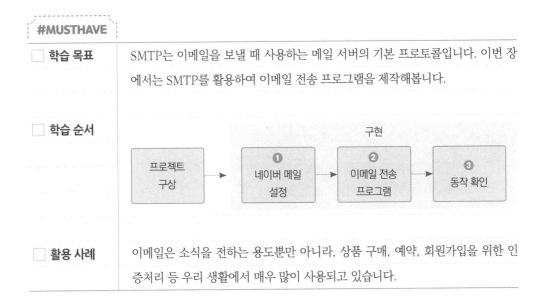

☐ 학습 목표	SMTP는 이메일을 보낼 때 사용하는 메일 서버의 기본 프로토콜입니다. 이번 장에서는 SMTP를 활용하여 이메일 전송 프로그램을 제작해봅니다.
☐ 학습 순서	
☐ 활용 사례	이메일은 소식을 전하는 용도뿐만 아니라, 상품 구매, 예약, 회원가입을 위한 인증처리 등 우리 생활에서 매우 많이 사용되고 있습니다.

17.1 프로젝트 구상

이메일을 전송하려면 SMTP^Simple Mail Transfer Protocol 서버가 필요한데, 서버를 직접 구축하는 건 JSP 학습과는 별개의 일이므로 포털 사이트인 네이버 메일 서버를 이용하겠습니다.

전체 구조는 다음과 같습니다.

▼ 이메일 전송 프로세스

네이버 SMTP 서버를 이용하려면 네이버 메일에서 설정을 조금 바꿔줘야 하므로, 설정 작업 후 코드를 구현하겠습니다.

STEP 1 # 17.2 네이버 SMTP 설정

네이버를 SMTP 서버로 사용하기 위한 설정을 해봅시다.

To Do **01** 웹 브라우저를 열고 네이버(naver.com)에 접속합니다. 첫 화면 의 오른쪽에 보면 로그인 버튼이 있습니다.

Note 계정이 없으신 분은 회원가입부터 하셔야 합니다.

02 본인의 계정으로 [로그인]합니다.

03 [메일] 메뉴로 들어갑니다.

04 화면 왼쪽 아래에 있는 [환경설정] 메뉴를 클릭합니다.

05 환경설정 메뉴 중 [POP3/IMAP 설정]을 클릭합니다.

06 [POP3/SMTP 설정] 탭에서 다음과 같이 '사용함'을 선택한 후 아래 [저장] 버튼을 클릭하여 설정을 저장합니다. 그 외 항목은 기본 설정으로 두면 됩니다.

이것으로 필요한 설정을 모두 마쳤습니다. 간단하죠?

같은 화면의 아래쪽에 보면 서버명과 포트 등의 정보가 있습니다. 이번 프로젝트에서 프로그램 작성 시 사용할 정보이니 기억해두세요.

메일 프로그램 환경 설정 안내			
스마트폰, 아웃룩 등 외부 메일 프로그램 환경설정에 아래와 같이 등록해 주세요.			
계정 정보	아이디 :		비밀번호 : 네이버 로그인 비밀번호
서버 명	POP 서버명 : pop.naver.com		SMTP 서버명 : smtp.naver.com
포트 정보	POP 포트 : 995, 보안연결(SSL) 필요		SMTP 포트 : 465, 보안 연결(SSL) 필요

> ## POP3와 IMAP
>
> SMTP는 메일을 보내는 역할만 합니다. 한편, 메일을 받을 때는 대표적으로 다음과 같은 프로토콜을 이용합니다.
>
> ### POP3(Post Office Protocol 3)
>
> 클라이언트가 메일 서버에서 메일을 받아오는 프로토콜입니다. 즉, 메일 서버에 저장된 메일을 사용자 컴퓨터로 가져와서 확인할 수 있게 해줍니다. 이때 MS 아웃룩^{Outlook}과 같은 프로그램이 주로 사용됩니다. 사용자 컴퓨터로 가져온 메일은 옵션에 따라 삭제하거나, 메일 서버에 그대로 저장해둘 수 있습니다.
>
> ### IMAP(Internet Message Access Protocol)
>
> POP3와 마찬가지로 사용자가 메일 서버에서 메일을 내려받는 프로토콜 중 하나입니다. 다른 점이라면 중앙 서버에서 동기화가 이뤄지기 때문에 같은 계정으로 연결된 모든 장치에서 똑같은 내용이 보이게 됩니다. 예를 들어 스마트폰에서 특정 메일을 지웠다면 테블릿에서도 함께 지워집니다.

STEP 2 # 17.3 이메일 전송 프로그램 작성

이메일 전송 프로그램을 작성해봅시다.

17.3.1 이메일 작성 화면

먼저 이메일 작성 페이지부터 만들겠습니다. 다음과 같이 간단한 형태의 폼입니다.

이메일 전송하기

보내는 사람 : [　　　　　　　　]
받는 사람 : [　　　　　　　　]
제목 : [　　　　　　　　　　]
형식 : ◉ Text ○ HTML

[　　　　　　　　　　　　　　]

[전송하기]

```jsp
<%@ page language="java" contentType="text/html; charset=UTF-8"
    pageEncoding="UTF-8"%>
<!DOCTYPE html>
<html>
<head>
<meta charset="UTF-8">
<title>SMTP 이메일 전송</title>
</head>
<body>
<h2>이메일 전송하기</h2>
<form method="post" action="SendProcess.jsp">  ❶
<table border=1>
    <tr>
        <td>
            보내는 사람 : <input type="text" name="from" value="" />  ❷
        </td>
    </tr>
    <tr>
        <td>
            받는 사람 : <input type="text" name="to" value="" />  ❸
        </td>
    </tr>
    <tr>
        <td>
            제목 : <input type="text" name="subject" size="50" value="" />
        </td>
    </tr>
    <tr>
        <td>
            형식 :  ❹
            <input type="radio" name="format" value="text" checked />Text
            <input type="radio" name="format" value="html" />HTML
        </td>
    </tr>
    <tr>
        <td>
            <textarea name="content" cols="60" rows="10"></textarea>
        </td>
    </tr>
```

```
    <tr>
        <td>
            <button type="submit">전송하기</button>
        </td>
    </tr>
</table>
</form>
</body>
</html>
```

❶ 〈form〉 태그의 전송 방식은 post이고, 이메일 전송을 처리할 페이지는 SendProcess.jsp입니다.

❷ 네이버 메일 서버를 사용하므로, '보내는 사람'에는 본인의 네이버 이메일 주소를 입력합니다.

❸ '받는 사람'은 수신 여부를 확인할 수 있는 다른 이메일 주소를 입력합니다.

❹ 이메일을 보낼 때의 형식을 지정합니다. 순수한 텍스트나 HTML 형식을 선택할 수 있습니다.

17.3.2 이메일 전송 클래스 작성

이메일을 보내기 위해서는 확장 라이브러리 2가지가 필요합니다. 먼저 라이브러리들을 설치한 후 클래스를 작성해보겠습니다.

라이브러리 설치

이메일 전송에 필요한 두 라이브러리는 자바메일과 자바빈즈 액티베이션 프레임워크입니다.

자바메일JavaMail은 이름 그대로 메일 서비스와 관련한 전반적인 기능을 수행합니다. Java EE 플랫폼에는 기본 포함되는 라이브러리지만 Java SE에서는 추가로 설치해줘야 합니다.

자바빈즈 액티베이션 프레임워크JavaBeans(TM) Activation Framework는 자바메일 API가 MIME 데이터를 관리하기 위해 사용됩니다.

To Do **01** 자바메일 다운로드 사이트에 접속합니다.
- https://mvnrepository.com/artifact/javax.mail/mail/1.4
- (단축 URL) https://bit.ly/3WAi0mj

02 [jar] 링크를 클릭하여 파일을 다운로드합니다.

03 자바빈즈 액티베이션 프레임워크 다운로드 사이트에 접속합니다.

- https://mvnrepository.com/artifact/javax.activation/activation/1.1.1
- (단축 URL) https://bit.ly/2VSRtW4

04 [jar] 링크를 클릭하여 파일을 다운로드합니다.

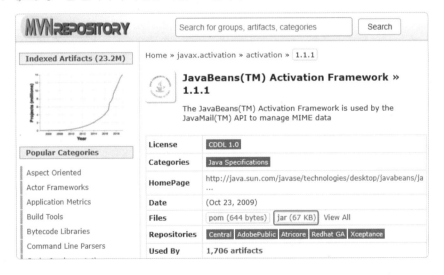

05 다운로드한 두 파일을 WEB-INF 하위의 lib 폴더에 복사해주세요.

이메일 전송 클래스 작성

이메일을 전송해줄 클래스를 작성해보겠습니다. 메일 서버에 대한 인증 처리와 전송 처리를 담당합니다.

자바메일에서 메일 전송은 다음 순서로 이루어집니다.

1 세션 생성(메일 서버에 사용자 인증)

2 메시지 작성

3 전송

예제 17-2 이메일 전송 클래스   Java Resources/src/main/java/**smtp/NaverSMTP.java**

```java
package smtp;

... 임포트문 생략 ...

// 네이버 SMTP 서버를 통해 이메일을 전송하는 클래스
public class NaverSMTP {
    private final Properties serverInfo; // 서버 정보 ❶
    private final Authenticator auth;    // 인증 정보 ❷

    public NaverSMTP() {  ❸
        // 네이버 SMTP 서버 접속 정보
        serverInfo = new Properties();
        serverInfo.put("mail.smtp.host", "smtp.naver.com");
        serverInfo.put("mail.smtp.port", "465");
        serverInfo.put("mail.smtp.starttls.enable", "true");
        serverInfo.put("mail.smtp.auth", "true");
        serverInfo.put("mail.smtp.debug", "true");
        serverInfo.put("mail.smtp.socketFactory.port", "465");
        serverInfo.put("mail.smtp.socketFactory.class",
```

```
                "javax.net.ssl.SSLSocketFactory");
        serverInfo.put("mail.smtp.socketFactory.fallback", "false");

        // 사용자 인증 정보
        auth = new Authenticator() {
            @Override
            protected PasswordAuthentication getPasswordAuthentication() {
                return new PasswordAuthentication("네이버 아이디",
                                                  "네이버 패스워드");  ➍
            }
        };
    }

    // 주어진 메일 내용을 네이버 SMTP 서버를 통해 전송합니다.
    public void emailSending(Map<String, String> mailInfo)
            throws MessagingException {
        // 1. 세션 생성 ➎
        Session session = Session.getInstance(serverInfo, auth);
        session.setDebug(true);

        // 2. 메시지 작성 ➏
        MimeMessage msg = new MimeMessage(session);
        msg.setFrom(new InternetAddress(mailInfo.get("from")));      // 보내는 사람
        msg.addRecipient(Message.RecipientType.TO,
                    new InternetAddress(mailInfo.get("to")));  // 받는 사람
        msg.setSubject(mailInfo.get("subject"));                     // 제목
        msg.setContent(mailInfo.get("content"), mailInfo.get("format"));  // 내용

        // 3. 전송 ➐
        Transport.send(msg);
    }
}
```

➊ 네이버 SMTP 서버 정보와 ➋ 인증 정보는 변하지 않기 때문에 final 인스턴스 변수로 만들어 둡니다. 이 둘의 값은 ➌ 생성자에서 할당합니다. 단, ➍의 "네이버 아이디"와 "네이버 패스워드"는 독자 여러분의 네이버 아이디와 패스워드를 뜻합니다. 적절하게 수정해주세요.

Warning 코드 중 "네이버 아이디"와 "네이버 패스워드"는 독자 여러분의 네이버 아이디와 패스워드로 바꿔주세요.

emailSending()은 '세션 생성' → '메시지 작성' → '전송 순서'로 이메일을 전송해주는 메서드입니다. ❺ 세션을 만들 때는 인스턴스 변수로 만들어둔 서버 정보와 인증 정보를 사용하고, ❻ 매개변수로 받은 Map 컬렉션에서 메일 내용을 뽑아 메시지를 작성합니다. 마지막으로 ❼ 전송을 하면 모든 일이 끝납니다.

Warning 만약 네이버 2단계 인증을 사용한다면 이 방식으로는 인증이 되지 않으니, 메일 전송 테스트를 할 때에는 반드시 해제한 후에 진행하시기 바랍니다.

17.3.3 HTML 형식 메일 템플릿 준비

메일 본문을 HTML 형식으로 전송하려면 기본적인 HTML 문서의 형태를 갖춰야 합니다. 다음은 이때 사용할 템플릿입니다.

예제 17-3 HTML 형식 메일용 템플릿　　　　　　　　　　　　　　webapp/**17EmailSend/MailForm.html**

```html
<!DOCTYPE html>
<html>
<head>
<meta charset="UTF-8">
<title>MustHave 메일 템플릿</title>
</head>
<body>
    <h2>MustHave 메일 템플릿</h2>
    <table border=1 width="100%">
        <tr>
            <td width="50">내용</td>
            <td>__CONTENT__</td>  <!-- 실제 메일 내용으로 대체 --> ❶
        </tr>
        <tr>
            <td>이미지</td>
            <td><img src="https://github.com/goldenrabbit2020/musthave_jsp/blob/
main/GOLDEN-RABBIT_LOGO_150.png?raw=true" alt="골든래빗" /></td> ❷
        </tr>
    </table>
</body>
</html>
```

❶ 메일 내용을 삽입할 곳입니다. __CONTENT__ 부분을 메일 내용으로 대체할 것입니다.

❷ 꼭 필요한 부분은 아니지만 이미지를 삽입해봤습니다. 단, 이때 주의할 점은 이메일은 외부 메일 서버로 보내는 것이므로, 반드시 "http"나 "https"를 포함한 절대 경로를 사용해야 합니다.

17.3.4 이메일 전송 처리 페이지 작성

지금까지 준비한 템플릿과 클래스를 이용해 이메일을 전송해줄 JSP 페이지를 생성하겠습니다. 17.3.1절에서 준비한 이메일 작성 페이지(EmailSendMain.jsp)에서 [전송하기] 버튼을 누르면 이 JSP로 전달되도록 설정해뒀습니다.

예제 17-4 이메일 전송 처리 페이지　　　　　　　　　　　　　　webapp/17EmailSend/SendProcess.jsp

```jsp
<%@ page import="java.io.BufferedReader"%>
<%@ page import="java.io.FileReader"%>
<%@ page import="java.util.HashMap"%>
<%@ page import="java.util.Map"%>
<%@ page import="smtp.NaverSMTP"%>
<%@ page language="java" contentType="text/html; charset=UTF-8"
    pageEncoding="UTF-8"%>
<%
// 폼값(이메일 내용) 저장 ❶
Map<String, String> emailInfo = new HashMap<String, String>();
emailInfo.put("from", request.getParameter("from"));  // 보내는 사람
emailInfo.put("to", request.getParameter("to"));      // 받는 사람
emailInfo.put("subject", request.getParameter("subject"));  // 제목

// 내용은 메일 포맷에 따라 다르게 처리 ❷
String content = request.getParameter("content");  // 내용
String format = request.getParameter("format");    // 메일 포맷(text 혹은 html)
if (format.equals("text")) {
    // 텍스트 포맷일 때는 그대로 저장 ❸
    emailInfo.put("content", content);
    emailInfo.put("format", "text/plain;charset=UTF-8");
}
else if (format.equals("html")) {
    // HTML 포맷일 때는 HTML 형태로 변환해 저장 ❹
    content = content.replace("\r\n", "<br/>");  // 줄바꿈을 HTML 형태로 수정 ❺
```

```
    String htmlContent = ""; // HTML용으로 변환된 내용을 담을 변수
    try {
        // HTML 메일용 템플릿 파일 읽기 ⑥
        String templatePath = application.getRealPath(
                                        "/17EmailSend/MailForm.html");
        BufferedReader br = new BufferedReader(new FileReader(templatePath));

        // 한 줄씩 읽어 htmlContent 변수에 저장 ⑦
        String oneLine;
        while ((oneLine = br.readLine()) != null) {
            htmlContent += oneLine + "\n";
        }
        br.close();
    }
    catch (Exception e) {
        e.printStackTrace();
    }

    // 템플릿의 "__CONTENT__" 부분을 메일 내용으로 대체 (변환 완료) ⑧
    htmlContent = htmlContent.replace("__CONTENT__", content);
    // 변환된 내용을 저장 ⑨
    emailInfo.put("content", htmlContent);
    emailInfo.put("format", "text/html;charset=UTF-8");
}

try {
    NaverSMTP smtpServer = new NaverSMTP();  // 메일 전송 클래스 생성 ⑩
    smtpServer.emailSending(emailInfo);       // 전송 ⑪
    out.print("이메일 전송 성공");
}
catch (Exception e) {
    out.print("이메일 전송 실패");
    e.printStackTrace();
}
%>
```

❶ 전달받은 제목과 내용 등의 폼값을 Map 타입인 emailContent 변수에 저장합니다. ❷ 이때 전송 방식(포맷)이 무엇이냐에 따라 내용 부분은 다르게 처리해야 합니다. ❸ Text를 선택한 경우

에는 입력한 내용만 저장하면 됩니다.

❹ HTML을 선택했다면 내용도 HTML 형태로 변환해줘야 해서 조금 복잡합니다. ❺ 먼저 줄바꿈 문자를 HTML 태그인 〈br/〉로 바꿔줍니다. 이어서 ❻ HTML 메일용 템플릿인 MailForm. html 파일을 ❼ 한 줄씩 읽어서 htmlContent 저장합니다. ❽ 이 HTML 템플릿에서 __CONTENT__ 부분을 메일 내용으로 변경해 ❾ emailContent에 저장합니다.

마지막으로 ❿ NaverSMTP 객체를 생성하고 ⓫ 이메일 전송을 요청합니다.

이상으로 모든 구현을 마쳤습니다.

STEP 3 **17.4 동작 확인**

제대로 작성했는지 테스트해보죠. 먼저 Text 형식으로 전송해보겠습니다.

To Do Text 형식 전송 테스트

01 이메일 작성 페이지(EmailSendMain.jsp)를 실행합니다.

02 다음과 같이 입력합니다.

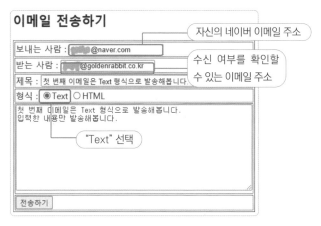

03 [전송하기] 버튼을 눌러 이메일을 보냅니다. 웹 브라우저에 "이메일 전송 성공"이라는 메시지가 나타날 것입니다.

04 콘솔에서 로그를 확인해봅니다. 다음과 같이 네이버 SMTP 서버를 통해 메일이 발송된 것을 알 수 있습니다.

05 받는 사람의 메일함을 확인합니다. 다음과 같이 메일이 도착한 것을 볼 수 있습니다.

이번에는 HTML 형식으로 전송해보겠습니다.

HTML 형식 전송 테스트

01 이메일 작성 페이지(EmailSendMain.jsp)를 실행합니다.

02 형식을 "HTML"로 선택하고, 첫 번째 메일과 구분되도록 제목과 내용도 살짝 다르게 작성합니다.

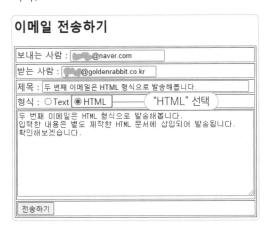

03 [전송하기] 버튼을 누른 후 성공 메시지를 확인합니다.

04 받는 사람의 메일함을 확인해봅니다.

이와 같이 템플릿 파일인 MailForm.html에서 내용 부분(__CONTENT__)만 변경되어 도착한 것을 볼 수 있습니다.

일반적으로 온라인 쇼핑몰에서 회원들에게 발송하는 단체 메일이 이런 방식이 사용합니다. 메일 폼을 디자인한 후 회원의 이름만 변경해서 발송하는 것이죠.

학습 마무리

이번 장에서는 SMTP를 활용한 이메일 전송 프로그램을 제작해보았습니다. 예제에서는 네이버를 사용하였지만, SMTP는 표준 프로토콜이라서 다른 메일 서비스도 활용할 수 있습니다. 이메일은 웹을 기반으로 하는 대부분의 업무에서 사용되므로 유용하게 활용하시기 바랍니다.

핵심 요약

- 네이버 SMTP 서버를 사용하기 위한 설정을 먼저 진행합니다.
- 메일을 발송하려면 확장 라이브러리가 필요합니다.
- 메일 형태는 Text와 HTML 등을 선택할 수 있습니다.
- HTML 형식으로 발송 시 이미지를 사용하는 경우 반드시 "http"나 "https"를 포함한 절대 경로를 사용해야 합니다.

네이버 검색 API를 활용한
검색 결과 출력하기

Project 네이버 검색 API를 활용한 검색 결과 출력하기

한 페이지에 10개씩 출력됨

[1페이지 ▾] [한국소프트웨어인재개발원] [검색 요청]

- 1
- 4차산업 SW전문교육기관 '**한국소프트웨어인재개발원**...
- 이어 지난 9월 24일 **한국소프트웨어인재개발원** 10주년 기념식을 열고, 2025년까지 전국에 총 8개의 소프트웨어인재개발원을 설립해 연간 2,000여명의 신규 SW인재양성 계획을 담은, '2025 비전'을 선포했다....
- ROTC 전문잡지 Leaders World
- https://blog.naver.com/lkkts
- 20200103
- 바로가기

- 2
- **한국소프트웨어인재개발원**... (제20회) 소프트웨어 산업인의...
- 커리큘럼 개발과 소프트웨어 인재 양성을 위해 최선의 노력을 다하겠다."고 수상소감을 전했다. **한국소프트웨어인재개발원**홈페이지 이미지 참조! [소프트웨어 인력 양성 관련 우

난이도	★☆☆☆
이름	네이버 검색 결과 출력하기
예제 위치	• webapp/18SearchAPI/ • src/main/java/api/
미션	네이버 검색 기능을 내 앱에 추가하자
기능	• 키워드 검색 • 페이지 단위 보기
활용 기술	• 네이버 오픈 API • 서블릿 • 제이쿼리 • JSON 파싱

| ☐ **학습 목표** | 네이버 검색 API를 활용하여 내가 만든 웹 애플리케이션에 블로그 검색 결과를 출력하겠습니다. |

☐ **학습 순서**

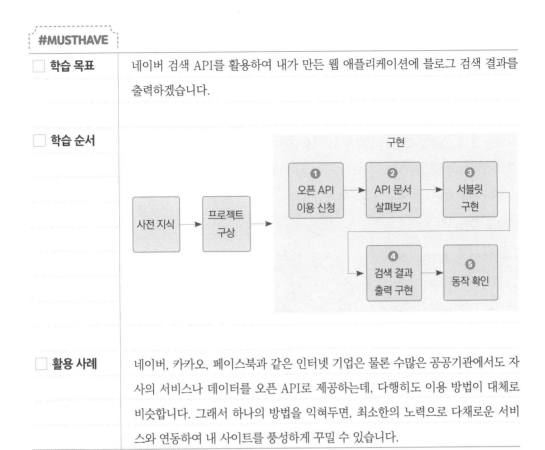

| ☐ **활용 사례** | 네이버, 카카오, 페이스북과 같은 인터넷 기업은 물론 수많은 공공기관에서도 자사의 서비스나 데이터를 오픈 API로 제공하는데, 다행히도 이용 방법이 대체로 비슷합니다. 그래서 하나의 방법을 익혀두면, 최소한의 노력으로 다채로운 서비스와 연동하여 내 사이트를 풍성하게 꾸밀 수 있습니다. |

18.1 사전 지식

18.1.1 오픈 API란?

오픈 API란 서비스를 제공하는 업체에서 외부 개발자가 자사 서비스의 기능을 간단히 호출해 이용할 수 있도록 공개해둔 API를 말합니다. 자사의 서비스를 다른 업체의 앱이나 서비스에서도 제공하게 하여 사용자를 늘리고 영향력을 확대하는 것이 주된 목적으로, 수많은 인터넷 업체가 서비스 일부를 앞다투어 오픈 API로 제공하고 있습니다.

주로 HTTP 프로토콜로 통신하며, 응답 데이터의 형태는 JSON 포맷을 가장 많이 씁니다. 과거에는 XML을 많이 이용했지만 JSON이 더 가볍고 사람이 읽기에도 편하며, 무엇보다 웹 프로그래밍의 표준 언어 격인 자바스크립트에서 바로 읽고 쓸 수 있어 많은 사랑을 받고 있습니다.

18.1.2 JSON 기초

네이버 검색 API는 검색 결과를 XML이나 JSON으로 반환합니다. 우리는 JSON을 사용할 것이므로, 코드를 살펴보기 전에 JSON이 무엇인지부터 알아보겠습니다.

JSON은 JavaScript Object Notation의 약자로, 자바스크립트에서 객체나 배열을 만들 때 사용하는 표현 방식입니다. 작성하기 쉽고 용량을 적게 차지해서 XML을 대체하는 데이터 전송 및 저장 수단으로 많이 쓰입니다.

JSON의 형식에는 다음과 같이 모두 4가지가 있습니다. 중괄호 { }는 객체를 뜻하고, 대괄호 [ ]는 배열을 뜻합니다.

1 '객체'는 키^{key}와 값^{value}으로 구분

```
{      ← 객체(중괄호)
    "name": "낙자쌤", "age":45, "address": "서울시 금천구 가산동"
}
```

2 '배열'은 값만으로 구성

```
[      ← 배열(대괄호)
    "Java", "Oracle", "HTML5", "JSP", "JavaScript"
]
```

3 객체의 값으로 배열을 사용

```
{    ← 객체
    "firstName": "Mush", "lastName": "Have",
    "Books": ["JAVA","JSP","GO","Python"]    ← 배열
}
```

4 배열의 값으로 객체를 사용

```
[    ← 배열
    {"City": "서울", "HotPlace": "이태원"},    ← 객체
    {"City": "부산", "HotPlace": "해운대"},
    {"City": "대구", "HotPlace": "삼덕동"}
]
```

JSON은 이상의 4가지 기본 형식을 조합하여 아주 복잡한 데이터까지 표현할 수 있습니다. 18.5절에서 네이버 검색 API가 돌려준 결과를 보면 실전에서 어떻게 활용되는지 확인할 수 있을 것입니다.

18.2 프로젝트 구상

이번 장에서는 네이버 검색 API를 활용해서 블로그를 검색하는 프로젝트를 진행합니다. 전체 구조는 다음과 같습니다.

▼ 검색 결과 출력 프로세스

보다시피 이번 프로젝트도 아주 간단합니다. 우리는 네이버가 제공하는 API에 맞게 요청을 하고, 결과를 받아 처리하기만 하면 됩니다. API 내부가 어떻게 동작하는지는 전혀 신경 쓸 필요가 없죠. 오픈 API를 이용하면 이처럼 간단하게 세련된 기능을 내 앱에 추가할 수 있습니다.

물론 오픈 API를 이용하려면 먼저 서비스 업체의 허락을 얻어야 합니다. 따라서 먼저 API 이용 신청 방법부터 알아본 후, API 사용설명서를 살펴본 다음, 마지막으로 코드를 구현해보겠습니다.

STEP1 18.3 오픈 API 이용 신청

네이버 검색 API를 사용하려면 먼저 네이버 개발자센터에서 이용 신청을 해야 합니다.

To Do **01** 네이버(https://naver.com)에 접속하여 본인 계정으로 '로그인'합니다.

02 네이버 검색창에서 "네이버 개발자센터"를 검색합니다.

03 검색 결과에서 "네이버 개발자센터" 링크를 클릭합니다.

04 검색용 오픈 API를 이용해야 하므로 [Products] → [검색] 메뉴를 클릭합니다.

검색에 대한 간략한 설명이 나옵니다.

05 화면을 아래로 스크롤하여 [오픈 API 이용 신청] 버튼을 클릭합니다.

> **Note** 네이버 개발자센터를 처음 이용한다면 '오픈 API 이용약관 동의' 과정을 거치게 됩니다. 네이버의 안내에 따라 약관
> 에 동의하면 곧바로 다음 단계(애플리케이션 등록)로 진행됩니다.

06 [애플리케이션 등록] 페이지에서는 아래와 같이 입력합니다.

- 애플리케이션 이름 : 원하는 이름을 입력합니다.
- 사용 API : '검색'을 선택합니다.
- 환경 추가 : WEB 설정

- 웹 서비스 URL : http://localhost:8081

URL을 올바로 입력하면 입력란이 녹색으로 바뀌고, [등록하기] 버튼이 활성화됩니다.

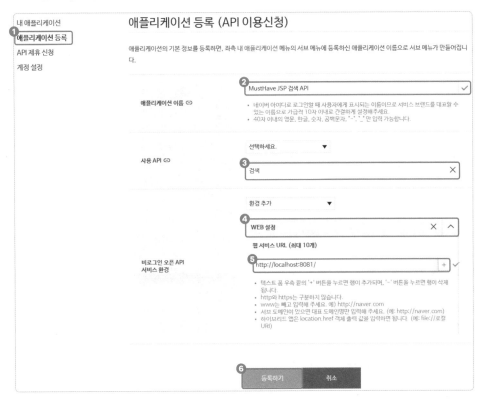

07 [등록하기]를 클릭하여 등록을 완료합니다. 등록이 완료되면 다음과 같이 [내 애플리케이션]에 방금 등록한 항목이 추가됩니다.

08 [Client ID]와 [Client Secret] 항목의 값을 메모장에 기록해둡니다. 검색 API를 사용하기 위해 발급된 키^{key}입니다.

> **Note** 발급받은 키는 다음 페이지에서 언제든 열람할 수 있습니다.

검색 API를 사용하기 위한 신청이 완료되었습니다.

STEP 2 18.4 API 문서 살펴보기

[Documents] 탭으로 이동하여 API 문서를 확인해보겠습니다. 검색 API에 대한 설명은 [Documents] → [검색] 메뉴를 클릭하면 확인할 수 있습니다.

검색 API 설명 화면은 다음과 같습니다. 왼쪽에 있는 검색 대상을 선택하면 오른쪽에 상세 설명이 나오는 구성됩니다.

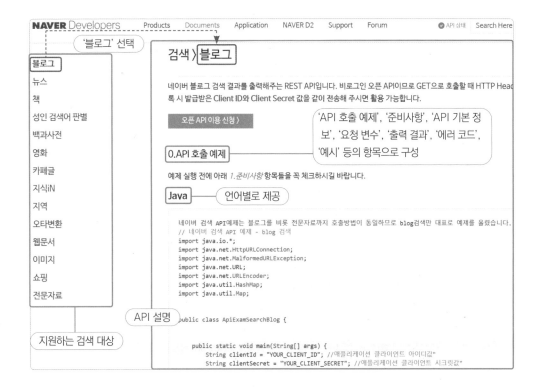

상세 설명은 다시 'API 호출 예제', '준비사항', 'API 기본 정보', '요청 변수', '출력 결과', '에러 코드', '예시' 등의 세부 항목으로 나뉩니다. 화면을 아래로 스크롤하면 모두 확인하실 수 있습니다. 가장 처음에는 'API 호출 예제'가 언어별로 나오는데, 우리는 그중 Java 예제를 서블릿으로 복사해 사용할 것이니 기억해두세요.

세부 항목 중 곧 구현해볼 코드를 이해하는 데 필요한 'API 기본 정보'와 '요청 변수' 부분만 더 살펴보겠습니다.

'API 기본 정보' 항목은 다음과 같이 HTTP 메서드(GET 혹은 POST), 인증 필요 여부, 요청 URL, 출력 포맷을 알려줍니다.

2. API 기본 정보

메서드	인증	요청 URL	출력 포맷
GET	–	https://openapi.naver.com/v1/search/blog.xml	XML
GET	–	https://openapi.naver.com/v1/search/blog.json	JSON

원하는 출력 포맷이 XML이냐 JSON이냐에 따라 요청 URL이 달라짐을 확인할 수 있습니다. 우리는 JSON을 이용할 것이므로 두 번째 요청 URL을 이용할 것입니다. JSON이 기본값이기 때문에 끝의 ".json"은 생략해도 됩니다.

다음은 '요청 변수' 항목을 보겠습니다.

3. 요청 변수

요청 변수	타입	필수 여부	기본값	설명
query	string	Y	-	검색을 원하는 문자열로서 UTF-8로 인코딩한다.
display	integer	N	10(기본값),100(최대)	검색 결과 출력 건수 지정
start	integer	N	1 (기본값), 1000(최대)	검색 시작 위치로 최대 1000까지 가능
sort	string	N	sim(기본값), date	정렬 옵션: sim (유사도순), date (날짜순)

요청 변수란 요청 URL에 쿼리스트링으로 덧붙일 수 있는 변수를 말합니다. 검색 키워드를 뜻하는 query는 필수 항목이며, 나머지는 선택입니다. 변수별로 기본값을 확인해보고, 원하는 값과 다르면 값을 명시해주면 됩니다. 우리는 결과를 페이지 단위로 보여줄 것이므로 display와 start 변수를 추가할 것입니다.

세부 항목 중 '출력 결과'와 '에러 코드' 항목도 살펴보면 좋지만, 내용이 길어 책에는 싣지 않았습니다. 여러분이 직접 API 문서를 읽어보시기 바랍니다.

STEP 3 # 18.5 서블릿 구현

검색 서블릿의 뼈대를 만든 후 API 설명 문서의 호출 예제를 복사해 우리에게 맞게 수정해보겠습니다. 먼저 api 패키지에 SearchAPI라는 이름으로 서블릿 뼈대를 작성합니다.

예제 18-1 검색 서블릿 뼈대   Java Resources/src/main/java/**api/SearchAPI.java**

```
package api;

... 임포트문 생략 ...
```

```
@WebServlet("/NaverSearchAPI.do")  ❶
public class SearchAPI extends HttpServlet {  ❷
    private static final long serialVersionUID = 1L;
    @Override
    protected void service(HttpServletRequest req, HttpServletResponse resp)
            throws ServletException, IOException {  ❸
        // 다음 예제에서 코드 추가
    }

    // 다음 예제에서 메서드 추가
}
```

❶ 애너테이션으로 요청명과 이 서블릿을 매핑합니다.

❷ HttpServlet 클래스를 상속하고 ❸ service() 메서드를 오버라이딩합니다.

이 뼈대에 'API 호출 예제' 중 'Java' 코드를 복사해오면 됩니다. main() 메서드의 본문 코드를 복사해 service() 메서드에 붙여넣고, main() 메서드 아래에 있는 나머지 메서드들 get(), connect(), readBody()는 메서드째로 전체를 복사하여 붙여넣습니다.

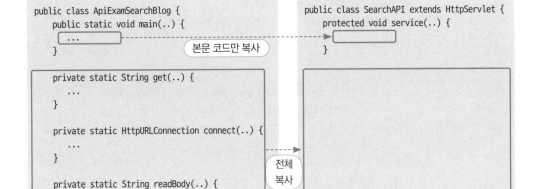

그림을 참조하여 복사를 완료하였다면 우리 프로젝트에 맞게 수정해보겠습니다. 수정하거나 추가할 부분은 음영으로 구분해뒀습니다.

```java
package api;

... 임포트문 생략 ...

@WebServlet("/NaverSearchAPI.do")
public class SearchAPI extends HttpServlet {
    private static final long serialVersionUID = 1L;
    @Override
    protected void service(HttpServletRequest req, HttpServletResponse resp)
            throws ServletException, IOException {
        // 1. 인증 정보 설정 ❶
        String clientId = "본인의 클라이언트 아이디";
        String clientSecret = "본인의 클라이언트 시크릿";

        // 2. 검색 조건 설정
        int startNum = 0;     // 검색 시작 위치
        String text = null;  // 검색어
        try {
            startNum = Integer.parseInt(req.getParameter("startNum"));  ❷
            String searchText = req.getParameter("keyword");  ❸
            text = URLEncoder.encode(searchText, "UTF-8");  ❹
        } catch (UnsupportedEncodingException e) {
            throw new RuntimeException("검색어 인코딩 실패", e);
        }

        // 3. API URL 조합
        String apiURL = "https://openapi.naver.com/v1/search/blog?query=" + text
                    + "&display=10&start=" + startNum;  // json 결과 ❺
        //String apiURL = "https://openapi.naver.com/v1/search/blog.xml?query="
                    + text;  // xml 결과

        // 4. API 호출
        Map<String, String> requestHeaders = new HashMap<>();
        requestHeaders.put("X-Naver-Client-Id", clientId);         ┐
        requestHeaders.put("X-Naver-Client-Secret", clientSecret); ┘❻
        String responseBody = get(apiURL, requestHeaders);  ❼

        // 5. 결과 출력
```

```
        System.out.println(responseBody);  // 콘솔에 출력 ❽

        resp.setContentType("text/html; charset=utf-8");
        resp.getWriter().write(responseBody);  // 서블릿에서 즉시 출력 ┐
    }                                                                      ❾

    private static String get(String apiUrl, Map<String, String> requestHeaders) {
        ... 생략(변경사항 없음) ...
    }

    private static HttpURLConnection connect(String apiUrl) {
        ... 생략(변경사항 없음) ...                                              ❿
    }

    private static String readBody(InputStream body) {
        ... 생략(변경사항 없음) ...
    }
}
```

❶ clientId와 clientSecret 변수에는 오픈 API 이용 신청(18.3절) 시 발급받은 값을 붙여넣습니다.

❷ 검색 시작 위치(startNum)와 ❸ 검색어(keyword)를 매개변수로 받습니다. 시작 위치는 정수로, ❹ 검색어는 한글 깨짐을 방지하기 위해 UTF-8로 인코딩합니다.

❺는 검색 결과 데이터를 JSON으로 받기 위한 API입니다. 검색어(text)를 쿼리스트링으로 보내는데, 여기에 display와 start 매개변수도 추가했습니다. display는 한 번에 가져올 검색 결과의 개수이며, start는 검색 시작 위치입니다.

❻ 클라이언트 아이디와 시크릿을 요청 헤더로 전달해 ❼ API를 호출합니다.

❽ 검색 결과를 콘솔에 출력하고, ❾ 서블릿에서도 즉시 출력하기 위해 콘텐츠 타입을 설정한 후 write() 메서드를 호출합니다.

❿ get(), connect(), readBody() 메서드는 수정할 내용이 없으므로 그대로 사용하면 됩니다.

검색 결과로 어떤 데이터를 받게 되는지 확인해보죠.

01 이클립스에서 톰캣 서버를 재시작합니다.

02 웹 브라우저에서 다음 주소에 접속합니다.

- http://localhost:8081/MustHaveJSP/NaverSearchAPI.do

검색 키워드 등 필요한 매개변수가 없어서 500 에러가 발생할 겁니다.

03 다음처럼 매개변수를 추가해 다시 접속합니다.

- http://localhost:8081/MustHaveJSP/NaverSearchAPI.do?keyword=강남역맛집&startNum=1

← → C ① localhost:8081/MustHaveJSP/NaverSearchAPI.do?keyword=강남역맛집&startNum=1 😊 게스트(8) 업데이트 ⋮

{"lastBuildDate": "Fri, 06 Aug 2021 20:50:46 +0900","total": 238079,"start": 1,"display": 10,"items": [{"title": "재미가 있는 **강남역 맛집** 공유","link":"https:₩/₩/blog.naver.com₩/jung111hee?
Redirect=Log&logNo=222455247595","description": "**강남역 맛집**은 주문해 본 음식들이 모두 훌륭했고 분위기도 좋아서 즐겁게 식사할 수 있어요. 자주 찾아가진 못하지만 강남역 근처에 간다면 꼭 재방문할꺼에요. 2. 피치그레이 수채화 팬케이크 15500원... ","bloggername": "맛집멋집","bloggerlink": "https://blog.naver.com/jung111hee","postdate": "20210803},{"title": "우수했던 **강남역 맛집** 모음","link": "https:₩/₩/blog.naver.com₩/teddysuyeon?
Redirect=Log&logNo=222442719188","description": "꼼꼼한 팩킹에 무피클, 드레싱까지 챙겨주서 집에서도 **강남역 맛**

검색 결과가 JSON으로 출력되었습니다. 줄바꿈이 전혀 안 되어 있는데, 박스 친 필드들의 의미는 다음과 같습니다.

```
{
    "lastBuildDate": "...",        ← 검색 결과를 생성한 시간
    "total": "...",                ← 검색 결과 문서의 총 개수
    "start": "...",                ← 검색 결과 문서 중, 문서의 시작점
    "display": "...",              ← 검색된 검색 결과 중 문서에 출력된 개수
    "items": [                     ← 검색 결과 목록
    {   ← 개별 검색 결과로, 반복해서 출력됨
        "title": "...",            ← 검색 결과 문서의 제목
        "link": "...",             ← 검색 결과 문서의 하이퍼텍스트 링크
        "description": "...",      ← 검색 결과 문서의 내용을 요약한 정보
        "bloggername": "...",      ← 블로거의 이름
        "bloggerlink": "...",      ← 블로그 포스트를 작성한 블로거의 하이퍼텍스트 링크
        "postdate": "...",         ← 블로그 포스트를 작성한 날짜
    },
    ... 항목 반복 ...
}
```

items 항목을 보면 JSON의 4가지 형식 중 3번인 '객체의 값으로 배열을 사용'한 형식입니다. 그런데 그 배열의 요소로 다시 객체를 사용하고 있습니다. 이처럼 JSON은 4가지 형식을 얼마든지 조합하고 중첩하여 복잡한 데이터까지 표현할 수 있습니다.

> **Note** 다음과 같이 인증에 실패했다는 오류가 뜨면 SearchAPI.java 코드에서 clientId, clientSecret 값을 수정하지 않은 것입니다. 수정 후 다시 시도해주세요.

STEP 4 18.6 검색 결과를 웹 브라우저에 출력

API 호출 결과로 받은 JSON을 파싱하여 웹 브라우저에 출력할 차례입니다. 동작 절차는 다음과 같습니다.

▼ 검색 결과 출력 상세 프로세스

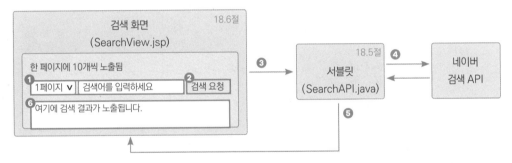

❶ JSP에서는 먼저 검색어를 입력한 후 ❷ [검색 요청] 버튼을 클릭하면 ❸ Ajax 메서드를 통해 비동기 방식으로 서블릿으로 전송합니다. 그런 다음 ❹ 서블릿이 네이버 검색 API를 호출해 네이버에서 검색 결과를 JSON으로 반환하면 ❺ 서블릿에서 직접 출력합니다. ❻ JSP는 이 내용을 콜백 메서드에서 받은 후 파싱하여 웹 브라우저에 출력하면 됩니다.

먼저 검색을 요청하고 결과를 출력해줄 화면을 JSP로 만들어봅시다. 코드가 길어서 UI 요소를 구성하는 코드부터 본 후 자바스크립트 코드는 뒤이어 살펴보겠습니다.

```jsp
<%@ page language="java" contentType="text/html; charset=UTF-8"
    pageEncoding="UTF-8"%>
<!DOCTYPE html>
<html>
<head>
<meta charset="UTF-8">
<title>검색 API</title>
<script src="https://ajax.googleapis.com/ajax/libs/jquery/3.7.0/jquery.min.js">
</script>
<script>

... [예제 18-4] ...

</script>
<style>
    ul{border:2px #cccccc solid;}
</style>
</head>
<body>
<div>
    <div>
        <form id="searchFrm">  ❶
            한 페이지에 10개씩 출력됨 <br />
            <select id="startNum">
                <option value="1">1페이지</option>
                <option value="11">2페이지</option>
                <option value="21">3페이지</option>     ❷
                <option value="31">4페이지</option>
                <option value="41">5페이지</option>
            </select>
            <input type="text" id="keyword" placeholder="검색어를 입력하세요." />  ❸
            <button type="button" id="searchBtn">검색 요청</button>  ❹
        </form>
    </div>
    <div class="row" id="searchResult">  ❺
        여기에 검색 결과가 출력됩니다.
    </div>
</div>
```

```
</body>
</html>
```

❶ 검색을 위한 〈form〉 태그를 정의합니다. ❷ 검색 시작 위치를 페이지 단위로 선택하고 ❸ 검색어를 입력할 수 있습니다. ❹ 바로 아래는 [검색 요청] 버튼입니다.

❺는 검색 결과가 출력되는 영역입니다. 뒤이어 설명할 자바스크립트 코드에서 결과로 받은 JSON 데이터를 파싱하여 이 영역에 채워줄 것입니다.

예제 18-4 검색 화면 페이지 2 – 자바스크립트 코드　　　　　　webapp/**18SearchAPI/SearchView.jsp**

```
... 생략(예제 18-3 참고) ...

<script>
// [검색 요청] 버튼 클릭 시 실행할 메서드를 정의합니다.
$(function() {
    $('#searchBtn').click(function() {  ❶
      $.ajax({
        url : "../NaverSearchAPI.do",  // 요청 URL ❷
        type : "get",                  // HTTP 메서드 ❸
        data : {                       // 매개변수로 전달할 데이터 ❹
            keyword : $('#keyword').val(),               // 검색어
            startNum : $('#startNum option:selected').val()  // 검색 시작 위치
        },
        dataType : "json",      // 응답 데이터 형식 ❺
        success : sucFuncJson,  // 요청 성공 시 호출할 메서드 설정 ─┐
        error : errFunc         // 요청 실패 시 호출할 메서드 설정 ─┴─❻
      });
    });
});

// 검색 성공 시 결과를 화면에 뿌려줍니다. ❼
function sucFuncJson(d) {
    var str = "";
    $.each(d.items, function(index, item) {  ❽
        str += "<ul>";
        str += "    <li>" + (index + 1) + "</li>";
        str += "    <li>" + item.title + "</li>";
        str += "    <li>" + item.description + "</li>";
```

```
        str += "    <li>" + item.bloggername + "</li>";
        str += "    <li>" + item.bloggerlink + "</li>";
        str += "    <li>" + item.postdate + "</li>";
        str += "    <li><a href='" + item.link
                + "' target='_blank'>바로가기</a></li>";
        str += "</ul>";
    });
    $('#searchResult').html(str);  ❾
}

// 실패 시 경고창을 띄워줍니다. ❿
function errFunc(e) {
    alert("실패: " + e.status);
}
</script>

... 생략(예제 18-3 참고) ...
```

❶ 검색 요청 버튼(id="searchBtn")을 눌렀을 때 $.ajax 메서드를 호출하도록 정의했습니다. 이 메서드는 ❷ URL은 서블릿의 요청명을 사용하고, ❸ get 방식으로 전송합니다. ❹ 매개변수로는 검색어와 검색 시작 위치를 전달하고, ❺ 콜백 데이터 형식은 JSON으로 지정합니다. ❻ 마지막으로 요청 성공 시 혹은 실패 시 호출할 콜백 메서드를 설정합니다.

❼이 성공 시의 콜백 메서드입니다. ❽ $.each 메서드를 사용하여 콜백 데이터 중 items 부분을 반복 파싱합니다(콜백 데이터에는 당연히 594쪽에서 확인한 검색 결과가 담겨 있으며, items 요소에는 개별 블로그 정보가 원소로 들어가 있습니다). 파싱된 데이터는 10개씩 문자열에 누적 저장된 후 ❾ id가 "searchResult"인 영역([예제 18-3]의 ❺)에 HTML 형태로 출력됩니다.

$.each() 메서드는 다음과 같이 두 가지 형식으로 사용합니다.

- **형식 1.** DOM 요소를 선택한 후 반복 실행합니다.

  1. DOM 선택 후 반복　　　　　 2. 반복 요소의 인덱스(0부터 시작)

```
$('선택자').each(function(index, item) {
    // 선택한 요소의 반복 실행 문장;
}
                                    3. 반복 요소의 데이터
```

- **형식 2.** 배열을 첫 번째 인수로 받아 반복 실행합니다.

1. 배열   2. 배열 요소의 인덱스(0부터 시작)

```
$.each(배열, function(index, item) {
    // 배열 요소의 반복 실행 문장;
}                                    3. 배열 요소의 데이터
```

[예제18-4]에서는 검색 결과를 JSON으로 콜백받아 사용하므로 형식 2를 사용하였습니다.

⑩ 실패 시에는 간단히 경고창을 띄워줍니다.

이상으로 필요한 모든 구현을 마쳤습니다.

STEP 5 ## 18.7 동작 확인

제대로 작성했는지 테스트해보죠. 먼저 "한국소프트웨어인재개발원"으로 검색해보겠습니다.

To Do **01** SearchView.jsp를 실행합니다.

02 검색어 입력란에 "한국소프트웨어인재개발원"을 입력한 후 [검색 요청] 버튼을 클릭합니다.

```
한 페이지에 10개씩 출력됨
1페이지 ▼  ①한국소프트웨어인재개발원  ② 검색 요청
여기에 검색 결과가 출력됩니다.
```

그러면 잠시 후 검색 결과가 출력되는 것을 볼 수 있습니다. 화면을 스크롤해보면 총 10개가
보일 것입니다.

```
한 페이지에 10개씩 출력됨
1페이지 ▼  한국소프트웨어인재개발원   검색 요청
```

- 1
  - 4차산업 SW전문교육기관 '**한국소프트웨어인재개발원**...
  - 이어 지난 9월 24일 **한국소프트웨어인재개발원** 10주년 기념식을 열고, 2025년까지 전국
    에 총 8개의 소프트웨어인재개발원을 설립해 연간 2,000여명의 신규 SW인재양성 계획을
    담은, '2025 비전'을 선포했다....
  - ROTC 전문잡지 Leaders World
  - https://blog.naver.com/lkkts
  - 20200103
  - 바로가기

- 2
  - **한국소프트웨어인재개발원**... (제20회) 소프트웨어 산업인의...
  - 커리큘럼 개발과 소프트웨어 인재 양성을 위해 최선의 노력을 다하겠다."고 수상소감을
    전했다. **한국소프트웨어인재개발원**홈페이지 이미지 참조! [소프트웨어 인력 양성 관련 우
    수 인증 및 지정서 현황]

03 페이지 선택란에서 "2페이지"를 선택 후 검색하면 11번째부터의 검색 결과를 볼 수 있습니다.

04 다른 검색어로도 테스트해보기 바랍니다.

학습 마무리

이번 장에서는 네이버 검색 API를 활용하여 웹 애플리케이션에 검색 기능을 추가해보았습니다. 네이버는 검색 외에도 '파파고 번역', '클로바 얼굴 인식' 등 다양한 기능을 오픈 API로 제공하니 네이버 개발자센터를 참고하여 직접 구현해보기 바랍니다. 익숙해지면 카카오, 페이스북, 구글 등 다른 인터넷 업체가 제공하는 오픈 API에도 도전해보세요.

핵심 요약

- 오픈 API를 사용하려면 API 제공자로부터 권한을 얻어야 합니다. 네이버는 '네이버 개발자센터'에서 오픈 API 이용 신청을 받습니다.
- 오픈 API 사용 전에 API 문서를 꼼꼼히 확인합니다.
- 대다수 오픈 API가 데이터를 주고 받는 표준 포맷으로 JSON을 이용합니다. JSON은 단순하고 다루기 편하여, 이 외에도 널리 쓰이니 꼭 제대로 익혀두기 바랍니다.
- 오픈 API를 통해 얻어오는 JSON 데이터를 뷰에 적용하기 위해서는 비동기 통신이 필수이므로 Ajax와 같은 메서드를 사용해야 합니다.

난이도	★★☆☆
이름	프로젝트 배포하기
미션	개발 완료된 프로젝트를 웹 서버에 배포하자.

☐ **학습 목표** 개발이 완료된 웹 애플리케이션을 실제로 서비스하려면 웹 서버에 업로드해야 합니다. 이 작업을 배포라고 합니다. 우리는 로컬 웹 서버에 배포하는 과정을 학습해보겠습니다.

☐ **학습 순서**

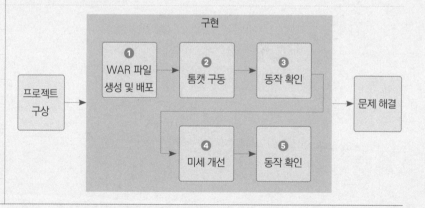

19.1 프로젝트 구상

지금까지 이 책에서 작성해온 모든 예제와 프로젝트는 MustHaveJSP라는 큰 프로젝트 안에 장chapter별로 만들어졌습니다. 이번 장에서는 이 MustHaveJSP 프로젝트를 통째로 로컬 웹 서버 (톰캣)로 배포해보려 합니다.

0장에서 톰캣은 이클립스에서 연동해 실행하는 방법 외에 단독으로도 실행할 수 있다고 했습니다. 그러면서 '단독 실행은 완성된 프로젝트를 배포하는 과정(19장)에서 다루겠다'고도 했습니다. 드디어 약속된 시간이 왔습니다.

톰캣은 웹 애플리케이션들을 {톰캣 설치 경로}/webapps/ 폴더 안에 둡니다. 톰캣 구동 시 이 폴더에 담긴 웹 애플리케이션들을 읽어 들여 서비스하는 구조입니다. 따라서 우리도 MustHaveJSP 프로젝트를 웹 애플리케이션 형태에 맞게 webapps 폴더에 배포하면 됩니다.

▼ 웹 애플리케이션 배포

STEP 1 19.2 WAR 파일 생성 및 배포

배포하기 위해서는 이클립스에서 작업을 완료한 프로젝트를 WAR 파일로 생성해야 합니다. WAR는 Web application ARchive(웹 애플리케이션 아카이브)의 약자입니다. 말 그대로 웹 애플리케이션을 압축해 담아놓은 파일입니다.

프로젝트를 WAR 파일로 내보내는 방법은 아주 간단합니다.

To Do 01 프로젝트 탐색기에서 프로젝트명 선택 후 마우스 우클릭 → [Export] → [WAR file]을 선택합니다.

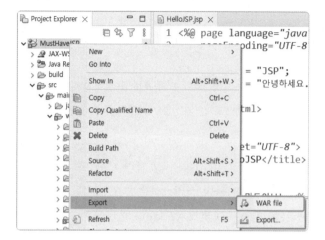

02 [Export] 창이 뜨면 ❶ 오른쪽의 [Browse] 버튼을 눌러 톰캣이 설치된 폴더 하위의 webapps 폴더를 선택합니다. 파일명은 자동으로 프로젝트명인 MustHaveJSP.war로 지정됩니다. ❷ 체크박스를 모두 체크한 후 ❸ [Finish] 버튼을 클릭합니다.

Note webapps 폴더는 그 이름처럼 톰캣이 서비스하는 웹 앱들을 모아두는 위치입니다.

03 그러면 지정한 폴더에 MustHaveJSP.war 파일이 생성됩니다.

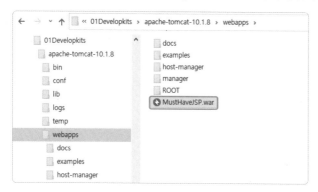

19.3 톰캣 시작하기

WAR 파일로 만들었다면 이번에는 톰캣 웹 서버를 시작하면 됩니다. 이를 위해서는 포트 충돌이
나지 않도록 이클립스에서 구동된 웹 서버는 반드시 종료시켜주셔야 합니다.

To Do **01** 이클립스에서 [Servers] 뷰를 확인합니다. 다음 그림과 같이 "Started"라고 적혀 있다면 웹
서버가 구동 중인 상태입니다.

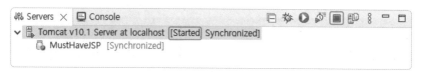

02 오른쪽의 붉은 [Stop the server] 버튼을 눌러서 웹 서버를 종료합니다. 그러면 상태가 곧
"Stopped"로 바뀔 것입니다.

다음으로 로컬에서 톰캣을 구동해보겠습니다. 톰캣을 구동하기 위해서는 명령 프롬프트가
필요합니다.

03 ⊞ + R 을 눌러 실행창이 뜨면 "cmd"를 입력한 후 [확인]을 누릅니다.

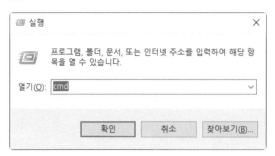

04 명령 프롬프트에서 cd 명령으로 톰캣 설치 폴더 하위의 bin 폴더로 이동합니다. 저와 같은 위치에 설치했다면 C:\01DevelopKits\apache-tomcat-10.1.8\bin으로 이동하면 됩니다.

05 startup.bat 파일을 실행합니다.

```
> cd c:\01DevelopKits\apache-tomcat-10.1.8\bin
c:\01DevelopKits\apache-tomcat-10.1.8\bin> startup.bat
```

정상적으로 실행되면 다음과 같은 별도의 톰캣 실행창이 뜹니다. 로그 출력 시 한글이 깨져 보이지만 실행에는 전혀 상관이 없으므로 무시하셔도 됩니다.

Note 한글 깨짐 해결법은 19.7.1절을 참고하세요.

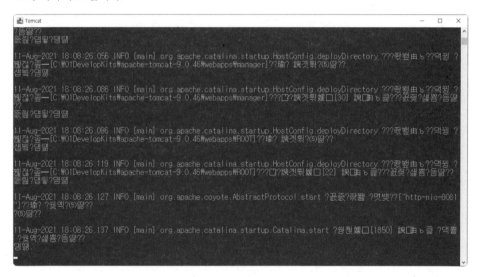

06 만약 로컬에서 처음으로 실행하면 다음과 같이 보안 경고창이 뜹니다. 이때는 [액세스 허용]을 눌러줍니다.

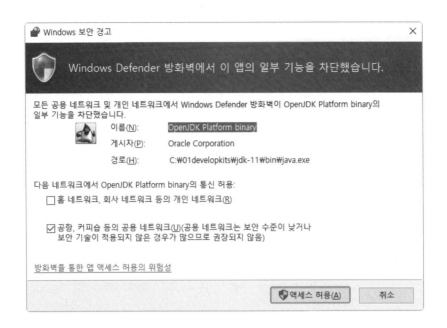

배포 후 webapps 폴더 모습

WAR 파일을 옮겨놓은 webapps 폴더를 윈도우 탐색기에서 확인해 보겠습니다. 그러면 오른쪽 그림과 같이 MustHaveJSP 폴더가 생성 되어 있음을 알 수 있습니다. 톰캣 이 구동되면서 WAR 파일의 압축 을 자동으로 풀어주기 때문입니다. MustHaveJSP 폴더 안을 보면 우 리가 이클립스에 챕터별로 생성했 던 폴더들이 보입니다.

그런데 조금 이상한 점이 있습니다. webapp 폴더는 보이지 않고 src/main/java 하위에 작성한 패키지와 .java 파일들도 보이지 않습니다. 이 폴더와 파일들은 어디에 있는 것일까요?

이클립스에서 webapp 폴더는 루트 폴더의 역할을 합니다. 따라서 배포했을 때는 앞의 그림과 같이 사라집니다. 한편 src 하위에 작성한 .java 파일들은 WEB_INF 하위로 이동합니다. 탐색기에서 확인해보죠.

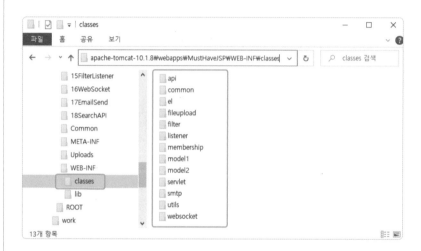

WEB-INF 하위에 classes 폴더가 생성되었고, 우리가 src 폴더에 만든 모든 패키지가 담겨 있는 것을 확인할 수 있습니다.

이번에는 패키지 안을 살펴볼까요? api 패키지로 들어가보겠습니다.

.java 파일과 컴파일된 결과인 .class 파일이 같이 있는 걸 볼 수 있습니다. 이처럼 .java 파일은 원본 그대로 실행되는 것이 아니라 컴파일된 후 .class 파일이 실행된답니다.

19.4 동작 확인 1

웹 서버가 실행되었으니 웹 브라우저에서 직접 확인해보죠. HelloJSP.jsp와 모델1 방식 게시판의 동작을 살펴보겠습니다.

To Do HelloJSP.jsp

01 웹 브라우저에서 다음 주소에 접속해봅니다.

- http://localhost:8081/MustHaveJSP/HelloJSP.jsp

> ## 처음 만들어보는 JSP
>
> 안녕하세요..JSP입니다. 열공합시다^^*

이 책에서 제일 처음 만든 예제입니다. 정상적으로 실행되는 것을 볼 수 있습니다.

To Do 모델1 방식 게시판

01 웹 브라우저에서 다음 주소에 접속해봅니다.

- http://localhost:8081/MustHaveJSP/08Board/List.jsp

목록 보기(List)

제목 ∨		검색하기		

번호	제목	작성자	조회수	작성일
5	지금은 겨울입니다	musthave	0	2021-08-16
4	지금은 가을입니다	musthave	0	2021-08-16
3	지금은 여름입니다	musthave	0	2021-08-16
2	지금은 봄입니다	musthave	0	2021-08-16
1	제목1입니다	musthave	0	2021-08-16
				글쓰기

역시 문제 없이 실행될 것입니다.

Note 하지만 다음과 같이 오류가 나는 분도 있을 것입니다. 이 오류의 해법은 19.7.2절을 참고하세요.

HTTP 상태 500 – 내부 서버 오류

타입 예외 보고

메시지 행 [9]에서 [/08Board/List.jsp]을(를) 처리하는 중 예외 발생

설명 서버가, 해당 요청을 충족시키지 못하게 하는 예기치 않은 조건을 맞닥뜨렸습니다.

예외

org.apache.jasper.JasperException: 행 [9]에서 [/08Board/List.jsp]을(를) 처리하는 중 예외 발생

19.5 접속 URL에서 컨텍스트 루트 없애기

앞 절에서 확인한 것처럼 실행에는 아무 문제가 없지만, 웹 브라우저의 주소창을 보면 컨텍스트 루트(MustHaveJSP)가 포함되어 있어 어색하고 불편합니다. 만약 우리가 네이버에 접속하는데 http://naver.com/mypage 형태로 입력해야 한다면 얼마나 불편할까요? 그래서 이번에는 컨텍스트 루트 경로를 제거하는 방법을 알아보겠습니다.

To Do **01** 톰캣 실행창을 닫아 톰캣 웹 서버를 종료합니다.

02 윈도우 탐색기를 띄운 후 {톰캣 설치 폴더}/webapps/ROOT로 이동합니다.

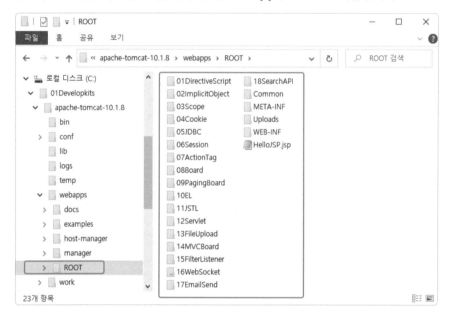

03 ROOT 폴더에 있는 모든 파일을 삭제합니다. ROOT 폴더는 톰캣 웹 서버를 실행한 후 처음 http://localhost:8081로 접속했을 때 보여지는 폴더입니다.

04 webapps/MustHaveJSP 안의 모든 폴더와 파일을 ROOT 폴더로 이동시키고, MustHaveJSP 폴더는 삭제합니다.

05 모든 작업이 끝났으니 톰캣을 다시 시작해줍니다. 명령 프롬프트에서 bin 폴더의 startup.bat를 실행하면 됩니다.

19.6 동작 확인 2

이번에는 HelloJSP.jsp와 파일 업로드 기능을 테스트해보겠습니다.

To Do **HelloJSP.jsp**

01 웹 브라우저에서 다음 주소에 접속해봅니다. 컨텍스트 루트를 제거한 주소입니다.

- http://localhost:8081/HelloJSP.jsp

To Do **파일 업로드**

01 웹 브라우저에서 다음 주소에 접속해봅니다.

- http://localhost:8081/13FileUpload/FileUploadMain.jsp

02 제목을 입력하고 첨부할 이미지를 선택한 후 [전송하기]를 누릅니다.

그러면 파일 목록에서 등록이 완료된 것을 확인할 수 있습니다.

DB에 등록된 파일 목록 보기

파일등록1 파일등록2

No	제목	카테고리	원본 파일명	저장된 파일명	작성일	
132	배포 후 파일 업로드	사진, 워드, 음원	성유겸-기타2.jpg	20230624_213530558.jpg	2023-06-24 21:35:31	[다운로드]
112	세부에서 번개맨	사진, 워드,	성유겸-세부.jpeg	20230622_181324369.jpg	2023-06-22 13:39:48	[다운로드]

파일이 제대로 업로드되었는지 확인해보겠습니다.

03 윈도우 탐색기에서 {톰캣 설치 경로}\webapps\ROOT\Uploads 폴더로 이동합니다.

방금 등록한 이미지가 제대로 담겨 있습니다.

그런데 혹시 기억하시나요? 13장에서 파일을 업로드하면 {프로젝트 루트} 밑의 Uploads 폴더가 아닌 다음 경로에 저장되었습니다.

- C:\02Workspaces\.metadata\.plugins\org.eclipse.wst.server.core\tmp0\
  wtpwebapps\MustHaveJSP\Uploads

하지만 웹 서버에 배포하게 되면 우리가 지정한 Uploads 폴더에 저장합니다. 이클립스에서 웹 애플리케이션을 제작한 후 웹 서버에 처음 배포하면 이와 같은 차이로 인해 많이 당황하곤 합니다. 하지만 여러분은 이미 이 책을 통해 학습하였으니, 실무에서 도 훌륭히 본인의 역할을 잘하실 수 있으리라 생각합니다.

> **Note** 그래서 앞의 그림에서도 배포 전에 13장에서 업로드한 파일은 보이지 않습니다.

19.7 문제 해결

이번 절에서는 이 책의 베타 리뷰 과정에서 일부 리뷰어가 겪은 문제(한글 깨짐, 500 내부 서버 오류)의 해법을 소개합니다.

19.7.1 톰캣 실행창에서 한글 깨짐

톰캣 실행창 인코딩 방식 변경

명령 프롬프트에서 startup.bat를 실행해 톰캣 웹 서버를 띄우면 다음과 같이 한글이 깨져서 출력됩니다.

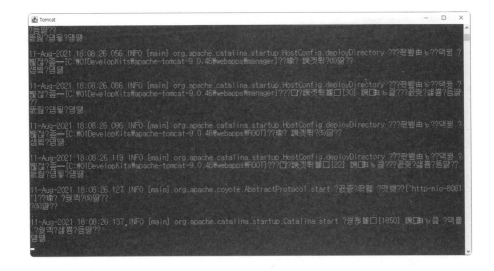

이 문제는 톰캣의 인코딩 방식(UTF-8)과 윈도우 명령 프롬프트의 인코딩 방식(ANSI/OEM - 한국어)이 다르기 때문입니다.

당장 예제의 동작을 확인하는 데는 아무런 문제가 없지만, 개운하지도 않을 뿐더러 향후 중요한 로그가 출력돼도 놓칠 수 없으니 해결해두는 게 좋을 것입니다.

To Do 01 ❶ 톰캣 실행창 왼쪽 상단 아이콘 클릭한 후 ❷ [속성] 메뉴를 클릭합니다.

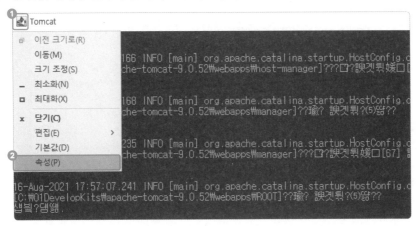

속성 창이 뜨는데, 아래쪽의 "현재 코드 페이지" 항목을 보면 "949 (ANSI/OEM - 한국어)"라고 되어 있습니다. 이 값을 UTF-8로 바꿔줄 것입니다.

02 속성 창을 닫고 톰캣 실행창도 닫습니다.

03 ⊞ + Ⓡ → "regedit" → [확인] 버튼을 클릭하여 레지스트리 편집기를 실행합니다.

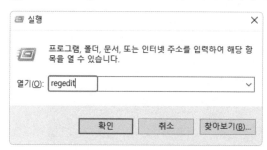

04 ❶ HKEY_CURRENT_USER → ❷ Console에서 마우스 우클릭 → ❸ [새로 만들기] → ❹ [키] 메뉴를 선택합니다.

05 키 이름은 "Tomcat"으로 입력합니다.

06 ❶ 오른쪽 창 여백에서 마우스 우클릭 → ❷ [새로 만들기] → ❸ [DWORD(32비트) 값] 메뉴를 선택합니다.

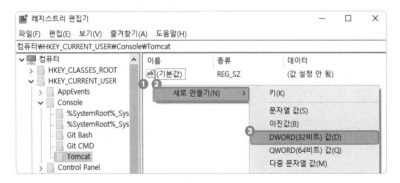

07 ❶ 이름을 "CodePage"라고 입력한 후 ❷ 이름을 더블클릭하면 값 편집창이 뜹니다.

08 ❶ 단위를 '10진수'로 바꾸고 ❷ 값에 65001을 입력한 다음 ❸ [확인] 버튼을 클릭해 적용합니다.

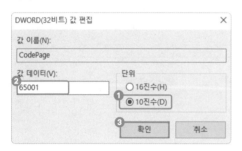

09 명령 프롬프트에서 startup.bat를 다시 실행해 톰캣을 실행합니다. 이제 한글이 깨지지 않습니다.

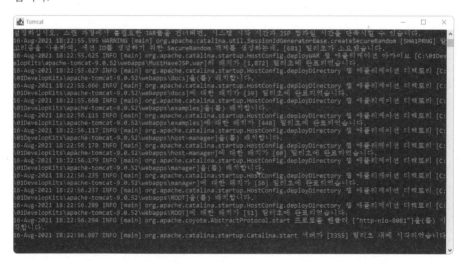

다시 ❶ 톰캣 실행창 왼쪽 상단 아이콘 클릭한 후 ❷ [속성] 메뉴를 클릭해보면 "현재 코드 페이지"가 "65001 (UTF-8)"로 바뀌어 있는 걸 알 수 있습니다.

자바 로깅 매니저의 파일 인코딩 방식 변경

그런데 이번에는 우리가 출력한 로그에서 한글이 깨지는 현상이 나타납니다.

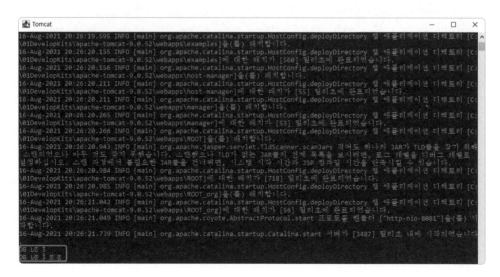

이 문제를 해결하려면 톰캣 시작 스크립트를 살짝 손봐줘야 합니다.

To Do **01** {톰캣 설치 폴더}\bin\catalina.bat 파일을 메모장으로 엽니다.

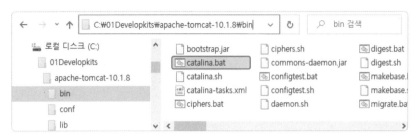

02 다음 음영 표시한 설정을 추가한 후 저장합니다.

```
... 생략 ...
if not "%JSSE_OPTS%" == "" goto gotJsseOpts
set "JSSE_OPTS=-Djdk.tls.ephemeralDHKeySize=2048"
:gotJsseOpts
set "JAVA_OPTS=%JAVA_OPTS% %JSSE_OPTS%"
set JAVA_OPTS=%JAVA_OPTS% %LOGGING_MANAGER% "-Dfile.encoding=utf-8"
... 생략 ...
```

이제 정말 모든 작업이 끝났습니다. 톰캣을 다시 실행하면 톰캣이 출력하는 로그와 우리가 출력하는 로그 모두에서 한글이 제대로 출력될 것입니다.

19.7.2 게시판 실행 시 500 내부 서버 오류

배포 후 예제를 실행하려고 하면 500 내부 서버 오류가 날 때가 있습니다.

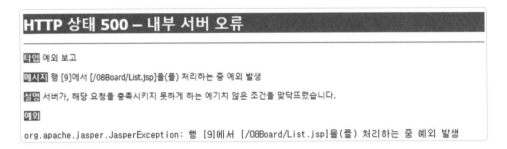

이클립스에서는 분명히 문제가 없었는데, 배포를 하고 나니 실행이 안 되는 이유는 뭘까요? 이클립스에서는 분명히 문제가 없었는데, 배포를 하고 나니 실행이 안 되는 이유는 뭘까요? 그건 많은 경우 톰캣을 실행하는 JDK 버전과 이클립스의 기본 설정이 충돌하기 때문입니다. 이 책에서는 실습 환경을 모두 JDK 17에 맞춰서 아무런 문제가 없었습니다. 하지만 현업 환경에서는 둘을 항상 일치시켜 개발할 수 있다는 보장은 없습니다. 그래서 이번 절에서는 다음과 같이 문제가 되는 환경 하나를 예로 살펴보겠습니다.

- JDK 버전 : OpenJDK 11
- 이클립스 버전 : 2020-09(4.17)

그럼 이제부터 원인을 찾아 함께 해결해봅시다.

To Do **01** 프로젝트 탐색기에서 프로젝트 선택 후 마우스 우클릭 → [Properties]를 선택합니다.

02 속성창이 뜨면 [Java Compiler]를 클릭합니다.

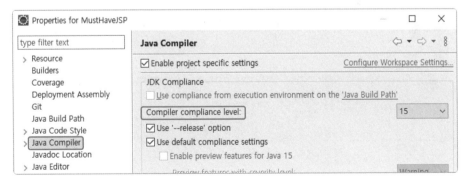

우리는 OpenJDK 11을 사용하고 있지만, "Compiler compliance level:" 항목을 보면 15라고 설정되어 있습니다. 이클립스에서 프로젝트 생성 시 컴 파일러 레벨이 높은 수준으로 설정되기 때문에 배포했을 때 문 제가 발생한 것입니다.

Note 설치한 이클립스 버전에 따라 기본값이 다를 수 있습니다.

03 해법은 간단합니다. 컴파일러를 우리가 사용하는 11로 낮춰주면 됩니다.

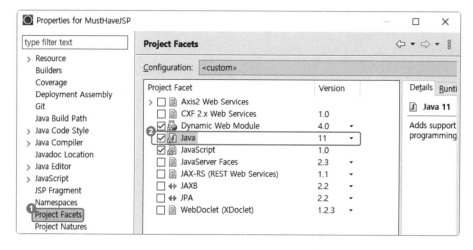

04 그다음 ❶ [Project Facets]를 클릭해보면 ❷ Java 항목이 15로 설정되어 있습니다. 동일하 게 11로 변경합니다.

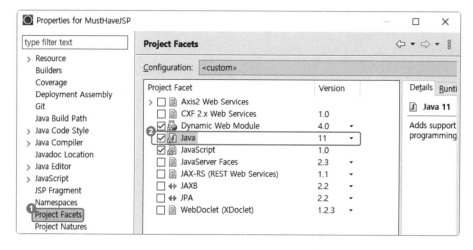

05 [Apply and Close]를 눌러서 변경사항을 적용하고 창을 닫습니다.

06 프로젝트를 다시 빌드할지 묻는 창이 뜨면 [Yes]를 눌러줍니다.

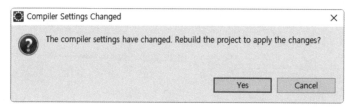

모든 창이 닫히면서 프로젝트를 다시 한번 빌드하게 됩니다. 하지만 이상의 변경은 이클립스 자체에만 적용된 것이므로 웹 서버에 적용하려면 다시 배포해야 합니다.

07 톰캣 실행창을 닫아서 실행 중인 웹 서버를 중지합니다.

08 19.2절 'WAR 파일 생성 및 배포'에서 설명한 과정을 따라 이클립스에서 프로젝트를 WAR 파일로 Export합니다. WAR Export 창에서 "Overwrite existing file"이 체크된 상태이 므로 기존 파일을 덮어써집니다.

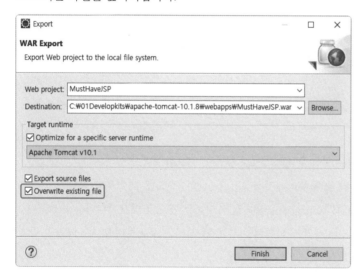

09 명령 프롬프트에서 톰캣의 startup.bat를 다시 한번 실행합니다. 그러면 톰캣 실행창이 뜨 면서 배포된 WAR 파일의 압축이 해제될 것입니다.

10 다시 한번 회원제 게시판을 실행해봅니다.

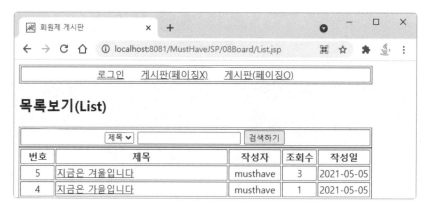

문제없이 잘 실행될 것입니다.

학습 마무리

이번 장에서는 개발을 마친 웹 애플리케이션을 로컬 웹 서버에 배포해보았습니다.

핵심 요약

- 자바 웹 애플리케이션은 보통 WAR 파일로 만들어 배포합니다.
- 이클립스에서는 완성된 웹 애플리케이션을 Export하여 WAR 파일로 만듭니다.
- WAR 파일을 톰캣 하위의 webapps 폴더로 복사하는 것으로 배포합니다.
- bin 폴더의 startup.bat 파일을 실행해서 톰캣 웹 서버를 구동하면 WAR 파일의 압축이 자동으로 풀립니다.
- 컨텍스트 루트 경로 없이 접속하고 싶다면 웹 애플리케이션의 모든 폴더를 ROOT 폴더로 이동하면 됩니다.

에필로그

2002년부터 웹 개발을 시작해서 벌써 20년이 넘는 시간이 흘렀습니다. 그중 최근 몇 년은 자바 개발자 양성을 위한 국비지원 강의를 하고 있습니다. 이렇게 교육 현장에 있다 보니 초보 개발자들이 어떤 부분을 힘들어하는지 자연스레 알게 되었습니다. 그래서 웹이라는 방대한 주제를 초보 개발자도 개념부터 하나씩 학습해나갈 수 있는 책을 기획하게 되었습니다.

오랜 기간 강의하면서 수차례 수정·보완한 예제를 기반으로 집필하였습니다. 종이책이지만 현장감을 위해 학생들에게 강의하듯이 설명하려 노력했습니다. 어려운 개념은 그림을 통해 조금이라도 더 쉽게 이해할 수 있도록 꾸몄습니다. 특히 마지막 프로젝트들은 실무에서 즉시 활용할 수 있는 주제를 선정하여 제작해보았습니다.

"백문이 불여일타"라는 말을 아시나요? 백 번 듣는 것보다 한 번 타이핑해보는 게 좋다는 뜻입니다. 제가 학생 시절 선배한테 들은 말이기도 합니다. 이 책의 모든 예제는 복사/붙여넣기 정도로 충분히 동작하지만, 그렇게 해서는 절대 실력이 늘지 않습니다.

학생들의 단골 질문이 있습니다. "선생님, 복습은 어떻게 해야 하나요?" 저는 항상 "여러 번 만들어보라"라고 답합니다. 결국 반복하여 타이핑해보는 것만이 실력을 키우는 유일한 방법이기 때문입니다. 예제가 만만치 않게 길지만 직접 타이핑하면서 실행하고, 오류가 나면 해결해보시기 바랍니다. 그런 노력이 여러분을 좀 더 훌륭한 개발자로 만들어줄 것입니다.

2023년 봄
성낙현

감사 인사

휴일에도 잘 놀아주지 않는 아빠를 단 한 번도 원망한 적 없는 올해 10살인 아들 유겸이와, 내 뒷바라지에 항상 여념이 없는 아내 상미에게 미안함과 감사함을 동시에 전합니다. 그리고 제가 교육계에 입문할 수 있게 용기를 주신 이재환 선생님, 이 책에 사용된 예제의 초안을 제공해주신 최철환 선생님께도 감사의 말씀을 드립니다. 마지막으로 개발자가 작성한 거친 문장을 유려한 문장으로 잘 다듬어주신 이복연 편집자님께 감사드리고, 또한 출간의 기회를 주신 골든래빗 출판사에게도 감사의 말씀을 드립니다.

용어 찾기

용어 찾기

코드 찾기

코드 찾기

성낙현의 JSP 자바 웹 프로그래밍 2판

JSP·서블릿 기초부터 MVC 게시판, 웹소켓 채팅, 이메일 발송,
오픈 API 활용, 배포까지

초판 1쇄 발행 2021년 11월 15일
2판 1쇄 발행 2023년 08월 10일
2판 2쇄 발행 2024년 09월 01일

지은이 성낙현
펴낸이 최현우 · **기획** 이복연 · **편집** 최현우, 박현규, 이복연
디자인 Nu:n · **일러스트레이터** 안소민 · **조판** SEMO

펴낸곳 골든래빗(주)
등록 2020년 7월 7일 제 2020-000183호
주소 서울특별시 마포구 양화로 186, 5층 514호
전화 0505-398-0505 · **팩스** 0505-537-0505
이메일 ask@goldenrabbit.co.kr
SNS facebook.com/goldenrabbit2020
홈페이지 goldenrabbit.co.kr

ISBN 979-11-91905-31-1 93000